新编
应用语言学导论

张庆宗 吴喜艳 著

Linguistics

WUHAN UNIVERSITY PRESS
武汉大学出版社

图书在版编目(CIP) 数据

新编应用语言学导论/张庆宗,吴喜艳著.—武汉：武汉大学出版社，2019.9

ISBN 978-7-307-21165-0

Ⅰ.新… Ⅱ.①张… ②吴… Ⅲ.应用语言学 Ⅳ.H08

中国版本图书馆 CIP 数据核字(2019)第 203923 号

责任编辑:郭 静　　责任校对:汪欣怡　　版式设计:马 佳

出版发行：**武汉大学出版社** （430072 武昌 珞珈山）
（电子邮箱：cbs22@ whu.edu.cn 网址：www.wdp. com.cn）
印刷:北京虎彩文化传播有限公司
开本:787×1092 1/16　印张:18　字数:424 千字　插页:1
版次:2019 年 9 月第 1 版　2019 年 9 月第 1 次印刷
ISBN 978-7-307-21165-0　定价:48.00 元

前　言

《新编应用语言学导论》一书专为英语专业本科生、研究生、英语教师以及广大应用语言学爱好者设计编写，可以作为教材和参考书使用。近年来，国内综合院校和外国语大学成立了"外国语言学及应用语言学研究中心"，专门从事应用语言学研究，本科生和研究生教学也相应设置了应用语言学课程和研究方向。各大出版社陆续引进和出版了多套外国语言学及应用语言学丛书，但这些丛书基本上以英文为主，针对中文版应用语言学教材和参考书匮乏的现状，我们在《应用语言学导论》(2013)的基础上，进行了结构调整、内容扩充和信息更新，以《新编应用语言学导论》呈现给大家。

应用语言学是一门独立的、跨学科的、以问题为导向的实验性科学。应用语言学有狭义和广义之分。狭义的应用语言学一般指语言教学，特别是第二语言的教学或外语教学，除此之外，还涉及语言评估、第二语言习得、语文能力、多语现象、语言规划和政策、教师培训等内容。广义的应用语言学指人们将语言学的知识应用于其他学科，解决这些学科中与语言相关的具体问题，如心理语言学、社会语言学、认知语言学等。

该书共分为六大部分、九个章节。

第一部分是导入篇，包括第一章。作者在探讨语言学分类的基础上，阐释了应用语言学的内涵和研究范围，介绍了国内外应用语言学的研究历史。

第二部分是习得篇，包括第二章和第三章，分别介绍了第一语言习得和第二语言习得等方面的内容。第二章阐述了第一语言习得的过程和理论。第一语言习得过程中，儿童主要习得语音、词汇、语法和语用等方面的内容。不同的心理学流派和语言学流派从不同的视角对第一语言习得做出了不同的解释，具有代表性的理论有行为主义的"刺激—反应"论、心灵主义的"内在论"、认知发展论、语言功能论等。第三章主要介绍第二语言习得的过程、结果和理论。习得过程包括输入、输出和互动；习得结果探讨了对比分析、错误分析和中介语；习得理论中影响较大的有环境论、天赋论、认知论和互动论等。这些理论和知识旨在丰富读者第二语言习得知识，加深读者对人的大脑、人类学习、语言本质、语言环境、心理机制以及这些因素相互联系、相互影响的认识。

第三部分是学习者篇，包括第四章和第五章，分别介绍第二语言习得过程中的学习者因素和交际能力。第四章介绍了影响第二语言习得的因素，主要集中在生理、认知、情感、社会文化等方面，其中生理因素主要指年龄因素；认知因素主要指学习者的语言学能、认知风格和学习策略；情感因素指学习者的动机、动机归因、自我效能、自我概念、自尊、焦虑；社会文化因素指学习者的语言学习态度、文化适应、社会距离和心理距离。第五章重点分析了学习者的交际能力，探析交际能力和跨文化交际能力的内涵、语言功能以及语体和语域。第二语言教学要培养学生的跨文化交际意识和文化能力，使学生获得在交际中自如得体地运用语言文化知识和策略、促进信息交流和相互理解的能力。

第四部分是教学篇，包括第六章和第七章，分别介绍外语教学大纲和外语教学流派。第六章阐述了教学大纲的内容：在宏观层面，教学大纲是对某一阶段语言教学指导性文件，包括语言、语言学习和语言教学的理论框架、培养目标和学习目的以及语言教学的实施。在微观层面，具体到一门课程，教学大纲包括教学目标、教学内容、教学活动、教学方法、课程考核等；课程教学大纲是师生之间的契约，是课堂教学的指挥棒。教学大纲的制定和实施受诸多因素的影响。本章最后介绍了综合性和分析性两种教学大纲。综合性教学大纲将语言分解成各个层面：词汇、语法、意念和功能，目的在于学习者可以较为容易地掌握这些分支结构，在交际中可以将这些分项知识整合起来进行有效的交际；分析性大纲以整体模块的形式来呈现语言材料，为学习者提供表达意义的多种语言形式，学习者的任务是选择某一合适的语言形式来表达特定的交际意图。两种大纲有多种具体表现形式，前者主要有：结构大纲、情境大纲、意念-功能大纲、主题大纲、技能大纲、词汇大纲等；后者主要有：程序大纲、任务大纲等。第七章从不同的学习理论对外语学习和外语教学产生的影响入手，对外语教学流派进行了评述。该书将外语教学法分为结构派、交际功能派和人文派。结构派包括语法翻译法、直接教学法、听说教学法、视听教学法、认知教学法；交际功能派包括交际教学法、活动教学法、内容教学法、任务型教学法；人文派包括全身反应法、沉默法、暗示法、社团语言学习法、全语言法。

第五部分是教师篇，即第八章——外语教师专业发展。本章节着重介绍了教师专业发展的理性、时间和生态取向，阐释了不同的教师专业发展理论：关注阶段论、Katz 的教师发展时期论、Burden 的教师发展理论、职业生命周期阶段论——Fessler 的生涯发展理论、Huberman 的教师职业周期论、Steffy 的教师生涯阶段模式论、心理发展阶段论、教师社会化发展阶段论，以及外语教师专业教育模式。外语教师专业教育模式有匠才/学徒模式、应用科学模式、反思性模式等。最后提出了教师成长目标，强调外语教师做科研的内在要求，并介绍了应用语言学研究方法。

第六部分是测试篇，即第九章——语言测试与评价。本章节介绍了语言测试的理论模式：心理测量-结构主义模式、心理语言-社会语言学模式、交际语言测试模式。根据测试目的、结构形式、参照方式、评卷性质、施测的媒介，语言测试可以分为不同的类型。语言测试遵循三大标准：信度、效度和实用性。本章最后介绍了听力测试、口语测试、阅读测试、写作测试和翻译测试等语言技能测试，两种语言学习评估：终结性评价和形成性评价。语言测试是语言学习评价的参考数据，可以帮助我们了解学生的语言学习情况，对学生的语言能力进行客观、准确、公正的评价。

该书主要有以下特点：

❖ 针对性强：专为英语专业本科生、研究生和教师设计编写，弥补了国内缺乏中文版应用语言学教材和参考书的不足。

❖ 系统性强：该书系统地介绍了应用语言学的理论和实践，对应用语言学中相关议题一一进行评述，使读者对应用语言学有一个较为全面和系统的认识。

❖ 可读性强：作者将应用语言学抽象的理论与具体的外语学习和外语教学实践结合起来，该书附有大量的实例，内容丰富，且通俗易懂。

❖ 时代性强：该书在介绍、论述应用语言学基本理论和知识的同时，还将应用语言学前沿的研究成果呈现给读者，做到与时俱进。

❖ 内容与方法并重：该书在注重研究应用语言学的理论和实践的同时，还强调研究方法的重要性，重在培养读者应用语言学的科研意识。

❖ 教与学并重：该书将语言教学中的两大活动——教与学和两大主体——教师与学生，有机地结合起来，只有当教与学、教师与学生相互配合，才能达到预期的教学效果。

最后，我们要借此机会感谢武汉大学出版社的大力支持，特别要感谢武汉大学出版社外语分社社长谢群英编审的鼎力相助，使该书得以面世。由于我们的学术水平和学术视野有限，书中难免有不当或错误之处，恳请各位专家、同行和广大读者批评指正，以便今后修订时改正和完善。

目　录

第一部分　导入篇

第二部分　习得篇

第四部分　教学篇

第五部分　教师篇

第六部分　测试篇

第一部分　导入篇

第一章 绪 论

应用语言学是一门新兴的、独立的、多边缘的交叉学科，最初由波兰语言学家 B. de Courtenay 在 1870 年提出，并随着外语教学的发展而逐步建立起来。“应用语言学”这个术语可以切分为三个部分：应用+语言+学。顾名思义，该学科的研究对象为语言(语言)，是对语言研究的一门学问(学)，但注重与其他学科的结合，强调将语言学的研究成果运用于其他领域，分析问题并解决问题(应用)。例如，应用语言学将相关语言学理论，如结构主义指导外语教学。结构主义强调语言的范畴、句法功能和结构，即语言的系统性，认为语言形式即为意义的载体，学习单元以句型结构为中心，在教学中通过脱离语境的句型操练，让学习者练习并掌握语音、词汇和语法。应用语言学亦将语言学研究与其他领域结合起来，如翻译研究。人们将功能主义语言学用于指导翻译研究，要求译者将原文和译文的语言三大系统——及物系统、语气系统和主位系统，与其相呼应的三大功能——概念功能、人际功能和语篇功能结合起来，实现原文和译文中语言系统及其功能的有机统一。

本章作为绪论，将在探讨语言学分类的基础上，阐释应用语言学的内涵，探讨其研究范围，综述其研究历史，以期为读者展示应用语言学的概况。

第一节 语言学的分类

应用语言学首先是对语言的研究，因而有必要了解语言学的界定及其涵盖的内容。语言学通常被定义为“语言的科学研究”，主要研究语言的结构、语言的运用、语言的社会功能和历史发展，以及其他一些与语言相关的问题。根据语言学的二元分类法，我们将语言学分为微观语言学与宏观语言学、描述性语言学与规定性语言学、共时语言学与历时语言学、普通语言学与描写语言学、形式语言学与功能语言学、理论语言学与应用语言学等。

一、微观语言学与宏观语言学

微观语言学(micro-linguistics)关注语言系统的不同层面，主要有六大分支：语音学、音韵学、形态学、句法学、语义学和语用学。语音学分为发声语音学、声学语音学和听觉语音学。发声语音学(articulatory phonetics)主要研究辅音和元音的发声、语音特征及分类。虽然单个的语音本身毫无意义，但它们是组成有意义单位(比如语词)的要素。声学语音学(acoustic phonetics)关注语音在空气中传播的物理特征。听觉语音学(auditory phonetics)则从听话人的角度研究语音的感知和理解。音韵学(phonology)是关于某一特定语言的语音系统的研究，探讨语音如何在语言交际中表情达意。形态学(morphology)是语法的一个分支，研究词的形成过程和内部结构。句法学(syntax)是语法的另一分支，分析句子的建构以及句子中各成分之间的关系，比如横组合关系和纵聚合关系。语义学(semantics)研究词和句子的意义。词的意义除了词典意义或概念意义，还有联想意义和主位意义(Leech，1981)。词与词之间也存在不同的意义关系，比如一词多义、近义、上下义、同形异义、反义等。在语义学(semantics)领域，句子的意义源于构成该句子的词的意义组合。语用学(pragmatics)探析语言在交际中的使用，主要研究语境意义或说话人的意义。

宏观语言学(macro-linguistics)则涉及与语言相关的方方面面的内容，具有跨学科的特性。例如，社会语言学，将语言学和社会学结合起来，探讨语言和社会结构的相互关系、语言的变异以及对语言的态度。神经语言学，将语言学和神经科学结合起来，研究大脑结构及其在语言理解、语言产出和语言习得中的作用。历史语言学，研究语言的变化以及语言与语言之间的关系，试图构建出语言原型。人类学语言学，综合运用语言学和人类学的理论观点和研究方法，研究语言结构、语言变化和社会文化结构的关系。计算机语言学，试图找出自然语言的规律，建立运算模型，使用计算机来理解或处理人类语言。

二、描述性语言学与规定性语言学

顾名思义，语言研究的描述性方法(descriptive approach)旨在描述和分析人们实际使用的语言。语言学家的任务是，以客观的方式发现和记录语言使用者在同一语言社区中共享的语言规则系统。在这种情境下，语言学家不是权威，告诉人们应该说什么和不应该说什么，而是观察者和记录者，客观记录人们在口头和书面形式中使用语言的方式。比较以下句子：

(1)

A. Who is it?

It's I.

B. Who is it?

It's me.

(2)

A. You are taller than I.

B. You are taller than me.

(3)

1. I don't have anything.

2. I don't have nothing.

根据英语的语法规则，每对句子中的A是正确的，但是母语使用者更频繁地使用B。如果采用描述性方法，则应记录两个版本，并应说明何时使用哪个版本。

语言研究的规范性方法(prescriptive approach)则不同，意味着制定正确和标准的语言使用规则。在这种情况下，语言学家以权威自居，告诉人们应该说什么，不应该说什么。规则一旦建立，便是强制性的，不能改变的。传统语法是规定性的，它基于拉丁语或希腊语的早期语法。我们来看一些规则：

(1)在英语中，不能使用分裂句。

I wanted to **still** keep up my writing.

We have to **just** be persistent.

(2)在英语中，句子不能以介词来结尾。

This is the boy they are talking **about**.

That man is hard to deal **with**.

(3)在英语中不能使用双重否定。

We **cannot** live **without** air.

We **don't** have **nothing**.

违反这些规则，语言的使用就是错误的。但现在看来，事实并非如此。以上这些句子均可以在口头或书面语中出现。

三、共时语言学与历时语言学

语言的共时研究和历时研究是瑞士语言学家 Saussure 首次提出的。共时语言学(synchronic linguistics)关注的是同一时期语言系统中各项共存要素之间的关系，研究语言单位的横组合关系和纵聚合关系、语言的价值等。共时研究强调语言系统中各要素(如语音、词汇、语法)的稳定性。在一定的时间范围内，某一种语言系统内部各要素相对保持平衡，不会发生显著性变化，具备一定的特性而存在，比如莎士比亚英语、维多利亚英语、甲骨文等。

历时语言学(diachronic linguistics)关注的则是在时间上彼此代替的各项连续要素间的关系，更多地研究语言中要素的类比、交替、粘合等变化现象。历时研究侧重语言系统中各个要素的历史变化，例如，英语简史，叙述英语所经历的历史阶段及其阶段性特征，如在语音、词汇、语法等方面发生的变化。在 18、19 世纪，语言学家研究语言的演变过程以及各种语言之间相互接触和影响，从而促成了比较语言学和历史语言学的出现和发展。他们分析了一些现有语言的特征，并构建了他们的母语(称为原型语言)。历时语言学研究某一种语言或者语言的某个特征的历史变化，如：汉语史、汉字“龙”的演变等都属于历时语言学的研究范畴。

四、普通语言学与描写语言学

普通语言学(general linguistics)为语言的描述建立原则、概念和分类标准，确定语言现象的特性；普通语言学认为语言是一种文化、社会和心理现象，并试图研究语言的性质、结构特征和发展规律。以 Saussure 的结构主义语言学为例，Saussure 在《普通语言学教程》一书中回答了一系列有关语言研究的理论性问题，提出了诸多重要的概念和范畴，为语言学研究指明了方向。语言是一种特殊的符号系统，“语言研究包括两个部分，本质的部分把社会的和独立于个人的语言系统本身视为研究对象，这是纯粹的心理研究；次要的部分把言语行为中个人的方面即言语也包括发音视为研究对象，这是心理——物理研究”(Sassure，2001：19)。语言符号的根本特性是：任意性和线性，同时语言符号系统是一个价值系统，价值是通过系统中内部要素之间的关系来体现的。语言要素之间的关系研究是共时研究。

描写语言学(descriptive linguistics)则提供数据来证实或反驳普通语言学提出的观点和理论。描写语言学是语言学的一个分支，研究特定语言的结构。20 世纪初美国的描写语言学影响深远，以 Boas、Sapir、Whorf 等为代表的美国描写语言学家对美国印第安语言进行了较大规模的深入研究。以萨丕尔-沃尔夫假设为例，该假设是基于 Hopi 等印第安语言的研究的，由两部分组成：语言绝对论和语言相对论。前者认为一个人的母语中存在的差异和范畴决定了他感知世界的方式，即语言决定思维；后者认为一种语言中的差异和范畴是独一无二的，与其他语言系统是不相容的。试举例说明。第一，在 Hopi 语言中，如果要表达"四天"，人们使用"dayness the fourth time" 或者 "the fourth dayness"，而不是英语中的"four days"。比较而言，时间在 Hopi 语言中不可数，而在英语中跟很多其他可数的物体一样，可以分解为明确的个体，因而得出结论：Hopi 语言是没有时间感知的语言。第二，Hopi 语言中没有时态的屈折变化，因此推断：Hopi 语言没有时间概念。第三，Hopi 语言中只有一个词 "masa'ytaka"用于表达除"鸟"以外的所有飞行实体(如"昆虫""飞机"和"飞行员")，因此可见，Hopi 语言使用者与其他语言使用者感知这些飞行实体的方式不同。

五、形式语言学和功能语言学

形式主义(formalism)和功能主义(functionalism)是语言研究的两种对立方法。形式主义由 Saussure 创立，由 Bloomfield 和其他美国语言学家在美国继续推进，而 Chomsky 将其进一步发展。形式主义将语言视为一种独立于语义和语用方面的正式系统。语言学家的核心任务是研究语言的抽象形式及其关系，而不考虑这些形式在交际中的实际运用。语言以脱离语境的方式进行研究，是自治的规则系统。这种语言研究方法在几年前的许多英语教科书中得以体现，其重点是通过句法操练和替代练习对语法形式和结构进行机械学习。例如，某一个学习单元为 This/That is a (an)...。教学的目的就是让学习者反复操练，进行替换练习，举一反三，从而掌握该句型。替换练习用不同的词来替换某个词。

This is a pen.
This is a door.
This is a window.
That is a boy.
That is a tree.
That is a bird.
This/That is an orange.
This/That is an apple.
This/That is an egg.

功能主义由布拉格学派(Prague School)和伦敦学派(London School)创立和发展。功能主义将语言研究置于社会、文化和历史背景之下，语言形式与语言功能密不可分。语言的功能繁多，分类标准各异。Jacobson(1960)根据交际的六大要素——语境、说话人、听话人、联系、语码和信息，提出语言具有六大功能：指称功能 (传递信息)、情感功能(表达说话人的情感和态度）、意动功能（用语言影响听话人的行为）、寒暄功能（维持良好的人际关系）、元语言功能（澄清交际意图和想法）和诗学功能（怡情和娱乐）。Nida（1993）从社会学的角度，将语言功能分为五类：信息功能（传递信息）、人际功能（表达亲疏的人际关系）、祈使功能（用语言影响听话人的行为）、施为功能（用语言来行事）、情感功能（用语言来激发听话人的情感状态）。Halliday（1975）则区分了儿童的语言功能和成人的语言功能。儿童语言具有以下功能：工具功能（用语言让他人做事）、调节功能（用语言调解他人的行为）、互动功能（与他人建立联系）、个人功能（表达个人的情感和观点）、启发功能（用语言来探索世界）、想象功能（用语言来谈论想象中的事物）、表征功能（用语言来传递信息），而成人的语言则实现了三大功能：概念功能（传递信息）、人际功能（建立权力、地位和亲疏关系）、语篇功能（组织观点、布局谋篇）。

词汇和语法形式的意义是由语境决定的。例如，“It is the taste!”如果将其作为语法单位进行研究，我们只知道它是一个系表结构，“it”是第三人称代词，“is”是动词，“the taste”是名词短语，仅此而已，几乎没有明确的含义。但是当我们把它放在一个交际场合时，它的意义就变得清晰而充满活力。如果说话者一点都不享受用餐的过程，那就意味着食物的味道很糟糕；如果说话者很愉悦，那就意味着他正在享用美味的食物。同样一句话在不同语境中可能有完全不同的解释！

六、理论语言学与应用语言学

理论语言学（theoretical linguistics）主要构建有关语言结构和语言功能的理论，不考虑实际应用。Chomsky 的转换生成语法是典型的理论语言学。以经典理论（Classical Theory）为例（Chomsky，1957），我们一起感受一下理论语言学。经典理论包括三个部分：有限状态语法、短语结构规则、转换规则。有限状态语法是最简单的语法，用有限的机制生成无限的句子。例如，一个简单结构 Subject+Predicate+Object 可以产生无数个具有相同结构的句子。短语结构语法则将句子的生成进一步细化，可以运用一系列的规则生成无穷尽的句子。这些规则也称为改写规则（如下所示）。

（1）S→ NP+VP

（2）VP→Verb +NP

（3）NP →NP （singular）
　　　　NP （plural）

（4）NP （s）→D+N

（5）NP （p）→D+N+S

（6）D → the

（7）N→ {table，girl，boy，letter，car，…}

（8）Verb →Aux+V

（9）V→ {post，repair，buy，teach，sit，…}

（10）Aux →Tense （+M）（+have+en）（+be+ing）

（11）Tense →Present
　　　　Past

(12) M →{will, can, may, shall, must, …}

运用这些规则生成的是肯定的陈述句，但是如果需要使用其他句型，如否定句、被动句、疑问句等，就需要运用转换规则，将陈述句转换为我们所需要的句子。这里需要区分两种结构：深层结构和表层结构。深层结构是句子抽象的语义表征，表现为主动的、肯定的陈述句。表层结构则是最后需要产生的句子，可能需要运用转换规则。如下所示，第一个句子与深层结构相似，称作“核心句子”(kernel sentence)，无需转换，其他句子都需要运用转换规则，句子(2)为否定转换，句子(3)为疑问转换、句子(4)为否定和疑问转换、句子(5)为被动转换、句子(6)为被动和否定转换、句子(7)为被动和疑问转换、句子(8)为被动和否定转换。

(1) She turned off the light.

(2) She didn't turn off the light.

(3) Did she turn off the light?

(4) Didn't she turn off the light?

(5) The light was turned off by her.

(6) The light was not turned off by her.

(7) Was the light turned off by her?

(8) Wasn't the light turned off by her?

应用语言学(applied linguistics)则是将普通语言学的研究发现、理论和方法应用于其他领域的研究。应用语言学最初仅限于语言教学，结构主义语言学、功能语言学、认知语言学、生成语言学等在语言教学中都有不同程度的运用，由此产生了不同的教学大纲：结构主义教学大纲、情境教学大纲、意念-功能教学大纲、交际教学大纲、任务型教学大纲等。广义的应用语言学内容广泛，包罗万象，如社会语言学、神经语言学、计算机语言学、第二语言习得等。

第二节　应用语言学的内涵

从逻辑学来说，内涵指一个概念所反映的事物本质属性的总和，也就是概念的内容。从发展的观点来看，应用语言学要从狭义和广义两个方面进行界定，其基本属性包括：独立性、综合性、应用性和实验性。

一、应用语言学的界定

“应用语言学”(applied linguistics)是研究如何运用有关于语言、语言学习、语言使用的知识来达到一定的目的或解决现实中的问题的学科(Schmitt & Celce-Murcia, 2008)。正如Wilkins(1999：7)所说：“广义上说，应用语言学帮助我们进一步了解语言在人类事务中的作用，为那些负责作出与语言相关决策的人们提供必要的知识，决策场合可以是教室、工厂、法庭或实验室。”广义的应用语言学指人们将语言学的理论、方法和成果应用于其他学科，以解决其他学科中与语言相关的具体问题。

狭义的应用语言学一般指语言教学，特别是第二语言的教学或外语教学，比如语言习得、课程设计、测试、对比分析、错误分析、语言运用分析、语篇分析、学习和交际策略、图式理论等(梅德明，2017：585)。

我们在社会生活的方方面面都会使用语言，语言与其他议题的“结合部、接触面”数不胜数，因此应用语言学应当是一个包容万象、海纳百川的学科，内容涉及我们能接触到的所有领域(Davies，2007)。

二、应用语言学的特性

从应用语言学的研究领域和范围来看，这门学科是一门独立的、跨学科的、以问题为导向的实验性科学。

第一，应用语言学是一门发展中的独立学科。应用语言学作为一门学科的历史并不长，始于20世纪40年代，当时美国为了适应战争的需要，设立了一个“军队特别训练课程”，对派往海外参战的部队进行外语培训。培训工作在语言学家的指导下进行，Bloomfield应邀编写了一本手册《外国语实际学习导引》(*An Outline Guide for the Practical Study of Foreign Languages*，1942)，Bloch和Trager编写了《语言分析大纲》(*Outline of Linguistic Analysis*，1942)。战后Fries等人创办了《语言学习》杂志(*Language Learning*)，副题叫《应用语言学季刊》(*Quarterly Journal of Applied Linguistics*)，公开使用了“应用语言学”这个词。英国爱丁堡大学于1958年成立了应用语言学学院，美国于1959年成立了应用语言学中心，这些举措都是应用语言学发展的重要标志。1964年标志着应用语言学逐渐走向成熟：第一届国际应用语言学大会1964年在法国Nancy召开，成立了国际应用语言学协会(Association International de Linguistique Appliquée，简称AILA)，随后每三年召开一次国际大会。英国的Halliday，McIntosh和Strevens等三人合著的《语言科学与语言教学》(*The Linguistic Sciences and Language Teaching*)(1964)和美国Rivers的《心理学家与外语教师》(*The Psychologist and the Foreign Language Teacher*)(1964)刚好在同年出版。

虽然应用语言学目前还不完善，还没有形成完整的理论科学体系。但是，应用语言学作为一门独立学科的地位是不可动摇的，它有自己独特的研究对象和研究方法，各国都成立了应用语言学研究中心，陆续出版了应用语言学教材、专著和学术刊物，许多大学本科和研究生教学也相应设置了应用语言学课程和研究方向。在中国，应用语言学从20世纪末开始如雨后春笋般地发展起来。从1978年开始，语言学和应用语言学被列入高等学校的学科目录，并开始招收和培养硕士和博士研究生。许多大学成立了“外国语言学及应用语言学研究中心”，专门从事应用语言学研究，许多高等院校的学报开始刊登语言教学的文章。北京外语教学与研究出版社和上海外语教育出版社出版了多套语言学和应用语言学丛书。

第二，应用语言学是一门跨学科的综合性学科。研究应用语言学不仅需要语言学知识，也需要相关学科的知识。如：语言教学研究要吸取教育学、心理学、第二语言习得、学科教学论等学科的理论和方法；研究语言规划离不开符号学、语言学、社会学、政治学、民族学理论和方法的指导；研究社会语言学需要社会学、语言学、文化学、人类学、统计学、心理学、教育学等学科的理论和方法；研究计算机语言学当然要跟计算机科学、数理逻辑、人工智能、信息论、控制论等学科结合。正因为语言学在不同领域与不同学科的结合，才产生了应用语言学的分支学科，如社会语言学、心理语言学、神经语言学、计算机语言学、人类语言学、文体学等。从这个意义上讲，应用语言学具有跨学科的性质，是一门跨学科的综合性学科。

第三，应用语言学是一门应用性学科，以解决问题为导向。应用语言学重点研究语言学在社会生活中的实际应用，解决各领域或学科中与语言相关的实际问题，如语言学习问题(语言习得、语言意识、语言使用、语境、语言的控制和自动化、语言学习态度等)、语言教学问题(资源、培训、操练、互动、理解、使用、语境、动机等)、语言接触问题(语言和文化)、语言不平等问题(种族、阶级、地域、性别和年龄)、语言政策和规划的问题(地位规划、语料库规划、语言生态学)、语言评估问题(有效性、可靠性、可用性和责任)、语言的使用问题(方言、语域、语言社团等)、语言和技术问题(学习、评估、机会和使用)、笔译和口译的问题、语言病理学问题(失语症、阅读障碍和身体残疾)等。由此可见，没有不同领域和学科的实际需要，应用语言学就失去了存在的价值。

第四，应用语言学是一门实验性学科。应用语言学着眼于应用研究，解决实际问题，因此，要借助实验、调查、观察等实证研究。总的来讲，应用语言学采用定性、定量或二者相结合的研究方法。定性研究方法主要有访谈、观察、日志、内省法；定量研究主要有调查法和实验法。人们可以运用测试、问卷、访谈、观察、日志、内省等方法研究语言学习和教学领域的问题，运用田野调查、观察等方法考察语言使用的地区、行业和社会阶层特点等社会语言学问题，运用定量分析法对口语语料进行数理统计和分析，运用实验法对语音、词汇等层面的语言差异进行心理语言学测量和分析。应用语言学也有自己的理论，主要包括：交际理论、层次理论(语言的层次与人的层次、交际层次密不可分)、动态理论(语言的时空分布反映了语言的层次，也反映了语言的运动)、中介理论(语言的中介状态)、人文性理论(语言在发展变化中表现出的文化性或习俗)、潜显理论(语言的两种存在形态，前者为人们习惯并使用，后者尚未被利用和开发)(于根元，2002)。

第三节 应用语言学的研究范围

应用语言学是一门跨学科的科学，几乎涵盖了所有涉及语言的领域。狭义的应用语言学仅限于语言教学和学习的研究。从广义上讲，应用语言学涵盖了所有问题驱动的与语言相关的领域，其研究范围从应用语言学研究的重要议题可见一斑。

Grabe(2002)指出了应用语言学要解决的主要问题：

语言学习问题(发生、意识、规则、使用、语境、自动化、态度、技能)

语言教学问题(资源、培训、实践、互动、理解、使用、语境、不平等、动机、结果)

语言能力问题（语言学与学习方面)

语言接触问题(语言与文化)

语言不平等问题(种族、阶级、地区、性别和年龄)

语言政策和规划问题(地位规划、语料库规划、语言生态学)

语言评估问题(效度、信度、适用性、职责)

语言使用问题(方言、语域、话语社团、服务的有限可及性等)
语言和技术问题(学习、评估、可及、使用)
笔译和口译问题(线上、线下、技术协助)
语言病理学问题(失语症、诵读困难症、生理缺陷)
Cook(2003)将应用语言学研究分为三大板块:
(1)语言与教育
第一语言教育
其他语言教育(第二语言教育和外语教育)
临床语言学(言语和交际障碍的研究和治疗)
语言测试
(2)语言、工作与法律
职场沟通
语言规划
法律语言学
(3)语言、信息与效果
文体学
批判话语分析
笔译与口译
信息设计
McDonough(2009)归纳了应用语言学研究的重点和次重点议题:
(1)应用语言学研究的重点议题
教师培训和教育
培训和监督方法的发展、培训结构的发展
材料研发、试用和评价
教学方法和技巧
测试和评估、能力描述、成果鉴定、测试人员培训
第二语言/外语习得者研究
第二语言/外语习得研究
第一语言教育、学校语言、第一语言语文能力的发展、语言意识
语言作为语法和词典的一般描述和作为需求分析的具体描述、学习者面临的特定情境中的语言描述、话语和体裁分析、语用学
教育评估
语言教育政策、多语社会的语言规划
语言和文化
(2)应用语言学研究的次重点议题
临床应用:言语治疗、语言障碍、儿童语言障碍评估
法律语言学:法律语言的特点、规律及其运用
神经语言学:大脑中的语言表征、语言学习和脑损伤、关键时期假说

计算机语言学：机器翻译、语言数据的计算机分析
翻译理论
以下是以往应用语言学大会的议题：
(1) 1999 年在日本东京举行的第 12 届世界应用语言学大会议题
人工智能
双语者和多语者
认知与心理语言学
计算语言学
比较语言学与错误分析
语料库语言学
文化人类学与民族语言学
语篇分析
教育技术
第一语言学习与教学
外语教学
跨文化交际
国际语言
口译与笔译
基于中国字的语言和文化研究
语言与生态
语言与国际经济活动
语言与媒介
语言与哲学
语言、权力、职业和性别
专门用途语言
语言规划和语言政策
语言测试与评估
语言与大脑
词汇学
语言学理论
语言、修辞与文体学
语文能力
少数民族语言与文化
非言语交际与手势语
语用学
第二语言习得
社会语言学
日语外语教学

其他
(2)2002 年美国应用语言学协会的会议议题
语言与习得
语言与评估
语言与大脑
语言与认知
语言与文化
语言与意识形态
语言与教学
语言与互动
语言与媒介
语言与政策
语言与阅读
语言与研究方法
语言与社会
语言与口语
语言与技术
语言与笔译/口译
语言与写作
(3)2005 年第 14 届世界应用语言学大会议题
成人语言学习
儿童语言
职场交际
对比分析与错误分析
语篇分析
教育技术与语言学习
评估与测试
外语教学方法与教师教育
法律语言学
沉浸式教育
口译与笔译
语言与商务
语言与生态
多语言情境下的语言与教育
语言与性别
语言与媒介
语言接触与语言变化
专门用途语言

语言规划
语言学习中的学习者自主
词典编纂学与词汇学
语文能力
母语教育
心理语言学
修辞与文体学
第二语言习得
手势语
(4)2011年第16届世界应用语言学大会议题
语言习得与加工
第一语言习得
第二语言习得
书面与视觉语文能力
心理语言学
语言教与学
母语教育
标准语言教育
外语教学与教师发展
语言学习中的学习者自主
多语言情境下的语言与教育
教育技术与语言学习
职场语言
商务与职场交际
笔译、口译与中介
语言与法律
语言与职场
媒体与公众话语中的语言
社会语言
社会语言学
语言政策
多语言与多文化
跨文化交际
亚洲语境中的应用语言学
应用语言学与方法
语篇分析与语用学
修辞与文体学
对比分析与错误分析

词典编纂学与词汇学

语篇中的多模态

语言评估与测试

从以上议题来看，应用语言学具有较强的包容性和综合性，越来越注重吸收语言学及其各分支学科的理论和研究成果来解决与语言相关的问题(俞理明等，2013)。

一、狭义的应用语言学

狭义的应用语言学专指把语言学理论应用于语言教学(包括本族语教学和外语教学)(戚雨村，1985)。语言学习、语言教学、教学方法、教师发展、教学大纲、教材使用与编写等是语言教学过程中的重要要素。

(一) 语言学习

如上所述，语言分为母语和第二语言，语言学习可分为第一语言习得和第二语言学习。第一语言习得指儿童习得母语的过程，包括语音、词汇、语法、语用等层面的习得。关于儿童如何习得母语，研究者提出了不同的理论予以解释，其中主要有行为主义、天生论、认知发展论和语言功能论等。行为主义强调刺激和反应的联接，认为语言学习是语言习惯养成的过程，是模仿、强化和操练的结果。儿童在习得母语的过程中是被动的语言信息接受者，语言环境决定语言的习得。天生论则认为，儿童天生具有语言习得机制，具有关于语言的普遍知识，语言环境只是起到催化剂的作用。在语言习得过程中，儿童运用有关语言的普遍知识不断地提出关于语言的假设、验证或修订原有的假设，从而习得母语。行为主义和天生论的观点都比较极端，前者强调语言环境的决定性作用，后者强调习得机制的支配地位。从大量的实证研究来看，语言习得是语言环境和儿童内在特质相互作用的结果，即儿童语言发展是先天能力和后天经验相互作用的结果。第一语言习得的理论将在第二章中详细论述。

第二语言习得的理论也层出不穷，例如：行为主义、天生论、认知相互作用论、信息加工理论和社会文化理论。行为主义认为第二语言学习跟第一语言学习一样，主要是通过模仿和练习来完成的。第二语言的发展始于第一语言中的语言习惯，逐步形成第二语言新习惯。天生论指出，第二语言学习类似第一语言习得，第二语言学习者在第二语言学习过程中仍然运用语言的普遍知识，同时加上母语的迁移作用，他们的第二语言可以达到不同的水平。认知相互作用论认为，学习者在会话中，通过意义协商，可以获得可理解性的语言输入，还可以有语言输出，为最终习得语言形式提供充分必要条件。信息加工理论强调选择性注意的作用，认为第二语言学习是一种复杂的认知技能的学习。学习一门外语，就是学习一种技能，需要各个相关技能达到自动化水平。学习是一种认知过程，学习者的语言知识的内部表征不断重新构建，其语言运用能力不断得到增强。社会文化理论指出，语言学习是一个社会化的过程，语言学习是在特定的社会、历史和文化中通过对话进行的。在对话过程中，学习者得到对方(教师或其他学习者)的帮助，这些帮助像“支架”(scaffold)一样，对学生解决问题和建构意义起到辅助作用，可以帮助学习者理解和内化语言形式，在最近发展区内获得最大限度的发展。

第二语言学习研究是应用语言学研究的重要内容。研究第二语言学习可以帮助人们了解第二语言学习规律，从而指导第二语言教学实践。McDonough(2009)认为第二语言学习研究中有以下值得关注的问题：

(1)第二语言是如何发展的？

(2)第二语言发展与第一语言发展的过程有何异同之处？

(3)为什么所有儿童都近乎完美地习得了母语？

(4)第二语言习得中有哪些个性因素是必须具备的？

(5)第二语言习得中有哪些学习者内在因素，有哪些学习环境因素？

(6)第二语言学习中教师的角色怎样？

(7)每一位第二语言学习者的学习过程一样吗？是否具有显著的个体差异？这些个体差异是如何影响第二语言学习过程和进度的？

(8)第二语言学习与教学实践、学习者的文化背景是如何相互影响的？

(9)第二语言的学习对已有的第一语言知识产生什么样的影响？

(10)什么样的神经结构能容纳多种语言的并存？

以上问题隐含了第二语言学习研究诸多方面的内容，例如：

第二语言发展过程和顺序研究。第二语言学习者是如何习得屈折语素、词汇和语法的？语言学习需要遵循什么样的顺序？Krashen(1985)的自然顺序假说认为，人们对语言结构知识的习得是按自然顺序进行的。有研究表明，儿童和成人将英语作为第二语言学习时，掌握进行时先于掌握过去时，掌握名词复数先于掌握名词所有格 's 等。

中介语研究。中介语可以是学习者在某一特定的阶段构建的内部语言系统，也可以是一系列相互关联的语言系统的集合，亦可称为中介语连续体，表示学习者的语言发展过程。

教师角色研究。教师在第二语言学习过程中起着怎样的作用呢？传统的语言教学中，教师是权威、是知识的传授者。在新的教学理念的指导下，教师的角色发生了变化，成为第二语言学习的促进者、咨询者、合作者、指导者、学习者等。

学习者个体差异研究。在第二语言学习中，学习者在生理、认知、情感和社会文化等方面的差异影响他们的学习行为和学习结果。在第二语言教学领域，个体差异的重要性日渐凸显，个体差异研究已成为二语习得中的研究热点。

第二语言学习、教学实践与文化的交互影响研究。教学实践为学习者提供语言学习体验，但语言学习的成功与否与学习者本族语文化及其文化认同密切相关。第二语言习得是由学习者母语与目的语文化之间的社会距离和心理距离决定的，距离越近，第二语言就越容易习得(Schumann，1978)。

语言迁移研究。迁移不仅涉及第一语言对第二语言的影响，第二语言的学习同样会对第一语言产生影响。由于长期学习和使用第二语言，第二语言会在各个层面对第一语言产生影响，第一语言有可能会产生蚀化现象。

第二语言学习的神经机制研究。在语言学习过程中，语言信号的输入和输出以神经冲动的形式在脑神经网络中进行传递。对于第二语言学习者来说，他们头脑中的语言知识是如何组织的？每种语言所对应的概念体系是独立存在还是共享的？他们使用语言时是如何提取相应的语言形式的？这些问题都有待于进一步研究。

(二)语言教学

语言教学可以界定为任何产生学习结果的活动，如“正式的讲授和训练方法、个性化教学、自学、电脑辅助教学、媒体教学”(Stern，1983：21)。总的来讲，语言教学可以分为语言知识教学和语言技能教学。

1. 语言知识教学

根据语言知识的三个层面，即语音、词汇和语法，语言教学可分为语音教学、词汇教学和语法教学。

语音是语言存在的物质外壳和物质基础。语音教学不仅要注重单个语音的准确性，更要侧重于重音、语调和节奏等超音段要素的学习。英语是典型的语调语言，语调在交际中传递着重要的信息。中国英语学习者在语调学习方面普遍感到困难。这就需要教师在语音教学过程中尽量选择自然真实的语音教材，让学生身临其境，感受英语的语调和节奏美。

词汇是语言的建筑材料，词汇学习是语言学习的关键。词汇能力包括各种词汇知识，以及在具体语境中运用词汇的能力。Laufer(1997)指出词汇知识应包括以下六个方面：①形式——发音和拼写；②单词结构——基本自由词素或粘合词根词素；③该词在短语或句子中的词法行为；④词义——指称意义(包括意义的多重性和隐喻外延)，情感意义及语用意义；⑤词汇关系，如同义、反义和上下义等；⑥通常搭配。总之，完整的词汇知识至少应包括两个方面：形式(发音和拼写)和语义(主要包括一个单词与相关词项的横向和纵向的意义关系，如搭配行为、近义词和反义词等)。Bogaards(2000)总结出词汇能力的以下几个方面：形式(口头和书面)、意义(概念意义和意义关系)、词形(派生和复合)、句法、搭配和语篇(风格、语域及得体性)。要获得词汇能力，学习者需要掌握各种词汇知识，其中重要的是掌握词汇的横组合和纵聚合关系，即词汇的语境限制和该词在词汇系统中的语义价值。词汇教学要涉及词汇知识的各个方面，将词汇置于特定的语境中，让学生学会准确、得体地使用词汇。另外，扩大词汇量也是英语学习的重要任务。教师要有针对性地对学生进行词汇学习策略的指导和培训，激发学生的学习兴趣，有效记忆词汇，不断掌握新的词汇。

语法是语言的组织规则，其实质是用形式化、程式化手段来组织语义、语用信息。语法规则能帮助第二语言学习者对输入的语言材料更好地进行切分，从而达到准确的理解。语法与词汇不可分离。词汇的运用必然要考虑词法和句法。语法是基本框架，词汇是建筑材料，二者相辅相成。同时语法具有语篇意义。传统的英语教学中，语法往往脱离语境，脱离语篇，语法教学主要讲授语法点和孤立的句子。但在口语和写作中，流利性和准确性不能兼得。为了保证语言使用的流利性、准确性和得体性，我们主张基于语篇的语法教学。对语篇的掌握不能仅仅停留于宏观意义和功能的理解，学生更应深刻体会作者是如何运用语言体系来实现语言功能的，以增强其语言能力。从语言功能的角度来看，语言体系分析包括及物系统、语气和情态系统以及主位系统等。通过词汇语法分析，学生可以深刻地领悟作者是通过什么语言手段达到修辞目的的，其他的词汇和语法结构为什么不能实现作者的写作意图等。

2. 语言技能教学

语言学习也是四种技能的学习：听、说、读、写。语言教学课分为听力教学、口语教学、阅读教学和写作教学。

听力技能是多种语言能力的综合产物，涉及语音、语调、语法、句型及文化与社会背景等各方面的知识。因此，听力教学要求学习者不仅熟悉常用单词或词组的发音，特别是连贯语句或快速口语中的发音，还必须掌握大量口语句型及其功能，具备扎实的语法基础，了解语言的文化背景、谈话时的具体情况和谈话者的语气等。影响听力理解的因素有很多，如听力材料的语言难度、文化背景、学习者的认知和情感等个体差异(如语言水平、社会文化知识、听力策略、动机、焦虑等)。在听力教学中，教师应该加强语言输入，给学生提供不同难度、不同题材、不同体裁的听力材料。另外，教师要有针对性地进行听力策略教学。听力策略包括认知、元认知、社会和情感策略。认知策略包括推理、精加工、预测、语境化、视觉化、意义重构等策略；元认知策略包括听前准备、选择性注意、导向性注意、理解监控、在线评估输入的价值、理解评估等策略；社会和情感策略包括合作、增强自信等策略(Goh, 2002)。听力策略有助于提高学生的听力理解能力。

阅读过程是读者与文章之间互动的过程。阅读教学要引导学生与文章进行对话，这就需要增强学生的阅读动机、增加阅读材料的可读性、提高学生的语言掌握能力以及对相应话题的熟悉程度等。在国内许多外语学习课堂里，阅读教学还是沿用传统模式：理解大意、回答问题、阅读技能和技巧训练、结构分析、词汇和语法解释等。但是学习者往往未能将语言的形式和功能结合起来，即作者运用特定的语言形式要达到什么样的修辞目的，缺乏作者和读者意识，而这正是阅读的主要目的，因为语言具有符号性、社会性，语言可用于实现特定的写作目的。语篇阅读教学将体裁、语域和语法词汇特征结合起来，探究特定的语法和词汇如何实现相应的写作目的，让作者与读者的对话成为现实。

口语具有直接性、随时性、双向性、反馈性、情感性、主观性。口语有自己独特的语法。Carter(2003)在研究语料库的基础上，总结了口语语法的基本形式：①头词，位于句首，引起听者对话题的注意；②尾词，位于句尾，呼应承前代词，加强语气；③省略，主语和动词都省略；④语篇标识，用于标记话题的转换；⑤句子成分位置灵活，如副词(词组)置于反意疑问句之后，副词置于句尾；⑥模糊语言；⑦指示词；⑧多样化的情态表达；⑨并列句和简单的从属句；⑩纵横交错的分句。可见口语语法有别于传统语法。口语教学不仅是语音语调教学的问题，还涉及语用规则和社会文化规约，以及在现实交际过程中产生的人际关系的理解和把握。在国内学习外语，由于没有真实自然的语言环境，英文电影和电视剧可以作为口语教学的辅助材料。许多学校都聘请外籍教师上口语课，外籍教师应邀组织"英语角"活动，增加了学生练习口语的机会，值得提倡。

写作是一项涉及语言各个层面的综合技能。英语写作是中国英语学习者的薄弱环节。写作中很多错误屡见不鲜，这些错误涉及词汇、语法和语篇等各个层面。许多学生的英语写作深受母语迁移的影响，遣词造句、布局谋篇都带有汉语语言的痕迹。探索行之有效的写作教学方法迫在眉睫。Hyland(2005)提出三种写作教学的方法：基于篇章的写作教学，基于作者的写作教学和基于读者的写作教学。

(1)基于篇章的写作教学。基于篇章的写作教学有两种不同的观点。第一，篇章

(text)独立于语境、作者和读者，是由短语、小句和句子按照一定的顺序和规则排列而成的结构。写作作为篇章并不是孤立存在的，是语域和体裁的具体体现，即情境语境和文化语境的词汇语法的实现形式。第二，篇章是语言使用中的语篇(discourse)。在教学中具体表现为体裁教学法。体裁写作教学将语言形式与功能有机地结合起来，旨在提高写作的准确性、得体性。

(2)基于作者的写作教学。基于作者的写作教学有三种不同观点。第一，写作是表达自我的过程，这个过程是自发的、探究性的，是认知成熟的表现。第二，写作是认知的过程。写作是一个非线性、探索性、产生性的过程，是解决问题的过程。计划、草稿、修订、编辑等各项活动并不是按照顺序一一进行的，它们彼此之间具有递归性、交互性和同时性。第三，写作是特定社会情境的行为，强调写作与作者的态度、社会文化的关系。

(3)基于读者的写作教学。基于读者的写作教学也有三种观点。第一，写作是作者和读者之间的社会互动。写作时作者要充分考虑读者的理解能力、兴趣和需要。第二，写作是社会构建的过程，作者是社区的一员，写作受到作者所在社区文化的影响。第三，写作是权力和意识形态的体现。

这些写作教学思路都可以为我们提供教学参考和启示。总而言之，写作教学需要将语言形式和意义表达结合起来，将语法与内容结合起来，将作者和读者联系起来，将写作过程和写作结果结合起来。

翻译也是重要的语言技能之一，涉及两种或以上的语言结构、思维方式和文化内涵。早期的语法翻译法注重两种语言之间的相互转换。萨皮尔-沃尔夫假设认为，人们的思维方式是由其母语决定的，因为母语中已经存在的各种概念及其差异决定了人们感知世界的方式。诚然，母语中的结构和形式在一定程度上影响了我们看待世界的方式和视角，而且每一种语言系统都是独特的，但是语言系统之间并非水火不容，翻译让语言之间的对话成为可能。当然，翻译过程中会遇到诸多问题，如词语空缺、结构不同、概念差异、功能不对等。语言教学需要提高学习者语言和文化差异的敏感性，使他们在学好外语的同时，进一步提高汉语语言素养和汉语文化素养。

3. 语言教学法

语言教学是为语言学习服务的，有效的语言教学必然促进和加快语言学习进程。19世纪以来，随着心理学的发展和语言学流派的不断涌现，各种语言教学法也随之应运而生。这里我们首先澄清一下什么是“方法”。“方法”在英语中有三个词：approach，method和technique，在汉语中分别翻译成路径、方法和技巧。Anthony(1963，引自Richards & Rogers，2000)认为这三个词呈等级关系。路径(approach)是一套与语言教学本质相关的假设，它是一个轴心，描述教学内容的本质。方法(method)是一套保证语言材料有序呈现的整体规划。它不能违背路径，必须建立在路径的基础上。路径是轴心，方法是程序。技巧(technique)是课堂上的具体操作步骤。它是完成特定的近期目标的策略。技巧必须与方法、路径保持一致。

一定的语言教学方法反映了一定的语言和语言学习理论，因为对语言和语言本质的认识直接影响到教学方法的形成和选择。语言教学大纲的制定、教材的编写、教材的呈现、课堂教学活动的安排等无一例外地体现了教师对语言本质的认识和对语言学习理论的理解。以下列举一些常用的教学法予以说明。

口语法和情境教学法的语言理论基础是英国的结构主义语言学理论。结构主义语言学认为，口语是语言的基础，结构是口语能力的核心。情景教学法的学习理论受到行为主义心理学的影响，认为语言学习是语言习惯养成的过程。

听说法的语言学理论源自美国的结构主义语言学。结构主义语言学认为语言是一个由规则制约的系统，是系统的系统，较大的语言单位是由较小的语言单位按照一定的规则排列组合而成的；口语是第一性的，书面语才是第二性的。听说法的语言学习理论基础是行为主义心理学，行为主义心理学认为语言学习是习惯形成的过程，是刺激和反应的联接。强化是语言学习中的关键因素，因为它关系到语言习惯的形成。

交际教学法的语言理论有两个：交际能力理论和功能语言学理论。代表性的观点有：语言是表达意义的系统；语言的基本功能是交往和交际；语言的结构反映其功能和交际意图；语言的基本单位不仅仅是它的语法和结构特征，还包括反映在话语中的功能和交际意义的范畴。语言学习应该遵循：①交际原则——真实的交际活动促进语言学习；②任务原则——有意义的学习任务促进语言学习；③有意义原则——对学习者有意义的语言促进语言学习。

全身反应法没有明确指出全身反应法的语言理论基础，但课堂练习的名称和安排方式体现了结构主义语言观，其语言学习理论基于以下三种假设：①大脑中有一种特定的语言学习的生理程序，它决定第一语言和第二语言学习的最佳途径；②大脑区域化决定了左右脑的不同学习功能；③压力(情感过滤)影响学习行为和学习内容，压力越小，效果越好。

沉默法主要的学习理论假设如下：①通过发现或创造，而不是通过记忆和重复学习效果更好；②通过实物学习有助于提高学习效果；③通过解决与学习材料有关的问题促进语言学习。

社团语言学习法体现的是人本主义学习观点——整体的个人学习，具有认知和情感的真正的人。学习在教师和学生的互动中进行，学习被看成是整体性、个人的和社会的体验。

自然法以 Krashen 的语言习得理论为理论基础。该理论有 5 个假设构成：①习得-学习区别假说。“习得”是无意识过程，是注意意义的自然交际的结果。“学习”是有意识地掌握某一语言的语法规则的过程。学习不会导致习得。②监控假说。习得的语言系统才是真正的语言能力。而有意识的语言知识只是在第二语言运用时起监控或编辑作用。③输入假说。只有当习得者接触到“可理解性语言输入”，即略高于他现有语言技能水平的第二语言输入，才能产生习得。④情感过滤假说。学习者的情感状态，如动机、自信和焦虑可以影响习得所必需的输入。⑤自然顺序假说。语言结构知识的习得是按自然顺序进行的。

暗示法的理论基础是：寓学于乐，使学生在轻松愉快、毫不紧张的情况下学习；人的思维是在有意识和潜意识两种意识层面上进行的；暗示是巧妙地利用无意识的心理活动，目的在于促进学习。

4. 教师发展

教师专业发展不仅需要充分接受学科知识和教育知识，提高教师的专业水准，还需要通过反思，提升对自己的专业活动的理解，发现其中的意义，促成反思性实践(张庆宗，2010)，更需要与其他教师建立一种开放、互信的合作文化，进行信息传递、技能交流、智慧碰撞和文化构建，从而使教师的教学能力得到发展，教育思想得到提升，职业认同感得到加强(朱伟、王跃平，2012)。外语教师专业发展概念有两个维度，维度一是指教师个人在专业教学生涯中的心理成长过程。心理成长的内容包括：①态度层面：专业信心、态度价值观的增强；②学科知识能力层面：学科知识在“博”与“专”两个方面的持续更新；③专业教学知识能力层面：教学技能的提高以及为应对教学不确定性而发展丰富的教学策略意识的(教学艺术化)不断强化，人际交往和与同事合作等能力的完善；维度二是指在职教师受外在的教育或培训而获得上述方面的发展(贾爱武，2005：59)。

外语教师的专业发展是一个长期、逐渐进步的过程(吴一安，2008)。Berliner(1988)将教师技能发展分为五个阶段：新手教师(novice)、熟练新手教师(advanced beginner)、胜任型教师(competent teacher)、熟手教师(proficient teacher)和专家型教师(expert teacher)，该五阶段可以简化为三个阶段，即新手教师、熟手教师和专家型教师。新手型和专家型教师在教学行为、教学策略、教学效能感、教学监控能力、教师策略性知识的成分与结构特征、心理特征等教师素质的核心问题方面均存在差异。

二、广义的应用语言学

广义的应用语言学泛指语言学理论的各种实际应用，除了传统的语言文字教学之外，还应用于失语症和言语病例、人工智能等(戚雨村，1985)。以下领域已经成为应用语言学研究的重要分支。

社会语言学(sociolinguistics)。该学科运用语言学和社会学等学科的理论与方法，从不同社会科学的角度研究语言的社会本质、语言与社会之间关系的一门学科，基本出发点是把语言当作一种社会现象来研究，考察语言的社会功能和特征等。

人类语言学(anthropological linguistics)。该学科利用人类学的理论和方法，调查言语社区的社会文化、经济结构、宗教信仰、地理环境、意识形态、风俗习惯等，探究语言与文化的关系，如不同文化背景下的亲属称谓、颜色词、动植物词汇、数字词等的文化内涵。人类语言学强调语言与文化、语言与社会背景的密切关系。

心理语言学(psycholinguistics)。言语是通向心灵的窗口，该学科通过语言行为探究语言行为的心理机制，主要包括四个板块：语言习得、语言产出、语言理解和语言丧失。语言习得是儿童语言的习得过程、阶段和顺序。语言产出研究语言的生成过程、影响因素等。语言理解探析语音、词汇、句子和语篇的理解过程及其影响因素。语言丧失研究由于疾病、事故、年龄等原因导致语言的部分或全部丧失。

数理语言学(mathematical linguistics)。该学科运用数学的理论和方法研究语言现象。数理语言学按照研究领域可以分为三个方面：①代数语言学，采用集合论、逻辑数理等离散的代数方法对语言的形式结构进行严格的数学描述。②统计语言学，采用概率论、数理统计等方法对语言结构和语言单位、语言变异等方面进行频率和概率统计。③模糊语言学，运用模糊集合论和现代语言学的基本理论来分析语言的模糊性。人类的诸多层次都存在这模糊性，如语音、词汇、句法、语义、语用、语篇等。

计算语言学(computational linguistics)。该学科是语言学与计算机研究相结合而形成的一门应用语言学分支，是通过计算机处理人类语言的一种理论研究方法，通过对语言数据的分析，获取各种语法规律，实现对自然语言形式化的处理，有着明确的应用目标——语音合成、语音识别、信息检索、信息抽取、机器翻译等。

神经语言学(neurolinguistics)。该学科主要研究语言的习得、生成和理解的神经机制，通过分析大脑如何产生、接收、分析、储存和提取语言信息，从而探究大脑与语言的关系。现代神经语言学主要通过两种方法来研究人脑：病理学方法和电子生物方法。前者主要关注失语症者的神经机制研究，后者主要运用 ERP(事件相关电位)、fMRI(功能性磁共振成像)等高科技手段对正常人的大脑进行研究(梅德明，2017)。

病理语言学(pathological linguistics)。该学科利用医学技术和语言学的理论与方法研究、治疗语言功能紊乱和语言障碍，又称为临床语言学。研究的内容主要有失语症的描述、分类、原因探析和治疗，大脑功能单侧化与语言中枢。

语料库语言学(corpus linguistics)。该学科是一种以语料库为基础的研究方法。语料是通过计算机收集的、具有一定规模的、为实现特定目的的语言材料。可以是口头的，如中国英语专业大学生专业四级口试语料库，可用于研究口语特征、中式英语、语用失误等。也可以是书面的，如中国大学生英语写作语料库，用于研究英语写作中的错误分析、篇章结构、思辨能力等。

地理语言学(geographical linguistics)。该学科从地域分布的角度来研究语言或方言，把语言社区的地理位置与该社区的历史发展联系起来加以研究，阐述一个地区某些语言在语音、词汇和语法等类型上的相似性，并将这些语言进行分类，从而发现语言变迁的痕迹。

侦查语言学(investigation linguistics)。该学科运用现代语言学、刑事侦查学以及文件检验学的理论和方法，对案件语言材料进行研究，探讨言语行为的形成和演变规律，寻求作案人的言语特点，解释其身份特征，为侦破案件提供有力的线索。

词典学(lexicography)。该学科研究按什么范围收词，按什么原则释义以及针对什么目标编纂词典(于根元，2003)。词汇编纂对词项进行收集整理、比较、注释和分类，并编撰成书，使词汇知识系统化。词典门类繁多，各具特色。就语言学习者来说，有语言类工具性词典，也有专业学习词典，比如语言学词典、文学词典、翻译词典等。

文体学 (stylistics)。该学科研究文本体裁的特征、本质及其规律，是对文本风格变异的研究。人们在不同的场合使用不同的表达方式。拿词汇来说，基本意思相近的词语体风格不同，如“male parent”“father”“dad”“daddy”和“old man”，这些词可以用来指同一个人，但语体风格迥然不同，从左到右排列，正式程度依次递减。

人名学(anthroponymy)。该学科研究人名的产生和发展、结构、社会功能、地理分布、种类和意义。人名可以反映一个民族的文化、历史和风俗习惯(于根元，2003)。

地名学(toponymy)。该学科研究地名的由来、语词构成、含义、语言特征、演变、功能、分布规律以及地名与自然和社会环境之间的联系。

第四节 应用语言学研究的历史

一、国外应用语言学研究

应用语言学随着外语教学的发展而逐步建立起来，是一门从传统的语言教学发展到跨领域的交叉学科。

第二次世界大战前后，由于政治、经济等方面的需要，美国大力发展外语教学，出现了诸多外语短期培训班。1946 年 Michigan 大学开设了应用语言学课程，研究对外英语教学，并于 1948 年创立了学术期刊《语言学习》(*Language Learning*)，公开使用“应用语言学”这个术语。紧随其后，1958 年英国 Edinburgh 大学研究生部成立应用语言学学院，1959 年美国华盛顿成立了应用语言学中心，以培养应用语言学的专门人才。20 世纪上半叶，语言学理论结构主义与心理学理论行为主义对外语教学产生了极大的影响，直到 50 年代末 60 年代初，Chomsky 提出了转换生成语法。这些理论和流派极大地促进了应用语言学的发展。

应用语言学学术地位的真正确立是 1964 年。当年，第一届国际应用语言学大会在法国 Nancy 举行，成立了国际应用语言学协会。同年，英国的 Halliday，McIntosh 和 Strevens 等三人合著的《语言科学与语言教学》(*The Linguistic Sciences and Language Teaching*)(1964)和美国 Rivers 的《心理学家与外语教师》(*The Psychologist and the Foreign Language Teacher*)(1964)分别在大西洋两岸出版。从此，应用语言学如火如荼地发展起来，主要体现在以下四个方面(桂诗春：2000)：①AILA 每三年开一次国际大会(到 2017 年，已经召开 18 届了)。②各大学纷纷成立相关学科点(应用语言学、教育语言学、TESOL、TEFL 等)，培养了大批应用语言学硕士和博士。③出版发行很多应用语言学或外语教学的杂志。(4)知名出版社纷纷出版应用语言学或外语教学的丛书。

20 世纪中后期，随着语言科学的发展，语言学应用的范围越来越广，从传统的语言教学扩展到其他领域，与不同学科相结合，不断分化出具体的分支学科。除了社会语言学、人类语言学、心理语言学、计算语言学、语料库语言学、神经语言学、病理语言学、侦查语言学、地理语言学、文体学、人名学、地名学等应用语言学分支学科外，还会有更多的交叉学科应运而生。

二、国内应用语言学研究

国内应用语言学研究起步于 20 世纪 70 年代末和 80 年代初，进入 90 年代以后，才得到一定的发展。1980 年，广东外语外贸大学和上海外国语大学联合发起召开“应用语言学与英语教学学术讨论会”。1984 年在香港中文大学召开“应用语言学研讨会——汉语社区的语文教学”。1985 年由中国外语教学研究会和广州外国语学院召开“首届中国英语教学国际讨论会”，2017 年 10 月在西安举行了第八届讨论会。中国英语教学研究会于 2002 年成为国际应用语言学学会的正式会员，北京外国语大学于 2011 年成功举办了“第 16 届世界应用语言学大会”。语言文字应用研究所经国务院批准于 1984 年成立，该中心研究语言文字应用的实际问题和理论问题、语言文字的规范化和标准化、语言政策和语言规划，开展语言文字的培训和测试工作，培养语言文字方面的专门人才。1992 年《语言文字应用》创刊，标志着我国“应用语言学”成为一门独立的学科(夏中华，2012)。1995 年，“首届全国语言文字应用学术研讨会”在北京香山举行，参加这次会议的有来自 22 个省市大专院校和科研单位的 180 位学者，还有来自香港、澳门和台湾地区学术界的 18 位学者，共收到论文 169 篇，涉及了应用语言学所有的主要分支。2017 年“第十届全国语言文字应用学术研讨会”在华侨大学举行，以提升“国家语言文字服务能力”为主题，围绕“国家通用语言文字政策、规划和应用研究”“语言文字资源与信息化建设”“国家语言服务能力研究”“语言文化传承与交流”四个议题展开讨论。

国内应用语言学的发展精彩纷呈，体现在诸多方面：语言测试的标准化、优秀教材编写、高等院校语言学及应用语言学学科和研究中心的建设、学术专著的出版、权威期刊的发行、国际合作的加强，快速发展的中国应用语言学令世界瞩目(俞理明等，2013)。

第二部分　习得篇

第二章　第一语言习得

第一语言习得是指儿童母语学习和发展的过程。在这个过程中，儿童主要习得语音、词汇、语法以及语用方面的内容。虽然在儿童语言习得过程中存在着一些个体差异，但语言习得的顺序相对稳定。一般来说，儿童在6个月时开始咿呀学语，一岁左右进入单词语阶段，一岁半进入双词话语阶段，两岁左右习得屈折变化，25个月左右习得疑问句和否定句，十岁左右达到成人水平。

第一节　第一语言习得过程

第一语言的习得过程是儿童社会化的过程，在此过程中，儿童的认知、情感和语言不断地得到发展。语言发展包括三方面的内容：语音习得、词汇习得和语法习得。

一、语音习得

语音习得过程包括两个方面，一个是言语听辨，一个是言语产出。言语听辨总是先于言语产出，这是因为儿童在胚胎发育至7个月左右时已经具备了一定的听的能力，而出生后的婴幼儿的口腔通道和发音器官与成人相比，有很大的不同，要经过长时间的生长发育之后，才能学会正确的发音。再者，在儿童产出语言之前，他必须首先接触有效的语言输入，才能有语言的产出。语言输入是语言产出的前提和条件。新出生的婴幼儿表现出对母亲声音的偏好，这可能与儿童在胎儿时期更多地听到母亲的声音有关。2至4个月大的婴儿能分辨出带有不同情绪的声音，如生气、安慰、高兴的声音，并且，能够将母语和非母语的声音区分开来。绝大多数婴儿在接近一岁时，已经能听懂一些单词的意思了。

婴儿一出生就会啼哭。从严格意义上来说，啼哭不是语言，但婴儿用哭声表达自己的诉求，并且哭声的含义随着婴儿的长大逐渐变得复杂起来，从满足简单的生理需要到复杂的情感需求。虽然啼哭不是语言，但却是语言发生的预兆，同时，啼哭能够增强婴儿的肺部力量，调节呼吸节奏，为后续的发声、言语的产出做好准备。1至7个月大的婴儿可以发出各种不同喔啊的声音(cooing sounds)，这个阶段的发声主要停留在元音上。到了7个月左右，婴儿开始进入咿呀学语(babbling sounds)阶段，可以发出一连串的、重叠的声音，例如，“bababa”，并有节奏、有语调地加以重复，试图模仿某些声音，这些声音大多具有“辅音+元音”的基本音节结构。咿呀学语非常接近母语，已经具有母语的一些语调轮廓特征。儿童在咿呀学语阶段所发出的各种声音会逐步缩小范围，被巩固下来的仅是儿童在周围环境中听到他人发出的那些声音。

二、词汇习得

在1岁左右，幼儿开始说出第一个词。这些单词一般限于命名(Mama)，物体(car)和物质(water)等，大多表达他们所能接触的具体的人和物体。命名是儿童逐步掌握单词及其意义的关键语言练习，用于命名的单词通常出现在所有文化中儿童的早期语言发展体系。在最初阶段，新单词以每周3~5个的频率出现在儿童的话语中。1岁半的时候，幼儿的词汇习得以令人惊讶的速度发展，研究人员把这个阶段命名为爆炸阶段，因为这个阶段他们以极快的速度学习新词，特别是物体的名称。这个时候，幼儿能够说出大约50个单词，但能够理解250个单词，数量远远大于他们产出的词汇。到了2岁的时候，大约能说出200个单词。Nelson(1973)对儿童词汇习得进行了研究，发现他们最初习得的10个单词均属于动物、事物、玩具这三个范畴。而到他们习得了50个词的时候，范围扩大至人体的器官、衣服、家庭用品、运输工具、人物等方面。在后续的词汇习得和发展中，儿童的词汇量不仅有了很大的增加，词汇的类别也在不断地扩大。有时候，儿童对某个词义外延的理解会扩大。而在另一些时候，儿童对某个词义外延的理解也许会缩小。

儿童词义的习得一般按照由具体到抽象的顺序进行。对于抽象意义的掌握，儿童一方面借助于该意义与具体事物或经历的联系，另一方面，比喻类语言的使用也有助于他们对抽象意义的掌握。

儿童词汇的获得过程主要有以下三个方面的内容：在第一批词汇的基础上，继续习得在某些场合限定性很强的词；已习得的词语开始摆脱场合限制性，获得了初步概括的意义；开始掌握一些具有概括性和指代行功能的名词和非名词性词语。

三、语法习得

儿童语法的习得主要经历以下几个阶段：独词句(holophrase)，双词话语(two-word utterance)，连接语法(connective grammar)，递归语法(recursive grammar)和语篇(discourse)。

儿童在一岁左右，独词句开始出现。独词句始于儿童的命名活动，是儿童用一个单词表达成人一般需要用一个句子才能表达的交际手段。独词句是在儿童还不能驾驭句子，但又有进行交际的强烈愿望时出现。这个时候的儿童常用单个的词来表达较为复杂的思想。独词句中单词起到一个句子的作用，例如，他们可能会使用“water”一词来表达“I want some water.”(我想喝水)的意思。同一个词在不同环境里，伴以不同的感情和动作，往往有不同的含义：如“Mama”可以表示“This is Mama.”(这是妈妈)“I want Mama.”(我要妈妈)“Mama, I am hungry.”(妈妈，我饿了)等。约半数的单词是表达以下含义的具体名词：食物、身体部位、衣服、交通工具、玩具、家庭用品和动物等。独词句包含许多语义、语用信息，因此，独词句的大量使用必然使儿童分解其成分，逐步发展出词句、语法的概念。

在儿童习得“客体恒存性”(object permanence)之前，儿童所习得和使用的词都属于“当时当地词”(here-and-now words)，在习得“客体恒存性”之后，儿童已具备在大脑中保持人或物体记忆的能力，即使这些人或物没有出现在当时当地，儿童仍然知道他们的存在。与此相应，儿童的语言中出现了“allgone”和“more”这样的用语，可以根据语境表示不同的含义，如“牛奶没有了，还要牛奶!”“饼干吃完了，还要饼干”等。

独词句的使用依赖具体的语境。表2-1说明了儿童在具体语境中如何使用单个词语来表达各种不同的语义关系。

表2-1 **独词句中的语义关系(Greenfield & Smith，1976)**

语义关系	例句	语境
进行命名	Dada	看见爸爸
表达愿望	Mama	哼哼唧唧地看着牛奶
表达施事者	Dada	听到有人进来
说明动作	Down	坐下来或从某处下来
说明物体状态	Down	刚把东西扔下来
说明与某物体相关的事物	Cracker	指着放饼干的房间
说明所有者	Lauren	看见Lauren的空床
说明地点	Box	将蜡笔放进盒子里

到了2岁左右，儿童的语言发展进入双词话语阶段，他们开始能说出包含两、三个词的话语。双词话语阶段与皮亚杰提出的认知发展的前运算阶段几乎是同时发生的。在认知发展的前运算阶段，儿童缺乏倾听能力，处于自我中心言语阶段，自我中心言语是伴随儿童正在做某一件事情时持续不断的解释，不是一种与他人进行交流的工具。逐渐地，儿童在他人面前开始说话，但没有信息和信念的交流，随后才发展到能用言语进行社会性交流。

双词话语的功能多样，词与词之间的语义关系复杂，是成人完整句子的缩写。其中的词序与成人正常话语中的词序非常接近，保留了主要的意义部分，但少见功能词(如介词、助动词、冠词等)，就像以往发电报时人们为了节约钱省去功能词一样。因此，双词话语又叫做电报式话语(telegraphic utterance)，例如，“allgone ball”(The ball has gone)，“Daddy chair”(That is Daddy's chair)，“there cow”(There is a cow)，“Mummy sock”(This is Mummy's sock)等。双词话语中词语的组合主要是靠语义关系，不同于目的语言的语法。儿童应用双词话语来表达物体的出现、消失和位移，指出物体的特征以及它们的所有者，评论正在做事或看东西的人，要求得到或拒绝某样东西或某项活动，对人、物、地点等进行提问。

双词话语由两部分组成：一部分是轴心词(pivot)，一部分是开放性词(open word)，两部分构成双词话语，这就是轴心语法(pivot grammars)，然而，轴心语法只能解释部分儿童的部分话语。研究表明，儿童认识到词与词之间有一定的意义关系，如拥有者和拥有物之间的关系，他们逐渐学会用词序或词尾变化来表达这种关系，如“mummy sock”，而不是“sock mummy”。双词话语的出现标志着儿童说话能力发展的一大飞跃：即他们能够用单一的话语表达更多的交际意图。

连接语法指在双词话语之后，儿童话语中出现了一些连接单词的语法标志，如动词的曲折变化、连词、助动词等。在这个阶段，他们开始接触语法的语素和语言的约定俗成的特性，但是他们的话语偏离成人的话语。然而，这种偏离是有规律的，他们倾向于把语言系统规则化(regularization)。例如，说英语的儿童常常会把英语的屈折变化过度概括，把不规则动词的过去式说成“breaked”“goed”，或者把不规则的复数名词说成“foots”“mouses”“sheeps”等。

递归语法阶段，儿童发展起使用不同类型句子的能力，以儿童话语开始出现否定句、疑问句、被动句和复杂句为标志。英语的否定句和疑问句比陈述句的习得难度大，儿童要经过相当长的时间才能掌握否定词、疑问词、助动词以及倒装等用法。以习得否定句为例。否定句的习得通常分为三个阶段：第一个阶段(1—2 岁)，儿童直接将否定词放在句子外部，如“no go movies”，“no sit down”，“no mummy do it”；第二个阶段(2—3. 5 岁)，儿童将否定词直接放在句子中，如“I no like it”，“I no want book”；第三个阶段(3. 5—4 岁)，儿童开始使用不同的助动词来构建否定句，如“You can’t have this.”“I don’t have money.”“I’m not sad now.”。否定句、疑问句等的出现标志着儿童语言意识的觉醒。儿童不但在使用语法，而且觉察到语言是有语法系统的，有正确的表达方式，也有错误的表达方式。3 岁的儿童在说话时会不时地停下来改正错误，或是改正其他同伴的错误。到了 4 至 5 岁时，儿童具有了元语言技能(metalinguistic skills)，会根据自己的标准来判断语言是否正确。从连接语法到递归语法的发展是一个质的飞跃。

从两三岁开始，儿童逐渐开始发展语篇功能：学会讲故事，参与谈话等。随后，他们会逐渐使用更多的连贯手段，学习新的文体，调整自己的话语以适应不同的听者，向别人提出请求并说明什么。到入学时儿童已具备了相当的交际技巧。

儿童掌握的语法形式越多，对外在世界各类现象和事物之间的关系也就有越多的认识，如事物之间的空间关系、先后顺序、因果关联等。语法的掌握过程也是儿童发展思维的过程。

第二节 影响第一语言习得的要素

要保证儿童第一语言习得顺利完成，必须要满足一些条件。这些条件分为必要条件和充分条件，它们分别是语言环境、认知过程和内在机制。语言环境决定语言输入的数量和质量，认知过程指儿童对语言信息进行处理的心理机制，内在机制是儿童习得语言的先天准备。以上三个条件相辅相成，缺一不可。

一、语言环境

语言环境在语言习得中是必不可少的条件之一，人们常常会围绕以下问题来探讨语言环境在语言习得中的作用：语言习得需要语言输入吗？语言输入必须发生在特定的时段中吗？什么样的语言输入效果更好呢？以下通过介绍两个案例(野孩和在极度封闭环境中长大的孩子)试图来回答以上三个问题。

野孩是指那些在野外长大的孩子。时间追溯至1797年，在法国南部有农民发现一个赤身裸体的男孩在丛林中奔跑，找寻土豆和坚果，随后这个男孩被一群猎人找到并带回到文明世界中来。由于这个孩子是在法国阿韦龙省(Aveyron)被发现的，所以人们把这个孩子叫做“阿韦龙省的野孩(Wild Boy of Aveyron)”。在文献中，该孩子的名字叫维克多(Victor)。

维克多被发现时，大概有十二三岁。尽管他听力正常，会发出一些声音，但是完全不会说话。很多研究者对恢复维克多的语言能力表示怀疑，但维克多引起了一位法国年轻医生Itard的关注。在接下来的5年内，Itard医生对维克多进行了强化训练，主要集中在语言训练和行为矫正方面。总的来说，维克多的语言进步很缓慢。有人认为Itard医生的培训方法有问题，但更多的人认为维克多已过了语言习得的关键期。

文献中记载最详细的、在极度封闭环境中长大的孩子叫Genie(Curtiss，1977)。在这里不妨了解一下Genie的家庭背景。尽管Genie的父亲坚决不同意生养孩子，可是Genie的母亲还是接二连三地怀孕了。在其怀孕期间，Genie的父亲残暴地殴打她，甚至要杀了她。Genie前面的两个孩子出生后都不幸夭折，第三个孩子被奶奶带回自己的家才勉强活下来。在这种背景下，Genie出生了，除了身体发育有些问题之外，医生认为Genie可能也存在一定程度的弱智。医生的诊断为Genie的父亲找到了一个虐待、无视Genie的最好理由。自20个月起，Genie就被她的父亲强行关到后院的一个小屋子里，并阻止孩子的母亲和其他家人去探望。白天Genie被固定在坐便椅上，除了手脚之外，身体的其他部位都不能活动。晚上，Genie被放在一个睡袋——另一个刑具里，睡袋是她父亲亲自设计的，Genie躺在睡袋里动弹不得，然后被放在一个四周和顶部都覆盖有金属丝的婴儿床上。Genie就这样在这个小房间里度过了无数个日日夜夜，直到13岁半时得到解救。在被囚禁期间，Genie几乎接触不到任何语言输入，她父亲不跟她说话，每当她发出声音时，就会遭到父亲的殴打，于是，她学会了压抑所有的发声。

当Genie被解救时，身体处于严重营养不良的状态，没有任何社交能力，没有任何语言能力。经过一段时间的语言辅导之后，Genie取得了一些进步，但在语音、语义、语法等方面的进步不均衡。到了18岁，Genie才慢慢地学会说短的句子，只有最低限度的语法能力。她说的话具有英语语序，能造出双词句来表示所有关系、从属关系、主谓关系。但是她说的话语基本上没有句法：没有助动词、疑问词、代词；问句也不倒装。不过在辨认脸孔、判断部分和整体、识别型式，即发挥右半球功能方面，Genie并不亚于任何正常的小孩。

以上两个案例很好地回答了第一和第二个问题，说明语言环境在语言习得中必不可少，是语言习得的必要条件，同时也说明儿童一旦错过了语言习得的关键期，就会给语言习得带来许多问题和麻烦，也就是说，语言输入必须发生在特定的时间内。

第三个问题是：什么样的语言输入更有助于儿童的语言习得？大量研究表明，儿向语(motherese，child-directed speech)在一定程度上对语言习得起着促进作用。儿向语是成人在与儿童交谈时使用的一种特殊的语言形式，具有以下特征：①直接性和具体性。儿童所接受的语言都是那些能够直接在周围环境中感受到的，而不是抽象的事物。②合乎语法性。一般来说，成人对儿童说的话都比较符合语法规则。③句子简短。④用词简单。⑤语调、语气和重音的使用比较夸张。儿向语能够保持儿童的兴趣，使他们注意到成人说话的内容，从而帮助他们获得语言。成人同儿童交谈的话题，多是现时的或现场的(here and now)，随着儿童的认知发展和语言发展，成人才会同儿童交谈过去已经发生的或未来的事件。

儿向语假设认为成人对语言做出的调整与儿童语言发展之间存在着一定的关系，即调整之后的语言特征有助于儿童的语言发展。

二、认知过程

尽管我们在前面看到了语言环境的重要性，但是语言环境不足以解释语言习得。要能充分利用语言输入，儿童必须具备一定的认知先决条件。此处用一个简单的类比予以说明。假设学生选修了一门哲学课程，老师准备充分，课也讲得好，并认真为学生答疑。尽管这些特征对学生都很有利，但却不能保证学生一定能取得理想的学习效果。因为，哲学课尤其要求学生具有抽象思维的能力、撰写具有分析性论文的能力，老师的课讲得再好，缺乏这些能力的学生还是会遇到许多困难。同理，在儿童语言习得中，只有当儿童有能力充分利用语言输入信息时，语言环境才能真正起作用。

Slobin(1973，1985a)曾提出儿童语言运用能力的一系列操作原则，操作原则指儿童偏好的吸收和处理信息的方式。操作原则是儿童从语言体验中获益的认知先决条件。表2-2 展示了儿童习得语法的操作原则，如儿童必须记住单词出现顺序与其意义之间的关系。处于双词话语阶段的儿童已经获得了某些语法知识，操作原则使他们能够发现词序很重要。

表 2-2　**儿童使用的操作原则**

A	注意词尾
B	单词的语音形式可以被系统地改变
C	注意单词和词素的顺序
D	避免打乱和重组语言单位
E	内在语义关系要明白清晰地表示出来
F	避免特例
G	语法标记应该具有语义含义

皮亚杰把儿童 0—2 岁这个阶段叫做感知运动期(sensorimotor stage)。在这个阶段，儿童主要运用感知运动图式获取信息。在感知运动期的后期，儿童习得了物体恒存性(object permanence)，即当某一客体从儿童视野中消失时，儿童知道该客体仍然存在，可以独立于他们的行为和知觉而存在或运动。儿童大约在 9—12 个月获得客体永恒性，而在此之前，儿童往往认为不在眼前的客体(人和物体)就不存在了，并且不再去寻找。客体永恒性是后续认知活动的基础。该特性与儿童语言习得有着密切的关系。在儿童习得物体恒存性之前，习得的词汇只与当前的情境、事物有关(here and now words)；在习得物体恒存性

之后，儿童便开始使用词汇来指代一些并不在眼前的物体和事件。

三、内在机制

Bickerton(1981，1983，1984，1999)提出语言生物程序假说(Language bioprogram hypothesis)来说明语言内在机制在语言习得中的作用。Bickerton认为儿童具有与生俱来的内在语法能力，当语言输入不充分的情况下，该内在语法能力能使儿童习得某一种语言。这种能力就像一种语言后备系统。为了更好地理解这种语言的内在机制，我们使用皮钦语(pidgin)和克里奥语(creole)来予以说明。

皮钦语指来自不同语言背景的人在密切接触时产生的一种辅助性语言(Bickerton，1984)。这种情况常常发生在早期时候，有国家和政府以低廉的价格从其他国家输入一些劳工来为他们劳作，这些外来劳工在进行一些工作时，由于语言不通，无法沟通交流，逐渐地开始使用一种在该地区语言基础上简化之后的语言形式，使他们之间能勉强地进行一些简单的沟通和交流。皮钦语非常粗浅、不完善：没有固定的句法和词序，没有复杂语句，没有从句，甚至一个句子中常常没有动词。

克里奥语指移民的后代习得皮钦语、并将皮钦语作为自己的母语。由于这些移民的后代很难接触到主流语言，因此他们把皮钦语作为主要的语言输入。尽管语言刺激极度贫乏，语言输入极其不充分，但是这些移民后代习得的克里奥语还是相当复杂。克里奥语有固定的词序，有复杂句式，能区分定冠词和不定冠词，有着类似于其他语言的结构规则。

克里奥语的习得充分说明了儿童具有语言内在机制，该机制使他们能够在语言输入不充分的情况下习得一种语言。

乔姆斯基提出的普遍语法理论，也称为原则与参数理论。普遍语法包括一套普遍原则，还含有一系列参数。普遍语法参数是一组设置在普遍语法广义原则上的句法选项，使语言呈现出多样性。例如，毗邻参数中涉及严毗邻和松毗邻，就可以部分体现不同语言的内在特征。根据毗邻参数，英语是一种严毗邻的语言，动词和直接宾语之间不能有其他短语插入；而法语却是一种松毗邻的语言，动词和直接宾语之间可以插入其他成分。当儿童习得严毗邻结构或松毗邻结构时，儿童将利用他们大脑中的参数与语言输入进行比对，通过归纳总结习得某一句式。普遍语法参数的设置是人类语言呈现多样化的系统，揭示不同语言间的共性特征。

第三节　第一语言习得理论

不同的心理学流派和语言学流派从不同的视角对第一语言习得做出了不同的解释，具有代表性的理论有行为主义的“刺激-反应”论、心灵主义的“内在论”、认知发展论、语言功能论等。

一、行为主义的“刺激-反应”论

行为主义心理学认为可以用刺激-反应说来解释人类的一切行为，语言作为人类行为的一个重要组成部分也不例外。当个体的某一个反应得到强化时，该反应便保持下来，成为一种习惯。同样，语言学习也是一种习惯，是经过模仿、积极强化和不断重复而形成的。行为主义心理学代表人物 Skinner 在《言语行为》(1957)一书中指出，语言是一种行为，是可以通过外部行为的表现来观察的。语言不是先天拥有而是后天习得的。有效的语言行为是个体对刺激物做出的正确反应，学习语言的过程就是形成语言习惯的过程。在语言学习过程中，外部影响是内因发生变化的主要因素，语言行为和语言习惯是受外部语言刺激的影响而发生变化。

Skinner 的言语行为理论基于他提出来的操作性条件作用学说。操作性条件作用是操作-强化的过程，重要的是跟随操作后的强化(即刺激)。Skinner 设计了一个箱子(Skinner Box)，在这个箱子里，一个操纵杆与一个装着食丸的装置相连接。把一只饥饿的白鼠放进箱内，开始，白鼠会四处乱窜，在四处乱窜中白鼠偶然会踏上操纵杆，提供食丸的装置就会自动落下一粒食丸。经过多次尝试、犯错误(trial and error)，白鼠便建立起按压操纵杆和可以吃到食丸之间的联系，然后，它会不断按压操纵杆，直到吃饱为止。同样，当一个儿童说出一句话时，如果他得到反馈和强化(来自他人的赞许和肯定)，那么这句话就会习得并保持下来，逐渐养成说这句话的习惯。例如，当一个儿童说"要喝牛奶"时，家长给他一些牛奶(强化物)，如此反复多次之后，"要喝牛奶"这句话就习得了。

20 世纪五六十年代的语言学习和语言教学深受行为主义学习理论的影响，反映在外语教学上就是使用听说法、视听法和采用句型操练为主的教学模式，目的是让语言学习者对目的语进行大量的重复和操练，达到"刺激-反应"的效果，最终帮助他们形成语言习惯，塑造言语行为。反复操练一直被看作是语言学习的一个重要的、有效的手段，尤其在外语学习初级阶段被广泛地应用。

Skinner 的语言观和语言学习观对语言学习和教学产生了深远的影响，模仿、练习和强化等手段在语言学习和教学中得到了广泛的应用。然而，人们逐渐对行为主义的学习理论产生了质疑，Skinner 的行为主义学习理论尤其受到来自美国著名语言学家 Chomsky 的批评和挑战。Chomsky 提出刺激贫乏假说，该假说指出儿童的语言习得只有语言刺激是远远不够的，特别是当语言刺激贫乏的时候。也就是说，成人不可能为儿童示范每一个句子，儿童也不可能通过模仿来学会说每一句话。成人也并不总是对儿童说出的话进行强化，即使有强化，也是针对话语的内容而较少关注话语的形式和结构。Chomsky 认为行为主义学习理论不能解释儿童言语行为中的创造性，仅仅靠"刺激-反应"培养不出语言的交际能力。

二、认知发展论

认知心理学流派取代了行为主义，对语言学习作出了新的解释。认知是心理过程的一部分，是信息加工过程中的最高阶段。认知流派认为，语言学习是人类认识世界的一部分，因此，应将它放在整个人脑认识事物的框架中加以考察与分析。

以 Piaget 为代表的认知流派认为认知发展是语言发展的基础，语言发展是认知发展的一个有机组成部分，语言能力是个体认知能力的一个方面，是主体与客体相互作用的产物。语言是伴随着认知发展而发展的，认知结构发展到一定阶段，才出现语言。语言发展受制于认知发展，例如，当一个儿童掌握了大小、比较的概念之后，才有可能说出以下句子："This car is bigger than that car."同时，语言的产生对认知能力的发展起很大的促进作用。一方面，有了语言，人们可以交流思想、信息；另一方面，语言能帮助人们更好地思维和认知新事物。可见，语言既是一种认知活动，又是以认知为基础的。

Piaget 指出，儿童认知发展经历了几个不同的发展阶段。这几个发展阶段分别是：感觉运动阶段，前运算阶段，具体运算阶段，形式运算阶段。每一个发展阶段均有一个独特的、基础的认知结构，所有儿童都遵循这样的发展顺序。语言在感觉运动阶段的最后几个月才出现，在儿童习得"客体恒存性"(object permanence)之前，说出的词都是"当地当时词"(here and now words)。在获得对客体恒存性的认知之后，即当某一客体从儿童视野中消失时，儿童知道该客体仍然存在。这个时候儿童的语言中才会出现"allgone"和"more"这样的用语，可以表示例如，"牛奶没有了""爸爸妈妈都走了""还要喝牛奶""还要饼饼"等意思。除了习得语言之外，儿童将逐渐获得其他许多符号功能，如象征性游戏、绘画等。前运算阶段初期，儿童处于自我中心言语(egocentric speech)阶段，缺乏倾听能力，没有信息和意念的交流，到了后期，发展到能用社会言语(social speech)进行交流。在具体运算阶段，儿童逐渐具有言语理解能力，能够理解、解决具体问题。在形式运算阶段，青少年的语言表达超越了具体事物，除了表达现实性以外，还具有表达可能性的语言能力。

Vygotsky 则认为儿童的语言发展在认知发展中起着重要作用，语言的发展带动认知的发展。Vygotsky 认为语言在儿童认知发展中起关键作用。语言是儿童用以认识与理解世界的一种中介工具，是一种思维工具。

语言作为儿童与他人进行社会交往的工具，具有交际功能。成年人以及同伴在儿童的社会交往过程中起着重要作用。成年人通常进行解释，给予指导，提供反馈并引导交流。而同伴则在游戏与课堂情境中，通过对话来促进儿童之间的合作。儿童可以通过与比自身更有能力的人一起进行有意义的活动来学习，通过活动进行对话，交流思想，从而得到发展。

在形成儿童智力行为中起着指导和调节的作用，语言的发展是在社会文化历史环境中实现的。Vygotsky 认为"自言自语式"的外在言语是个人言语内化的先兆，是内部言语的开端。个人言语是引导个体思维与行为的自我谈话，在自我调控的发展中起重要作用。随着儿童的成熟，这种喃喃自语逐渐发展为耳语、口唇动作、内部言语和思维，从而完成内化过程。具体的发展顺序为：外在社会言语→个体的外部言语→自我中心言语→内部言语。

总之，认知语言学认为人的语言能力从属于人的一般认知能力，语言能力跟一般认知能力没有本质上的差别，语言能力的发展跟一般认知能力的发展有着极为密切的联系。认知心理学主张语言是受规则支配的创造性活动，语言学习是掌握规则、构建意义，而不是形成习惯。语言学习是一个认知过程，涉及词汇提取、选择语法规则等步骤，要求学习者对所学语言结构提出假设，作出判断，并根据新的语言输入证明假设的正确与否。语言学习是在不断对目的语进行预测、提出假设、验证、纠错过程中进行的。

认知发展论解释语言习得的不足之处在于：认知发展论不是专门解释儿童语言习得问题的，因此语言习得中的许多问题并未得到解决；语言发展受诸多因素的影响，只强调认知一方面的因素是不全面的；认知发展论只强调认知能力对语言能力的影响，忽略了语言能力发展对认知能力发展的影响。

三、心灵主义的“内在论”

20世纪50年代，美国语言学家Chomsky开始对行为主义学习理论产生了质疑，认为Skinner的言语行为理论无法解释人类习得语言的潜能、语言发展、语言的抽象性、语义等问题。Chomsky在对语言进行深刻的哲学思考的基础上创建了生成语言学派，着重探讨语言的本质问题，对语言的心理属性进行了深入的探讨，使理性主义又回归到语言研究中的主导地位。Chomsky认为学习语言不是对环境的刺激所做出的反应，而是人脑根据有限的规则创造出无限句子的过程。语言是先天的、具有生物学基础的、相对独立的一种能力，这种能力表现为人类大脑中与生俱来的“语言习得机制”(LAD—Language Acquisition Device)，语言习得机制包括人类语言的普遍蓝本，如语言类别、句法层次结构、语法制约等内容。这些内容，是无法从儿童语言经验中归纳总结出来的。语言习得机制促使人类能够生成语法、生成语句，生成能力是语言学习最重要的一个特点。在Chomsky看来，环境并没有为儿童提供足够的语言刺激，如果没有语言习得机制，儿童就不可能习得那么复杂的语言系统。语言习得机制包含所有自然语言中的普遍现象，能够解析这种普遍现象的一套原则和规则系统就构成了普遍语法(universal grammar)。普遍语法是人类特有的，是遗传所赋予的，人类天生就具有一套普遍语言规则。

Chomsky的转换生成语法则强调语言的普遍性(linguistic universals)。Chomsky认为尽管各种语言在表层结构(surface structure)上不同，但他们的深层结构(deep structure)非常相似，人类习得语言的过程也基本上相同。

Chomsky区分了语言能力(linguistic competence)和语言表现(linguistic performance)两个概念。语言能力指理想的母语使用者所具有的关于语法规则的知识，是不能直接观察到的。这种语言知识使得人们可以理解并说出句子，包括说出从没有听说过的句子。

语言表现指个人对语言的实际运用。一个人的语言知识不同于他用这种知识来造句子和理解句子的方式。人们在某些场合对语言的实际运用，由于受心理、生理和社会因素等影响而发生偏离语法规则的现象，不一定能真实地反映他们的语言能力。

普遍语法理论认为人类的语言是由一些共同的语言规则构成的，这些规则包括原则(principles)和参数(parameters)。原则指比较抽象的语法规则，适用于所有语言。参数指因语言不同所产生的差异，主要根据具体的语言数据来定值，如语言是S+V+O结构还是S+V+O结构等。Chomsky一方面强调作为原则系统的普遍语法是人类共有的、是先验地存在于人脑中的，另一方面他也承认后天经验在形成语言能力过程中的作用。他明确指出，人类的说话能力一部分归于天赋观念，一部分归于后天的语言接触(language exposure)，而且这种天赋的语言习得能力只有在后天的语言接触的激活下才能体现出来，先天和后天的相互作用才能形成我们的语言能力。在Chomsky看来，学习一种语言就是学习个别语法，将普遍语法的原则应用于某一具体语言。

“内在论”强调儿童语言习得具有较强的系统性。在习得的任何阶段，儿童根据语言输入对语言做出各种假设，并在言语产出时测试这些假设。在儿童语言发展过程中，这些假设不断地得到修正、重塑，甚至摒弃。

先天论不足之处在于：人脑中存在的语言习得机制只是一种假说，是思辨的结果，很难通过实验来证明。Chomsky 将语言习得机制与人类的其他功能分开，认为语言能力与智力没有直接联系。先天论对环境的作用估计不足。语言体系由社会约定俗成，儿童离开社会环境，即使有语言习得机制，也无法识别和应用第一语言的语法规则。

四、语言功能论

语言功能论的代表人物是著名的语言学家 Halliday。语言功能论是从语言交际功能的角度研究语言发展的。儿童语言习得是为了学会如何表达意思，如何用语言做事，进行交际。对儿童来说，掌握语言结构固然重要，但更重要的是掌握语言的语义体系和语用体系。Halliday 认为，只从语言结构的角度探讨儿童语言习得，不能解释儿童为什么能掌握成人的语言体系、儿童的语言体系如何过渡到成人的语言体系的。儿童语言习得过程，是认识世界并与世界进行交往的过程，是学习如何通过使用语言表达各种意义(learning how to mean)的过程，是不断社会化的过程。

成人与儿童语言的根本区别在于成人能在抽象、间接的情景中使用语言，儿童学习语言就是学习如何脱离间接的语境，通过使用语言实现各种交际目的。儿童的语言体系中首先有意义体系，儿童要借助成人语言，由简单到复杂，在交际过程中不断得到完善，逐渐向成人语言体系接近直至吻合。Halliday 认为，儿童语言的发展从一开始就是通过说话实现某种目的的产物。一个孩子出生之后，首先需要逐步认识周围的人和事物，还需要学会与周围的人交往，既要满足物质上的需求，也要满足精神上的需要。Halliday 将儿童语言习得过程分为三个阶段：第一个阶段是原型语言(protolanguage)阶段，第二个阶段是原型语言阶段到成人语言的过渡阶段，第三个阶段是学习成人语言阶段。原型语言的符号是儿童自己创造出来的，每一个声音都有其独特的功能。原型语言有两个特点：第一，每个声音或每句“话”只能发挥一种功能；第二，每种语言只有声音和意义两个层次，而成人语言除了语音和意义两个层次之外，还有词汇—语法这个中间层次。当儿童语言向成人语言过渡时，将经历一个过渡阶段。过渡阶段的语言(transitional language)不同于原型语言，每个语音或每句话都能同时发挥两种或三种功能。掌握全部语言功能是向成人语言系统转变的充分必要条件。当进入成人语言阶段时，语言便有了语义、词汇—语法和语音三个层次。

语言功能论从语言交际功能的视角来说明第一语言习得过程，注重阐述儿童对语言意义和功能的掌握。在该理论的影响下，产生了功能法教学流派。

以上四种有关第一语言习得理论可以归纳为：行为主义的刺激—反应论认为后天环境的外部因素决定一切，儿童必须通过大量的练习、模仿和强化习得语言；认知论认为语言习得是先天与后天相互作用的结果，语言能力是认知能力的一部分，语言发展是伴随着认知发展而发展起来的；先天论认为儿童先天的语言习得机制决定一切，儿童大脑中的普遍语法使得儿童具有生成语法、生成语句的能力；功能论将第一语言习得看作是语义体系掌握的过程，是儿童掌握不同语言方式来表达各种功能的过程。

综合以上观点，①儿童第一语言习得是先天语言习得能力和后天环境作用的结果。语言习得既需要语言规则的内化，又需要通过模仿、操练养成语言习惯。②儿童的语言能力是其认知能力的一部分，是与儿童的认知发展相适应的。③第一语言的习得，既包括语言结构的习得，也包括语言功能的习得。④儿童的语言习得是在交际中实现的。

第三章 第二语言习得

第二语言学习是一个既复杂又有趣的现象，世界上有成千上万的人学习第二语言，甚至第三、第四语言。外语教育在我国初等、中等和高等教育中占有极其重要的地位。中国小学开设英语课程的起始年级一般为三年级，有些地方也从一年级开始开设。根据《小学英语教学大纲》(2014)的课时要求，若一、二年级也开设英语课，那么一、二年级英语课达到175个课时、小学三四年级英语达到280个课时、五六年级英语达到280个课时。根据《九年义务教育全日制小学、初级中学课程计划》(试行)(1992)的规定，初中英语按不同情况分两级要求，从一年级起学习两年的，为一级要求；学三年或四年的，为二级要求。每周课时为4课时。根据《全日制普通高级中学课程计划》(实验修订稿)(2000)的规定，高中英语总课时量为384课时，周课时累计为12课时。中学阶段只需掌握一门外语，英语是我国中学外语教学的主选语种，绝大部分中学开设英语作为必修外语课。但由于社会的需要和学习者的需求，国内很多中学，特别是外国语学校，学生在学习英语的基础上，可以选修一门二外，包括法语、德语、俄语、葡语、西班牙语、阿拉伯语、日语等。本科阶段的外语专业教育语种呈现多样化，除了英语、日语、俄语、德语、法语、西班牙语、阿拉伯语等通用语言，还有波斯语、韩语、梵文、巴利文、菲律宾语、哈萨克语、柬埔寨语、老挝语、马来语、蒙古语、孟加拉语、缅甸语、泰语、瑞典语等45种非通用语本科教学。值得一提的是，中国有以从事外语教学为主的的外国语大学。一些外语类专业学生在学习本专业之外，还必须辅修另一门外语，例如，英语专业的学生通常需要辅修日语、韩语或德语等其他语言，并取得相应学分。外语专业学生参加本专业的专业四级和八级考试，考试分为笔试和口试，不过两种考试发放不同的语言水平证书。语言学习的课程设置大体分为两个模块：专业技能课程，重在训练学生听、说、读、写、译等各项语言技能，这一模块所占课时比例较大；专业知识课程，包括语言学、文化、文学、翻译等方面的知识和理论(高等学校英语专业英语教学大纲，2000)。同时国内高校实施双专业培养模式，将外语专业与其他专业结合，如外语+国贸、外语+对外汉语、外语+商务等。培养的外语专业人才分为两类，一是为外语教学储备师资力量；二是培养非师范类外语人才，例如翻译、外交等方面人才。中国的本科阶段非外语专业外语教育语种单一化形式严峻，所有高校各非外语类专业几乎全部开设《大学英语》这门必修课。

第二语言学习研究是应用语言学研究的重要课题。第二语言习得研究作为一门独立学科，起源于20世纪60年代末70年代初，以Corder于1967年发表的经典论文“学习者错误的意义”(The Significance of Learners' Errors)为标志。第二语言学习研究探讨学习者的第二语言特征及其发展变化，对学习者学习第二语言时所具有的共同特征和个别差异进行描写，并分析影响第二语言习得的内外部因素。这些研究主要关注第二语言学习的三大问题：①语言的特性；②语言学习过程；③语言学习者。对这些问题的探究逐步形成了第二语言学习理论，并且日益成为第二语言习得研究的热点。研究者从不同的视角提出了不同的第二学习理论和模式，在很大程度上影响了人们对外语教学本质的认识，对进一步提高外语教学质量具有重要的理论指导意义。这些理论除了丰富第二语言学习的知识外，还加深了我们对语言本质、人类学习、语言环境、心理机制以及这些因素之间相互影响的认识，对语言教师和学习者都有着直接的指导意义。本章将从以下三个方面进行阐释：第二语言习得过程研究、第二语言学习者语言研究和第二语言习得理论研究。习得过程包括：输入、互动和输出；学习者语言研究涉及对比分析、错误分析和中介语。第二语言习得理论中影响较大的有：环境论、天赋论、认知论和互动论。

第一节 第二语言习得过程

行为主义学习理论强调语言环境的决定作用，语言学习是一个模仿、强化和操练的过程，注重外化的语言行为。普遍语法走向它的对立面，强调儿童与生俱来的语言知识和语言学习能力，认为语言输入只起到“触发器”(trigger)的作用，特别关注学习者内在机制的作用。行为主义和普遍语法各有所长，也各有弊端。前者忽视了学习者内在的语言信息处理能力和创造性，后者则忽略了语言环境中输入和意义协商的作用。

输入与互动假说突出语言输入和互动在语言学习中的重要地位，并不反对语言习得模块或认知机制的观点。在语言互动中学习者接受可理解性的输入，或者通过意义协商来理解输入，有利于语言形式的学习和内化。学习者的语言输出在互动中也是必需和必要的。只有输入，没有输出，学习者不能真正在实践中运用语言，很难提高语言交际能力。互动假设和输出假设是针对输入假设提出来的，互动和输出都可以在语言交际中进行，二者相互联系，但侧重点不一样。互动关注学习者如何获得可理解性的语言材料，输出重视学习者的语言产出。

一、输入

(一)“输入”概念

输入是学习者可以获得的任何语言信息。这些信息可以是听觉的，可以是视觉的；可以是书面的，也可以是口头的。在语言互动中，输入是听觉的、口头的。在第一语言习得研究中，儿向语是很多学者研究的内容。儿向语是第一语言学习中重要的语言输入。儿向语是一种专门说给幼儿听的语言。语言的内容和形式(所用的词句、语调、语速等)都需适应幼儿的语言能力和认识能力、理解能力和接受能力。儿向语的重要特征有：语速较慢、音调相对较高、音调多变、重音显得很夸张、句子较简短、词汇较少且较简单、较多重复、较多释义、信息量较小、较多谈论此时此刻的情境。儿向语在第一语言习得中发挥着重要作用，主要有：让儿童保持学习的注意力，激发积极的学习情感心理，促进语言的理解，帮助儿童切分语言结构，给予反馈，提供语言使用的正确模式，降低儿童信息处理的负担，鼓励儿童参与会话，教会儿童社交用语等(Gallaway & Riachards，1994：264，引自 Mitchell & Myles，2004：161)。

同样，在第二语言学习研究中，外国人话语(foreigner talk)也是一个热门话题。外国人话语是母语使用者对语言学习者使用的一种简化的目标语。Larsen-Freeman 和 Long(2000：125-6)对外国人话语的语言和会话特征作了详细的总结：①语音：放慢语速，多用重音和停顿，发音清晰，音调夸张，多用完整形式而避免使用缩略语。②词法和句法：多用完整的句子，话语简短，少用复杂话语，多用基本语序，保留选择成分，多用语言关系的显性标记，多用现在时，多用一般疑问句而少用特殊疑问句。③语义：多用语义关系的显性标记，限制词汇量，少用习语，多用名词和动词，多用系动词，多用内容词，少用语义模糊的词等。④内容：话题狭窄、有可预见性，选择即时即景的话题，对话题不作深入探讨。⑤会话结构：话题变换比较频繁，放弃话题控制，接受话题的转换，通过提问引发新话题，重复自己或对方的话，检验对方是否理解谈话内容，检验自己是否理解对方的话语、请求说话者说明其话语内容，扩展对方前面的话语，多用问答结构、分解话题。外国人话语促进学习者第二语言的学习和发展，主要表现在：①促进交际。这是外国人话语的主要功能，因为语言和会话结构调整可以简化语言形式，促进学习者对学习的理解；②可以间接地或直接地表明说话者的态度；③可以间接地教授目标语(Ellis，1994：264)。

第二语言学习中并不总有母语使用者的帮助，因而外国人话语并不是唯一的第二语言输入。在中国，课堂教学是英语学习的主要形式，并且教师并非都是英语母语使用者。课内和课外互动通常是在学习者之间或学习者与教师之间进行的。在这种情形下，就产生了中介语话语(interlanguage talk)。中介语话语指学习者接受的其他学习者的语言输入，对很多学习者来说是主要的语言输入来源之一。关于中介语话语在第二语言学习中的作用，到目前为止，研究者尚未达成共识。有几个问题值得我们思考：第一，中介语话语能够提供目的语所有的语法特征吗？中介语话语是其他学习者提供的，他们的话语可能存在许多语法和语用错误。学习者之间会不会相互学习错误的表达？第二，中介语话语能够为学习者提供意义协商的机会吗？在第二语言教学活动中学习者是否会积极参与对子练习、小组讨论？这里还存在着文化差异问题。来由一些文化背景的学习者擅长表达自己的观点，善于交流，而另一些文化背景中的学习者则倾向于聆听他人说话，甚至保持沉默。另外，个体差异如学习策略、个性等也可能导致学习者之间不同的互动质量。

(二)输入假设

输入假说是 Krashen(1985)语言习得理论的核心部分。输入假说认为，语言习得的唯一途径是理解信息或接受可理解性的输入(comprehensible input)，可理解性输入是语言学习的必要条件。学习者按照自然顺序，通过接触到可理解性语言输入，即略高于他现有语言水平的第二语言结构(如语音、词汇、构词和句法)，从而习得语言。Krashen 用 i + 1 公式来表示可理解性输入，i 代表学习者现有的语言水平，1 代表略高于学习者现有语言水平的语言材料。学习者通过语言或非语言语境、对世界的认知、已有的语言知识、还有课堂教学中教师使用的教具、翻译和解释来理解新的语言材料。

输入假说包括两个观点：①口语是习得的结果，不是原因。②如果学习者理解了输入，并且有足够的输入，学习者就会自动习得所学语言的语法。确切地说，输入是关键的环境因素，但不是说学习者能够习得任何听到的语言输入，语言习得还受语言习得机制的限制，并不是所有可理解性输入都可以进入语言习得机制。

根据输入假说，语言习得的过程是怎样的呢？Krashen(1983)指出输入转变为吸收需要经历三个阶段：①学习者接触略高于自己现有语言水平的第二语言结构 i + 1，并理解其意义。②学习者注意到新的语言材料不同于自己已经习得的中介语规则。③学习者接触更多的 i + 1 语言材料，但无需过多，达到习得的最低要求即可。

可理解性输入是习得的必要条件。但有大量的可理解性输入并不等于学习者就可以学好目的语，第二语言习得过程还受许多情感心理的影响，语言输入必须通过情感过滤才能进入语言习得机制，才有可能变成语言吸收。Krashen(1985)认为影响语言习得的情感因素主要有：动机、自信心和焦虑程度。如果学习者有强烈的学习动机，充满自信，保持适度的焦虑水平，就容易理解更多的语言输入，同时通过语言习得机制的作用将输入转化为吸收。

二、互动

(一)“互动”概念

互动指学习者试图与母语使用者、教师或其他学习者的交流(Ellis，1994)。这种互动也称为协商的互动或意义协商。互动可以分为认知互动和社会文化互动。认知互动强调学习者内在的语言信息处理能力和创造性，以及语言环境中的输入和意义协商的作用。在语言互动中学习者接受可理解性输入，或者通过意义协商来理解语言输入，有利于学习和内化语言形式。社会文化互动认为语言互动不仅仅是内部学习机制的输入来源，在语言学习中互动本身就是学习过程，强调文化的主导作用，语言学习的过程是社会化的过程。语言是社会互动和活动的媒介，语言的学习通过社会互动得以实现。语言的使用让思维成为可能，语言是思维发展的工具，也是思维的工具。

下面的例子是英语母语使用者与第二语言学习者的一段对话。对母语使用者的话语“glasses”，学习者开始好像没有理解。母语使用者重复了该词，并进行了解释，结果学习者还是有些困惑，母语使用者继续释义，学习者才明白这个单词的意义。在这个过程中，二人不断地交流，协商意义，最终学习者理解了词语的意义(Mackey，1999：558-9)。

NS：There's a pair of reading glasses above the plant.

NNS：a what?

NS：Glasses reading glasses to see the newspaper?

NNS：Glassi?

NS：You wear them to see with，if you can't see. Reading glasses.

NNS：Ahh ahh glasses to read you say reading glasses.

NS：Yeah.

互动调整有三种表现形式：检验自己的理解是否正确(confirmation check)，检验对方是否理解了自己的话语(comprehension check)，请求说话者说明其话语内容(clarification check)。以下三个例子分别说明了这三种情况。

(1)NNS1：I have bought a laptop. It is fantastic!

NNS2：*A laptop*?

（2）NNS1：I went to Shangri-La a week ago. *Do you know Shangri-La?*

NNS2：yeah, only a little.

（3）NNS1：I read an article on cloning. It is amazing!

NNS2：*Cloning? I have no idea about that.*

可以看出，互动中的反馈可以让学习者注意到正确的语言形式。互动反馈是在交际过程中通过语言和会话调整和意义协商给予学习者的反馈（Gass，2003）。互动反馈主要有两种：重述（recast）和引导（elicitation）。重述表示教师或他人重新表述学习者的语言，使其更加近似目标语形式。引导指教师或他人不直接纠正学习者的语言错误，而是引导学习者重新表述语言形式。这两种反馈都可以促进第二语言学习，特别是在交际教学课堂。重述可能引起学习者注意到自己的语言表达与目标语形式之间的差异，从而改正错误的表达形式（Long & Robinson，1998）。重述将目标语形式语境化，学习者是在理解了信息之后注意到语言形式的不同，这有助于他们学习正确的语言形式来表达意义（Long，2007）。引导为学习者提供自我修正的机会，促进语言形式从长时记忆的提取，同时有利于学习者检验和修正自己关于目标语的假设（Lyster & Ranta，1997）。下面两个例子分别是重述和引导。

（1）Student：I go to Beijing last month.

Teacher：Yes, *you went to Beijing last month.*

Student：went to Beijing.

（2）Student：After a day of hard work, she was tiring.

Teacher：I am sorry, *she was...?*

Student：Oh, she was tired.

（二）互动假说

输入假设的某些概念，如理解、注意差异等很难在实际研究中进行具体操作，i 和 i + 1 公式的表述也不甚明确，语言习得过程中语言环境和语言习得机制是如何起作用也没有阐述清楚。在输入假说的基础上，互动假说对语言习得过程进行了进一步的研究。验证互动促进语言习得，需要经过三步推理：①证明语言或会话调整有助于输入的理解；②证明可理解性的输入促进语言习得；③推理语言或会话调整促进语言习得（Long，1985）。

互动假说经历了不同的发展阶段。早期互动假说认为输入是语言习得的必要但非充分条件。除了语言输入，会话参与也是必需的。因为对话交流中话语调整可以提高输入理解，可理解性输入能促进语言习得，所以话语调整可以促进语言习得。该假说主要涉及一种特定的互动活动——意义协商。意义协商可以帮助学习者理解输入，解决交际障碍。会话互动调整更有利于语言的习得，通过意义协商，学习者可以理解新的语言材料，这些可理解性的新信息有可能成为语言吸收（Larsen-Freeman & Long，2000）。

但是早期互动假说存在不少缺陷。首先，假说认为互动式调整的语言输入比预先调整的输入能更有效地促进理解，但是实证研究并不完全支持该假说；其次，假说认为理解促进习得，但是对语言材料意义的理解不能保证语言规则的习得，因为这种理解在很大程度上依赖于非语境、个人常识等；再次，假说认为互动式调整输入特别有益于习得的发生，但研究证明(Gass & Varonis，1994)预先调整语言输入也能有效促进理解，进而促进习得的发生。

Long 和其他支持者进一步发展了这一假说。“外部环境是借助于学习者的选择性注意力及其发展中的第二语言处理能力对习得产生作用的，而在意义协商过程中，这些资源能更加有效地形成合力，尽管意义协商并不是形成合力的必备条件。从意义协商或其他方面得到的负面反馈可能提高第二语言习得，至少对母语和第二语言之间有明显冲突的词汇、词法和句法等方面起作用。”(Long，1996：414)由此可见，修改后的假说关注选择性注意和负面反馈在语言习得中的作用。选择性注意是信息处理的前提条件。大脑的信息处理能力是有限的，学习者很难同时关注意义和形式。为了有效地利用认知资源，学习者在意义协商的过程中，将注意力转向那些产生交际障碍的语言形式。在意义协商中，对方会提供正面反馈让学习者注意到目的语的正确形式。在某些情况下，学习者也会接受负面反馈。负面反馈是对学习者产生的不标准的语言形式的反应，有两种表现形式：检验自己的理解是否正确，请求说话者说明其话语内容。负面反馈有助于学习者意识到自己的语言表达与目标语之间的差距，有利于语言规则的习得。

三、输出

(一)“输出”概念

输出是第二语言学习者的语言产出，可以是口头的，也可以是书面的。学习者积极参与结对练习、小组讨论，尝试运用所学语言，除此之外，学习者还可以使用目的语写作文、读书报告、日记、故事、课程论文等，这些活动都可以促进学习者第二语言的书面表达。通过输出的语言实践活动，学习者的语言能力会不断地得到提高。Swain(1985：249)提出可理解性输出（cited 转引自 Gass & Selinker，2001：278)：“学习者需要强制性传递信息，信息不仅要传达出来，而且传达得恰到好处、连贯得体。”

(二)输出假设

第二语言学习者不仅需要接触大量的可理解性输入，更需要语言输出以提高语言表达的流利性、准确性和得体性。学习者必须不断地练习口语或写作，才能更加自信地运用第二语言。语言的输入和输出涉及不同的认知过程：输出时，学习者需要比输入时更深入地处理语言信息，要付出更多的认知努力；学习者主要理解语言信息的意义，有趣的是他们在没有理解的情况下，假装已经理解，但在输出时，学习者必须注意语言的形式和内容以检验自己的语言知识和语言能力(Swain，1995)。总之，理解输入时，学习者的主要任务是语义理解；输出语言时，学习者不仅要考虑交际意图，更要处理语法规则，以表达自己的意图。因而语言输出有助于学习者学习和内化目标语的词法和句法。

输出假说的提出源于 20 世纪 70 年代在加拿大推行的法语沉浸式教学。在沉浸式教学中，法语是教学语言，学生可以得到十分丰富的可理解性输入。但研究发现以英语为母语的沉浸班学生的听力和阅读理解能力与以法语为母语的学生相当，但他们的口语和写作能力却远不及后者。Swain 认为这一现象主要是因为沉浸班的学生缺乏语言输出的练习，语言学习仅仅停留在信息理解的程度上，不能最大限度地运用他们的语言资源，充分发挥语言能力，以提高语言输出的可理解性和准确性。

综合 Swain(1995)、Swain 和 Lapkin(1995)以及 Skehan(1999)的研究，语言输出在语言学习中发挥着八大功能：引起学习者对目的语的注意(noticing/triggering)、有助于学习者对目的语进行假设检验(hypothesis-testing)、元语言功能(metalinguistic function)、增强流利性(developing fluency/automaticity)、生成更好的输入(generating better input)、迫使学习者进行句法处理(forcing syntactic processing)、帮助学习者提高语篇能力(developing discourse skills)、有利于学习者学会表达自我(developing a personal voice)。前四种功能是语言输出的主要功能。

1. 引起学习者对目的语的注意

输出发挥作用的重要前提是学习者必须有足够的认知资源来完成对语言形式和意义的注意。注意是学习者进行信息处理的一个必要条件，也是将语言学习中的输入(input)转化成吸收(intake)的前提条件。第二语言学习者要想学习某一目的语语言形式，只有当这个形式存在于可理解性的输入中，并且学习者注意到了这个语言形式的存在(Schmidt & Frota，1986)。学习者在进行语言输出时，既要注意语言的意义，又要注意语言的形式。对语言形式的关注至关重要。没有对语言形式有意识的关注，学习者就不可能对自己的语言进行分析。在语言输出时，学习者可能会遇到一些语言表达的困难，这时他们往往会注意到已有的语言知识与目的语表达形式之间存在着差距。可以说，语言输出活动让学习者有意识地认识到自己的语言问题，这种意识促使他们注意到自己尚未掌握的语言知识，在口语和写作中有意识地去学习和掌握这些知识。

学习者的注意力资源是有限的，对于初学者来讲，语言的形式和意义不能兼顾。当学习者的语言知识和能力达到一定水平时，他们的注意力才得到合理分配，这时，他们既可以提高语言产出的准确性，又可以促进对语言知识的内化。总之，语言输出可以增强学习者语言知识差距的意识，可以激发他们语言学习的认知过程，例如学习策略等，帮助他们学习和掌握新的语言知识，巩固已有的知识。以下对话是两位第二语言学习者在"英语角"进行的。第一位学习者使用了过去时，第二位学习者使用一般现在时给出反馈。第一位学习者非常敏感，马上纠正了自己的语法错误。

NNS1：Did you often come here?

NNS2：Yes，I come here once a week.

NNS1：Oh，sorry. I want to ask you whether you often come here or not.

2. 有助于学习者对目的语进行假设检验

第二语言学习是学习者对目的语不断作出假设，并对假设不断检验和修订的过程。语言输出为学习者提供了机会，尝试用各种方式表达自己的意图并检验对目的语的假设是否正确。假设检验的前提是互动和反馈，互动可以是学习者和本族语者之间的互动，也可以是学习者和老师之间或学习者之间的互动。反馈的作用在于学习者可以得知他的话语是否被理解，是否正确。当听话者表明他没有完全理解学习者的意思，要求对方进一步解释或明确他的本意时，这种反馈会给学习者提供机会来修改他最初的输出，尝试新的结构和形式，创造性地开发中介语资源，使其输出具有可理解性。反馈的方式可以是检验自己的理解是否正确或者请求说话者说明其话语内容，也可以是含蓄或直截了当地纠正。通过反馈，学习者放弃不正确的假设，进行新的、正确的假设。下面的例子(Mackey，2002)表明学习者通过互动反馈检验自己对语言的假设，放弃不正确的假设，接受正确的假设。

"I am thinking at that time why she say ‘really?’ she understands me or does not agree me or does not like my grammar or my pronounce? So I try again with the answer she like to hear but I still try out suit, suit, I cannot get the correct word but I see in my picture, written in the door of the room and I think it is a name, name of this area. I say suit, suit, I was try it to see how I sound and what she will say, and she does not understand me. Sad for teacher...but I keep trying and here, here, she finally she gets my meaning, and she corrects me, and I see I am not I do not was not saying it in the correct way, it is suite suite and this sound better, sound correct, even to me."

3. 元语言功能

元语言指学习者对语言的认知，即通过反思和分析语言所得到的关于语言的形式、结构和语言系统方面的知识。Swain(1995：132)指出："当学习者反思他们对第二语言的假设时，这种输出就是元语言功能的体现。输出能使他们控制和内化语言知识。"在互动活动中，为了理解输入信息，学习者可以利用一切知识和策略解读对方的交际意图。可以说，学习者在对输入信息理解的过程中，语码实际上或多或少被忽略了，而在输出语言时，学习者不可能像在理解过程中那样去依靠语境和已有的背景知识，他们必须进行语言计划，选择相应的语言结构。当他们使用的语言结构不能得到对方的认可时，他们可以协商语言结构的正确形式。

语言输出的元语言功能并不意味着语言学习回到传统的语法学习中去。语言学习可以在语言交际中进行：学习者用目的语进行交谈，交谈的内容是目的语本身，可以是一个单词、一个语言结构等。交际的过程是学习者意义协商的过程。在交际过程中，语言能力较高的学习者可以为语言能力较低者提供正确的语言形式，这种合作性对话的元语言交际是一种支架性语言交际，可以帮助学习者提高语言能力和发展中介语。下面对话中学习者之间探讨"on the tree"和"in the tree"的用法，在语言课堂内是比较常见的。

NNS 1：Look！There is a beautiful bird on the tree, singing merrily.

NNS2：In the tree. We say fruits and leaves are on the tree.

NNS1：Oh, in the tree.

NNS2：Yeah.

NNS1：In the tree.

NNS2：So sorry. In the tree.

4. 增强流利性

流利性和准确性是语言交际不可或缺的两个方面。熟话说，熟能生巧。流利性是从控制性处理发展到自动化处理的结果，是自动化处理的标志。在信息处理过程中，某些认知过程需要大量的时间和认知资源，而另一些认识过程是常规的、自动化的，需要较少的时间和资源。因此，当所要表达的意义与语言结构之间形成一致的规律性的映射时，表达的流利性就会提高。在某一层次上达到流利性可以使学习者的注意力资源用于更高层次上的信息加工。学习者在语言使用中加强已存储的知识，培养语言处理自动化能力，从而增强表达的流利性。

Swain 和 Lapkin(1995)根据大量的实验结果，建立了下列语言输出和第二语言学习模式(见图 3-1)。

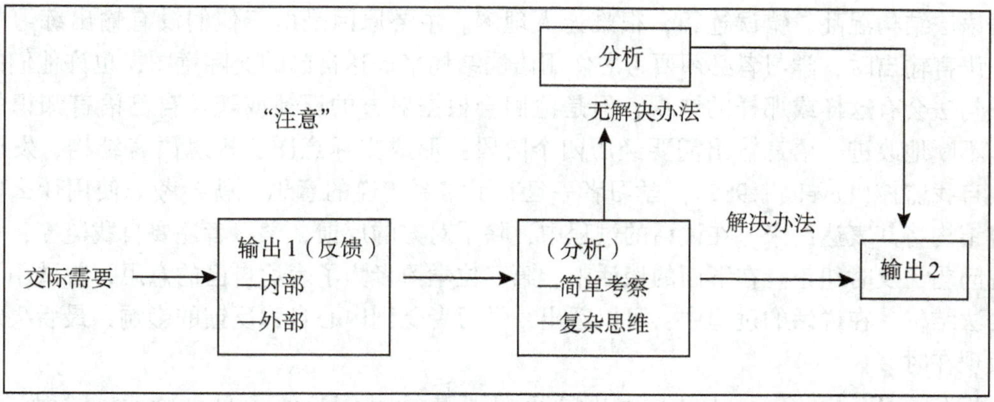

图 3-1　Swain 和 Lapkin 的语言输出和第二语言学习模式

上图显示，学习者用目的语进行交流时(输出 1)，输出可能在语法结构、措词等方面还不够准确和恰当，但是如果来自内部和外部的反馈引起学习者的注意，他就会通过简单的反思或复杂的思索分析所用的语言形式。结果有两种：一是找到了解决的办法：这时，学习者会想到多种选择，并逐一分析和评价，找到最佳的语言表达形式(输出 2)；二是没有找到可行的方案，即说话者在其已有的中介语系统中没有找到相应的语言形式来完成交际。学习者就会在以后的学习中特别注意类似的语言输入，补充和完善自己的中介语系统。该模式分离出了两种意义不同的习得：①内化新的语言形式；②加强已内化语言形式的自动性。

5. 生成更好的输入

互动中学习者的语言输出对对方来说是一种反馈，让对方更加了解学习者的交际意图和语言能力，这样对方可以调整自己的语言表达，有利于学习者的理解。语言输出是为了获得更理想的语言输入。在互动活动中，当交际受阻时，学习者与对方进行意义协商，对方根据学习者的反馈，在遣词造句、内容表达方面都会考虑学习者当前的水平。这样，学习者可以获得可理解性的输入，有助于学习者内化相关的语言知识。下面这段谈话中当第一位学习者问道："How do you like it?"，第二位学习者似乎误解了该结构的意义，第一位学习者及时纠正，采用了另一种结构形式，这时第二位学习者即刻作出正确的反馈。

NNS1：It is amazing that a boy only lives in cyberspace, never going out to talk with people, for about two years! **How do you like it**?

NNS2：**I don't like it.**

NNS1：Well, **I mean what you think of it.**

NNS2：Oh. **I think it is incredible!**

NNS1：**Yeah**，it is really hard to believe. I can never do that！

NNS2：Me either.

6. 迫使学习者进行句法处理

语言输出比语言理解更为复杂，更具有挑战性。有很多学习者，他们有很强的语言理解能力，但他们的语言表达能力几乎为零。除了语音、语调问题，更糟糕的是他们说出的话语语法结构混乱，错误连篇，很难让人理解。主要原因是由于他们没有输出练习的机会。语言输出时，学习者必须要考虑使用语法结构来表达自己的交际意图，也许他们的词法、句法会有这样或那样的错误，但是他们会根据对方的反馈或随着自己语言知识的增长，不断地改进。语言输出需要经历四个阶段：形成交际意图、构思语言结构、发话行为、自我监控(Levelt，1989)。学习者一旦有了需要传递的意思，就会考虑使用什么样的语言结构将其表达出来。在说话的过程中，除了对方的反馈，学习者还要自我监控，一旦发现问题，及时纠正。在下面的谈话中，第一位学习者为了表达自己的意思，曾试用了三种语法结构。在说话的过程中，可以看出，学习者受到内心自我反馈的影响，最后决定用一般现在时。

NNS1：Hi，I am a student from the School of Business. You see it is crowded here. **Had you…uh have you**… oh，**do you** often come here to practice oral English？

NNS2：Yeah.

7. 帮助学习者提高语篇能力

语言输出并不只是简单的问答，学习者在互动活动中，需要学会如何开始会话、如何转换话题、如何进行语轮转换、如何作出反馈和表达观点、如何使用合适的言语行为、如何遵守礼貌原则、如何协商意义、如何结束会话等。这些都是在口语交际中必须具备的语篇能力。会话规则帮助学习者不仅学习目的语，还熟悉目的语人群说话的方式。第二语言学习中英语口语能力包括语言形式、语言内容、交际规则等内容：语言形式指语音语调、词汇、语法知识以及运用这些知识的能力；语言内容既包括百科知识和经验，又包括组织和运用知识及经验说明问题的能力；交际规则包括通用交际规则和跨文化规则。

8. 有利于学习者学会表达自我

语言是交际的工具。语言具有传递信息、表达情感、态度、思想的功能。第二语言也不例外。学习者学会用目的语来表达自己的观点和情感，在会话中，学习者可以成为会话的主导者，让他人聆听自己的心声。学习者还会自主地尝试一些学习任务，如写日记和周记、写读后感，参与课堂互动等。当学习者能够使用第二语言表达自己的思想和情感时，他们会获得一种成就感。这种成就感又能增强他们的学习动机、自信心和自我效能感，因而促进语言学习的有效性。

第二节　第二语言学习者语言

第二语言学习研究不仅关注语言学习过程，还探究学习者的语言。对比分析假设的立足点是：语言之间的差异是语言学习的难点所在。对比分析通过分析学习者母语与将要或正在学习的第二语言之间结构上的差异，旨在保证学习者语言的正确性，减少来自母语的干扰。通过观察第二语言学习者的语言，我们会发现他们的语言自成体系，并始终处于动态发展之中，学习者通过试误来验证对目的语的假设，从而不断地完善他们的语言体系，使之逐步接近目的语语言体系。在语言学习过程中，学习者会出现各种错误。错误分析就是分析学习者语言中的错误，通过识别错误、描述错误、解释错误产生的原因、评估错误等一系列步骤，有针对性地提出纠正错误的办法，从而增强学习效果。

一、对比分析

在第二语言学习中，学习者会遇到这样或那样的困难。对初学者来说，最主要的障碍是来自母语的干扰，因为母语和第二语言之间存在着相似性和差异性，相似的语言形式似乎有利于他们第二语言的学习，不同的语言结构似乎成为“拦路虎”，阻碍语言学习。拿日语和汉语来说，日语的词汇和语法跟汉语有很多相似甚至相同的地方，词汇中有些汉字与汉语一模一样，在有些学习者看来，学日语似乎比较容易。但学英语或法语就不同了。英语和法语同属印欧语系，是语调语言；汉语属汉藏语系，是声调语言。二者相差甚远。中国的英语学习者遇到的首要问题就是语音、语调。英语的辅音和元音跟汉语拼音有诸多差异，初学者往往不能把握二者之间细微的差别。除了语音之外，词汇和语法层面也存在不同。很多词汇在英汉两种语言中没有对等关系，并且在词汇搭配、感情色彩等方面也各不相同。语法就更不用说了，屈折变化让很多学习者大伤脑筋。语篇结构方面，很多学习者深受汉语写作的影响。

这样看来，学习者的母语在第二语言学习中有着不可忽视的作用。为了解释说明这一现象，对比分析假说(The Contrastive Analysis Hypothesis)诞生了。对比分析的概念最早是由 Lado(1957)提出来的。Lado 等人认为系统地对某两种语言进行对比分析，如果能够找出两种语言(本族语和目的语)的异同，语言教学将更有成效。因为通过对学习者母语和目的语的对比研究，可以发现两种语言共享的语言形式，这些语言形式有助于学习者学习目的语，还可以找出两种语言中独特的语言形式，这些语言形式可能会给学习者造成困难，在教学中要格外注意，帮助学习者解决语言学习难题。只有这样，才能减少或避免学习者的语言错误。

Lado(1957)总结了对比分析的必要性。首先，促进教学。教师如果对比分析了目的语和学习者的母语，就会了解学生的学习问题，采用更有效的教学策略。在教学实践中，教师可以在多种情况下运用对比分析知识：①可以评估教材的语言和文化内容是否体现了所教的语言体系，断定该教材难点安排是否得当，这些难点正是两种语言的不同之处。②可以准备新的教材。在准备教材的过程中，对比分析是必要的，因为教师需要找出教学中的难点。③可以补充新的学习材料。教师如果对两种语言进行了较为完善的对比分析，当他发现教材的语言和文化内容不足时，会及时补充新的学习材料，突出学习难点。④可以诊断学习难点。有了对比分析知识，教师就会及时准确地判断学生所面临的问题，可能是语音、结构或者文化模式方面的内容。

其次，促进语言测试。语言测试的发展在很大程度上是对比分析研究的结果，表现在以下几个方面：①通过音位对比分析，语音测试可以突出语音难点，通过合理设计测试，增强阅卷的客观性。②语法结构对比分析可以发现哪些结构需要测试，哪些不需要。更重要的是，可以测试学习者对语言的掌握情况。③词汇对比分析可以选出那些与学习者母语相似的简单的词汇和那些不同于母语的较难的词汇。这样就可以选出代表不同难度水平的词汇，词汇测试更为有效。

第三，促进科学研究。语言和文化对比分析的结果可以帮助研究者发现研究问题，进行重要的实验研究。

第四，促进了解。对比分析可以使人们了解语言和文化差异，在跨文化交际中减少误解和语用失误。

以下主要介绍对比分析的理论基础、主要观点以及对该理论的评价。

(一) 对比分析假说的理论基础

对比分析假说的心理学理论基础源于行为主义的刺激——反应理论和迁移理论，语言学理论基础来自结构主义语言学。

行为主义的刺激——反应理论认为学习是形成刺激与反应的联结，是习惯养成的过程，是渐进的尝试与错误直到最后成功的过程。为了养成正确的习惯，必须要进行大量的练习。操练决定着联结的强度，不练习就会导致已有联结的减弱甚至遗忘。没有强化的练习是无效的，联结只有通过强化才能增强，强化的作用不可忽视。强化一般分为两类：正强化和负强化。正强化增强正确的联结，负强化消除错误的联结，以达到避免错误的目的。学习就是要养成正确的习惯。语言学习是形成正确的语言习惯的过程，第二语言学习是建立一套新的语言习惯的过程。模仿、强化和练习是形成新习惯的重要条件。

迁移理论认为，先前的学习经历将对后续学习产生影响。迁移分为两种：正迁移和负迁移。一种学习对另一种学习起促进作用，叫正迁移；一种学习对另一种学习起阻碍作用，叫负迁移。究竟是促进还是阻碍取决于两种学习任务之间相似的程度。两者间的差异就是困难所在。母语与目的语相似的地方促进目的语的学习，有差异的地方就会阻碍目的语的学习。差异越大，学习难度越大。这种现有语言知识对新的语言学习产生影响的现象被称为语言迁移。母语与目标语的相似之处可以产生正迁移，而不同之处则产生负迁移，也可称为干扰(interference)。母语对目的语产生的正迁移表现在多个方面(Odlin：2001)：母语与目的语词汇的相似性可以较快地提高阅读理解能力；母语与目的语文字系统的相似性可以帮助学习者更好地学习目的语的阅读和写作；母语与目的语结构的相似性有助于目的语语法的学习。母语与目的语的差异会对目的语学习产生干扰，表现为过低输出(underproduction)、过高输出(overproduction)、输出错误(production errors)和误解(misinterpretation)。

如果目的语中的语言结构与母语的结构大相径庭，学习者就会尽量避免使用这些结构，造成过低输出。过高输出可能由于过低输出的结果。例如，在英语写作中，中国的英语学习者较少使用复杂句，而过多使用简单句型。另外，学习者会较多使用母语中与目的语相似的语言结构。学习者还可能用母语形式代替目的语形式，可能将母语直译成目的语，造成输出错误。误解可能是由于母语与目的语之间不同的语音、语法以及文化价值观念造成的。

结构主义语言学以语言的结构或系统为研究对象，把语言看成是一种音义结合的符号系统，语言的系统性表现为组合关系和聚合关系，强调共时语言研究的重要性。语言可以分解、拆散成小片段或单位，这些已经分解的小单位可以用科学的方式来描写、对比、重新组合成为一个整体。语言学家的任务就是描述人类的语言，并且指出这些语言的结构特点。

（二）对比分析假说的观点

Lado的《跨文化语言学》（1957）是第一部探讨具体的对比分析方法的著作，是对比分析方法成熟的标志。对比分析假说盛行于20世纪五六十年代，在语言教学中得到广泛的运用。Fries（1945）认为，最有效的语言教材就是那些基于学习者的母语与目的语科学对比的材料（转引自Larsen-Freeman & Long，2000）。从60年代起，由于认知心理学、转换生成语法的兴起和发展，以行为主义心理学为基础的对比分析假说遭到质疑。语言教学实践发现，学习者的母语和目的语相似的形式也会给学习者造成混淆，存在差异的地方并不一定是学习困难的地方。对比分析假说逐渐被错误分析所代替。到了80年代，研究者们重新评价和审视对比分析假说对语言教学的贡献。

对比分析假说的发展几经周折，研究者们的主张未能完全达成一致。综观该假说的基本观点，该假说有三种不同的说法：强势说、弱势说、温和说。

Fries（1945）和Lado（1957）是“强势说”的代表。Fries主张对学习者的目的语进行科学描述，并与学习者的母语进行比较。在第二语言习得中，学习者在很大程度上依赖已经掌握的母语，经常将母语的语言形式、意义以及与母语相联系的文化迁移到第二语言习得中去。第二语言学习者在学习过程中遇到的最大障碍就是母语与目的语之间的差异。差异越大，困难越大；差异越小，困难越小。Lado主张把学习者要学的语言和文化与他们自己的母语和文化拿来作系统化的比较，就可以预测和描述出容易学习和不易学习的语言形式；学习外语的难易程度取决于母语与目的语的异同。类似母语的部分就比较容易学，不同的部分比较难学。

Lado提出了一个公式：目的语中与学习者母语相似的成分对学习者来说是简单的；与其母语相异的成分对学习者来说是困难的。

（1）我们可以对学习者的母语和目的语进行对比；

（2）根据对比分析中的差异，我们可以预测会引起困难的语言项目和学习者可能犯的错误；

（3）我们可以利用这些预测来决定外语课程和教材中哪些项目应该进行特殊处理；

（4）对这些特殊的项目，我们可以利用强化手段（如重复和操练）来克服母语干扰，建立新习惯。

对比分析强势说对当时的外语教学产生了深刻的影响，外语教材的编写主要基于学习者的母语和目的语的对比分析。对比分析通常包括四个程序（Whitman，1970）：描写、选择、对比和预测。①描写：语言学家或教师运用形式语法对学习者的母语和目的语进行描写。②选择一些特定的语言形式如词项、规则和结构来进行比较，因为人们不可能对两种语言的各个方面一一进行比较。③对比两种语言体系，明确二者之间的关系。④预测目的语学习的难度。这种难度预测可以参照困难等级制（hierarchy of difficulty）（Prator，1967，引自 H. D. Brown，2007）。

困难等级制将语法等级分成六种不同的难度范畴，适用于语言的语法和音位特征分析比较。这六种范畴按照从易到难的顺序排列。

0 级——迁移（transfer）：两种语言中没有不同或对比。学习者可以轻易地将母语中的语音、结构或词汇迁移到目的语中去。这是正迁移。

1 级——结合（coalescence）：母语中的两个项目结合成目的语中的一个项目。这需要学习者学习目的语时忽略这两个项目的区别。

2 级——分化不足（underdifferentiation）：母语中的某个项目在目的语中不存在。学习者必须避免使用该项目。

3 级——全新诠释（reinterpretation）：母语中的某个项目在目的语中具有新的形式和分布。

4 级——过度分化（overdifferentiation）：目的语中某一个全新的项目与母语几乎没有相似性，需要加强学习。

5 级——分裂（split）：母语中的一个项目变成目的语中的两个或以上的项目，要求学习者重新区分它们之间的差异。

对比分析强势说强调母语与目的语之间的差异，这些差异构成目的语学习的难点和干扰，这对外语教学过程和教材编写提供了参考：注重语言间的差异，突出难点重点，避免错误，提高语言的准确性。但是强势说认为语言间的差异就是学习难点。教学实践证明并非如此，有差异的地方不一定就是学习难点。强势说过分强调了该假说的预测力。另外，该假说要求语言研究者或教师要掌握一整套有关语言普遍性的知识，而这一理论又必须能够对语言的句法、语义和音位加以充分的、全面的描写（Whitman，1970），这个要求是不现实的。

针对强势说的不足，Wardhaugh（1970）提出对比分析“弱势说”。弱式说不再声称对第二语言学习难度等级进行预测，但仍然强调语际干扰的重要性，因为这些干扰确实存在，会给学习者造成学习困难。弱势说强调在错误出现以后进行分析解释。当学习者出现语言错误后，教师运用他们对学习者母语和目的语的知识找出错误产生的根源。教师可以根据观察、直觉和经验对语言学习难度做出一般的预测，但很难做出非常具体的预测，因为语言是由成千上万的项目组成的，超越语音差异之外的预测几乎是不可能的。由于语音学习主要是物理动作技能，教师可以根据两种语言之间的语音差异预测语音学习的难度，但是很难预测句法、语义、词汇学习的难度。这些方面的学习不是动作技能的学习，而是认知过程。

弱势说只要求教师运用他们已掌握的有关母语和目标语的知识来解释学习者错误产生的根源。但是弱势说仍将语言间的差异视作第二语言学习的困难所在。第二语言学习有很多错误，有些错误是由于母语的干扰，有些错误则是第二语言内部项目之间的影响。

对比分析“温和说”的代表人物是 Oller 和 Ziahosseiny（1970）。他们在拼写错误研究的基础上，折中了强势说和弱势说，提出了“温和说”。他们认为强势说和弱势说比较极端，对比分析应该建立在人类学习特性的基础上，而不是两种语言对比的基础上，这样才具有解释力。Oller 和 Ziahosseiny（1970：186）指出：“依据所感知到的两种语言间的相似和相异之处，对该两种语言的具体和抽象的语言模式进行分门别类才是学习的基础。因而，无论是一个语言系统内部还是在多个语言系统之间，只要这些模式存在形式上或意义上的细微差别，就会产生混淆。"可以说，第二语言学习中最大的困难存在于两种语言之间和各语言内部的最微妙差别。对比分析"温和说"强调人类学习的一般特性。人们容易忽略事物间的细微差别，而对显著差别却记忆犹新。显著的差别并不一定导致更大的学习困难。"温和说"也兼顾了语际错误(interlingual errors)和语内错误(intralingual errors)。与语言之间的差异相比较，语言内部的形式之间的差异显得微不足道，但这些差异可能会对学习者造成更大的学习困难。

(三)对对比分析假说的评价

对比分析假说从一开始就与外语教学紧密联系在一起，对第二语言学习研究和外语教学的发展作出了重要贡献。

(1)对比分析假说形成了一套独特的研究方法和程序：描述、选择、对比和预测。Lado(1957)在《跨文化语言学》中系统阐述了语音、语法、词汇、文字和文化等方面的对比方法和具体步骤。

(2)对比分析可以为语言教学提供必要的信息，预测教学中可能产生的困难，有利于教师更有针对性地、更有效地制订教学大纲，设计课程，编写教材，改进课堂教学。

但是对比分析假说也存在诸多不足之处。

(1)对比分析假说单纯从两种语言本身进行对比，预测不一定准确。学习者在第二语言学习过程中往往没有遇到对比分析所预测到的困难，而学习者真正遇到的一些困难却是对比分析没有预见到的。

(2)对比分析假说强调母语迁移的作用。但不是所有的语言错误都来自母语的干扰。更大的干扰来自语言内部。特别是当学习者的第二语言知识不断增长，已经获得的第二语言知识就会干扰新的第二语言知识的学习。例如，近义词的学习，学习者往往辨别不清近义词语义的细微差别以及不同搭配。还有同形异义词也常常让学习者感到困惑。

(3)语言错误主要来自母语干扰的静态形式分析，不分析语言的功能和意义。对比分析的内容主要集中在语音、词汇和语法层面，语义、语用和语篇方面的对比分析还很少。

(4)对比分析假说简单地将"差异"等同于"困难"。"差异"两种语言存在着不同之处，属于语言学的范畴；而"困难"指人们对某一事物难易程度的心理感知，属于心理学的范畴。将"差异"与"困难"之间直接画等号，缺乏认知根据，夸大了该假说的预测力。

二、错误分析

对比分析假说单纯对两种语言本身进行对比，而学习者在第二语言学习过程中往往没有遇到对比分析所预测的困难，学习者真正遇到的一些困难却没有被预见。对比分析假说不能预测学习者所有的语言错误，因而有必要对第二语言学习者的错误进行研究和分析，找出错误的根源，为第二语言教学提供可靠的教学参考。

Corder(1967)是错误分析的最早倡导者。他认为，母语习得中，当儿童说"Baby sit chair"，我们并不认为他们的语言不正确，并不把它当作错误(error)，而是认为这是儿童语言发展中的正常现象。我们对儿童话语的反应跟教师在课堂中对学生的话语作出的反应一样："Yes, baby is sitting on the chair."事实上，儿童的输出错误是他们语言发展的重要证据，是很有意义的。第二语言学习者的输出错误亦应如此。Corder 认为，学习者的输出错误反映了他正在使用的语言体系处于某一个阶段的状态，虽然这个语言体系还不完善。学习者的错误有三个方面的重要作用(Corder, 1967)：

(1)对教师来讲，如果他对学生的错误进行系统分析，就可以发现学习者在向目的语靠近的过程中已经到达了哪个阶段，还剩下哪些内容需要继续学习；

(2)向研究者提供学习者如何学习或习得语言的依据，了解他们在学习过程中所使用的学习策略和步骤；

(3)对学习者自己也必不可少，因为我们可以认为犯错误是学习者为了学习语言而使用的一种学习手段，是学习者用来检验他们对所学语言的本质所作假设的一种方法。

以下主要探讨错误分析的理论基础、过程及其评价。

(一)错误分析的理论基础

错误分析基于以下两个理论：普遍语法和认知理论。错误分析的基本假设之一就是人脑中有一种学习语言的特殊机能——语言习得机制。Chomsky 认为儿童大脑中的 LAD 包括三个要素：假设形成机制、语言普遍特征和评价程序。儿童听到外来语言后，启动普遍语法，并受到普遍语法的指导和控制。在语言材料的基础上，形成对母语语法的假设，并通过评价体系来选取对母语语法的最佳假设。这样，儿童在头脑中逐步形成有关母语的系统的语法知识。UG 存在于人的大脑中，是关于人类语言的普遍性知识，它不是具体的语法规则，是人们与生俱来的语言初始状态。错误分析的目标就是揭示普遍语法在多大程度上影响第二语言学习过程。

错误分析的心理学基础是认知心理学。认知心理学从认知的角度解释言语行为，认为语言学习并不是建立刺激和反应的联接，不是模仿、强化和操练习惯形成过程，而是一个创造性的假设验证过程。在这个过程中，学习者不断根据输入的语言材料，对语言规则提出假设，并通过验证，对这些规则加以修正、补充和完善。

(二)错误分析的过程

关于如何展开错误分析，Corder(1974，转引自 Ellis, 1994)提出以下五个步骤：收集学习者语料、识别错误、描述错误、解释错误产生的原因、错误评估。

1. 收集学习者语料

根据语料的大小，错误可分为三大类：大样语料(massive sample)、小样语料(specific sample)和个案语料(incidental sample)。大样语料需要收集多个学习者多个语言使用的样本，才能收集到较为全面的具有代表性的样本；小样语料来自少数学习者的一个语言使用样本；个案样本只涉及一个学习者的一个语言使用样本。大样语料的收集是一项艰巨的任务，因此大多关于错误分析的研究都采用小样语料或个案语料的收集。

进行错误分析语料收集时，研究者需要考虑一些因素，如语言输出的媒介，是口语还是书面语；语言输出的体裁，是会话、演讲、短文还是信件等；语言输出的内容或话题；

学习者的语言水平，初级、中级还是高级；学习者的母语；学习者的语言学习经历，是课堂学习、自然环境中的语言学习还是二者兼而有之。这些因素会影响到研究结果以及对研究结果的解释。

2. 识别错误

收集到学习者的语料之后，研究者需要识别错误，弄清楚什么是语言错误(error)。第一个要解决的问题是哪种语言变体可以作为规范的语言。如果研究在课堂中学习第二语言的学习者，一般是收集他们的书面语输出，如作文等。如果研究他们的口语，当然收集他们的口语了。但是有些学习者不只接触一种语言变体，他们的语言输出对某种语言变体来说是错误的，但对另外一种语言变体来说又是正确的。这是一个比较复杂的问题。第二个问题是错误(error)与失误(mistake)的区分。错误是学习者的语言知识缺乏而导致的，是语言能力不足的体现。失误是由于学习者说话和写作时精力不集中、疲劳、紧张、粗心等情绪因素影响了语言信息处理而造成的，属于语言表现，也是母语使用者经常出现的语言现象。Corder 指出错误(error)才是错误分析研究的对象。第三个问题关于错误的性质；是显性错误还是隐性错误。显性错误与目的语语言规则有明显的偏差，而隐性错误表面上看似乎是符合语法的句子，但实际上不能准确地表达学习者的意图。第四个问题是，错误分析只是研究语法规则的偏差，也还是需要考虑语言使用的得体性。很多的错误分析研究既分析准确性也研究得体性。

3. 描述错误

对错误进行描述需要比较学习者的话语与按照目的语规则对学习者话语重构后的语言，主要关注学习者语言的表层特征。由于语言学家对错误起因的认识角度不尽相同，对错误起因的解释与分类也不尽相同。根据错误的来源，错误可以分为语际错误和语内错误。学习者由于误用与母语具有共同特征的语言项目而产生的错误叫语际错误(或迁移错误)。由于目的语内部语言项目所犯的错误称为语内错误(也称发展性错误)。国内外有大量研究对语言错误进行了分类，普遍被接受的错误分类有：① Corder(1974)把错误分为前系统性错误(pre-systematic errors)：学习者没有意识到目的语的特定规则；系统性错误(systematic errors)：学习者发现了某条规则却是错误的；后系统性错误(post-systematic errors)：学习者知道目的语的正确规则但使用时没有保持统一。② Dulay，Burt 和 Krashen(1982)将错误分为省略(omission)、添加(addition)、形似错误(misformation)和顺序错误(misordering)。

4. 解释错误产生的原因

解释错误是错误的分析阶段，要对错误形成的原因进行追根溯源。导致学习者语言错误的原因比较复杂，可能是心理语言学、社会语言学、认识论方面的原因，还有可能是语篇结构方面的(Taylor，1986)。心理语言学根源包括语言能力错误和言语行为失误。语言能力错误是学习者错误的重心。语言能力错误可以分为：①本族语干扰性错误或称为语际迁移(interlingual transfer)，指学习者在生成目的语的过程中使用了母语中的某个(些)成分，这就是所谓的负迁移。②目的语干扰性错误或称为语内迁移(intralingual transfer)，这类错误的产生是由于对所学语言(即目的语)的理解有错误或只是一知半解，即过度概括或泛化、错误类推、概念假设错误、规则运用不完整和规则运用失败。③独特性错误，如诱导性错误(induced errors)，指的是教材、教师和教学方法等人为的错误输入，使得学习者对语言产生错误的假设。

语言行为失误可分为：①信息处理问题。学习者由于生理和心理原因而造成语言信息处理差错。②交际策略，这是由于缺乏交际策略而导致的输出失误。

5. 错误评估

错误评估主要是分析错误对听者或读者所产生的影响。错误评估研究一般探讨三个问题：①有些错误比其他错误更严重吗？②母语使用者和非母语使用者对错误的评估有什么差异？③错误评估应该采用什么样的标准？研究发现，母语使用者和非母语使用者对错误的评估存在差异，错误评估标准也不尽相同。母语使用者更加挑剔语音错误，认为学习者的词汇错误比语法错误更严重。

错误评估在具体操作方面存在着一些问题，如错误的严重性、可接受性和可理解性等标准很难在实践中实施。错误评估受到错误产生的语境的影响，同样的错误由于任务、时间、地点和方式的不同，评估的结果也不同。只有结合说话者所犯的错误，对说话者的不同环境、背景等因素加以认真分析，找到错误的原因，才能作出正确的评估。

(三)对错误分析的评价

1. 错误分析的主要贡献

第一，错误分析的提出基于这样一个论断，即学习者的语言是一个不断发展的语言体系，在学习过程中出现语言错误是一个非常正常的现象，研究学习者语言错误对解释语言学习具有重要的意义。错误分析理论弥补了对比分析假说的局限性，丰富和发展了第二语言学习理论，推动了第二语言学习研究。

第二，由于受到行为主义的影响，长期以来语言教学的重心是避免和纠正学习者的语言错误，语言学习的首要目的是提高语言的准确性。错误分析改变了人们对错误的态度。在外语教学过程中，教师开始关注学习者的错误，并切实做好以下几个环节的工作：收集语料，识别错误，描述错误，解释错误，评估错误，有针对性地提出了纠正错误的办法，从而增强了教学效果。

第三，错误分析发展了一套较为成熟的研究程序和研究方法，研究者对学习者的语言错误进行了广泛的实证研究，加深了对第二语言学习过程的认识，为第二语言教学提供了切实可行的参考，如对学习者的错误的反馈及其反馈效果等。

2. 错误分析的局限性

错误分析的局限性表现在：

第一，错误分析研究中有些概念的界定比较模糊，如错误和失误的区分。错误是由于对目的语语言规则的无知导致的，失误是语言行为的表现，不是语言能力的体现。这种区分很难理解学习者的语用失误和交际策略。

第二，错误分析不能对学习者的语言进行完整的分析。错误分析主要针对学习者的语言错误进行研究，但是往往忽略了学习者正确的话语。

第三，多数错误分析研究是横向的静态研究，很难说明学习者的语言是如何发展的。纵向研究可以探讨学习者的错误是如何变化的，学习者的语言是如何逐步接近目的语的。

三、中介语

20世纪60年代以前，行为主义心理学和结构主义语言学在心理学和语言学领域占据着重要地位，在这种理论背景下，语言研究领域兴起了对比分析理论，认为外语学习是母语习惯向外语习惯逐步转移的过程，对外语教学领域产生了重要的影响。许多学者和外语教师认为，只要将目的语和母语进行对比，了解母语和目的语的异同，就可预测出学习者在目的语学习中会出现的偏误和困难。到了60年代末期，研究者和语言教师逐渐认识到第二语言学习是一个创造性地构建语言体系的过程，学习者利用多种可能的资源有意识地检验他们对第二语言的假设。这些知识包括关于语言的一般知识、母语知识、有限的目的语知识，关于生活、人类和宇宙的知识等(Brown，2007)。学习者在语言学习过程中，积极地构建目的语知识和规则体系。他们的语言自成体系，并在不断地发展之中。学习者通过试误过程和假设检验，不断地完善他们的语言体系，使之逐步接近目的语语言体系。

关于学习者的第二语言体系有多种说法："过渡能力"(transitional competence)(Corder，1967)，"近似系统"(approximate system)(Nemser，1971)，"个人方言"(idiosyncratic dialect)(Corder，1971)，"中介语"(interlanguage)(Selinker，1972)。"过渡能力"指学习者尚未达到目的语能力的外语能力。"近似系统"指的是学习者的语言体系接近目的语语言体系。"个人方言"强调学习者的语言对于学习者个体来说是独特的，学习者语言的规则也是学习者所独有的。"Interlanguage"一词由Selinker于1969年在其论文"语言迁移"中首次使用。1972年，他在发表的"中介语"论文中对"中介语"概念进行了阐述，确立了中介语在第二语言习得研究中的地位。尽管不同的学者使用的名称不同，但都表达了同样的观点：第二语言学习者形成了自己的语言体系。这种语言体系既不是母语的语言体系，也不是目的语的语言体系，而是介于二者之间。"Interlanguage"在中国有不同的译法：中介语、过渡语、中继语、中间语、语际语以及中继语，该书采用中介语一词。中介语可以是学习者在某一特定的阶段构建的内部语言系统，也可以是一系列相互关联的语言系统的集合，亦可称为中介语连续体，表示学习者的语言发展的过程(Ellis，1985：47)。

20世纪70年代以来，中介语理论已成为第二语言研究的主要理论之一，推动了第二语言研究和教学的发展。以下主要探讨中介语构建的认知过程、中介语连续体的特性以及第二语言学习中的石化现象。

(一)中介语的理论基础

中介语的发生基于以下四个理论：普遍语法、语言的标记属性、关键期假说和认知理论。中介语的语言学基础首先基于Chomsky(1965)提出的普遍语法(Universal Grammar)。Chomsky认为，语言受制于一套高度抽象的规则。这些规则具有普遍性，为不同的语言提供了构建其特定结构的基本参数。Selinker(1972)认为，成功的外语学习者是持续利用其语言习得机制的。这一语言习得机制在关键期后被"潜在的语言结构"(latent language structure)(Lenneberg，1967)所代替。

语言的标记属性揭示第二语言的学习过程中学习者认知发生的三个基本倾向：①学习

者较早认知非标记性语言材料。②学习者较容易认知非标记性语言材料。③学习者在认知标记性语言材料时构建和借助中介语进行认知。

中介语发生的另一个基础涉及语言学习的关键期。许多第二语言学习者开始学习第二语言的时候，早已过了语言学习的关键期。母语在第二语言学习中的作用不可低估。学习者在第二语言学习过程中必然会运用母语的规则去理解和内化目标语的规则，即产生中介语。

中介语发生的心理学基础也是认知心理学。具体内容可参见前文“错误分析的理论基础”部分。

(二)中介语构建的认知过程

Selinker(1972)列举了五个重要的心理认知过程，来阐释学习者的中介语系统或行为模式：语言迁移(language transfer)、目的语规则的过度概括(overgeneralization of TL linguistic material)、训练迁移(transfer of training)、第二语言学习策略(strategies of second language learning)、第二语言交际策略(strategies of second language communication)。在这五个心理过程中，语言迁移在Selinker的理论框架中是一个重要的心理过程。另一种类型的心理过程是策略，即学习者在习得过程中试图采取某种方法以解决某些特定的问题，一是交际策略，当学习者在表达意义出现困难时，便借助某些补偿策略，如手势或相近的词来表达，使交际顺利进行。二是学习策略，学习者为了记住某些难点，便采取重复、复述等方法帮助记忆。

(1)语言迁移。这主要指第一语言的迁移。第二语言学习者已掌握了母语的基本词汇和基本语法结构，第二语言的学习必然会受到母语词汇和语法知识的影响。语言迁移指第二语学习者将母语规则应用于目的语学习过程中，对目的语学习产生积极或消极的影响，从而形成正迁移或负迁移。

(2)目的语规则的过度概括。学习者会泛化目的语规则，将同一规则用于某一语言现象，产生不正确的语言形式。最常见的是学习者将所有动词的过去时都加上-ed，所有的名词复数形式都加上-s，没有意识到有些动词和名词具有不规则的屈折变化。

(3)训练迁移。通过教师讲授获得目的语规则。教师在讲授过程中过分强调或过多使用某一语言形式，学习者就会下意识地运用这个语言形式，而避免使用其他结构。例如，教师上课较多使用一般现在时，学生也较多使用该结构，不管事件发生的时间如何。

(4)第二语言学习策略。学习策略是语言学习者学习词汇、语法规则等语言知识以及听、说、读、写等语言技能时使用的学习方法。学习策略的使用有有意识和无意识之分。起初的时候，学习策略的使用是有意识的，逐渐达到自动化、无意识的程度。

(5)第二语言交际策略。交际策略指的是第二语言学习者为了与英语本族语者进行交流而使用的技巧。交际策略通常是学习者尚未完全掌握第二语言，在交际受阻时使用。像回避(avoidance)和换说法(paraphrase)是外语初学者经常采用的交际策略。

中介语的认知过程还可以通过假设检验来解释。Corder(1967，1971)将学习者的语言系统称作过渡能力(transitional competence)或过渡方言(transitional dialect)。过渡能力指学习者现有的心理规则系统，这个规则系统不是一成不变的，学习者在对目的语规则假设进行不断检验的基础上逐步更新这个系统。当学习者接触语言输入时，其内在的习得机制作为系统生成器便通过对输入信息的加工建立过渡语的规则系统；当新的规则信息与目前的过渡系统不一致时，这种新的规则信息便反馈给系统生成器，学习者的内在习得机制便引导过渡系统规则的更新。

Corder 认为，学习者在所接触的语言信息的基础上，形成了关于目的语结构特征的假设，在此基础上，构建自己的假设语法，这个语法在随后的语言理解和语言产出的过程中不断得到检验。如果学习者的假设是合理的，并且其语言产出得到认可，没有被误解，他们的假设就得到了证实。如果他们的理解是错误的，并且语言运用导致交际失败，在这种情况下，学习者可能要重新构建关于目的语的假设。

（三）中介语的特性

1. 可渗透性

中介语是一个开放的系统，而不是一成不变的封闭的体系。第二语言学习者不断接受新的语言形式，新的语言规则不断渗入到他们的中介语中。也就是说，中介语可以受到第二语言学习者的母语和目的语的规则形式的渗透。根据中介语连续体的观点，第二语言学习不是一个将规则简化而是复杂化的过程，因为学习者构建的每一套语法都比先前的语法更加复杂。正是由于中介语的可渗透性，中介语才能不断丰富、完善，逐渐向目的语靠近。如果没有渗透性，或渗透性不强，则会造成中介语的石化现象（fossilization），学习者的语言能力也就停滞不前了。

2. 动态性

中介语连续体由一系列相互交叉的语法组成，这些内部语法是动态的，易于变化的。每一套语法都具有一些与先前的语法相同的规则，但也包含一些新的或修改的规则，每一条规则可以是一种假设。中介语中可能同时存在多种假设，这些假设导致了一系列近似系统的产生，可用于解释学习者语言行为中的系统性变异。

Brown（2007）根据学习者的语言错误类型，将中介语的发展分为四个阶段：

（1）无规律语言错误阶段（random error）。Corder 称这一阶段为前系统阶段。这一阶段学习者的错误没有规律，这是学习者对目的语进行实验和猜测的阶段。

（2）突生阶段（emergent stage）。第二语言学习者掌握了一定的目的语规则，这些规则从目的语的标准来看可能不正确，但在学习者看来是合情合理的。在这个阶段，学习者仍然不能自我纠正错误。

（3）系统形成阶段（systematic stage）。学习者使用第二语言时表现出更多的一致性。尽管这些内在的规则不十分完善，却表现出内部的一致性，更加接近目的语系统。

（4）稳定阶段（stabilization stage）。学习者基本上掌握了目的语。相对来说，学习者很少有语言错误，可以流利地使用目的语，学习者能够自我纠正错误。

3. 系统性

中介语认知理论认为，学习者运用学习策略构建关于目的语的内部语法，这些语法和以目的语为母语的人们所使用的语法一样用于解释语言行为，即学习者运用他们所构建的规则来解释和产生话语。虽然学习者的有些话语相对目的语规则来看是错误的，但对中介语来讲却是规范的形式。由此可见，中介语是自成体系的。

(四)中介语的变异

变异能力模式认为，学习者语言能力的可变性反映了他们拥有一套异质的语言规则系统。中介语发展的各个阶段相互交叉，学习者不同阶段的中介语系统包括对同一语言事实使用不同的语言规则，这些规则导致学习者在语言运用上发生变化。第二语言学习者语言的使用根据语境的变化而变化，产生的变异主要有两种：语境变异和自由变异。

语境变异包括由情景环境决定的变异和语言环境决定的变异，情景环境决定的变异相当于语体风格的变异。Tarone(1983)探讨并提出了由情景环境决定的中介语语体连续体，在连续体的一端是俗体(随意语体)，另一端则是正式语体。当学习者对自己的话语不加监控时，随意语体便产生了，这种语体最自然，最具有系统性。当学习者对目的语进行语法性评价时(如判断一个句子是否正确)，他们所使用的语言便是正式语体。Tarone 认为，有意识监控的程度决定了不同的语体风格。当不同的环境诱发不同的语言形式而引起的变异称为语言环境决定的变异。

关于自由变异，Ellis(1994)认为，并不是所有的中介语变异都是由语境决定的。在开始阶段，有相当一部分变异都是随意的，也就是说，学习者具有两套(或更多的)语言形式，用来表达同一范围内的意思。

在变异能力研究中，最有影响的是 Ellis(1984)提出的变异能力模式。Ellis 认为中介语可变性反映了语言运用不同侧面的差异。一为不同性质的语言知识库与不同类别的语言运用之间的关系，二为形式-功能网络的关系。

Ellis 认为，分析和自动化的程度决定了学习者第二语言知识的表征形式。根据自动化程度，Ellis 将第二语言知识区分为自动化的和非自动化的。本族语者最常见的语言知识表征形式是自动化的，而第二语言学习者的语言表征形式往往是非自动化的。语言运用的差异源于话语的计划程度，计划性话语指对内容仔细酝酿而产生的话语，如正式讲演和写作；非计划话语是指未经准备和预想即表达的话语，常见于日常交谈和自发谈话中。非计划性语言运用情况利用自动的第二语言规则，这是习得的基本过程；计划性语言运用情况利用非自动的第二语言规则，这是习得的次要过程。第二语言运用的中介语变化，取决于学习者是利用基本过程还是次要过程。中介语系统的发展或通过参与各种话语习得新的第二语言规则，或激活原先以非自动形式存在的第二语言规则以用于非计划性话语。

形式-功能网络的关系。Ellis 认为在中介语发展的不同阶段，某一具体的形式实现不同的功能。中介语可变性反映了形式与功能之间的关系不一致，因为学习者经常运用两种或两种以上的形式实现同一功能。学习者在学习和运用第二语言过程中逐渐构建形式-功能系统，这些系统随着学习进程演化，因此，在中介语发展的任何阶段都可能观察到不同的形式-功能系统。从表面上看，学习者的语言变化往往是无序的，但经过形式-功能分析则能发现其内在规律。Ellis 认为并不是所有的中介语知识都能构成系统，在发展的任何阶段，学习者的一部分中介语知识构成系统，而其他部分则呈自由变化状态。

（五）语言石化

中介语理论认为，一般情况下，第二语言学习者不可能获得与母语使用者相同的语言能力，而且最终语法也不是目的语语法。Selinker(1972)提出了石化的概念，指在第二语言学习过程中，有时出现的不正确的语言特征永久性地成为一个人说或写一种语言的方式，长期存在于中介语中，并且不易改变。发音、词汇和语法等方面在第二语言学习中都会发生石化现象，如发音特征的石化造成一个人的异国口音。

20 世纪 70 年代以来，语言学家和第二语言习得研究者从不同的角度对石化现象的成因做了大量的研究。年龄可能是重要的内因。当语言学习者到达临界年龄时，它们的大脑缺乏可塑性因而无法掌握某种语言特征(Lenneberg，1967)。

Selinker(1972)认为石化现象的产生是因为第二语言学习者获得语言能力的心理基础和习得机制与母语习得的心理基础和习得机制不同，中介语的创造系统与母语的习得机制不同。关键期之后，第二语言学习者原有的习得机制已经退化，在第二语言学习中所依据的是一种完全不同的机制。Selinker 发现，绝大部分第二语言学习者出现石化现象，即语言能力的发展处于停滞的状态，即使继续学习和训练仍不能得到改善，只有极少数人能够到达中介语连续体的终端。Selinker 提出的五个心理过程是石化产生的心理学基础，它们分别是：语言的迁移过程、由训练造成的迁移过程、学习策略、交际策略以及目的语语言材料的泛化过程。

Krashen(1985)从第二语言习得的认知过程来考察石化现象，列举了可能引起语言石化的五种因素：①目的语输入数量不足，学习者没有机会接触第二语言，没有机会与本族语者交流，这是语言石化最明显的原因；②目的语输入质量不高，学习者所接触的语言信息中缺乏可理解性的输入；③感情过滤器。学习者可能缺乏交际的需要，因而失去了获得更高语言能力的动机；④目的语输出过滤器。学习者不愿意或者没有机会在交际中操练语言规则；⑤目的语语言变异形式的习得，这些不规范的语言形式很难消除。

Schumann(1978)在描述第二语言习得的初级阶段时，提出了皮钦语(pidgin)假设，指出第二语言早期的特点与皮钦语很相似。由于学习者在习得中与目的语环境的社会距离较大，学习进展到初期就停滞了。Schumann 认为第二语言习得的初期均有皮钦化的趋势。当学习者与目的语环境的社会距离和心理距离太大时，学习者便停留在初级阶段，不再进步，从而使语言皮钦化。此外，当学习者经历的皮钦化过程太长时，其第二语言开始产生石化现象，学习者的第二语言水平就很难进一步提高。

Vigil 和 Oller(1976)认为互动反馈是石化产生的原因。反馈传递了情感和认知两种信息。情感信息是以非言语的形式来实现传递的，例如手势、声调或面部表情等。认知信息包括事实、设想和信念，主要是通过言语手段来传递的，如语音、短语、结构和语篇。情感信息和认知信息有三种反馈形式：肯定、中立和否定。认知反馈决定石化的程度。如果学习者在交流中得到的是肯定的情感反馈和否定或者中立的认知反馈，他就会重述自己的话语，形成新的目的语假设。如果学习者得到的是肯定的情感反馈和积极的认知反馈，他就会认为自己的话语是正确无误的，这样他的语言错误就会沉淀石化。

第三节　第二语言习得理论

第二语言习得研究者从不同的视角对语言的特性、学习者角色、学习过程等方面进行了阐释，形成了各具特色的第二语言学习理论。本章节重点介绍以下语言习得观：环境论、天赋论、认知论和互动论。环境论中最具影响的学习理论有行为主义学习观，环境论强调语言环境对语言习得的决定作用，学习者被动接收语言输入，学习语言的过程是模仿、操练和强化的过程。同时，环境论指出环境因素(如个人经历)对语言发展的重要性，否认先天因素的作用，试图用学习者的外部变量(环境影响)来解释语言习得的过程，如文化适应模式。天赋论则强调第二语言学习的逻辑问题，天赋论认为学习者习得的东西远比从语言环境中学到的多，有限的输入可以部分或全部激活普遍语法，从而促进第二语言的学习。天赋论中具有代表性的理论有普遍语法和监控假设。认知论将第二语言学习看作认知技能的学习，学习者是语言信息的加工者，语言学习的过程是重构、逐步自动化的过程，主要的理论模式有：Anderson 的 ACT 模型、McLaughlin 的信息加工模型、Bialystok 的分析/自动模式。互动论认为语言学习是学习者与环境相互作用的结果，主要有认知互动论和社会文化互动论。

一、环境论

行为主义学习观和文化适应模式是语言学习环境论中最具代表性的两种观点。

(一)行为主义学习观

环境论的典型代表是行为主义学习理论。与第一语言的习得过程一样，第二语言的学习过程也是模仿、操练和强化的过程，是建立起一套新的刺激——反应联结的过程，即建立新的语言习惯。新的语言习惯的建立需要经过模仿、练习、再模仿、再练习等反复操练才能实现。因为学习者已经习得了第一语言，这就需要在学习过程中克服第一语言习惯的干扰。教学实践证明，来自第一语言的信息会有意识或无意识地对第二语言学习造成影响。这种影响有时是积极的，即发生正迁移(positive transfer)，但是在很多情况下是消极的，即发生负迁移(negative transfer)。第一语言的语音、词汇、语法甚至语篇都会对第二语言学习者造成一些困惑。

强化是语言习得发生的重要机制，目的是避免错误的发生或延续。如果学习者语言模仿行为正确的话，会得到他人的褒奖(言语表扬或物质奖励)，积极的反馈会促使这种正确的语言行为保持下去。这种通过呈现愉快刺激来增强良好行为发生的频率，称为正强化。如果语言模仿行为正确，那么老师取消学习者原有的、厌恶的刺激，如撤销将某个单词抄写 50 遍的惩罚。这种通过撤销厌恶刺激来增强良好行为发生的频率，称为负强化。还有一个重要因素就是惩罚：如果语言模仿行为不正确，会受到他人的惩罚(言语批评或物质惩罚)，言语错误得到纠正，直到正确无误为止。在语言学习中模仿、强化和操练至关重要。已经习得的语言都是以实例的形式储存在儿童的记忆中。

传统的第二语言教学法——听说法，课堂活动强调模仿和记忆，让学生反复听和练习同样的句法结构，尽量避免错误，直到熟练掌握为止。听说法的主要句型操练活动如下（Brooks，1964：156-61，引自 Richards & Rogers，2001：60-62）：

重复（repetition）：学生听到句子后不看文本，不断重复，随着多次重复说出更长的句子。

I used to know him **years ago.**

I used to know him **years ago when we were in school**…

屈折变换（inflection）：变换句子中某个词的性、数、格、时态等。

I bought the **ticket.**

I bought the **tickets.**

He bought the candy.

She bought the candy.

替换（replacement）：用代词替换句子中的名词或名词短语。

Helen left early.

She left early.

He bought **the house** cheap.

He bought **it** cheap.

转述（restatement）：变换说话对象转述话语。

Tell him to **wait for me.**

Wait for me.

Ask her **how old she is.**

How old are you?

完成句子（completion）：用一个词将句子补充完整。

I'll go my way and you go….

I'll go my way and you go **yours.**

变换词序（transposition）：必要时改变词序。

I'm hungry. （so）

So **am I.**

扩展句子（expansion）：在句子中合适的位置增加一个词。

I know him. （hardly）

I **hardly** know him.

缩写句子（contraction）：用一个词代替一个短语或小句。

Put your hand **on the table.**

Put your hand **there.**

转换句型（transformation）：将一个肯定的陈述句转换成否定句、疑问句等不同句式。

He knows my address.

He doesn't know my address.

Does he know my address?

He used to know my address.

If only he had known my address.

合并句子(integration)：将两个句子合并成一个句子。

They must be honest. This is important.

It is important that they be honest.

应答(rejoinder)：根据情景要求对问话做出相应回答。

Thank you.

You are welcome.

What is your name?

My name is Smith.

复原句子(restoration)：将所听到的词语组合，还原成一个完整的句子。

Students/waiting/bus-The students are waiting for the bus.

(二)文化适应模式

文化适应模式(Schumann，1978)认为第二语言习得是由学习者所学语言的文化之间的社会和心理距离决定的，距离越近，第二语言习得就越容易。社会距离是学习者在与第二文化的社会成员接触时产生的，在第二语言学习中起重要作用。心理距离由学习者的各种个人因素所致，只在社会距离不明显时才显得突出。社会距离和心理距离均在某一特定的社会环境下影响学习者的第二语言习得。Schumann 列举了决定社会距离和心理距离的多种因素，决定社会距离的因素包有社会支配地位、融合方式、孤立的程度、凝聚力、社团的大小、文化相似、态度、希望居住的时间等；决定心理距离的因素包括语言障碍、文化障碍、动机等。社会距离和心理距离影响第二语言习得的效果，决定学习者接触或使用第二语言的语言量。第二语言习得的理想状态可以描述为：两种文化地位平等，彼此愿意融入到对方文化之中，两种文化非常相似，第二语言习得者的文化规模较小、凝聚力弱，彼此态度积极，并且第二语言习得者打算在目的语文化环境中长期居住。

Schumann 在描述第二语言习得的初级阶段时，提出了皮钦语(Pidgin)假设，指出第二语言早期的特点与皮钦语很相似。他观察了一个以西班牙语为母语的学习者在美国学习英语的过程，由于学习者在习得过程中，与目的语社会的社会距离较大，英语学习进展到初期就停滞不前了。从学习者所应用的英语结构中，Schumann 发现许多与皮钦语的结构异常类似的地方。例如，no + 动词否定式(I no see.)；缺乏倒装(Where the paper is?)；缺乏助动词(She crying.)；动词的非标记形式(Yesterday I talk with one friend.)；缺乏主语代词(No have holidays.)等。Schumann 认为第二语言习得初期，学习者都有皮钦化的趋势。当学习者与目的语社会的社会距离和心理距离太大时，他们的目的语学习将停留在初级阶段，从而产生语言皮钦化的现象。当学习者经历的皮钦化过程太长时，他们的第二语言将产生石化现象，第二语言水平就很难得到进一步提高。

Schumann 认为第二语言习得由学习者的语言输入和学习语言的目的决定。Schumann 将语言功能分为交际功能、综合功能和表达功能。在学习的初级阶段，第二语言学习者使用的外语带有皮钦语和石化过渡语言的特点，均局限于交际功能的范围。多数母语使用者和突破石化语言关的第二语言使用者可以实现语言的交际功能和综合功能，但大多数第二语言使用者还不能掌握并运用语言的表达功能。

Schumann 的文化适应理论和皮钦语假设从社会心理的视角研究第二语言习得。文化适应是第二语言习得的关键，文化适应受阻，第二语言习得也就受阻。同时，文化适应又是第二语言学习的一个方面，文化适应的程度制约着第二语言习得的过程。

二、天赋论

与环境论相反，天赋论认为语言能力是人类与生俱来的一种能力，学习者的头脑并非白板一块，他们天生拥有语言习得机制，语言习得机制是语言学习的催化剂和助力器。普遍语法和监控假设是天赋论的主要理论和观点。

(一)普遍语法

1. 天生论假设

20 世纪 20 年代至 50 年代盛行的行为主义语言学习观认为语言学习是不断模仿、不断练习直至习惯养成的过程，是刺激和反应的联结，语言环境决定语言习得。语言习得的过程是：儿童通过倾听他人说话，并与他人交流，对他人说过的语音和语法结构作出反应，即模仿他人的话语。儿童产出的语言是之前学习过的，没有什么创新之处。

在 Chomsky 看来，行为主义的许多观点是站不住脚的。第一，语言学习环境的输入并不能为儿童提供习得语言所有的语言规范，并且成人的语言中有许多不确切、不正确的表达，特别是在口语表达中存在诸多问题，如犹豫不决、停顿、言语失误、表达不连贯等。但是儿童却能够说出近乎完美的语言结构，很多结构在语言环境中是找不到的。语言非常复杂，有些语言结构很难习得。例如，英语中的反身代词所表达的意义异常复杂，但是多数学龄儿童能够正确地判断反身代词是否合乎语法，如下例所示(White，1989，引自 Lightbown & Spada，2006：16)：

John saw **himself.**

* **Himself** saw **John.**

Looking after **himself** bores **John**.

John said that **Fred** liked **himself**.

* **John** said that Fred liked **himself**.

John told **Bill** to wash **himself**.

* **John** told Bill to wash **himself**.

John promised Bill to wash **himself**.

John believes **himself** to be intelligent.

* **John** believes that **himself** is intelligent.

John showed **Bill** a picture of **himself**.

第二，行为主义学习理论认为纠正错误是语言习得的必经阶段。但是研究发现，关于语言形式的错误纠正在语言学习中非常少见，语用错误可能比语言形式的错误更加严重，更能引起成人的重视并加以纠正。儿童似乎对所犯的语言错误抱以“顽固”的态度，始终不能及时改正。我们来看下面的例子，讲的是心理学家 Braine 曾经花了几个星期来纠正女儿语言中的语法错误(Pinker，1994：281)，可以看出，孩子似乎有自己的内在语法，始终不能按照父亲的要求来说话。

Child：Want other one spoon，Daddy.

Father：You mean，you want **THE OTHER SPOON**.

Child：Yes，I want other one spoon，please Daddy.

Father：Can you say "the other spoon"?

Child：Other … one … spoon.

Father：Say "other".

Child：Other.

Father："Spoon".

Child：Spoon.

Father："Other … Spoon."

Child："Other … spoon. Now give me other one spoon?"

第三，按照行为主义的观点，儿童是通过模仿习得语言的。但是事实上，儿童在很多情况下可以创造性地使用语言，而且儿童的语言是受规则制约的。在下面的例子中(Lightbown & Spada，2006：13-14)，David(3岁11个月)不只是重复母亲所说的话语，而且可以由"undressed"想到"on dressed"，二者形似，由"on dressed"想到"off dressed"，二者在他看来语义上是对立的。

Mother：Get undressed (after many repetitions)

David：I'm getting undressed.

I'm getting **on dressed**.

I'm getting on dressed.

I'm getting **off dressed**.

第四，按照行为主义的观点，语言环境中的语言输入决定儿童的语言习得，儿童能够产生的语言在数量上不能超过语言环境中的输入。但事实上儿童能够产生远远超过语言环境所提供的语言输入。

针对行为主义学习观点的不足，以Chomsky为代表的语言学家提出天生论假设(Innateness Hypothesis)。该假设认为，语言能力是先天具备的，是大脑的一种机能，是通过物种遗传获得的正常人都具备的语言能力。语言习得能力是人类先天的语言智力组织，它赋予儿童在某种具体的语言环境中处理语言的能力，使他们能够组构语言的内部系统。不论多么复杂的语言，儿童都能凭借天生的语言习得能力很容易地掌握，使母语的语言系统内在化。天生论假设儿童一出生，大脑里就存在一种独特的语言习得机制(Language Acquisition Device)(简称LAD)。这种机制使得儿童从周围环境听到有限的句子却能说出无限的句子。语言习得的公式是：经验→LAD→语法。经验指的是语言环境。语法指的是所习得特定语言的语法，对儿童来说就是母语语法。儿童头脑中的LAD包括三个要素：假设形成机制、语言普遍特征和评价程序。儿童听到语言输入后，启动普遍语法，并受到普遍语法的指导和控制。在语言材料的基础上，形成对母语语法的假设，并通过评价体系来选取对母语语法的最佳假设。这样，儿童在头脑中逐步形成有关母语系统的语法知识。

普遍语法存在于人的大脑中，是关于人类语言的普遍性知识，它不是具体的语法规则，是人与生俱来的语言初始状态。

2. 普遍语法

普遍语法理论认为儿童的头脑中具有一种天生的专门语言知识，即普遍语法(Universal Grammar，UG)。普遍语法强调第二语言的习得过程是一个建立语言参数值的过程。在习得初期，第二语言可能表现出一些第一语言的语言规律。普遍语法将第一和第二语言中的语言规律和特性与第二语言习得过程联系起来解释语言习得现象，力图证明第二语言习得是一个独立的语言机制。

普遍语法属于一种生理现象，是人类大脑的一部分。普遍语法包括两个方面的内容：一是若干固定的、抽象的原则(principles)；二是与这些原则有关的若干参数(parameters)。如果没有原则，人们就不可能习得任何语言；如果没有参数，人们就无法区别和习得各种不同的语言。根据这种观点，儿童生来便具备基本语法关系和范畴的知识，这种知识是人类共有的，这些语法关系和范畴存在于一切人类语言中。儿童习得语言是通过语言习得机制而发生作用的，人类大脑中基本的语言知识使得儿童在较短时间内能够获得较为复杂的语言能力。

普遍语法原则是一组广义的限制性条件，是极其抽象的语法特性，适用于所有人类的语言，是具体语言的特定语法的共性。普遍语法参数是一组设置在普遍语法广义原则上的句法选项，使得语言呈现出多样性，语言不同，参数的设置也可能不同。在这里我们只对某些原则和参数作一些简单的介绍，大致了解原则和参数在具体语言中的体现。第一个普遍原则是“结构依存原则”(the principle of structure dependency)。这是所有语言都具有的原则。“结构依存原则”认为语言是依赖句子中成分之间(如词和语素等)的结构关系而组织起来的。词与词组成词组，如名词词组、动词词组、形容词词组、副词词组、介词词组等。一个句子可以切分为短语，短语还可以切分为词或语素。但是，句子不是词、语素或短语的简单的线性排列。词与词之间、短语与短语之间存在着层级关系。这些词组在句子中担任一定的角色。几乎所有语言中的句子都是由名词词组和动词词组构成。在下面的例子中，作为主语的名词词组的长短不同，从①到④，主语越来越复杂，但是它们都具有相同的结构，即都是名词短语，但组成成分不同。“She”由一个代词组成，“My friend”由代词和名词组成，“The friend who was very good at English”由名词词组和一个定语从句组成，“The friend that I always keep in touch with and who has been married recently”由名词词组和两个定语从句组成。但是它们的功能都相同，作为句子的主语，与动词词组“teaches linguistics in a university”共同构成符合语法的句子。

①She teaches linguistics in a university.

②My friend teaches linguistics in a university.

③The friend who is very good at English teaches linguistics in a university.

④The friend that I always keep in touch with and who has been married recently teaches linguistics in a university.

“结构依存原则”是语言中的普遍现象。该原则可以解释语言中句子成分的移位。由于语法结构的需要，有些成分需要由原有的位置移动到其他位置，例如陈述句变为疑问句，主动句变为被动句。句子中成分的移位是建立在结构依存原则上的，并不是基于句子的线性结构。例如：

Her English is excellent.

Is her English excellent?

在陈述句中，主语“Her English”与谓语“is excellent”构成一致关系，这符合结构依存原则。在疑问句中，“Is”和“her English”也构成结构一致关系。但在以下疑问句中的移位产生了不符合语法的句子，因为这些移位背离了结构依存原则。

The man who is kind is over there.

* Is the man who kind is over there?

* Who the man is kind is over there?

从陈述句“*The man who is kind is over there.*”可以看出，“who”和第一个“is”是结构依存关系，属于从句；“the man”和第二个“is”是结构依存关系，属于主句。但在 *“*Is the man who kind is over there?*”中第一个“is”被提到句首，破坏了从句中“who”和第一个“is”的结构依存关系；在 * “*Who the man is kind is over there?*”中“who”被放到句首，同样破坏了从句中“who”和第一个“is”的结构依存关系。因而需要提到句首的应该是第二个“is”，与主句主语“*The man*”构成一致关系。Cook 和 Newson(1996：11，引自 Mitchell & Myles，2004：64)指出：“结构依存可以作为语言的一条原则：句子成分的移位，无论是构成被动句还是疑问句，或者其他句子，这种移位都要考虑句子的结构关系，而不是词与词之间的线性关系。”

以上提到的移位就是普遍语法的另一个原则：毗邻原则(subjacency principle)。毗邻原则是普遍语法中限制移位成分移动距离的一条原则。这条原则规定，移位必须在一定的界限之内，每次移位不能超过一个以上的界限节点；另外，移位成分可以从内层标句词(CP)位置到外层标句词(CP)位置逐层外移。CP(complementizer phrase)是一个句法范畴，大致相当于传统语法中的从属连词引导的小句。S 和 NP 两个范畴是界限范畴。在下面例句中，wh-词语是移动成分，*ti*：表示这些成分外移后留下的虚迹。例①中 What 由虚迹 *ti* 移至第一个标句词位置 CP，移动在界限节点范围之内。例②和③中，What 由虚迹 *ti* 移至第一个标句词位置 CP，然后再次外移至最高级别的 CP，即标句词位置。两次移动都在界限节点的范围之内，是合法的。例④中的 Which、例⑤和例⑥中的 What 由虚迹 *ti* 移至第一个标句词位置 CP，都不合法，因为移位跨越了两个界限节点 NP 和 S。

①Whati [did John buy ti] S?

②Whati [does the his girlfriend believe [ti that [John bought ti] S] CP] S

③Whati [does the his mother say [ti that [the his girlfriend believes [ti that [John bought ti] S] CP] S] CP] S

④ * Whichi group [does Carey like [her daughter in ti] NP] S

⑤ * Whati [did his [passion about ti] NP impress her] S?

⑥ * Whati [did they wonder whether [he would declare ti] S] S

普遍语法原则揭示语言的共性，参数则体现了语言的特性，即语言之间的差异，不同语言之间的差异体现为不同的参数值。参数的作用是根据语言输入把抽象的普遍原则转化成具体的规则。儿童先天获得普遍语法——语言的普遍原则和标志着语言间差异的参数，然后通过后天的语言习得经验来确定所学语言的参数值，并学习和掌握该语言具体的词汇和语法规则。参数差异具有二元特征：一种语言具有某种参数特征，或不具有某种参数特征。母语习得中，儿童的语言初试状态是普遍语法，儿童的普遍语法包含固定的原则和非固定的参数。当儿童接收了第一语言的输入，非固定的参数逐渐固定下来形成特定的语法。拿中心项(head)参数和代语脱落(pro-drop)参数来说，不同的语言中心项(head)可能在前也可能在后，有些语言是代语脱落，有些语言则不是。

中心项参数主要是关于语言中短语的结构，既适用于实语类，也适用于功能语类。每一个短语都有一个中心词，例如，名词短语的中心词是名词，动词短语的中心词是动词，限定词短语的中心词是限定词。语言间的差异表现在中心词与短语中其他成分之间的关系。我们来比较一下英语和日语。英语是典型的中心词在前的语言，而日语则是中心词在后。在以下例子中，①是名词短语(NP)，②是动词短语(VP)，③是介词短语(PP)，④是标句词短语。这四句中的中心词分别是名词(boy)，动词(love)，介词(with)和标句词(whether)。

①(**the**) **boy** with glasses

②**love** the girl

③**with** blue trousers

④**whether** he is poor or not

英语是中心词前置的语言，因为短语中心词总是出现在补语(complement)之前。跟英语不同，日语则是中心词后置的语言，中心词总是位于补语之后，如下所示，①是介词短语(在教室里)，②是动词短语(做寿司)。这两句中的中心词分别是介词(に)，动词(つくる)。

①きょうしつに

②すしをつくる

从语言习得来看，儿童生来就具有短语结构知识，并且知道所学语言中的所有短语跟中心词都呈现出一致的关系。儿童的语言习得任务就是确定中心词的参数值。为了确定参数值，儿童只需要接触每种短语的例子即可，而且最少的语言接触就可以保证儿童归纳总结出学语言的句法结构规则。

代语脱落参数(pro-drop parameter)是关于句子主语是否可以缺省的参数。研究表明，意大利语对此参数取正值(+pro-drop)，允许代语脱落，而英语取负值(-pro-drop)，不容许代语脱落，所以两种语言在这一组现象中的取值就全部相反。

Lei ha invitato Louisa a casa. (She invited Louisa to the house.)

Ha invitato Louisa a casa. (* Invited Louisa to the house.)

Vedi questo tronco? Andrebbe bene da bruciare. È completamente secco. (* See this log? * Would go well for burning. * Is utterly dry.)

可以看出，意大利语中代语脱落参数有两种设定，但它容许代语脱落，英语一般是不容许的。因此，代语脱落并不是一种普遍现象，而是呈参数变化：只有动词形态变化丰富的语言中，代词才能够省略，因为动词丰富的屈折变化能够提供足够的信息帮助语言使用者还原省略主语的人称、性、数等特征。意大利语容许代语脱落，因为该语言拥有丰富的屈折变化，省略了主语的语法特征可以从动词形态中推断出来，予以复原。在语言习得中，儿童根据所接触的语言来设定代语脱落的参数值。跟中心语参数习得一样，儿童只需要接触少量的关于代语脱落的正确结构，就可以归纳总结出所学语言代语脱落的规则。

3. 普遍语法与第二语言学习

普遍语法是针对第一语言习得提出的。第二语言学习与第一语言学习之间存在着较大的差异，主要表现为已有的第一语言知识体系和学习者个体差异，如认知和情感因素的差异等。目前，越来越多的第二语言习得研究者试图用Chomsky的普遍语法来解释第二语言习得，关注UG在第二语言习得中是否起作用，即是否为第二语言学习者所及。第二语言学习中普遍语法实证研究主要围绕普遍语法原则的可及性和参数重新设定的可能性展开。对于普遍语法在第二语言学习中的可及性，主要有三种观点：不可及说、完全可及说、部分可及说。

(1)普遍语法不可及说

该观点认为第二语言学习者不再拥有普遍语法，其理据为儿童语言习得有一个临界期，第二语言学习者的年龄已经超过了这个临界期，第二语言学习者(特别是成人)需要借助其他学习机制来学习第二语言，即第二语言是通过大脑的其他官能所习得的，而不是通过语言官能LAD来习得的。有研究表明移民儿童第二语言的水平几乎可以达到英语本族语者的语言水平，而他们的父母则不能。Johnson和Newport(1989)的研究发现，到达美国的年龄与英语语法性的本族语判断水平之间呈相关关系。七岁之前到达的话，其英语可以达到本族语者的语言水平。到达的年龄越大，语言错误越多。

该观点主要侧重于第二语言和第一语言学习的差异，特别是这两种语言学习的结果。与第一语言相比，学习者的第二语言知识是不全面的，很难达到本族语者的语言水平；学习者的第二语言在某个阶段产生石化现象，这在第一语言学习中是不会存在的；第二语言学习者在语言学习策略、情感态度等方面存在个体差异，因而语言学习的成功程度有所不同。

(2)普遍语法完全可及说

持这一观点的研究者认为第二语言学习者跟第一语言学习者一样完全拥有普遍语法的原则和参数，通过第二语言的输入，能够直接运用UG原则，并且可以在不参考母语参数值的情况下重新设定参数，获得与母语能力相当的第二语言能力。Flynn(1996)认为普遍语法在第二语言学习中依然发挥作用，在第一语言习得中所显示出来的基本语言官能在成人第二语言习得中同样至关重要。

因为考虑到第二语言学习过程中第一语言知识的不可避免的作用，完全可及说有两种观点：完全可及/完全迁移，完全可及/部分迁移。完全可及/完全迁移观点认为普遍语法原则和参数在二语习得中是完全可及的，不管它们在第一语言习得中是否存在(Schwartz & Sprouse，1996)。在第二语言学习的初始阶段，母语中所有的参数设定都会迁移到第二语言中去。当第一语言的参数设定不能解释第二语言的学习，学习者不断地修订他们对第二语言的假设。学习者对第二语言作出新的假设，这些假设受普遍语法的限制。根据这种观点，普遍语法在第二语言学习的初始阶段是通过第一语言间接可及的，当第二语言的输入不能吻合第一语言的参数设定时，学习者直接运用普遍语法来学习。

完全可及/部分迁移认为第二语言学习者重新设定第二语言的参数值，但是在初始阶段，功能语类并不存在。对这一观点有两种解释：最小树理论(Minimal Trees)/特征无值假说(The Valueless Features Hypothesis)。最小树理论(Minimal Trees)由Vainikka和Young-Scholten(1998)提出。他们认为第二语言的初始状态是一种只有从第一语言迁移来的实语类而没有功能语类的语法，功能语类是在第二语言学习中逐步发展起来的。在普遍语法和第二语言输入的共同作用下，第二语言习得者按顺序逐渐建构含有功能语类I和C的句法结构。特征无值假说由Eubank(1996)提出，认为第一语言的实语类和功能语类都会迁移到第二语言的初始状态中，但与功能语类知识作为句法标识语存在，与之相关的第一语言句法特征如时态、一致性等并不迁移。第二语言中的功能语类的特征在初始阶段是无值的(valueless)，随着第二语言的输入和普遍原则的限制，学习者逐步学得第二语言功能语类的结构特征。

(3)普遍语法部分可及说

在第二语言学习过程中对所有语言都起作用的原则仍会发挥限制作用，但不是所有的参数项都会起作用。Clahsen和Muysken(1989)认为学习者不会只停留在母语的参数值上，而是通过一般学习策略来继续第二语言学习。普遍语法通过第一语言发挥作用。第二语言学习者已经在第一语言学习中运用了普遍语法原则，设置了第一语言参数，这是他们第二语言学习的基础。第二语言学习者只能利用母语中已经具体化的普遍语法原则，体现母语中设置的参数，其他的原则和参数对他们来说是不可及的。如果第二语言的参数设置不同于第一语言，他们必须通过其他的学习机制来学习第二语言。这些学习机制不是普遍语法，而是一般的认知能力。

(二)监控假设

Krashen(1985)的监控理论比较全面地解释了二语习得过程。监控理论一共有五个假设：①自然习得与课堂语言学习假设：说明自然习得是一种下意识的过程，正式学习是一种有意识的过程；②自然顺序假设：强调学习者在语言习得过程中遵循一个不变的先后顺序；③语言控制调节假设：认为每个人都有一个语言控制、调节系统，学习者利用这一系统调节自己的语言行为；④语言输入假设：当学习者能够理解超出其语言水平的语言输入(i+1)时，语言习得才会发生；⑤情感过滤假设：说明感情因素对第二语言习得的影响。

1. 习得与学习区别假说(The Acquisition-Learning Hypothesis)

Krashen理论的出发点和核心是对“习得”和“学习”的区分，并探讨它们各自在第二语言能力形成过程中所起的作用。“习得”是一个潜意识过程，是注意意义的自然交际的结果，例如，在儿童习得母语过程中，习得的语言系统处于大脑左半球语言区，是自发语言运用的根本。“学习”是一个有意识的过程，即通过教师课堂讲授并辅之以有意识的练习、记忆等活动，达到对所学语言的了解和对其语法概念的掌握。“学习”的系统虽然也在大脑左半球，但不一定在语言区。Krashen认为，只有“学习”才能直接促进第二语言能力的发展，学习是人们运用语言的产出机制，对语言结构“学习”的结果只是在语言运用中起监控作用，而不能被视为语言能力的一部分。

2. 监控假说(The Monitor Hypothesis)

监控假说与“习得-学习”区别假说密切相关，揭示了“语言习得”和“语言学习”的内在关系，认为语言习得与语言学习的作用各不相同。语言习得系统，即潜意识语言知识，是真正的语言能力。而语言学习系统，是有意识的语言知识，只在第二语言运用时起监控或编辑作用，这种监控功能既可能在语言输出(说、写)之前，也可能在语言输出之后(如图3-2所示)。

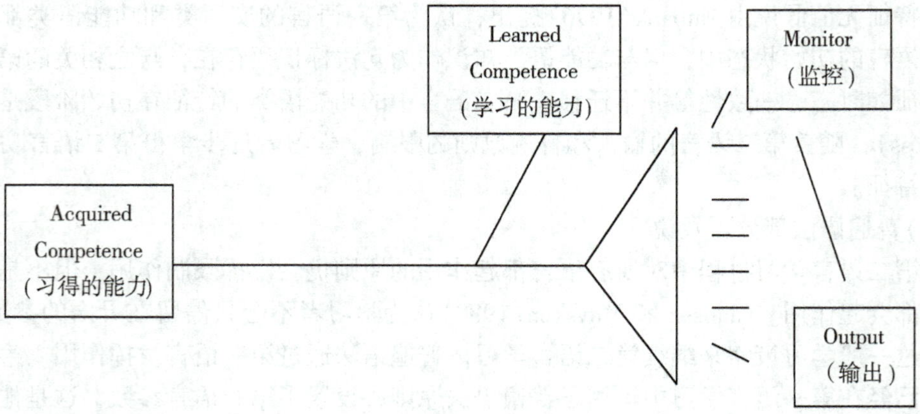

图 3-2　Krashen 的监控假说

监控功能能否发挥作用依赖于三个先决条件：①足够的时间，即语言使用者必须要有足够的时间才能有效地选择和运用语法规则；②注意语言形式，即语言使用者的注意力必须集中在所用语言的形式上，也就是说，必须考虑语言的正确性；③知道规则，即语言使用者必须具有所学语言的语法概念及语言规则知识。在口头表达时，人们一般注意的是说话的内容而不是形式，没有时间去考虑语法规则。因此，在进行口头表达时，如果过多地考虑使用语法监控，不断地纠正自己的语法错误，说起话来就会结结巴巴，妨碍交际的正常进行。在书面表达时，情况就会好得多，因为作者有足够的时间推敲字句，斟酌语法。

3. 输入假说(The Input Hypothesis)

输入假说也是 Krashen 语言习得理论的核心部分。Krashen 认为，只有当习得者接触到可理解性语言输入(comprehensible input)，即略高于他现有语言技能水平的第二语言输入，而他又能将注意力集中在对意义或对信息的理解而不是对形式的理解时，习得才可能发生。Krashen 用 i + 1 公式来表示可理解性输入，i 代表习得者现有的水平，1 代表略高于习得者现有水平的语言材料。

Krashen 认为，理想的输入应具备以下几个特点：①可理解性(comprehensibility)。可理解性输入的语言材料是语言习得的必要条件。②趣味性和相关性(interesting and relevant)。要使语言输入对语言习得有利，必须对它的意义进行加工，输入的语言材料趣味性越强、相关性越大，学习者就越能在不知不觉中习得语言。③非语法程序安排(not grammatically sequenced)。语言习得关键是足够的可理解性输入。如果目的是“习得”而不是“学习”，按语法程序安排的教学不仅没有必要，而且不可取。④足够的输入量。要习得新的语言结构，仅仅靠几道练习题、几篇短文是远远不够的，它需要连续不断的、内容有趣的广泛阅读和大量的会话才能奏效。

4. 情感过滤假说(The Affective Filter Hypothesis)

情感过滤假说认为，有大量的可理解性输入的环境并不等于学生就可以学好目的语，第二语言习得过程还受到许多情感因素的影响，语言输入必须通过情感过滤才有可能变成语言吸收(intake)。Krashen 认为影响语言习得的情感因素主要有：①动机。学生的学习目的是否明确，直接影响学习效果。目的明确则动力大，进步快；反之，则收效甚微。②自信心。自信、性格外向、乐于置身于不熟悉的学习环境、自我感觉好的学习者在学习中进步较快；反之，则较慢。③焦虑程度。焦虑感较强者，情感屏障高，获得的语言输入少；反之，则容易得到更多的语言输入。情感过滤的过程(如图 3-3 所示)：

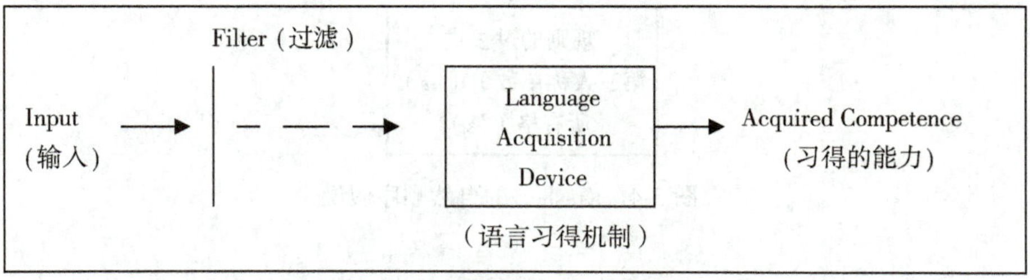

图 3-3 Krashen 的情感过滤假说

5. 自然顺序假说(The Natural Order Hypothesis)

自然顺序假说认为，人们对语言结构知识的习得是按自然顺序进行的。有研究表明，儿童和成人将英语作为第二语言学习时，掌握进行时先于掌握过去时，掌握名词复数先于掌握名词所有格 's 等(如图 3-4 所示)。Krashen 认为，自然顺序假说并不要求人们按这种顺序来制定教学大纲。如果目的是习得某种语言能力的话，可不按任何语法顺序来组织教学。

三、认知论

信息加工理论是认知论的典型代表，认为语言学习是一项复杂的认知技能的学习，语言学习是语言信息处理的过程，学习者是独立的信息处理者，学习者的中介语系统处在不断的组织和重构过程中。语言学习信息加工理论主要有 Anderson 的 ACT 模型、McLaughlin 的信息加工模型和 Bialystok 的分析/自动模式。本章节在介绍信息加工理论中重要概念的基础上，详细阐述三种信息加工理论以及这些理论在外语教学中的应用。

1. 信息加工理论中的重要概念

(1)注意

注意是一种心理活动调节机制，是心理活动对一定对象的指向与集中。在语言学习过程中，只有那些被注意到的输入才有可能得到大脑认知机制的进一步加工。在信息从感觉记忆进入短时记忆，再由短时记忆进入长时记忆的链条中，短时记忆是关键，而注意是语言信息进入短时记忆的必要条件。没有注意，就没有感觉登记，也就不会有短时记忆中的

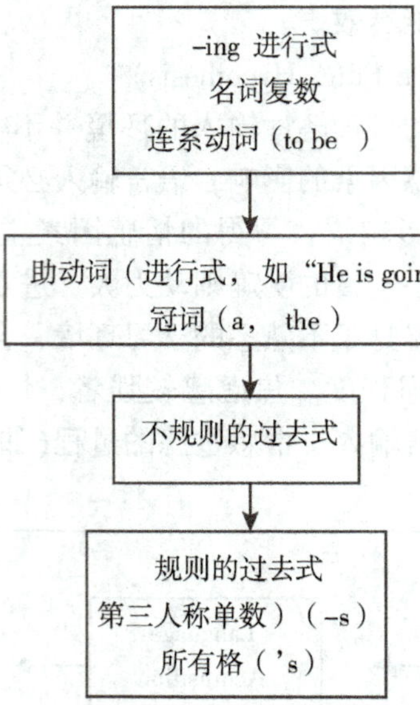

图 3-4 Krashen 的自然顺序假说

信息处理。注意有两个相互联系的特点：指向性和集中性。指向性指人们的心理活动在某一时刻指向一部分对象，而避开其他对象，因此，注意具有选择性。在语言学习中，学习者可能只注意到了一句话中的某一个单词，或一段话中的某一句话，而忽略了其他的信息。注意的第二个显著的特点是集中性，即人们的心理活动保持在一定的对象上，并对该信息进行深入处理，其他无关的信息或活动受到了抑制。心理学家 Posner(1994)将注意按功能分为警觉(alertness)、引觉(orientation)和侦觉(detection)。警觉指的是一种意识状态，在二语习得中指接收第二语言输入的一种意识状态。引觉指对注意力资源的分配，并准备对输入的信息进行加工。侦觉是产生学习活动的前提，它的功能在于对被注意到的信息进行处理。警觉是激活引觉和侦觉的前提条件，警觉的程度影响着引觉和侦觉的激活水平。

Krashen(1985)的输入假设认为，当学习者能够理解略微超前于其当前语法状态的语言输入时，语言习得便发生了。第二语言习得取决于"可理解性输入"，"可理解性输入"是引起第二语言习得的唯一变量。由此可见，输入假设理论将学习者视为被动的接受器，否认学习者为获得语言能力而付出的认知努力。事实上，学习者并不能同时加工所有的输入(即便是可理解性的输入)，只是选择性地注意其中一小部分，对其进行加工而最终进入长时记忆。这里有一个"输入"(input) 和"吸收"（intake）的区别。"输入"指学习者客观上接触到的大量的外部言语刺激，而"吸收"指其中一小部分受到注意、经过加工进入长时记忆的言语输入。可见，要使"输入"变为"吸收"，注意是先决条件。在第二语言学习过程中，注意力始终起着举足轻重的作用。

注意力是认知心理学中的一个重要课题，它是信息加工的重要机制。关于注意的实质和特征，Moray(1969)指出了六个方面的内容：①选择性(selectiveness)，选择一部分信息。②集中性(concentration)，排除无关的信息。③搜寻(search)，从一些对象中寻找其一部分。④激活(activation)，应付一切可能出现的刺激。⑤定势(set)，对特定的刺激予以接受并作出反应。⑥警觉(vigilance)，保持较持久的注意。其中注意的选择性是研究的重点，它是一种内部机制，借以实现对刺激的选择、控制和调节，即舍弃一部分信息，以便有效地加工(王甦、汪安圣，2001)。注意力的选择性，说明了注意力资源的有限性。人们不可能加工所有的输入刺激，而是根据任务要求的不同，选取一部分刺激进行加工。VanPatten(1990)认为，正是由于有限的注意力资源，在信息加工过程中，人们要优先考虑注意的信息，在同等条件下，人们倾向于意义，获取意义是信息加工的首要目标。以理解为基础的第二语言学习，以理解语言项目的意义优先，而以加工为基础的第二语言学习兼顾注意语言项目的意义和形式。这说明不同的任务要求可将学习者的注意力资源导向不同的学习目的。Skehan(1999)将学习过程分为三个阶段：前任务阶段、任务阶段和后任务阶段。这些不同要求、不同目的的活动帮助学习者实现语言能力的平衡发展，即流利性、准确性和复杂性。

注意力在第二语言学习过程中是必不可少的要素。Hulstijn(1990)认为在记忆中贮存新的或扩充程序性信息一定需要控制性处理；学习者要习得词的发音、形式、意义和句法规则，就需要注意到这些方面，需要花一定的时间和精力；同样，学习者要习得元语言概念，如语音和字母、单词和句子、形式和意义、主语和谓语、名词短语和动词短语等，从一开始就需要大量的注意力、努力和时间。Schmidt(1990)在分析了大量的心理学研究和意识理论的基础上，得出以下结论：潜意识语言学习是不可能发生的，语言输入必须经过充分注意后才能被吸收；对意识的要求一样适应于词汇的音位、语法形式及语用规则的学习。因此，为了充分有效地利用有限的注意力资源，学习者应该有意识地将注意力导向不同的语言目标。

(2)显性知识和隐性知识

显性知识和隐性知识的概念是由Polanyi(1958)在其著作《个体知识》中首次提出的。Polanyi认为："人有两种类型的知识。通常称作知识的是以书面文字、图表和数学公式加以表达的知识，只是其中的一种类型。没有被表达的知识是另一种知识，如我们在做某件事情的行动中所掌握的知识。"Polanyi把前者称为显性知识，后者称为隐性知识。按照Polanyi的理解，显性知识是能够使用一定符码系统(如语言、数学公式、图表、盲文、手势语等)加以完整表述的知识。隐性知识指那种我们知道但难以用语言表达的知识。

第二语言的显性知识和隐性知识在表征和加工层面表现出明显的区别(Ellis，2006)。在表征层面，显性知识和隐性知识在意识、知识类型、系统性以及第二语言知识的确定性等维度上有所不同。在意识维度上，显性知识是有意识的表征，隐性知识是无意识的。例如，在判断句子是否符合语法规则时，隐性知识告诉学习者这个句子符合或违背了语法规则，但是学习者不知道应该如何表述该规则。显性知识告诉学习者这个句子是否符合语法规则，还可以解释原因。从知识类型维度上看，显性知识是陈述性知识，是关于事实和概念的知识，是可以用语言来表述的。隐性知识是程序性知识，是语言使用的知识，是自动提取的。从系统性以及第二语言知识的确定性上看，隐性知识比显性知识更具有结构完整性和确定性。

在加工层面，显性知识和隐性知识在以下维度上有所不同：知识的可及性、第二语言知识的运用、自我报告、可学性。从知识的可及性维度上看，显性知识需要控制性加工，隐性知识则是自动化加工。从第二语言知识的运用来看，当学习者有足够的时间进行语言输出计划，他们就可以运用显性知识使其输出更加准确。相反，当他们完成任务时时间紧迫，他们就会提取隐性知识。从自我报告维度来看，显性知识是可以用语言表述出来的，而隐性知识则不能，隐性知识往往难以言表。从可学性维度来看，显性知识是可以学习和掌握的，隐性知识则不能。

对第二语言学习者来讲，特别是当他们在非母语环境中学习第二语言，如在课堂情境下学习第二语言，他们的第二语言的知识就是显性的，至少在初级阶段。即使在高级阶段，当他们的第二语言能力达到一定水平时，第二语言的显性知识还是存在的。

(3)自动化

第二语言学习的最终目的是在交际中熟练地运用语言。但在学习的开始阶段，学习者很难流利地使用第二语言。跟第一语言不同，他们在说第二语言时，头脑中会有意识地进行言语计划，包括所要表达的意识和所用的句型。他们甚至将第一语言的表达翻译成第二语言，因为他们的口语表达不连贯，有很多不必要的犹豫、停顿，更不用说语法错误了。这说明学习者对第二语言的运用还处于控制性加工水平阶段，学习者需要付出较多的认知努力，同时还要关注语言的形式和内容。控制性加工需要较多的注意力资源，受到有意识的控制，速度比较缓慢。自动化加工则相反，无需注意力资源，不受到有意识的控制，速度很快。当学习者不断地在交际中操练第二语言，他们就会重新分配注意力资源，较少地关注已经掌握的语言形式，将注意力转向意义的表达或难度水平较高的语言形式。

Newell(1990：36)区分了两种加工：控制性加工和自动化加工。控制性加工速度较慢，中途可以停止，受加工信息的影响，搜索有限项目，加工是有意识的；自动化加工快速，不会停止，不受加工信息的影响，搜索全部项目，加工是无意识的。控制性加工和自动化加工是相对而言的。第二语言学习的最终目标是自动化加工。学习者需要在语言学习中创造一切机会练习语言，反复地操练，大量地操练，在特定语境中进行练习。语言使用越流畅，学习者就可以有更多的注意力资源表达意义。

2. Anderson 的 ACT 模型

ACT(Adaptive Control of Thought)模型由 Anderson(1976)提出，试图解释记忆、言语加工、推理等问题。Anderson 区分了三种记忆形式：工作记忆、陈述性记忆和程序性记忆。工作记忆负责产生规则的具体实施，并且依赖其他两种记忆；陈述性记忆以认知单位，如命题或概念的形式储存实际信息；程序性记忆包括对照陈述性记忆检验规则的过程。

Anderson 将记忆中的知识分为陈述性知识和程序性知识，并区分了两种知识区别。陈述性知识指有关事实性或资料性知识，而程序性知识指按一定程序理解操作从而获得结果的知识；陈述性知识是由于人们被告知而迅速获得的，而程序性知识则是通过练习某项技能而逐步获得的；陈述性知识可以通过语言交际传递给他人，而程序性知识则不能。

第二语言的学习是一种复杂的认知技能的学习，是一个由陈述性知识向程序性知识转变的过程。这个过程由三个不同的阶段组成：第一阶段是认知阶段。在这个阶段，信息被存储为一系列的、静态的陈述性知识，此时没有被激活的可能。例如，学习者知道“remembered”一词由词干“remember”和词缀“ed”组成，但在语言运用中并不能正确产生“remembered”的形式。第二阶段是联结阶段。由于学习者尚无法使用程序性知识，因此他们尝试使用一些更高效的方式，如“合成”和“程序化”等方式，将一些零散的语言规则合成为一个更有效的语言规则，然后将这一规则运用到具体的事例中去。例如，当学习者分别学习了“remembered”和“processed”等动词的过去时态后，他们意识到，动词过去时态可以这样表述：如果要产生动词的过去时态，那么在动词词尾加“ed”。学习者在形成这一产生规则后，就可以将它当作程序运用到具体的语言情景中去。第三阶段是自动化阶段。在这个阶段，语言产生的程序越来越自动化，学习者一方面概括产生规则，另一方面根据具体的语境，更加精确地区分产生规则。例如，学习者可以根据具体的语言情境，修改上面提到的动词过去时态产生的规则，从而将这一产生规则只运用到一部分动词过去时态的产生中。在自动化阶段，语言的产生是自动化的，是无法用语言来表达的。

Anderson 运用 ACT 模型来解释第二语言课堂学习。Anderson 认为，第一语言学习和第二语言学习存在着一定的差别，差别在于学习者达到的学习阶段不同。第一语言学习者几乎都已达到自动化阶段，而第二语言学习者一般只能达到联结阶段。尽管有些第二语言学习者经过练习获得了相当程度的程序性知识，但他们并没有完全达到自动化阶段。

O'Malley 和 Chamot(1990)将 ACT 理论运用于语言学习策略的研究。学习策略可以看作是学习者使用的程序以提高语言学习效果。学习策略跟其他认知技能的学习过程一样，是一项复杂程序的学习。学习策略的学习需要经过三个阶段：认知阶段、联接阶段和自动化阶段。跟其他程序性技能的学习相似，学习者在学习策略学习的初级阶段，可能处于有意识的状态。随着不断地学习和运用，学习者可以快速地、自动地选择和使用学习策略。学习策略是一项技能，是可以通过学习获得的。在第二语言学习中，学习策略教学是提高学习效率的重要途径之一。

Towell 和 Hawkins(1994)汲取了 ACT 理论的某些成分来解释第二语言流利性的发展，语法知识由陈述性知识转化为程序性知识。第二语言学习者开始学习语言时，就已经有了关于第二语言结构的假设。这些假设源于普遍语法和第一语言学习。这些假设在语言学习的不同阶段在头脑中储存的方式是不同的。在学习的开始阶段，假设储存在陈述性长时记忆中。当学习者使用语言时，这种假设就会形成语言输出，起初会受到学习者注意的控制，储存在程序性长时记忆中。这种假设可能再次修改，从而引起陈述性知识的重组，重组后的陈述性知识又会导致其他语言输出的修改。最终，经过多次重组，这些语言输出就会自动化，就会储存在程序性长时记忆中的自动化部分。

综上所述，ACT 模型有两个重要特征：一是该模型区分了两种不同的知识表征，即陈述性知识和程序性知识。二是重视两种知识的转化对语言学习的影响，强调学习者内部表征和加工过程在第二语言学习中的作用。另外，ACT 模型明确提出了第二语言学习所要经过的三个阶段以及操练的重要性，为解释第二语言学习中诸如学习策略的运用、流利性的发展等语言现象提供了重要的理论基础。然而，人们对该模型主要集中对语法规则学习形式进行解释产生了质疑。ACT 模型认为，第二语言的语法最初是通过有意识的学习获得的，语法学习是一种有意识地应用外显的语法规则的过程。但有研究者认为，即使在课堂教学环境下，学习者的许多语法知识也是在无意识状态下获得的，是一种内隐的学习过程。

3. McLaughlin 的信息加工模型

McLaughlin(1987)在大量地借鉴了认知心理学中有关信息加工的研究后，提出信息加工模式(The Information Processing Model)，采用控制性加工、自动化加工、重构等概念来解释第二语言的学习。由于任务本身的性质和信息加工能力的限制，学习者每次只能处理有限的信息。为了最大限度地拓展信息加工能力，学习者需要将某一技能常规化、自动化。

第二语言学习者在学习初始阶段，采用控制性加工。控制性加工过程时间短暂、处理信息容量有限。在这一过程中，学习包括短暂激活记忆中选择出来的信息节点，这时，学习者需要使用较大的注意资源处理信息。随着不断的练习，控制性加工转变成自动化加工，加工自动化有助于学习者减轻信息加工的负担。这时自动化的技能序列被储存在长时记忆中，当外界需要提取它们时，学习者无需注意参与，很容易就能将它们提取出来。McLaughlin 认为，学习者一旦获得这种自动化的技能，这种技能就很难消失或被改变。第二语言的学习就是要通过不断的练习，使语言认知控制性加工变为自动化加工，使语言知识转化为语言技能。

McLaughlin 的信息加工模式强调第二语言的学习是一种认知技能的学习，强调内部知识表征的加工操作对语言学习的影响。信息加工能力还可以通过重构来增强，从而使中介语发生质的变化，这种变化包括学习者认知结构中知识的表征和他们使用的策略。学习者灵活使用学习策略也可以促进重构，同时不断的练习对重构也很重要。

虽然 McLaughlin 的信息加工模式为解释二语学习过程提供了一定的理论依据，但仍然存在着一些不足：McLaughlin 在模型中强调练习的作用，但并未界定练习的意义。因此，人们不清楚练习是指在正常交流中使用语言的机会，还是在设计好了的练习和训练中操练某些特定的句型或语言规则。同时，对中介语语言过渡中发生的重构现象解释过于抽象、笼统，因此，基于 McLaughlin 的信息加工模式，人们很难推测出哪些语言特征在什么时间段得到重构。除此之外，该模式没有指出影响学习者重构语言信息的因素。

McLaughlin 的信息加工模型与 Anderson 的 ACT 模型有着异曲同工之处。他们虽然使用了不同的概念解释第二语言学习，但实质上都强调第二语言学习是一种认知技能的学习，强调内部知识表征的加工操作对语言学习的影响，强调要实现语言的自动化，需要不断地练习。不同的是，ACT 模型较信息加工模型范围更广，使用的术语也存在差异，主要的不同在于 Anderson 提出了三种不同的记忆：工作记忆、陈述性长时记忆、程序性长时记。信息加工模型较 ACT 模型更加关注学习者的中介语系统的变化发展。

4. Bialystok 的分析/自动模式

为了解释、描述第二语言学习过程，Bialystok(1978)提出了分析/自动语言学习模式。该模式由输入、知识和输出三个部分组成。语言输入指学习者接触目标语时所处的语言环境。知识由其他知识、显性语言知识(explicit linguistic knowledge)和隐性语言知识(implicit linguistic knowledge)组成。其他知识指除目标语言之外的全部知识，显性语言知识指学习者头脑中有关目的语的知识和表述这些知识的能力，显性语言知识随着学习者集中注意于语言编码或正规语言训练时产生。隐性语言知识指学习者在语言任务中自动、自发地所使用的语言信息，隐性语言知识通过语言交际获得，并在功能性练习中得到完善。前者由语块构成，后者由已经内化了的语言结构组成。正规语言训练可以使显性知识转化为隐性知识。推理可以从隐性知识得出显性知识。由于两种不同性质的语言知识，输出时产生两种不同的反应，即自发、瞬时(隐性语言知识)和审慎、延时(显性语言知识)。

在1978年所提出的模式的基础上，Bialystok不断地对该模式进行修正，并最终将其命名为分析/自动模式。早期模式中的隐性语言知识和显性语言知识在后来的分析/自动模式中演变为两个相互交叉又相互衔接的连续体，反映了语言规则和语言知识"受控制"和"被分析"的程度。分析指学习者从语言现象中提取的可解释和可分析的语言知识，知识的分析是学习者积累、建构这种知识的心理表征的过程。

在解释可分析性知识发展过程时，Bialystok(1991)借鉴了Karmiloff-Smith(1986)关于技能发展的三个阶段理论。第一个阶段叫做"隐性阶段"，在该阶段，语言知识与其应用是紧密相连的，在认知结构中不独立表征。例如，学习者可以提供多个与某一限定词搭配的名词，但还不能将限定词系统地分析，进行归类。第二个阶段叫做"显性1"，为了构建显性的、独立的语言知识表征，学习者要检查、分析并组织自己的语言行为。第三个阶段叫做"显性2"，在这个阶段，学习者可以有意识地分析语言知识。

Bialystok的分析/自动模式揭示了不同类型的语言知识与不同类型的语言应用(例如，会话、测试、阅读等)之间的关系，但也存在着不足。Bialystok的有关第二语言的学习始于不可分析的语言知识(unanalyzed knowledge)的观点并不能如实地反映第二语言学习的实际情况，因为第二语言课堂教学多以讲授显性知识开始。

四、互动论

第二语言习得中的互动理论主要分为认知互动理论和社会文化互动理论。这两种互动理论分别代表认知派和社会文化派。

认知互动理论是针对行为主义和普遍语法的语言学习理论提出来的，由Long(1983)首次提出，并经过多次修订。行为主义学习理论强调语言环境的决定作用，语言学习是一个模仿、强化和操练的过程。普遍语法走向它的对立面，关注学习者内在机制的作用，强调儿童与生俱来的语言知识和语言学习的能力，语言输入只起到"触发器"的作用。行为主义学习理论忽视了学习者内在的语言信息处理能力和创造性，普遍语法则忽略了语言环境中的输入和意义协商的作用。在语言互动中学习者接受可理解性输入，或者通过意义协商来理解语言输入，可理解性输入和意义协商有利于学习和内化语言形式。

社会文化学习理论由Vygotsky(1978)首次提出，由Lantolf和Thorne(2006)等人加以发展而成。社会文化学习理论认为目的语语言互动不仅仅是自动的内部学习机制的输入来源，在语言学习中互动就是学习过程，该学习过程就是社会化过程。社会文化学习理论强调文化的主导作用。社会互动引起思维和行为的变化，这些变化随着文化的不同而不同。社会互动和文化工具决定思维，社会互动是认知发展的关键。语言是文化工具和符号，语言是社会互动和活动的媒介，语言学习通过社会互动得以实现。语言的使用让思维成为可能，语言是思维发展的工具，也是思维的工具。语言有自我调控、自我反思的功能。20

世纪80年代以来，社会文化学习理论被运用于第二语言教学与研究。

(一)认知互动论

1. 意义协商

早期互动假说认为输入是语言习得的必要、但非充分条件。除了语言输入，会话参与也是必需的。因为对话交流中话语调整有助于输入的理解，而可理解性的输入促进语言习得。互动假说主要涉及一种特定的认知互动——意义协商。意义协商可以帮助学习者理解输入，解决交际障碍。会话互动调整有利于语言习得，因为通过意义协商，学习者可以理解新的语言材料，这些可理解性的新信息才有可能被学习者吸收(Larsen-Freeman & Long, 2000)。

但是早期互动假说存在不少缺陷。首先，互动假说认为互动式调整的语言输入比预先调整的输入更有效地促进理解，但是实证研究并不完全支持该论点；其次，互动假说认为理解促进习得，但是对语言材料意义的理解并不能保证语言规则的习得，因为这种理解在很大程度上依赖非语境、个人常识等；再次，互动假说认为互动式调整输入特别有益于习得的发生，但研究证明预先调整语言输入也能有效促进理解，进而促进习得的发生(Gass & Varonis，1994)。

2. 选择性注意和负面反馈

Long和其他支持者进一步发展了这一假说。"外部环境是借助于学习者的选择性注意力及其发展中的第二语言处理能力对习得产生作用的，而在意义协商过程中，这些资源能更加有效地形成合力，尽管意义协商并不是其形成合力的必备条件。从意义协商或其他方面得到的负面反馈可能对提高第二语言习得，至少对母语和第二语言之间有明显冲突的词汇、词法和句法等方面起作用。"(Long，1996：414)由此可见，修改后的互动假说关注选择性注意和负面反馈在语言习得中的作用。选择性注意是信息处理的前提条件。大脑处理信息的能力是有限的，学习者很难同时关注意义和形式。为了有效地利用认知资源，学习者在意义协商的过程中，将注意力转向那些产生交际障碍的语言形式。在意义协商中，对方会提供正面反馈让学习者注意到目的语的正确形式。在某些情况下，学习者也会接受负面反馈。负面反馈是对学习者产生的不标准的语言形式的反应。负面反馈有两种表现形式：检验自己的理解是否正确，请求说话者说明其话语内容。负面反馈有助于学习者意识到自己的语言表达与目标语之间的差距，有利于语言规则的习得。

(二)社会文化互动论

1. 低级机能和高级机能

Vygotsky(1978)将人的心理机能区分为两种形式：低级心理机能(lower mental functions)和高级心理机能(higher mental functions)。前者具有自然的、直接的形式，如饥饿和感知，在这些活动中不存在真正的思维。后者具有社会的、间接的形式，如言语思维、逻辑记忆、概念形成、随意注意和意志等。高级心理机能是在人类文化发展过程中由那些低级机能转变而成的。作为人类文化发展的重要方面，高级心理机能与低级心理机能的区别在于高级心理机能是以心理工具或者符号为中介的。这些符号包括语言、各种号码和计数、记忆装置、艺术作品、信件、图表、图纸、地图等。语言是最重要的符号和中介，用于组织思维。个体通过符号与外部世界建立联系。

Vygotsky从历史唯物主义的观点出发，主张人的高级心理机能是社会历史的产物。个体生活在特定的历史、社会和文化环境中，受社会规律的制约。Vygotsky强调有社会性意义的活动对人类意识影响的重要性，以及社会互动对认知发展的重要性。社会环境对学习有关键性的作用，社会因素与个体相互作用促成了学习，个体通过社会互动学习语言。概念和知识都寓于语言之中。语言是思维与认知的工具，个体在学习语言时，他不仅仅在学习语词，同时还在学习与这些语词相关的意义——词的内在方面，对现实的概括反映。词的意义是两个彼此紧密联系的言语机能(社会交往机能和思维机能)：前者以词的意义的概括和发展为前提，人类的交往形式只有依赖于对现实概括反映的思维才有可能表现出来(维果茨基，1997)。语言可用于社会性的互动与活动，儿童可以通过语言与他人进行言语互动，进行文化与思想的交流。因而学习的过程也是社会化的过程，学习语言的同时也习得该社会的文化；语言是自我调节和反思的工具。

总之，心理机能从低级向高级的发展源于社会历史文化的发展。就个体来讲，儿童在与他人社会互动的过程中掌握了向高级机能发展的工具——语言。心理活动最初是自然的、随意的、直接的。语言是低级心理机能向高级心理机能发展的中介。通过语言，心理活动向高级心理机能发展。高级心理活动的形式首先是社会性的，逐步向个体转化。

2. 中介与中介学习

中介(mediation)是社会文化理论的重要概念，高级心理活动都是通过中介来进行。人类并不直接作用于物质世界，而是通过物质工具和劳动与物质世界相互作用。人类也通过符号工具来调整个体与环境、个体与个体之间的关系。物质工具和符号工具都是人类文化创造的产物，并代代相传。符号工具包括数字和算术、音乐、艺术、语言等，其中最重要的是语言。与物质工具一样，人类使用符号工具与他人、与世界建立一种间接的或中介的关系。

社会文化理论认为学习是中介过程，语言是中介工具。学习通过学习者使用和控制心理工具来调节。学习也是社会中介过程，因为学习依赖于面对面的互动和共享过程，如共同解决问题和讨论。儿童认知世界是通过与年龄较大的儿童或成人互动的结果。在互动中，他们使用语言作为交际的媒介。例如，年龄较小的儿童和年龄较大的儿童共同解决数学问题。开始的时候，他们对问题的理解是不同的。年龄较小的儿童知道的较少，可能不知道解决问题的办法。年龄较大的儿童知道的较多，知道解决方案。通过对话，年龄较大的儿童为年龄较小的儿童提供思路，年龄较小的儿童慢慢地学会了解题的方法。在这个过程中，他们用语言作为互动的中介，寻求问题的解决方案。同样地，在语言学习中，学习者讨论某个句型或单词的用法。他们通过对话找到该单词或句型的正确用法。不论何种学习，社会文化学习理论都强调语言的中介作用，学习就是学习者之间对话的过程，学习就是语言交际的过程。

根据社会文化学习理论，没有语言，就没有认知发展和语言学习。语言在认知发展和语言发展中起着关键作用。这种观点在很多社会文化中是适用的。儿童在认知发展和语言习得期间，成人与儿童进行会话交流。这种语言交流有助于儿童思维的发展和语言的习得。

在第二语言教学中，目的语是中介，一切学习活动都以目的语为媒介来进行。教师也被赋予了"中介者"的角色，语言课堂不再是教师一言堂。教师和学习者共同参与到学习活动中，并不时为学习者提供语言支持，帮助学习者获得语言知识、增长语言技能、学会学习。

3. 调节、最近发展区、主体性和支架

成熟的个体都有自身自发的一种功能，这种功能就是自我调节(self-regulation)。儿童或是不成熟的个体总是在其他较成熟的个体(父母、老师等)的指导下去完成任务和活动，这就是他人调节(other-regulation)。这种方式一般是通过语言进行调节的。通过对话，儿童或学习者被引导着去解决问题，直到达成共识。最后，他们能够吸收或内化新的知识和技能，成功地完成从外在的精神活动向内在的精神活动的转变，从社会性向个体性的转变。

他人调节是自我调节的前提条件，自我调节是个体发展的目标。但是二者并不仅仅是简单的线性关系，而是循环发展的。一旦自我调节实现了，学习者在获取新的知识和技能时，还需要新的他人调节，这种新的他人调节会带来新的自我调节。如此反复，学习者的知识和技能不断得到增长。

要实现他人调节到自我调节的转变，最近发展区(The Zone of Proximal Development)是一个重要因素。最近发展区是指学习发生的最佳阶段。在这个阶段内，学习者虽然不能自身独立完成任务，但能在他人的帮助下取得所期望的成果。Vygotsky(1978：85)将最近发展区定义为："儿童能够独立解决问题的现有发展水平与借助成人的指导或是同伴的合作帮助能够解决问题的可以达到的较高水平之间的差距。"认知发展的现有水平，是对儿童当前认知水平的评估。最近发展区，是儿童认知发展可能性的期望。Vygotsky(1978：86-7)进一步解释到："最近发展区主要指的是那些尚未成熟但在趋向成熟的认知能力。这些功能在不久的将来就会成熟，但现在仍处于胚胎期。这些功能可以被视为认知发展的花蕾或花儿，而不是果实。认知发展的现有水平表示到目前为止认知发展的水平，最近发展区则表示认知的未来发展……最近发展区可以让我们描述儿童认知的近期发展以及动态发展状态，可以让我们知晓儿童认知已经发展的水平，还可以知道正在趋向成熟的能力。"这样，儿童在某一阶段现有的认知发展水平与达到下一阶段认知发展水平之间的差距就构成了最近发展区。

与最近发展区密切联系的另一概念是学习。Vygotsky总结了学习与认知发展的关系(Lantolf & Thorne, 2006)。第一种观点认为学习与发展相互独立，学习只是利用发展的成果，而不是促进认知的发展。这是Piaget认知构建主义观点。第二种观点认为学习就是发展。这是行为主义观点。第三种观点认为学习和发展相互独立又相互影响。这是格式塔心理学观点。Vygotsky不同意上述观点，他认为，参与性学习先于并且决定认知发展。认知发展过程滞后于学习过程，通过学习，实现认知的发展。

要成功实现最近发展区，需要具备两个特征：主体性(subjectivity)和支架(scaffolding)。主体性指的是两个个体在开始从事某项任务时，对该任务有不同的理解，最终达成共识，完成任务。支架是在儿童最近发展区内，通过会话，鼓励和引导他们关注环境的关键特征，一步一步帮助他们完成原本无法独立完成的任务，获得新的知识和技能的过程。Wood 等人(1976)认为，支架具有以下一些功能：

(1) 激发学习者对任务的兴趣。

(2) 降低任务的难度。

(3) 使学习者保持学习的动力，继续追求目标。

(4) 强调某些相关特征，指出已经完成的部分和理想的解决方案之间还存在何种差距。

(5) 控制消极情绪。

(6) 通过完成某个步骤或详细分析学习者的部分解决方案来示范理想的解决形式。

在第二语言学习中，不同能力和水平的学习者组成学习小组可以形成支架学习情景。支架学习情景是指对那些超出学生能力的任务元素加以控制，从而使学生将注意力集中到他们力所能及的任务内容上，并快速地掌握学习内容。学生能力的发展不是同步的，那些还没有成熟的能力不能参与问题的解决，因而需要在依赖这些能力的活动方面设置支架。在合作学习中，能力较强、水平较高的学习者可以为水平较低的学习者提供支架。

4. 内化

Vygotsky 的内化(internalization)学说将生理因素和社会文化因素有机地统一起来(Lantolf & Thorne，2006)。生理因素是认知发展的必要条件，但不是充分条件。社会和文化活动为人类控制自己的认知和物质活动提供了中介工具。内化是人类控制自然的心理活动的机制。人类之所以能够阻止和控制记忆、注意、计划和认知发展，是因为人类使用文化构建的符号系统。这样，人类能够将外部的社会文化中介制品内化到思维活动中去。可以看出，Vygotsky 内化学说的基础就是工具论。符号，其中最重要的当然是语言，是人类高级心理活动的工具。低级的心理活动是直接的、自然的，不需要语言的参与。只有当个体掌握了语言这个符号工具，低级的心理机能才能转化为间接的、高级的、社会历史的心理机能。人类运用语言进行高级心理活动。高级的社会历史的心理活动形式，首先是作为外部形式，在个体之间进行，以后才内化，转化为内部心理活动，在个体思维中进行。

模仿(imitation)是内化实现的机制(Lantolf & Thorne，2006)。模仿不仅仅是机械的复制行为，而是一种有目的的、复杂的、潜在的转化过程。在语言习得中，模仿是比较常见的，有即时模仿和延迟模仿。儿童通过自我语言来模仿他人的话语，这在语言习得中是非常普遍的。模仿在第二语言语音、语调教学中效果显著，教师可以要求学习者观看外文原版电影电视，有意模仿母语使用者的语音语调。

5. 微观起源

社会文化学习理论认为，学习首先被看作社会的，其次是个体的。意识和概念的发展，首先被看作一种外在的心理现象，可以在不同的个体间分享。然后，个体发展自己的知觉意识，使其变为一种内在的心理现象。不论是对人类还是个体，语言是意识发展的最重要的符号中介工具。人的一生都有学习的能力，成熟的个体可以通过具体的学习活动来获得新的知识和技能。这种学习活动从本质上来讲是一样的。个体通过社会或互动的方式来学习新的概念，在专家与初学者的谈话过程中可以很明显地察觉到这一学习过程。这个发生在个体所在环境的、语境化的学习过程，被称为“微观起源”(micro-genesis)。任何具体的学习过程都是微观起源。学习是由无数个微观起源构成，因为微观起源是在特定的时间和地点、特定的社会历史文化语境中发生的，这个学习的过程也就是社会文化学习的过程，是社会化的过程。

6. 个体话语和内在言语

根据社会文化学习理论，儿童的认知发展经历从物体调控(object-regulation)、他人调控(other-regulation)到自我调控(self-regulation)的过程。在这个过程中，语言的作用经历了从社会言语(social speech)、自我中心言语(egocentric speech)、个体话语(private speech)到内在言语(inner speech)的发展。个体话语就是个体对自己自言自语，而不是针对外在的谈话伙伴。社会文化学习理论把个体话语看作是儿童自我调节能力发展的体现。个体话语最终会发展成内在言语，内在言语是个体调节内部思维的语言，是不出声的思维。个体话语是个体最早语言运用得到发展的一个信号，具有社会性和互动性。完全成熟的个体把个体话语发展成为内在言语。内在言语是一种思维的工具，无需像个体话语一样具有具体的语音形式。

个体话语在儿童的学习活动中是非常常见的。例如，儿童在玩积木时，他时常会说出这样的话：

Child：Oh, I making a house for my doll. Where is the blue block? Yeah, I got it. But where is the yellow one? I want a yellow one. I got it. I got it.

这种个体话语可以帮助儿童积极思维，想出解决问题的办法。不仅是儿童，成人在某些情况下也会产生个体话语来调整自己的行为和努力，特别是在遇到困难或紧急的情况下，例如：

Adult：Oh. My God! My key is gone! Where is it? I remember I put it right here. But now it's nowhere to be found. Where is it? What shall I do? I left my ticket on the table. I must get it!

年龄较大的儿童和成人较多使用内在话语来调节自己的思维活动，进行心算、逻辑关系的推理等心理活动，这些都是高级的心理机能的体现。

在第二语言学习中，学习者为了操练、运用和掌握语言，他们通常使用个体话语，试图驾驭第二语言。学习者一般使用三种不同的个体话语(Ohta，2001)：重复——学习者重复教师或其他学习者的话语；间接反应——学习者间接回答教师的提问，或者补充他人的话语；操纵——学习者自己构建第二语言话语、运用句型、形成和分解词语、进行语音游戏等。在口语表达中，学习者时常会说出这样的话语："What should I say?"，"I don't know how to say that in English."；在看图会话中，学习者会说："I saw a man smoking there."，"What else can I see?"等。这些话语影响到整个语篇的连贯性，这是第二语言学习者试图获得自我调控能力的表现。

7. 活动理论

活动指"为心理发展提供条件的社会实践的方方面面""它包括一套复杂的概念工具，用以阐释人类的行为和认知，使社会实践的区别性理论分析成为可能"(Lantolf & Thorne，2006：209)。活动理论(activity theory)的研究重点是人类意识的社会起源以及促进认知形成的实践活动。活动理论的发展经历了三个阶段。第一阶段是 Vygotsky 的文化调节理论。Vygotsky 根据这一理论建立了反映人类活动中主体、客体和调节工具之间关系的三角模型。个体是由概念和文化实体来调节的。文化的观点不仅存在于个体的头脑中，还存在于客观物质世界以及对自然环境的社会构建和改造中。第二阶段是 Leontiev 的活动调节论。他提出了活动的层次结构，即活动的三个水平模式：活动(activity)、行动(action)和操作(operation)，分别表现为活动的动机、取得目标的过程和行动的手段。他开始关注个体与共同体之间的复杂关系，认为历史进化中的劳动分工使得个体行为和集体行为有所区别。第三阶段是 Engeström 的集体活动系统，他在 Vygotsky 和 Leontiev 理论的基础上，在人类活动的三角模型中加入集体活动的层次，形成了集体活动模型。

活动理论将个体学习发生的社会语境概念化。活动发生在一定的社会文化背景中。在社会文化背景中，有互动协作，有主体之间的作用，有提供帮助等。在活动理论中，活动包括主体、客体、行动和操作等(Donato & McCormick，1994：455)。主体是活动的参与者，如第二语言学习者。客体是学习者参与活动的目标，激励着主体付出努力以达到目标，并指引着主体前进的方向。在第二语言学习中，学习者的目标有多种可能，例如，提高口语交际能力、找到好工作、拿到学位、出国旅游、阅读外文文献等。为了完成目标，主体必须要付诸行动。行动一般是以目标为导向的。为了实现某一个目标，学习者可能采取不同的行动和策略。在第二语言学习中，学习者使用不同的学习策略增加语言知识、提高语言技能。操作就是为了使行动能够成功执行所采取的方式。它取决于这种行动执行的条件。例如，学习策略的选择取决于学习活动的性质、学习资源等条件的限制。这种行动的操作可能会常规化(routinized)和自动化(automatic)。活动理论中的活动模式并不是静止不变的。如果目标实现的条件发生变化，常规化的操作或自动化的策略就会变成一种有意识的以目标为导向的行为。

受到活动理论的启发，第二语言教学可采用小组互动的学习方式。小组合作性对话之所以有效，是因为对话的一方即语言能力较强的学习者可以给语言水平较低的学习者提供一些略微超过其当前能力状态的语言知识和技能。通过交际，语言水平较低的学习者能够理解甚至内化新的语言知识，而语言水平较高的学习者则巩固现有知识。语言教师也应该作为一个平等的学习者的身份，参与小组学习者的讨论，对有困难的小组或学习者，可以问一些启发性的问题或提供某种暗示，促进学习者语言问题的解决。

(三)认知互动与社会文化互动之评析

1. 语言观

认知互动论认为语言是认知、社会和交际的工具。语言是学习者信息处理的材料，互动的目的在于通过意义协商，为学习者提供可理解性输入和反馈，以便学习者注意、吸收和内化语言知识。语言习得是语言环境和学习者内部机制相互作用的产物。认知互动理论突出语言输入和意义协商在语言学习中的重要地位，但并不反对语言习得模块或认知机制等观点。

社会文化互动理论则认为语言是思维与认知的工具，学习者在学习语言时，他不仅在学习语词，还在学习与这些语词相关的意义——词的内在方面，对现实的概括反映等。词的意义体现了两个彼此紧密联系的言语机能(社会交往机能和思维机能)：社会交往技能以词的意义的概括和发展为前提，人类的交往形式只有依赖于对现实概括反映的思维才有可能表现出来(维果茨基，1997)。因此，学习过程是一个社会化的过程，学习语言的同时也习得了社会文化。

2. 环境观

认知互动理论认为环境为学习者提供了语料输入和输出的机会。语言环境为学习者提供了大量的语言输入，让学习者能够接触目的语信息；意义协商为学习者提供了正面或负面反馈，帮助学习者学习正确的目的语形式，同时也让他们意识到自己的中介语与目的语之间的差距；互动为学习者创造了语言输出的机会，提高了他们语言表达的准确性、流利度以及元语言意识。

社会互动理论更加强调了环境在语言习得中的地位，强调社会、文化和历史环境对认知发展的作用，认知发展依赖于语言的使用。语言学习过程即社会化的过程，环境是社会互动的根基，社会互动是学习的源泉。社会文化互动理论不仅重视和强调语言环境，还更加关注社会文化语境。在社会文化环境中，学习者学习语言，同时也习得该文化中的思维方式和行为模式。

3. 语言学习观

认知互动理论认为，语言学习过程是语言输入与学习者内部语言习得模块或认知机制交互作用的过程。在语言交际中，学习者通过意义协商获得可理解性输入，同时产出语言。语言输出是语言习得的必要条件。综合 Swain(1995)、Swain 和 Lapkin(1995)以及 Skehan(1999)的研究，语言输出在语言学习中具有八项功能：引起学习者对目的语形式的注意；有助于学习者对目的语进行假设检验；发挥元语言功能，学习者使用语言来澄清交际意图；可以增强语言表达的流利性；可以提高语言表达的质量；促使学习者进行句法处理；帮助学习者提高语篇能力，学会组织观点；有利于学习者学会表达自我。在语言交际中，学习者的语言输出会得到交际对方的互动反馈。互动反馈是在交际过程中通过语言和会话调整和意义协商给予学习者的反馈。互动反馈主要有两种：重述(recast)和引导(elicitation)。重述表示教师或他人重新表述学习者的语言，使其更加近似目的语形式。引导指教师或他人不直接纠正学习者的语言错误，而是引导学习者重新表述语言形式。

社会文化互动理论则认为语言学习是社会化的过程，学习者在学习语言的同时，也习得该语言的文化和思维方式。语言学习和认知发展在互动中共同构建，典型的互动发生在成人和儿童、专家和新手之间。究其原因，社会文化互动理论认为语言学习过程也是儿童认知发展的历程，在互动中，成人和儿童、专家和新手之间在知识和能力方面存在着差异，成人和专家能够通过会话给儿童和新手提供帮助，从而解决问题。没有语言，就没有思维。在会话之前，成人和儿童、专家和新手对问题的解决方案有着不同的理解，在成人和专家的引导下，儿童和新手可以找到问题的解决方案。语言学习也不例外，通过言语互动，学习者习得语言的形式。语言在思维和语言发展中起着中介的作用，思维和语言的发展源于互动，也是互动的结果。

4. 学习者观

认知互动理论认为学习者是自主的信息处理者，强调选择性注意在互动中的作用。选择性注意指在诸多语言信息中仅仅注意到某些信息或信息的某些方面，而忽略其他信息。选择性注意是信息处理中的一个重要的环节。没有对信息的注意，就没有信息的感觉登记，没有感觉登记，信息就不能进入短时记忆进行处理，更不用说长时记忆了。注意具有选择性是因为我们的记忆容量有限，我们的大脑每次只能处理一定数量的信息，其他大量的信息注定要被遗忘。同样，在语言学习中，学习者需要注意相关的语言形式，才有可能处理和理解该语言形式，并构建其意义。否则，语言形式很难成为学习者中介语系统的一部分。同时，学习者之间存在着个体差异，这些差异主要表现在生理、认知和情感等方面。语言学习者的个体差异影响语言学习的过程和结果。

在社会文化互动理论中，学习者是社会人和文化人，生活在特定的历史、社会和文化环境中。学习者不单是语言信息的处理者，更是有着自己的认知、情感和意念的完整的个体。在社会文化互动理论中，学习者的社会属性和文化属性展现得淋漓尽致。学习者学习语言的过程是学习者认知和情感心理成长的过程。

5. 研究方法

基于认知互动理论的研究主要运用语篇和会话分析、实验研究和准实验研究、内省法和日记法。在语篇和会话分析中，研究者将学习者参与的言语互动进行录音或录像，然后进行转写，分析互动中的语言特点(如某个语素出现的频率、语言输入的流利性、准确性或复杂性)或者分析互动中的会话特征(如话题的提出、话题的转换、交际策略等)。实验研究和准实验研究也得到广泛的运用。实验研究一般是在实验室情境中进行的，研究者严格控制影响输入和互动的变量。准实验研究可以在自然环境中进行，如学校等教育场所，但研究者也需要操纵一些影响输入和互动的变量。内省法是将思维过程口述出来的研究方法，内省法亦称为口述法(verbalization)。日记是获得深度信息的有效研究方法，参与者按照一定的要求记录生活的点点滴滴，这些经历可以反映出参与者的认知和情感状态。研究者根据研究目的，告知参与者日记写作的目的和内容。

基于社会文化互动理论的研究主要运用微变化研究方法(micro-genetic approach)。微变化研究法要求研究者在某个相对短暂的时间段内，高频度观察、记录受试者学习和掌握某个观念、某个知识点，或某项微技能的过程，并对数据进行定量、定性的精细分析，以揭示群体内部与个体本身所表现出来的变异性。对心理过程进行详尽的分析对研究认知发展至关重要(Vygotsky，1978：61)："任何心理过程，无论是思维发展还是自觉行为，是一个瞬息变化的过程。在特定的情况下，认知发展的研究可以仅限于几秒钟，甚至几秒分之一。"微变化研究通常是一种质性的、解释性的、个案的研究方法。微变化分析可以了解学习者思维过程的形成，可以记录语言学习的动态。

6. 哲学渊源

认知互动主张二元论，社会文化互动则主张一元论。认知互动虽然在特定的社会环境中发生，但社会交际环境只是为互动的进行提供一定的客观条件，并不主张个体与社会文化的融合，不主张语言与思维的相互依存性，也不主张语言与文化的不可分割性。相反，认知互动论认为，个体与社会是两个独立的实体，语言和文化也可以分离开来。认知互动离不开社会文化语境，但是认知互动理论并不关心社会文化对互动的影响和作用，而是关注学习者如何进行意义协商，有选择性地注意目的语形式，并且能够尝试准确、得体地使用目的语，从而不断地重构和习得目的语的语言体系。互动过程更多地是语言信息处理过程，包括语言理解和语言产出。

社会文化互动理论认为，个体与社会、语言与文化、语言与认知相辅相成，不可分离。个体在特定的社会文化语境中进行言语交流，互动的媒介是语言这个文化符号，互动的过程是语言的发展过程，也是思维的发展过程，互动的过程又是学习者社会化的过程。社会文化互动理论关注的不仅是学习者语言体系的内化，还有学习者在特定文化背景中思维模式的习得，即语言习得的过程是文化习得的过程。

在“互动”这个字眼成为流行语的今天，第二语言习得领域也对“互动”展开了学术讨论。虽然认知互动论与社会文化互动论都强调会话是语言发展的必要条件，但是二者在语言观、环境观、语言学习观、学习者观、研究方法以及哲学渊源等方面存在着种种差异。我们认为，认知互动论和社会文化互动论可以开展对话，取长补短，求同存异。在互动研究中，既要关注学习者的认知机制和语言信息处理过程，又要注重社会历史文化因素对认知过程和语言发展的作用；既要研究学习者语言体系的发展，又要探讨学习者会话的微观动态过程。

第三部分　学习者篇

第四章　第二语言习得过程中的学习者因素

在教育教学实践中，教师们常常会发现，在教师、教材、学习环境相同的情况下，有的学生对所学知识接受得快一些，学习效果好一些，而有的学生则接受得慢一些，学习效果差一些；有的学生对学习充满信心和热情，而有的学生对学习表现出厌倦和倦怠等情绪，这些问题的产生主要归咎于学习者的个体差异。理想状态的个体发展应该是生理、认知、情感等方面同步、均衡、协调地发展，但在实际生活中，个体发展存在着不均衡性，这种不均衡性导致了学习者的个体差异。在课堂教学发生“以教师为中心”向“以学习者为中心”转变的过程中，越来越多的教育工作者逐渐认识到，学习者是学习的主体，对学习结果起着决定性的作用。因此，要取得良好的教学效果，教师必须首先了解影响学习的因素，在教学中，充分考虑学习者的个体差异，做到因材施教，有的放矢。

第二语言习得指人们逐步提高其第二语言或外语水平的过程。在第二语言习得中，同样存在着学习者个体差异。个体差异包括很多方面的内容，如学生家庭背景的差异、学生智力的差异、学生学习方式的差异、学生前期知识水平的差异、学生学习志向(动机)的差异等。本章节中介绍影响第二语言习得的因素主要集中在生理、认知、情感、社会文化等几个方面。其中生理因素主要指大脑发育成熟、年龄等生理基础和条件；认知因素主要指学习者的语言学能、认知风格和学习策略等因素；情感因素指学习者的动机、动机归因、自我效能、自我概念、自尊、焦虑等；社会文化因素指学习者不同的语言学习态度、文化适应、社会距离等。

第一节　学习者生理因素

学习者生理因素，指大脑发育成熟、年龄等生理条件，是语言学习的必要准备条件。大脑发育使语言中枢能够进行语言信息处理等高级思维活动，使语言学习成为可能。语言学习有一个最佳时机，贻误了这个时间段，语言学习可能会事倍功半。

一、大脑与语言功能

语言中枢是人类大脑皮层所特有的，语言中枢负责人类进行思维和意识等高级活动，并进行语言表达。人类的语言功能主要集中在大脑的左半球，左半球专门负责对语言的处理和语法表达，如词语、句法、命名、阅读、写作、学习记忆等；大脑右半球也有少许语言功能，主要理解间接言语、容易引起歧义的语句。

1861 年法国医生、人类学家 Broca 发现一个大脑第 3 左额回受损的病人丧失了说话能力，由此推断大脑的这个区域应该是“言语中枢”所在，后来人们将这个区域命名为布罗卡区(Broca's area)，随后100多年的神经生理学和解剖学的发展证实了Broca的说法。如果布罗卡区受损，那么病人将会丧失说话能力，存在句法表达障碍，不会使用单纯表达语法功能的成分，对句法结构的理解也会出现困难。布罗卡区病变引起的失语症被称为表达性失语症。

1874年，德国医生、解剖学家、神经病理学家Wernicke又发现大脑后第3颞上回如果受到损害，病人的口语理解能力将严重受到影响。这个区域被命名为韦尼克区(Wernicke's area)。如果该区域受损，病人可以听到其他人的话语，但是不能理解这些话语；可以流利地说出句子，但是句子的意义却是混乱的。韦尼克区病变引起的失语症被称为接受性失语症。布罗卡区和韦尼克区均位于大脑的左半球(见图4-1)。

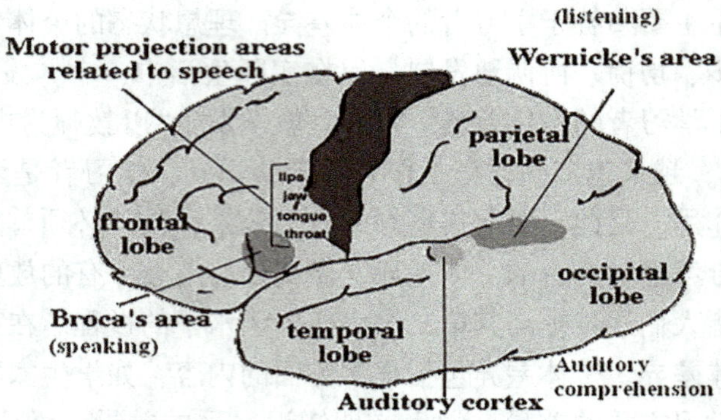

图4-1 布罗卡区和韦尼克区

二、年龄

年龄在第一语言习得和第二语言习得过程中都是一个十分重要的生理因素。Penfield和Roberts(1959)最先将关键期的概念引入儿童语言习得领域，提出了语言习得的关键期假说(Critical Period Hypothesis)。关键期这个概念来自生物学领域，指在个体发展过程中，环境的影响最大并最适宜于学习某种行为的时期。Lenneberg(1967)又通过对儿童语言障碍的研究进一步明确和强化了这一理论，指出习得语言的关键期从2岁开始，一直到发育期。在关键期内，个体能比较容易地习得语言，过了关键期，语言习得会变得越来越困难。因为，在关键期内，儿童的大脑具有可塑性(plasticity)，这时的语言理解和产生涉及大脑的两个半球，整个大脑都在参与语言学习，所以吸收的语言信息快一些，语言习得能够自然而轻松地进行。青春期到来之后，人们大脑机能完成了单侧化(lateralization)过程，即某些功能开始偏向左半球或右半球。左半球支配着言语表达、数学运算以及连续的分析综合思维活动。右半球可以理解简单的语言，主要支配着空间方位定向和图形认知。大脑的两个半球的专门化在个体发展中有一个明显的发展过程，它是随着个体掌握语言和言语能力完善化而显示出来。

在语言方面，语言功能逐渐集中在左半球，右半球的语言功能逐渐减弱。研究者(Penfield & Milner，1958)发现，青春期之前的儿童似乎有一种"转换机制"(switch mechanism)，如果他们左半球言语中枢受到损害，言语中枢就会转换到右半球，不过要从头再学说话。可是过了青春期以后，语言能力就不那么容易恢复了。Lenneberg(1967)通过对有语言障碍儿童的研究后发现，小孩左脑的损伤对语言功能一般不会产生什么影响，因为儿童大脑的右半球会代替左半球的功能，重新习得语言，不会出现明显的缺陷。但到了一定的年龄，左脑损伤就意味着整个语言功能的丧失，左脑的语言功能不再具有替代性了。同时，大脑发育成熟之后，左脑负责语言处理的神经协调机制的自动化能力就会减弱，神经系统不再具有可塑性，这样，语言习得将会变得费力且成效不显著。Lenneberg认为语言是大脑发育的产物，语言能力的发展受到人的生理基础的制约。

有不少学者认为在二语习得过程中同样也存在着关键期(如 Scovel，1988；Johnson，1992 等)，关键期对外语习得有着明显的影响。在关键期内，大脑的可塑性不仅能使儿童顺利地习得第一语言，还能让他们顺利地习得第二语言。Scovel 等学者认为第二语言习得的关键期可持续到青春期，过了青春期，学习者习得第二语言的难度会逐渐加大。尽管不同年龄的语言学习者最终经过努力，都能达到较高的语言水平，但从大脑机制来看，他们处理、加工语言信息的神经回路是不一样的。

自从关键期假说面世以来，带动了大量的研究，也引发了许多争论，争论的主要内容是关键期的确切年龄段，语言学习的哪一部分会受到影响，语言关键期假说是否成立等。综观目前的研究结果，第一语言习得和外语学习的关键期是否存在，年龄因素对外语学习是否产生影响，概括起来主要有以下三种观点：

(1)关键期的确存在，但主要反映在口音方面。当学习外语的起始年龄超过了关键期，便很难习得像本族语者一样的发音。

(2)关键期现象存在，除反映在口音方面还反映在句法方面。在单位时间内，青少年比儿童和成年人在习得语法和词汇时表现更为出色。因为青少年已具有较高的认知水平，模仿能力和记忆力很强，比儿童更善于运用语言学习策略和语言交际策略，同时，他们的情感阈限较成年人的低，一般不会过多地去计较在语言学习时他人对自己的态度和评价。

(3)关键期假说不成立，在口音方面也没有任何影响。

尽管在任何年龄段都能掌握一种新的语言，但在青春期后与青春期前学习一门新语言，大脑处理语言信息的神经回路是不一样的。有研究表明，由于受到不同语言的刺激，双语者大脑的灰质区域要比单语者大得多。

第二节　学习者认知因素

第二语言学习主要是一个认知过程，认知因素对第二语言信息的理解、提取与产出至关重要。学习者认知因素主要有：语言学能、认知风格和学习策略。

一、语言学能

学能指一个人学习新知识或新技能的潜力，语言学能(language aptitude)指第二语言学习的能力倾向。语言学能的研究起源于 20 世纪 20 年代中期，之后得到了迅速发展，尤其是到了 20 世纪 90 年代初期，随着认知科学的发展，二语习得与其他学科的交叉融合，对语言学能的研究内容越来越丰富。人们对语言学能展开研究，一方面是测量学习者在特定的环境下可能达到什么样的学习水平，另一方面是测量什么样的学习者可能在外语教学中获益更多。在这个背景下，产生了两个著名的语言学能测试，即 Carroll 等人(1959)编制的现代语言学能测试(Modern Language Aptitude Test，MLAT)，Pimsleur(1966)编制的语言学能测量表(Pimsleur Language Aptitude Battery，PLAB)。

Carroll 的 MLAT 量表共五部分。第一部分：数字学习，旨在测验联想记忆。第二部分：音标记忆，测量音位编码能力。第三部分是拼法提示，既测试英语词汇知识，又测量语言代码化的能力。第四部分是句中词，测验语法敏感性能。第五部分是词语对应联想，用于考查背诵式记忆能力。

Pimsleur 的 PLAB 量表共分六部分。第一部分是“学分平均数”，要求受试者报出自己最近一学年的英语、数学、自然科学和历史(或社会科学)的学分；第二部分是“兴趣”，要求受试者在一个二级量表上标出自己对外语学习的兴趣；第三部分是词汇测试；第四部分是语言分析测试；第五部分是语音辨别；第六部分是语音标识。Pimsleur 认为，学习语言的天赋包括三大成分。一是语言智力，包括对词汇的熟悉程度(由第三部分测试)和对语言材料的分析(由第四部分测试)；二是学习语言的动力(由第二部分测试)；三是听觉能力(由第五、六部分测试)。该量表适宜于测量初级语言学习者的语言学能。

Skehan(1986，1991)认为语言学能有两个方面的内容：第一，语言学能是处理语言和处理非语境化(decontextualized)材料的能力，这两种能力对语言学习的成功起着至关重要的作用。第二，Skehan 认为语言学能不仅跟正式的语言学习环境有关，而且也跟具有交际定向的课堂教学和习得环境有关，即在正式和非正式两种语言学习环境中语言学能都起作用。Carroll 等人(Carroll & Sapon，1959；Carroll，1973，1990 等)认为，语言学能像智力一样，是与生俱来的认知能力，在人的一生中相对稳定，它不容易被训练或调整，也不易受环境变化的影响。训练和实践并不能改变和提高一个人的语言学能。语言学能具有普遍意义，即无论学习哪一门外语，学能的影响都是一样。无论操哪种母语，外语学能的个体差异都是存在的。语言学能不是二语习得的先决条件，但作为一种能力，语言学能有助于提高外语学习的速度和降低学习的难度，具有不同语言学能的人学习二语的速度不同、效果不同。

Carroll(1981)认为语言学能是整体智力(general intelligence)中负责语言学习的一个特殊部分，主要由以下四个方面的能力组成：①语音编码能力(phonetic coding ability)。语音编码能力是关于输入处理的能力，是学习者识别不同语音的能力，它以语音符号联想能力为特征，在语音和代表他们的符号之间建立联想，并能保留这些联想，将他们储存在长时记忆中。语音编码能力在语音学习的初始阶段尤为重要，通常会对语法敏感性处理阶段可理解性输入的多少产生影响。②语法敏感性(grammatical sensitivity)。语法敏感性指将语言形式与其特定的语境分离，从语言材料中推断出语言规则的能力。这种能力不是学习者对语法知识的了解和掌握，而是在学习语法和遣词造句时所表现的一种能力。③归纳性语言学习能力(inductive language learning ability)。归纳性语言学习能力是一种生成能力，是语言学习者根据语言材料样本，推断、归纳和支配语言材料规则的能力，是有关语言材料的组织和操作。④联想记忆能力(associative memory)。联想记忆能力是学习者学习语音和意义之间的联系并保存这些联系的能力，是对新材料的同化和吸收的能力。

Skehan(1999)将语言学能分为听力能力(auditory ability)、语言能力(linguistic ability)和记忆能力(memory ability)。Skehan的听力能力与Carroll的语音编码能力基本上一样，语言能力将Carroll的语法敏感性和归纳性语言学习能力综合在一起。Skehan(2002)认为语言学能在二语习得过程的不同阶段都起着某种作用，如语音编码能力(听力能力)在习得的输入加工阶段发挥作用，语言分析能力在习得的中央处理阶段产生作用，而记忆能力则在语言的检索与输出阶段产生影响。

Sparks等人(2001)在对外语学能和母语能力进行了大量研究的基础上，提出语言编码差异假设(Linguistic Coding Differences Hypothesis)，用于解释那些在外语学习中困难学生所遇到的问题。该假设的主要观点有：第一，母语的语言技能是外语学习的基础；第二，如果学习者在语言的某个方面(如音系或识字方面)存在障碍，通常对他们的母语习得和外语学习均会造成困难；第三，学习者在语言的运用能力方面存在天生的个体差异。

关于语言学能与二语习得的关系，国外学者以不同的方式、从不同的视角进行了大量的研究，主要集中在对语言学能及其相关因素与二语习得的关系的研究(Bialystok & Frohlich，1978；Ehrman，1998；Skehan，1986等)，理论分析研究(Carroll，1981，1990；Skehan，1989，1991，1999，2002；Sparks & Ganschow，2001等)，对语言学能与教学方式匹配的研究(Wesche，1981；Rosemary，2005)。Robinson(2005)认为语言学能是一种综合能力，由加工速度、短时记忆、长时记忆、计划时间、语用能力、智力、情绪智力和自我效能等要素组成。我国目前在该领域的研究仍较少，刘润清(1990)曾对语言学能作过介绍，吴一安等(1993)编制的我国英语本科学生素质问卷包括语言学能这个变量。戴运财(2006)调查了在中国语境下英语学习者的语言学能及其相关因素对二语习得的影响。统计结果显示，语言学能与大学生的二语习得、性别相关，与学习策略没有明显的相关。性别、语言学能和二语习得的路径分析模型说明了性别对语言学能和二语习得分别具有预测力，语言学能力对二语习得具有预测力。语言学能影响英语学习成绩，同时，语言学能还受性别的影响。

二、认知风格

认知风格(cognitive style)又被称为认知模式或认知方式，指学习者在信息加工时(包括接收、储存、转化、提取和使用信息)所习惯采用的不同方式。它的主要特征是：①持久性，即在时间上是一个相对稳定的过程；②一致性，即在完成类似的任务时始终表现出这种稳定性。对认知风格的研究始于20世纪40年代，在20世纪60年代非常盛行，20世纪70年代初期达到巅峰后，逐渐趋向衰落。进入20世纪90年代以来，认知风格的研究再度引起人们的高度重视。

不同的认知风格对学习产生不同的影响，同样的，认知风格对语言学习也产生影响，即具有不同认知风格的学习者在语言学习中往往采用不同的方式，最终的学习结果也会有很大的差异。以下将介绍几种研究较多、对学习影响较大的认知方式，它们分别是场依存和场独立、反思型和冲动型、整体型和序列型、聚合式思维和发散式思维、视觉型和言语型、内倾和外倾、歧义容忍和歧义不容忍等认知风格。

（一）场独立—场依存(filed-independence-filed-dependence)

在对垂直知觉的研究中，美国心理学家 Witkin 于 1954 年提出场独立和场依存的概念。Witkin 对场独立和场依存的研究始于军事上的需要，在第二次世界大战期间，飞机驾驶员常因在云雾中机身翻滚而丧失方向感，造成飞机失事。为了减少类似事件的发生，在挑选和训练驾驶员时，研究如何测试应征者对空间方位的直觉判断能力。Witkin 设计了一种可调倾斜度的房间，让被试坐在一张椅子上，椅子可以通过转动把手与房间同向或逆向倾斜，构成类似飞机在空中翻滚的情境。此时要求受试做出对上下位的判断，并说出其身体与标准垂直线的角度。实验结果发现，有些被试在离垂直差 35 度的情况下，仍然坚持认为自己是完全坐直的；而有些人则能在椅子与倾斜的房间看上去角度明显不正的情况下，仍能使椅子非常接近于垂直状态。Witkin 由此得出结论，有些人在知觉时较多地受他所看到的环境信息的影响；有些人则较多地受来自身体内部的线索的影响，他将受环境因素影响大的人称为场依存型，把不受或很少受环境因素影响的人称为场独立型。

“场”指的是外在环境，它对人的知觉有不同程度的影响。场独立和场依存代表了人们在处理信息方面的两种截然不同的倾向：场依存者往往依靠外部提供的有关信息，倾向于依存外在参照(身外客观事物)从整体上认知事物。场独立者则往往依靠自己内部具有的知识框架，倾向于依存内在参照(主体感觉)独立分析问题。这种个别差异，是个体在周围视觉场中看到的东西与他身体内部感觉到的东西产生冲突的结果，这种偏好不断地影响人们在认知、心理及人际关系等方面的行为表现。场依存者不能将一个模式(或图式)分解成许多部分，或者只能专注于情景的某一方面；场独立者则善于分析和组织。

随后，Witkin 和他的同事将狭义的垂直知觉扩展到直觉分析、记忆、问题解决等智力活动。Witkin(1967，1975)等人的研究表明，场依存—场独立认知方式具有以下几个特征：①有关认知过程而非内容。②普遍性。场依存—场独立认知方式不仅存在于知觉领域，而且存在于记忆、思维、问题解决以及人格领域，在这些领域，场独立者表现出较大的独立性和较少的受暗示性(场依存者则相反)。在社会行为上，场依存者喜欢并善于社交，较易受他人的影响，社会工作能力强，他们是社会定向的(social-oriented)；场独立者比较不善于社交，较独立自主，对抽象和理论的东西更感兴趣，他们是非社会定向的(non social-oriented)。③稳定性。随着时间的推移，人们在场依存—场独立连续体上的位置往往是稳定的。④两极性。场独立者在认知改组技能和人格自主上高，但在社会敏感和社会技能上却低。反之，场依存者在社会敏感和社会技能上高，而在认知改组和人格自主上却低。

场独立和场依存认知方式与学习有着密切的关系。场独立型的学生在学习中善于排除干扰，能够区分主体与部分，抓住重点；对抽象的理论和原则感兴趣；知觉比较稳固，不易由于背景的变化而改变；自主性较强，能独立对信息进行重组。场依存型的学生通常以整体或全局的眼光去看问题，能够认识问题或事物的普遍性，在学习中表现出喜爱集体学习环境，比较依赖于学习材料的预先组织，需要明确的指导和讲授。场依存型的人还表现出开朗合群、易受群体观念的影响，具有较强的移情倾向。

Stern(1983)认为在语言学习过程中，学习者必须依据语言所处的特定环境去理解语言，同时要从语言变化的典型例子中区分语言，加深对语言的理解。具有分析型风格的场独立者能够通过分析语言素材展示自己的才能，他们具备较好的从场景中分辨具体信息的能力，能较好地理解具体信息与整体信息的关系，更擅长进行复杂的学习活动，并且他们的推理和分析能力比场依存学习者强。

Naiman 等人(1978)的研究发现，中学生的认知风格影响他们第二语言模仿和听力理解的成绩，场独立型学生在考试中获得了较高的分数。其他有关成人外语学习者的研究(Johnson et al. 2000；Jamieson，1992；Hansen & Stanfield，1981；Hansen，1984)同样表明，场独立认知风格与外语学习成绩呈正相关。

而有些人认为，场依存风格的学习者，由于具有移情的特点，在社会交往中，他们性情比较开朗，易与他人沟通，他们应该是优秀的外语学习者。尽管没有人否认这种假设，但这种假设缺乏实证研究支持，主要是因为缺乏测试场依存的有效工具。人们主要用镶嵌图形测验(Group Imbedded Figures Test)来测量场独立。在测验中得高分说明具有场独立倾向，但低分并不意味着是场依存倾向(Brown，2007)。

Brown(2007)认为，两种认知风格(场独立和场依存)的学习者都有可能成为优秀的语言学习者。具有场依存型认知风格的语言学习者在自然环境下学习外语更具有优势，他们交际能力强，由此获得更多的语言输入。同时，他们善于模仿、归纳能力强。具有场独立型认知风格的语言学习者在正规课堂环境中学习外语较易获得成功，他们分析能强、擅长语法规则、阅读能力强。

近年来，我国学者在这一领域也作了一些研究和探讨。吴一安、刘润清(1993)的研究结果表明：场独立学生的语言测试成绩要比场依存的学生好。场独立认知方式有利于中高级水平的学习者学习外语，场独立的学生在达到一定的语言水平后，在进一步的语言学习中具有优势。同时，场独立学习者较之场依存学习者更倾向于在外语学习中取得成功。这些差异主要反映在词汇与句法、阅读和写作等方面，场独立小组在词汇与句法、阅读、写作这三项技能中的成绩显著优于场依存小组，而场依存小组在听力方面则优于场独立小组。

(二)反思型—冲动型(reflectivity-impulsivity)

反思型和冲动型的分类方式是从人的心理特征和性格区分的角度来划分的，是指在不确定条件下个体做出决定时速度上的差异。Kagan(1966)在经过一系列实验后发现，在知觉与思维方式方面，有些学生表现出冲动的特点，而有些学生则表现出反思的特点。具有冲动型思维的学生往往在形成自己观点的速度上很快，在回答问题时的反应速度较快，也较急于回答问题；而具有反思型思维的学生则往往比较沉稳，在做出回答之前，仔细考虑可供选择的答案，在这之后才做出最后的选择。

Kagan 主要是根据学生寻找相同图案和辨认镶嵌图形的速度和成绩来对学生的认知方式做出区分的。实验者要求学生尽可能快地做出回答，但在每次错误反应后，还要再作尝试，直到找到正确答案为止。因此，学生要很好地完成任务，必须迅速做出抉择，测试成绩是根据反应的时间和错误反应的数量来决定的。学生在这种情境里会形成一种正确反应与迅速反应之间竞争的焦虑感。通过这类测验，可以识别出两种不同的认知方式。冲动型学生一直有一种迅速确认相同图案的欲望，他们急于做出选择，犯的错误多些；反思型学生则采取小心谨慎的态度，做出的选择比较精确，但速度要慢些。

心理学家认为，冲动与反思的区别，反映了个体信息加工、形成假设和解决问题的速度和准确性，表明了学生信息加工策略方面的重要差异。冲动型思维的学生凭直觉获取信息，对待问题采取快速和冲动的方式加以解决，大胆地猜测答案，往往容易根据显著的特征和现象迅速做出判断或结论。冲动型的学生在课堂上通常发言踊跃，回答问题积极，敢于发表自己的见解和观点，他们常以对问题反应迅速而取胜，但错误较多。反思型的学生获取信息时具有系统性，处理问题和做出决定时显得谨慎和缓慢，他们对问题深思熟虑，看法比较全面与深刻，注重准确性，错误较少。与冲动型学生相比，反思型的学生表现出更成熟的解决问题的策略，能更多地提出不同的假设，并且反思型的学生能较好的约束自己的行为，忍受延迟满足。

在语言习得研究领域，人们发现在阅读中，相对于冲动型儿童，反思型儿童较少犯错误(Kagan，1965)，然而，冲动型儿童阅读速度较快，但亦能掌握“心理语言猜谜活动”技巧(Goodman，1970)。

在研究认知风格对外语学习阶段形成的影响时，Brown(2007)发现冲动型的学习者可能在语言习得过程中经过几个语法不规范阶段的快速转变，可能会迈出许多快捷的小步子，而反思型的学习者则在某个阶段的习得过程可能会比较长，但是从一个阶段跨入另一个阶段的步子可能要大一些。根据冲动型和反思型认知风格的特点，研究者们假设反思型的人可能是更优秀的语言学习者，有实验研究证实了反思型学习者的阅读速度虽缓慢但更为准确，阅读测试得分高于冲动型。但是 Jamieson(1992)在通过使用熟悉图形匹配测试(MFFT)、测量反应效率等方法把受试者分出缓慢、不准确、快速、准确型等多个变量后，再把这些变量与语言成绩变量进行多元回归分析，结果表明，优秀的语言学习者是那些同时兼有冲动型和反思型两种认知风格的人。总之，在阅读理解方面，反思型学习者善于推理归纳，犯错较少；而冲动型学习者虽然阅读速度快，但对文章的理解不深，犯错较多。在口语表达方面，冲动型学习者由于其反应快而可能会在自然或交际的环境中更容易取得成功；相反，反思型学习者则会在正式的环境下更容易获得成功。

(三)整体型—序列型(holist-serialist)

英国心理学家 Pask(1988)对学生如何进行有效学习作了大量的研究，试图发现学生在认知风格方面存在着差异。他让学生对一些想象出来的火星上的动物图片进行分类，并形成自己的分类原则。在学生完成分类任务后，要他们报告是怎样进行这项学习任务的。Pask 发现，学生在使用假设类型以及建立分类系统的方式上存在着差异。有的学生将精力集中在一步一步的策略上，他们提出的假设一般来说比较简单，每个假设只包括一个属性。这种策略被称为“系列性策略”(serial strategy)，即从一个假设到下一个假设是呈直线的方式进展的。而另一些学生则倾向于使用比较复杂的假设，每个假设同时涉及若干个属性。这种策略被称为“整体性策略”(holistic strategy)，指通盘考虑如何解决问题。

Pask 认为这两种策略是学生在思维方式与问题解决方式上表现出来的最基本、最重要的差异。采取整体性策略的学生在从事学习任务时，倾向于对整个问题将涉及的各个子问题的层次结构以及自己要采取的方式进行预测，视野较宽，能把一系列子问题组合起来，而不是一碰到问题就立即着手一步一步地解决。采取系列性策略的学生，把重点放在解决一系列子问题上，十分重视逻辑顺序。尽管他们所采用的方式完全不同，这两种类型的学生在学习任务结束时，都能达到同样的理解水平。

整体型和序列型学习者都能对问题获得同样的理解，但他们获得对问题理解的路线是不同的。整体型的学习者往往通过上下文来认识学习任务，而序列型的学习者在解决问题过程中则倾向于强调各个独立的小题目以及把这些题目联系起来的逻辑顺序。例如，在外语阅读中，有的同学倾向于使用自上而下的阅读模式(top-down reading model)处理阅读材料，从篇章的整体入手，在不断形成假设、预测的过程中理解阅读材料，从整体上把握阅读材料的内容，即使用“整体性策略”；而有的同学倾向于使用自下而上的阅读模式(bottom-up reading model)来理解阅读材料，顺序是从字词到句子、从句子到段落、从段落到篇章，逐字逐句理解，最终理解阅读材料，即使用“序列性策略”。

(四)聚合型—发散型(convergence-divergence)

聚合型—发散型认知风格是Guilford(1956)在20世纪50年代介绍智力模型时提出来的。聚合式思维是一种将与问题有关的信息和知识汇集或者综合起来的思维方式，发散式思维则恰恰相反，观念发散到许许多多的相关领域，通常与创造性紧密相关。聚合式思维者与发散式思维者的不同之处主要在于他们采用的信息加工策略不同，发散式思维者注重全面审视问题，同时从几个角度入手对问题进行观察，并将它与其他问题联系起来考虑，一开始就试图建立对主题的全面认识，在处理不同答案的可能性问题时表现出较强的能力。而聚合式思维者解决问题时分步进行，线性发展，每次只假设一种情况，不太注意数种假设之间的联系，常常将思维限定在某一特定的领域，在解决问题的过程中，聚合式思维者往往根据所提供的信息，找出一个确定的答案，而发散式思维者则善于找出多种可以接受的答案。

在外语学习中，传统的外语教学方法以教师为中心，强调语言知识点的传授，寻求问题的唯一答案，所以比较适合聚合式思维者。具有发散式思维的人更能够借助于各种知识创造性地学习外语，他们抗第一语言干扰的能力强。交际教学法以培养语言交际能力为目的，强调以学生为中心，要求学生的积极参与，鼓励学生在语言运用中学习语言，因而比较适合发散式思维者。

(五)视觉型—言语型(visual-verbal)

视觉型和言语型属于感知型认知风格，指在表征知识和思维过程中应用言语或视觉策略的程度。视觉型学习者倾向于以视觉表象的形式进行思维，擅长记住他们所看到的东西，如图片、图表、流程图、图像、影片和演示中的内容，他们对待学习任务的反应时间比较短。而言语型学习者倾向于以词的形式进行思维，更擅长从文字的和口头的解释中获取信息，他们对待学习任务的反应时间比较长。

视觉型和言语型认知风格的提出基于Paivio(1971)的双重编码理论(The Dual Coding Theory)。Paivio认为在记忆系统中，存在着两个相互独立的记忆储存子系统。一个叫做

“言语编码系统”（verbal coding system），一个叫做“意象编码系统”（imaginal coding system）。“言语编码系统”主要储存以语言为基础的信息，例如，字词、语句、会话及故事内容等。“意象编码系统”主要储存以产生心理图像或印象为主的信息，例如，图片、感觉、知觉和声音等。这两个编码系统虽然是独立存在的，但在记忆对信息储存和再现的过程中，他们却有着密切的内在联系，这种内在的联系使得两个子系统可以同时平行运作而共同起作用。当同一种信息以两种不同形式的编码出现在记忆中时，人们对该信息的记忆显然比该信息以一种编码出现时要牢固得多。

Riding 等人（1991）认为，大多数人能利用视觉和言语表征的两种形式，但是有些人倾向于某一种，那些倾向于以视觉表象思维的人被称为视觉型的人，而那些倾向于以语言的形式思维的人被称为言语型的人。

有研究表明，言语型的学习者在言语作业方面做得更好些，他们往往是外向的；而具有视觉型的学习者在具体的、描述性的和形象性的作业上做得更好，他们往往是内向的（李寿欣、宋广文，1999）。Kinsella（1995）经研究发现，在视觉型的外语学习中，有的通过默读吸收信息最有效，有些则更适合观看有声影像。

（六）内倾—外倾（introversion-extroversion）

Jung（Carl G. Jung，1875—1961）根据长期的临床经验，认为存在着两种不同的心理类型——内倾和外倾，人们是用这两种相反的方式来看待世界的。外倾者的行为主要指向外部世界的各种实践，他们的观念、思维、感情是受客观事物支配的。与此相反，内倾者的兴趣指向的不是客观事物而是主观世界，往往是根据个人的价值观和标准来评判外部事件，他们的感觉、思维、情感和行为是受个人对事物的理解和看法影响的。外倾者一般性格比较外向，一遇到外在刺激容易马上做出反应。而内倾者一般性格比较内向，不会对外在刺激立即做出反应，只有当他们对刺激加以判断后，才会根据自己的主观意向采取行动。

Eysenck（Hans J. Eysenck，1916—1997）等人对内倾和外倾的一些实验表明，在学术性方面，内倾明显优于外倾，因为内倾者很可能不为他们对社会活动的兴趣而分散精力，保持注意的时间更长些，长时记忆也比外倾者强些。

外倾者个性好动，善于社交活动，给人以较好的印象，一般认为，他们更适合学外语。而内倾者比较缄默、个性沉静、不善于社交活动，因而被认为不适宜学外语。这种观点得到一些实验的支持，但也有不同的研究结果。Chastian 在一所大学里调查过 80 名法语学生，72 名德语学生和 77 名西班牙语学生，发现学生的性格开朗程度与德语和西班牙语成绩有显著意义的相关。但 Smart 等人在调查外语成绩的好坏与爱交际程度之间的关系时，发现爱交际的学生并不一定是外语成绩好的学生；成绩好的学生不喜欢社交，喜欢单独学习；成绩好和差的学生都具有内向型的性格特征（引自 Gardner & Lambert，1972）。

到底是内倾者还是外倾者外语学习更好一些，至今尚无定论。外倾型学生喜欢抛头露面，在交际场合显得自信大方，乐于表达思想，练口语时不怕犯错误，但如果将听力、阅读理解以及写作技能全面加以考虑，外倾型学习者在学外语时不一定比内向型学习者具有优势。

（七）歧义容忍—歧义不容忍(tolerance of ambiguity-intolerance of ambiguity)

歧义容忍度是学习风格的一种，它主要是指学习者对具有歧义性、陌生性、异质性的学习材料或对象所持有的一种态度，这种态度涵盖着从主动接受到消极抵制之间的不同层面。对歧义容忍度的研究最初始于心理学界对歧义不容忍的研究。Budner(1962)认为，歧义不容忍是一种将产生歧义的情景，即全新的、复杂的、难以解决的情景感知为威胁来源的倾向。Norton(1975)认为不容忍歧义的人倾向于将模糊的、不完整的、不确定的、不连贯的、相互矛盾的信息看作是潜在心理威胁的起因。不同的歧义容忍度反映了个体不同的认知倾向，即个体倾向于把不确定因素当成是一种威胁或是一种渴望。作为重要的个体特征，它影响个体所有的认知、情感运行方式和思想态度体系。

在外语学习过程中，学习者遇到的陌生、模糊、复杂的语言现象会引起他们不同的态度反应，并由此影响他们的学习成效。外语的语音、词汇、句法、语篇乃至文化背景对学习者来说，几乎都是全新的、陌生的。外语的这种与母语的差异性、超距离感、超时空感使英语为非母语学习者常常处于一种高度的不确定状态之中，这种状态势必会导致学习者焦虑水平升高，自信心减弱、动机水平降低。

近年来，许多学者在二语习得研究领域对歧义容忍度展开了探讨，发现歧义容忍度和外语学习焦虑感、学习动机、学习策略等因素显著相关，并对二语学习成效有显著影响作用。例如，Naiman 等人(1978)的研究结果表明，歧义容忍度与法语听力理解分数之间(受试是母语为英语的学生)有显著相关，歧义容忍度高的学生法语听力理解的分数较高。Chapelle 和 Roberts(1986)分别在学期初和学期末对美国一所大学里学习英语的外国留学生进行了一系列的英语能力测试，试验结果显示，歧义容忍度与学生的成绩之间存在着显著的正相关，歧义容忍度高的学生在英语学习中具有优势。Chapelle 和 Roberts 认为，歧义容忍度高的人在有歧义的情形下，能够接受模糊不清的事物，而歧义容忍度低的人则无法容忍模糊不清的事物，因为这些事物往往让他们感到不安。Ely(1986，1995)对韩国学生在英语学习中的歧义容忍度也进行了研究，指出提高学生对语言现象不确定性的意识至关重要。Ehrman(1999)根据歧义容忍度的功能，认为歧义容忍度包含 3 个组成部分：接受新知识的能力，对相反或不完整信息的包容能力，在新情况下认知、情感和社交方面的应变能力。McLain(1993)认为歧义容忍度显著影响学习者在目的语学习过程中的大胆推测与判断。个体歧义容忍度越高，就越具有冒险精神和创造力，更容易接受变化。Reid(2002)从歧义容忍度的相关变量、目的语与母语间的差异等方面来探讨目的语学习者的歧义容忍度。Reid 认为，高歧义容忍度者容易接受新的知识体系，因而更容易成为优秀的语言学习者；而低歧义容忍度者则因事事务求精确而纠缠于细枝末节，容易遇到挫折而失去信心，形成目的语学习僵化现象。Scott 等(2009)还发现歧义容忍度影响学习者对小组合作学习的看法和观念。

国内研究者也发现歧义容忍度与外语学习策略和焦虑显著相关(张庆宗，2004a；张素敏等，2006)，并认为歧义容忍度对不同的学习任务有不同的影响作用(张素敏，2011)。张庆宗(2004a)调查了大学生歧义容忍度对外语学习策略选择的影响，发现歧义容忍度高的学生在面对不同的学习内容时，能够有选择性地运用学习策略。而歧义容忍度低的学生在外语学习过程中，所使用的各项策略之间均存在显著的正相关关系，说明歧义容忍度低的学生不能容忍语言学习中的歧义现象，对策略的运用不加选择，对学习策略的选择具有较大的盲目性和随意性，最终影响了学习效果。

学习者歧义容忍度的高低对外语学习起着至关重要的作用。歧义容忍度是评价外语学习的一个重要指标，在某种意义上讲，提高歧义容忍度意味着扩大和加深外语学习的广度和深度。外语学习的广度涵盖着外语学习者与异族文化之间的交往、冲突、对话、理解和认同等，表示外语学习者对异族文化所具有的包容性、迁移性和关联性。外语学习的深度指外语学习者所掌握的语言知识已内化为语言能力，这种语言能力不仅表现为对语音、词汇、句法、语篇等知识的记忆和理解，而且表现为驾驭这些知识的语用能力。

歧义容忍度对教师外语教学也同样具有影响作用(Fuchs，2006)。教师对待歧义的态度会影响学生对不同语体的看法和接受程度(Sophocleous & Wilks，2010)。歧义容忍度偏低的教师因无法容忍学生的偏误会有“过度修正”的倾向，从而加剧了学生的外语学习焦虑感，阻碍了其在外语学习过程中正确对待和适度容忍含糊不清、带有歧义的语言现象，导致其不敢大胆运用策略进行猜测和尝试。

因此，在外语教学中，教师一方面要根据学生的具体情况，帮助学生降低焦虑水平和消除恐惧心理，对歧义容忍度偏低或偏高的学生有意识地采用不同的情感干预和补偿策略来加以调控。另一方面，在课堂教学输入和输出过程中，教师应针对形成歧义的情景采取相应措施进行干预，培养学生对语言歧义的接受和处理能力。同时，教师还应培养学生对目的语文化的宽容度，指导他们正确对待和适度容忍学习中出现的新的文化现象。此外，教师还应培养学生对不同教学方法和学习方法的容忍度，鼓励学生适应不同的教法和学习方法，运用适当的学习策略和学习方法，愉快地体验外语学习，有效地提高学习成效。

(八)学习者的认知风格差异与外语教学之间的关系

学习者的认知风格存在着很大差异，认知风格不仅影响学生选择学习策略，也影响教师选择教学策略。实践证明，教师只有充分了解和尊重学生的认知风格，将自己的教学方式和特点与学生的需要有机地联系起来，建立良好的师生关系，根据学生不同的认知特点进行因材施教，才能取得好的教学效果。

开展认知风格的研究对外语教学有许多有益的启示。首先，对认知方式的研究有利于外语教师了解学生，采用适合学习者的教学方法、选择恰当的学习材料进行教学，做到有的放矢。对学习者学习风格的评估是决定教师应采取什么样的教学方式的重要依据。例如，场独立和场依存学生对教学方法有不同的偏好。场独立学生能够为无结构的学习材料提供结构，比较适应结构不严密的教学方法。反之，场依存学生喜欢有严密结构的教学，他们需要教师提供外来结构，需要教师的明确指导和讲解。场依存学生在外语学习初期可能因为社交能力较强具有一定的优势，然而随着学习难度加大，可能由于其认知方式的局限，反而不如场独立学生，如果教师能在适当的时候给予恰当的指导，学习效果或许会得到提高。

其次，教师在教学实践中应采用多种教学手段，以适应学生不同的认知风格。每个学习者的风格并非都处于某个维度的极端，有的可能是属于边缘型或折衷型的，因此，教师应兼顾不同认知风格的学生，从多个渠道输出信息，刺激学生的多种感官以增强教学效果。在设计每一个教学步骤时，考虑多用几种不同的形式，满足不同认知风格学生的需求。例如，冲动型学生在课堂上发言踊跃、语言流畅，但是错误较多。对他们而言，注重准确性的传统教学方法可能比较适宜，教师对他们所犯的错误应该多加注意和纠正。相反，反思型学生在课堂上可能比较沉闷，他们表达的观点都是经过深思熟虑的，因而表达比较准确，但语言不够流畅。对他们来说，交际教学法可能更适合一些，教师对他们在课堂发言中所犯的错误应该采取更加包容的态度，只要不影响意思的表达，尽量少纠正他们的语言错误。

再次，帮助学生形成具有弹性而又有特色的学习风格。一方面，没有一种尽善尽美、对学生的学习的全过程都是最有利的学习风格；另一方面，学习风格具有可塑性，因而教师应逐步引导学生在发挥原有认知风格的优势时，形成开放式的、更富弹性的、适应性更强的认知风格。尤其是发现一些较极端的风格类型已对学习造成障碍时，要引导他们及时调整，做到他们取长补短。例如，可以鼓励场独立学生有意识地找同学、教师或者外籍人士交谈，参加英语角、英语演讲比赛之类的课外活动，在课堂上为他们创造一种能够展示自己的机会；相反，对场依存型学生，可以多给他们布置一些需要独立完成的任务，如写作或自我交谈等，在他们学习处于低谷时期给予足够的鼓励，鼓励他们大胆表达自己的想法。

三、学习策略与语言学习策略

（一）学习策略概述

1. 学习策略的界定

20 世纪 60 年代后期随着认知心理学的发展，人们开始关注学习者的信息加工过程和方法，主要表现在对学习策略的研究。学习策略作为一个概念从提出到现在已经有很多年了，目前尚无一个确定的、统一的定义。从文献中发现，研究者们试图从不同的角度来揭示学习策略的特征，观点大致可分为以下四类：

第一类，将学习策略看作是学习的规则系统，如学习策略是内隐的学习规则系统。（Duffy，1983，引自刘电芝，1999）；

第二类，将学习策略看作是学习的过程或步骤，如学习策略是选择、整合、应用学习技巧的一套操作过程（Nisbert & Schucksmisth，1986；Rigney，1978）；学习策略是能够促进知识的获得与储存，以及信息利用的一系列步骤和过程（Dansereau，1985）；

第三类，将学习策略看作是具体的学习方法或技能（Mayer，1988）。

第四类，学习策略是学习者的学习活动，如学习策略是被用于编码、分析和提取信息的智力活动……（Jones，1986，引自刘电芝，1999）。

以上观点虽各有侧重，但他们都是以认知理论作为理论基础。如果将学习活动看作是一个信息加工过程，那么，学习策略则是那些能促进信息加工的任何外显行为和内隐的心理活动。综合以上观点，学习策略是指学习者在学习活动中有效学习的程序、规则、方法、技巧和调控方式。

2. 学习策略的成分

许多学者对学习策略的成分提出了自己的看法，具有代表性的有以下几种：

Nisbert 和 Schucksmisth(1986)认为学习策略包括六个因素。①提问：确定假设，建立目标和项目参量，寻求反馈及联系任务等。②计划：决定策略及其实施时间表，建立项目或对问题进行分类，以及选择某些体力或脑力技能来解决问题。③调控：试图回答或发现最初的问题和意图。④审核：对活动和结果做出初步的评估。⑤矫正：再设计或再检查，包括矫正目标的设置。⑥自检：对活动和项目作最后的自我评价。

Weinstein 等人(1985)认为学习策略包括：①认知信息加工策略，如精细加工策略。②积极学习策略，如应试策略。③辅助性策略，如处理焦虑。④元认知策略，如监控新信息的获得。

Dansereau(1985)认为，学习策略是由相互作用的两种成分组成的，一种是基本策略(primary strategies)，被用来直接加工学习材料，如领会和记忆策略，提取和利用策略等；一种是辅助性策略(support strategies)，被用来维持合适的进行学习的心理状态，如专心策略。辅助性策略包括三种策略：计划和时间安排(planning and scheduling)、专心管理(concentration management)和监控(monitoring)。基本策略和辅助性策略之间的关系见图 4-2。

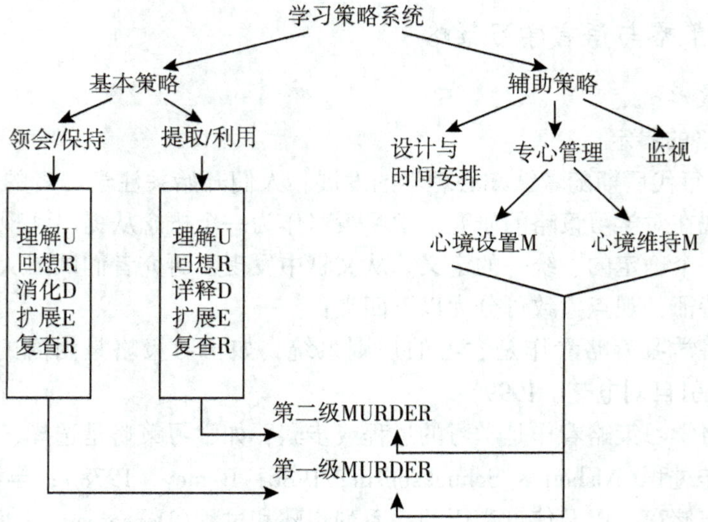

图 4-2　学习策略系统总图

从图 4-2 中可以看出基本策略和辅助性策略是如何相互作用的。领会和保持策略的运作包括：设置学习的心境(mood setting)；理解阅读(understand，标出重点和难点)；不看课本回想材料(recall)；矫正回忆、引伸和存储材料以便消化(digest)；通过自我查问来扩展知识(expand)；最后复查错误(review，从测验中学习)。将这些步骤的英文单词首字母连接起来，为 MURDER，这是第一级 MURDER。提取和利用策略的运作包括：心境维持(mood maintenance)；理解任务的要求(understand)；回想与任务要求有关的要点(recall)；

用具体信息详细解释要点(detail)；将信息扩展成提纲(expand)；复查最后反应的适应性(recall)。将这些步骤的英文单词首字母连接起来，为 MURDER，这是第二级 MURDER。

Mckeachie 等人(1990)对学习策略的成分进行了总结。他们认为，学习策略包括认知策略、元认知策略和资源管理策略三部分。资源管理策略(resource management strategies)是辅助学生管理可利用的环境和资源的策略，对学生的动机具有重要的作用。如图 4-3 所示：

- 认知策略
  - 复述策略：如重复、抄写、作记录、划线等
  - 精细加工策略：如想象、口述、总结、作笔记、类比、答疑等
  - 组织策略：如组块、选择要点、列提纲、画地图等
- 元认知策略
  - 计划策略：如设置目标、浏览、设疑等
  - 监视策略：如自我检查、集中注意、监视领会等
  - 调节策略：如调整阅读进度、重新阅读、复查、使用应用策略等
- 资源管理策略
  - 时间管理：如建立时间表、设置目标等
  - 学习环境管理：如寻找固定地方、安静地方、有组织的地方等
  - 努力管理：如归因于努力、调整心境、自我谈话、坚持不懈、自我强化等
  - 其他人的支持：如寻求教师帮助、伙伴帮助、使用伙伴/小组学习、获得个别指导等

图 4-3　学习策略的分类

学生对学习策略的掌握和选择存在着明显的个体差异。有研究表明，智商较高的学习者比智商较低的学习者更能自发地获得有效的学习策略。学习动机则决定学习者选择何种策略，动机强的学生倾向于经常使用已习得的策略，动机弱的学生则对策略使用不敏感；具有内在动机的学生较多使用意义学习策略，而具有外在动机的学生更多采用机械学习的策略。

(二) 语言学习策略

1. 语言学习策略概述

语言学习策略有别于一般学习策略，它既有一般学习策略的特性，又针对语言学习的特点，是语言学习者为促进语言学习而采用的特定的行为和技巧。最早研究语言学习策略的有 Rubin(1975)，Naiman(1978)和 Stern(1975)等人，Rubin、Naiman 等人的研究比较有代表性。

Rubin 是早期语言学习策略研究中最有影响的研究者之一，主要研究成功语言学习者(good language learners)的学习行为以及他们在语言学习中使用学习策略的情况。Rubin(1975)发现，外语学习者在心理特征和学习方法上有许多相似之处，其中包括：①心理特征，如冒险心理、对歧义和模糊的容忍等。②交际策略，如迂回表达、运用非言语手段等。③社交策略，如寻求交流和实践的机会。④认知策略，如猜测词义、推理及对语言形式进行分析、归类、综合和监控等。1981 年，Rubin 提出划分外语学习者策略类别的标准：对外语学习者发生作用的直接程度。按照这一标准，Rubin 将学习者策略分成两大类：①直接影响外语学习的过程，如解释和证实、监控、记忆、演绎、概括和实践等。②

间接影响外语学习的过程，如创造实践和使用交际技巧的机会等。

Naiman 等人(1978)将语言学习策略与认知风格、个性、智力、语言潜能、态度等因素综合起来进行研究，在研究的深度、广度及研究方法等方面都有较大的改进。Naiman 等人将语言学习策略分为五类：①积极参与。②将语言看作一个系统。③将语言看作交流和维持相互关系的工具。④情感因素的管理。⑤对语言输出的监控和修正。

Ellis(1994)列出了语言学习策略的八大特点：①策略可以指总的学习方法，也可以指第二语言学习中的具体活动或技巧。②策略以解决问题为出发点，即学习者采用学习策略是为了解决学习中遇到的一些具体问题。③学习者一般都能意识到所用的策略，并能够描述策略的内容，特别是当别人要求他们注意自己活动的时候。④策略涉及语言或非语言的活动。⑤策略能够通过母语或非母语运用。⑥有些策略是外部可观察的行为，有些策略是观察不到的心理活动。⑦大部分策略对语言学习有间接的影响，有些策略对学习产生直接的影响，例如记忆策略等。⑧策略的运用因人因事而异。

20 世纪 80 年代以后，国内外兴起了一股研究语言学习策略的热潮(文秋芳，1995；Wen & Johnson，1997；O'Malley & Chamot，1990；Oxford，1990，1996；Wenden & Rubin，1987 等)。研究不断向纵深方向发展，最引人注目的是 O'Malley 和 Chamot，Oxford 等人的研究。O'Malley 和 Chamot(1990)以认知学习理论为指导，研究语言信息加工过程，总结出一套语言学习策略体系，由元认知策略、认知策略和社会情感策略构成。他们认为语言习得是一个动态的技能习得过程，语言习得策略由认知阶段(cognitive stage)到联系阶段(associative stage)，在认知活动中经过无数次的使用进入自动阶段，即由学习初始阶段的控制性加工逐渐变成自动化加工。Oxford(1990)将学习策略分为直接策略和间接策略两大类，前者用于学习新语言，涉及各种具体的学习任务和情景，后者用于学习管理，指通过有关活动对语言学习提供间接的帮助。Oxford 根据自己的分类框架设计了一个语言学习策略使用情况量表，即 Strategy Inventory for Language Learning(SILL)，该量表在第二语言研究领域得到广泛认同，并被不断的采用。

2. 语言学习策略分类

随着语言学习策略研究的发展和深入，对语言学习策略进行系统分类显得越来越重要。Cohen(1998)列举了四种学习策略分类标准：①根据学习策略的用途进行分类，有的策略用于语言学习，有的策略用于语言使用。②根据语言策略的表现形式分类，有的策略属于外显的行为表现，有的策略属于内隐的思维活动。③根据学习策略的使用者分类，分为成功语言学习者的学习策略和不成功语言学习者的学习策略。④根据心理过程对学习策略进行分类，分为认知策略、元认知策略、情感策略和社交策略。

以下介绍几种对语言学习策略进行较为全面、系统的分类方法：①O'Malley 和 Chamot(1990)根据 Anderson 的认知理论框架，依据信息加工理论将学习策略划分为元认知策略、认知策略和社会情感策略。②Cohen(1998)从运用策略的角度将语言学习策略划分为学习策略和运用策略。③Oxford(1990)依据学习策略和语言材料的关系将学习策略表述为间接策略和直接策略。④文秋芳(1995)在既重视学习策略与学习过程的关系，又强调学习策略与学习材料关系的基础上，将学习策略划分为管理策略和语言学习策略。

在四种学习策略分类方法中，O'Malley 和 Chamot 的分类起源于实证研究，比较全面，具有一定的代表性，已经被许多同行借鉴和引用。虽然Cohen的分类法有时在实际运用中令人困惑，因为人们很难清楚地划分学习和运用，但可以提醒我们注意哪些是输入型策略，哪些是输出型策略，从而培养学生的输出型策略意识，把语言运用得更好。Oxford的直接和间接分类法虽然看似简单，但却从学习者与语言材料的互动出发，说明了哪些策略直接作用于语言活动。文秋芳的分类法对中国外语环境下的英语学习有较大的指导意义。不同研究者对语言学习策略的几种分类见表4-1：

表4-1　**不同研究者对语言学习策略的分类**

<table>
<tr><th>研究者</th><th colspan="3">语言学习策略的分类</th></tr>
<tr><td rowspan="3">O'Malley & Chamot</td><td>元认知策略</td><td colspan="2">提前准备、集中注意、选择注意、自我管理、事先练习、自我监控、延迟表达、自我评价</td></tr>
<tr><td>认知策略</td><td colspan="2">重复、利用目的语资源、利用身体动作、翻译、归类、记笔记、演绎、重新组织、利用视觉形象、利用声音表象、利用关键词、利用上下文情景、拓展、迁移、推测</td></tr>
<tr><td>社会/情感策略</td><td colspan="2">协作、提问以达到澄清的目的</td></tr>
<tr><td rowspan="2">Cohen</td><td>学习语言的策略</td><td colspan="2">识别材料、区分材料、组织材料、反复接触材料、有意记忆</td></tr>
<tr><td>运用语言的策略</td><td colspan="2">检索策略、复述策略、掩盖策略、交际策略</td></tr>
<tr><td rowspan="6">Oxford</td><td rowspan="3">直接策略</td><td>记忆策略</td><td>建立联系网络、运用形象和声音、认真复习、运用动作</td></tr>
<tr><td>认知策略</td><td>练习、接受和传送信息、分析和推理、为输入和输出建立规则</td></tr>
<tr><td>补偿策略</td><td>聪明的猜测、克服读写中语言知识的不足</td></tr>
<tr><td rowspan="3">间接策略</td><td>元认知策略</td><td>建立学习重点、安排和计划学习、评价学习</td></tr>
<tr><td>情感策略</td><td>降低焦虑程度、鼓励自己、了解自己的情感状态</td></tr>
<tr><td>社会策略</td><td>询问问题项目、与他人合作、同情他人</td></tr>
<tr><td rowspan="2">文秋芳</td><td>管理策略</td><td>传统语言学习策略</td><td>形式操练策略、准确性策略、使用母语策略</td></tr>
<tr><td>语言学习策略</td><td>非传统语言学习策略</td><td>意义操练策略、流利度策略、回避母语策略</td></tr>
</table>

尽管以上研究者从不同的视角对语言学习策略进行了分类，并冠以不同的名称，但实质上将语言学习策略分为认知策略、元认知策略、情感策略和交际策略较为合理，也较能被人们所接受。

认知策略指学习者为了更有效地识别、理解、保持和提取信息而采取的策略。认知策略与语言学习材料有着直接的联系，往往被运用于具体的学习活动之中。

元认知策略指学习者在学习过程中有意识地计划、组织、控制、评价自己的学习活动等所采取的措施。大量研究表明，元认知策略对学习有着最直接的影响。在语言学习过程中，学习者使用元认知策略确定和调整学习目标、选择学习方法和技巧、对学习结果进行评价和反思等。

情感策略指学习者用来规范和管理情绪、情感的方法。在外语学习过程中，情感策略能调控情感、动机和态度(如减少焦虑、自我鼓励、寻求帮助等)，其重要性实际上并不亚于认知和元认知策略。

交际策略指学习者在使用语言进行交际时，为了保证交际有效地进行而采取的各种策略。例如，解释(paraphrase)，借用，求助，手势语和回避等。

近年来，策略研究主要是围绕语言学习策略理论展开，侧重研究以下问题：现有的策略分类是否适当；学习者策略选择的心理假设是什么；策略研究与目前语言教学范式之间的关系；各种语言学习策略之间的关系；对策略使用和策略意识的测量是否得当等(Dörnyei & Skehan，2003)。

3. 语言学习策略培训

尽管目前人们对学习策略没有统一的界定，但对学习策略本质的认识达成了一致看法：即语言学习策略是学习者为了提高二语/外语水平所采取的方法和手段，贯穿于语言学习和语言运用的全过程；语言学习策略由问题驱动，并用于解决语言活动中出现的问题；语言学习策略具有灵活性和多样性等特点，受多种因素影响；语言学习策略既可以是显性的外部行为，也可以是隐性的心理活动。

有的研究者不赞成策略教学，认为学习者在学习母语时已经获得了一套策略，只要他们的外语水平达到一定的程度，那些在母语中习得的策略就会自动迁移到外语学习中去，因此，没有必要开展语言策略教学。然而，许多研究者都赞同语言学习策略教学，认为语言学习策略是一种可以传授的知识，是可以培训和学习的。学习策略的培训不仅有利于学习者提高学习效率，增强学习效果，而且有利于探索适合自己的学习途径和方法，增强他们自主学习、自我指导和自我管理的能力。

O'Malley 和 Chamot(1990)设计了一套教学计划，称为"认知性学术语言学习法"(Cognitive Academic Language Learning Approach，简称 CALLA)。学习策略教学也列入其中，操作程序分为计划、监控、解决问题、评价等四个阶段。①计划阶段。教师布置一项学习任务并解释布置该任务的目的，然后要求学习者选择自认为有效的学习策略来完成该项学习任务。②监控阶段。教师要求学习者在完成任务的过程中，随时监控自己的策略使用情况。③解决问题。当学习者遇到困难时，教师要求他们自己寻找解决问题的途径和方法。④评价阶段。任务完成之后，学习者要对自己使用学习策略的情况进行反思，对策略使用效果进行评价。O'Malley 和 Chamot 报告说，在 CALLA 训练课上，"即使所教的学生不尽相同，教师都发现这个模式适合于他们的各种情况。"他们还强调，策略教学要求教师具有较高水平的知识和技巧。

Oxford(1990)从不同角度提出了三种不同类型的学习策略训练方法：意识训练(awareness training)、一次性训练(one-time training)和长期训练(long-term training)。Oxford 指出策略培训的目的旨在培养学习者的策略意识(strategy awareness)，并结合学习任务进行策略练习，对策略运用进行自我评估和监控等。

虽然不少学者赞成语言学习策略培训，但人们对如何进行策略教学却意见不一。关于策略教学方式的分歧归纳起来主要有两点：①采用集中教学，还是将策略知识融入平时的外语教学中？②策略教学的重点是学习运用某些策略，还是培养策略意识，提高使用管理策略的水平？

早期的策略教学多采用短期集训的方式，训练内容通常是学习某些被"认定"的成功策略。这种策略教学的方式所基于的理念是：成功的语言学习者与不成功的语言学习者的差别在于前者比后者使用的策略种类多，并且使用的频率高。有些研究者(Rubin，1975；Cohen，1998；Wenden，1998 等)甚至找出"语言学习成功者"，然后运用面谈、观察或问卷等方法，发现他们所使用的不同的学习策略，最后归纳出他们的共同特点，并希望通过语言学习策略教学，不成功的语言学习者能学会成功的语言学习者的策略，继而改进和提高他们的语言学习。例如，Rubin(1975)对成功的语言学习者提出七项假设，认为他们具有以下特点：①乐意并善于猜测。②勇于表达和交际。③乐意显得愚蠢。④注意语言形式。⑤注重语言练习。⑥监控自己和他人的话语。⑦注意语言表达的意义。

然而，这种理念逐渐受到越来越多的挑战。人们逐渐认识到语言策略本身并无好坏之分，策略使用的成效往往是因人、因时、因任务而异。成功的语言学习者与不成功的语言学习者的根本差别不在于他们使用策略的数量和频率，而在于他们使用策略的适宜性，即成功的语言学习者懂得何时、何地、完成何种任务、使用何种策略最合适。策略训练的目标不在掌握策略的本身，而在于培养学习者的策略意识、扩大他们策略的选择范围、增强他们自我监控和自我调节的能力。比较理想的做法是一种基于策略的教学(Strategies-based instruction，SBI)，即将策略培训与外语教学融为一体，教师结合外语学习的内容演示学习策略，学生在完成学习任务的过程中练习使用策略。有研究表明这种方法对不同情境中的不同学习者都有效(Chamot，2005；Dörnyei & Skehan，2003)。有效实施 SBI 包括以下步骤：①识别和确定学生的学习风格和潜在的学习策略。②将 SBI 贯穿交际教学课堂中。③课后为学生提供更多的帮助。

4. 语言策略研究方法

外语学习策略研究中常用的方法有访谈、问卷、观察、口头报告、日记等。访谈和问卷调查已为大多数研究者熟悉，这里主要介绍观察法、口头报告法、日记法和综合法。

观察法是指研究者对被试的活动进行系统观察而获取其学习策略使用情况的方法，如使用录音机、录像机、检查表等。观察法涉及很多因素，如观察者和被观察者的人数、观察的频率和时间长度、观察数据如何收集、分析等。

口头报告法指研究者为收集策略使用信息要求被试口头报告其在执行语言任务时所使用策略情况的一种方法。口头报告包括有声思维法(think-aloud)、内省法(introspection)和反省法(retrospection)。有声思维法指被试一边执行语言任务一边大声说出执行任务时所使用的策略。内省法要求被试思考在语言学习中所使用的策略，并在它们出现时报告出来。反省法要求被试在完成某项学习任务之后，将自己在学习中所使用的策略情况通过回忆叙述出来。与内省法相比，反省法有不打断学习过程、保持学习中言语行为和思维过程连贯性的优点。

日记法指研究者通过让被试采用写日记的方式将他们自己使用的学习策略情况记录下

来，然后由研究者对被试记录的策略使用进行综合分析。

综合法是指几种方法同时使用以保证研究的准确性的方法，但难度较大。

从现有的研究来看，多数研究者使用问卷调查（如 Bialystok，1978；Politzer，1983；Green & Oxford，1995），有的研究者使用观察法或访谈法（如 Chesterfield & Chesterfield，1985），少数采用综合方法（如 Huang & Van Naerssen，1985）。外语学习策略大部分为内隐策略，揭示学习者的内部活动不是一件容易的事，单一的研究方法难以保证研究的效度和信度，最好使用综合法。

（三）语言学习策略与外语学习

1. 语言学习策略与外语学习关系的研究

语言学习策略与外语学习成效密切相关。从20世纪80年代初开始，不断有研究者试图通过考察外语学习策略的使用与外语成绩之间的关系，找出某些与成绩相关的策略，然而，人们并没有得到一致的研究结果。有的研究表明只有非传统的语言学习策略与成绩有关，例如，Bialystok（1981）用问卷调查的形式研究外语水平与四种策略的关系，这四种策略分别是非传统语言学习策略的功能操练和推测，传统语言学习策略的形式操练和监控，研究结果表明只有功能操练与外语水平有关。Huang 和 Van Naersson（1985）的研究验证了 Bialystok 的结论。

有的研究表明传统与非传统的语言学习策略都与外语成绩有关。例如，文秋芳（1996）调查了242名来自全国5所大学的二年级英语专业的学生，发现学生使用的形式操练和意义操练策略（该策略相当于 Bialystok 的功能操练策略）都与他们的英语专业四级考试成绩有关。这一结论在对全国部分非英语专业的学生进行调查时，得到了进一步验证（文秋芳、王海啸，1996）。

有的研究发现语言学习策略的使用与外语成绩之间没有必然的关系。例如，Politzer 和 McGroarty（1985）调查了37名在美国学习的外国学生。这些学生在接受8周的英语强化训练之后，进入研究生阶段的学习。研究结果表明，他们的英语成绩与三类策略（即课堂行为、自学行为和交际行为）使用的情况均没有关系。

除了以上调查策略使用与学生整体英语水平关系的研究之外，还有许多针对策略使用与学生某一语言技能关系的研究。Huang 和 Van Naerssen（1985）考察了中国外语学习者的语言学习策略与口语交际水平之间的关系，发现功能操练在语言学习中具有显著的作用。Gu 和 Johnson（1996）探讨非英语专业学生在词汇学习中策略的使用与学习结果之间的关系。结果显示学习者使用了多种策略，多元回归分析表明他们更多地使用了元认知策略。

蒋祖康（1994）重新分析了吴一安等人（1993）研究报告中的原始数据，分析结果表明在七个变量中（功能操练、形式操练、记忆操练、听力操练、阅读操练和写作操练），功能操练和阅读操练是学习者提高听力理解能力的重要学习策略。Goh（1998）调查了在新加坡学习英语的两组中国学生使用听力策略的情况。结果显示听力能力强的学生与听力能力差的学生相比，听力能力强的学生更多地使用学习策略和技巧。两组学生都使用了认知策略，但能力强的一组学生既使用认知策略，又使用元认知策略。

除了以英语专业和非英语专业本科生为主要对象外，一些研究探讨非英语专业研究生、高职非英语专业学生、中学生及少年儿童的学习策略(如许余龙，2003)，这些研究调查了不同层次学习者学习策略的使用情况，丰富了中国英语学习策略研究。

2. 影响外语学习策略使用的因素

影响外语学习策略使用的因素有很多，归纳起来主要有两类。一类因素与学习者本人有关，另一类因素与语言学习环境有关。前者统称为学习者因素，后者统称为环境因素。

(1)学习者因素

学习者的个体差异如年龄、性别、学习者观念和外语水平等都会影响策略的使用，这一结论已经得到许多实证研究的支持。

学习者的年龄和认知差异影响他们对外语学习策略的选择。例如，儿童使用的记忆策略通常是重复、死记硬背，而成人则更多地使用记忆技巧(如联想、组块等)；儿童使用形象记忆，成人则更多地运用逻辑记忆。

性别是影响策略使用的另一个因素。Bacon(1992)在研究中发现，在外语学习过程中男性多使用翻译策略，女性多使用监控策略。

学习者观念同样影响学习者对学习策略的选择。Bialystok(1981)和 Wenden(1987)发现，外语学习者对策略的使用，在很大程度上受学习观念的影响。文秋芳等人(王文宇，1998；文秋芳，2001)对中国大学生学习策略进行研究，亦发现学习者观念影响外语学习策略的使用，特别是学习者对外语学习中是否依赖母语的观念与回避母语策略使用之间的关系尤为密切。

学习者的外语语言水平不同，会影响学习者使用不同的策略。例如，低水平的外语学习者使用形式操练策略多于意义操练策略，而高水平的学习者使用意义操练策略多于形式操练策略。

(2)环境因素

外语学习策略的使用还受到环境因素的影响，例如，学习者是在二语环境中，还是在外语环境中学习目的语言；教师的课堂教学方法；学习目标；学习任务与语言知识相关，还是与交际能力相关等。文化背景也会对学习策略的使用产生影响，例如，与具有西方文化背景的学习者相比，有着东方文化背景的学习者更多地使用形式操练策略，更加关注语言的准确性。

3. 语言学习策略与自主学习

近年来，在外语教学中教师越来越重视培养学习者的自主学习能力。自主学习指学习者制定学习目标、自我监控、自我评估的主动性学习。自主学习与学习策略有着密切的关系。Zimmerman 等人(1989)提出的自主学习模式由四个环节构成：自我评价与监控，目标设置和策略计划，策略执行与监控，对策略使用的效果进行监控。以上每个环节都与学习策略相关，具体涉及认知策略和元认知策略。因此，个体要做到自主学习，必须掌握一定的学习策略，并且在学习过程中能够有效地运用这些策略。有研究表明语言学习策略培训对外语自主学习能力的培养起着关键作用。通过掌握和运用学习策略，语言学习者可以变得更加独立和自主。学习策略，作为自主学习能力的一部分，其能力的形成使真正意义上的自主学习成为可能。

研究学习策略是为了探索如何使学生成为自主、有效的学习者。只有学习者形成和具备运用学习策略的能力，才能最终实现真正意义上的自主学习。学习者使用学习策略的意识越强，自主学习的过程就越完整，效果就越好。但是同时，我们必须意识到学习策略是过程，不是目的，培养自主学习能力才是最终目的，所以学习策略的培训归根结底是为了内化自主学习能力。因此，在外语教学实践中，教师应该有意识地把学习者学习策略的训练与强化其自主学习的能力有效地结合起来，促使学习者尽快地实现真正意义上的自主学习。

第三节 学习者情感因素

情感指学习者在学习过程中的感情、感觉、情绪、态度等，情感状态在很大程度上影响学习者的学习行为和学习结果。情感心理是人格发展的一个重要方面，语言教育与其他学科一样，也应该以促进人的全面发展为目的，关注学生的情感心理，培养学生积极、健康、向上的情感心理，使学生在外语学习中最大限度地发挥情感因素的积极作用，降低某些情感因素的消极作用，以增强学习成效。本章节主要介绍动机、动机归因、自我效能、自我概念、自尊、焦虑等情感因素对外语学习的影响。

一、动机

(一)动机概述

动机是指引起和维持个体活动，并使活动朝向某一目标的内部动力。动机这一概念包含以下内容：①动机是一种内部刺激，是个体行为的直接原因。②动机为个体的行为提出目标。③动机为个体行为提供力量以达到体内平衡。④动机使个体明确其行为的意义。

动机是一种内部心理过程，人们不能直接观察到，但可以通过个体对任务的选择、努力的程度、对活动的坚持性和言语表达等外部行为间接地进行推断，推断出个体行为的方向和动机强度的大小。

动机也被定义为某些需要。例如，Ausubel(1968)认为有六种需要构成动机，它们分别是：①探究需要。②操纵环境及改变环境的需要。③从事脑力和体力活动的需要。④受环境、他人、观点、想法和感情刺激的需要。⑤对知识的需要。⑥增强自我的需要，即被他人了解、接纳以及认可的需要。Maslow(1954)提出了重要的需要层次理论，认为人有七种基本需要，分别为：生理需要、安全需要、归属与爱的需要、尊重的需要、求知与理解的需要、审美的需要和自我实现的需要。Maslow 将前四种需要定义为缺失需要，即是人们生存所必需的，对生理和心理健康至关重要，必须得到一定程度的满足。后三种需要是成长需要，虽然不是人们生存必需的，但对人们适应社会来说却有着重要的积极作用。

学习动机是指直接推动一个人进行学习活动的内部动力。其内容主要包括知识价值观、学习兴趣、学习能力感、成就归因四个方面。学习目的是学生进行学习所要达到的结果，而学习动机则是促使学生去达到那个结果的某种动因。学习动机的性质一方面决定着学习的方向和进程，另一方面也影响着学习的效果。

学习动机和学习的关系是辩证的，学习能产生动机，而动机又推动学习，二者相互关联。正如 Ausubel(1968)所说的："动机与学习之间的关系是典型的相辅相成的关系，绝非一种单向性的关系。"动机可以增强行为的方式促进学习，而所学到的知识反过来又可以增强学习的动机。

学习动机的分类方法很多，比较有影响的有以下两种：

(1)内在动机和外在动机

根据学习动机引发的原因，可将学习动机分为内在动机(intrinsic motivation)和外在动机(extrinsic motivation)。内在动机指人们对学习本身的兴趣所引起的动机，动机的满足在活动之内，不在活动之外，它不需要外界的诱因、惩罚使行动指向目标，因为行动本身就是一种动力，如学生为了获得知识、充实自己而努力读书就属于内在动机。

外在动机指人们由外部诱因所引起的动机。动机的满足不在活动之内，而在活动之外，人们不是对学习本身感兴趣，而是对学习所带来的结果感兴趣，如有的学生认真学习是为了获得奖励、获得教师和家长的好评等。虽然内在动机和外在动机都有可能使学习者取得预期的学习结果，但内在动机的强度大，时间持续长，学习者有较大的主动性；外在动机持续时间短，往往带有一定的强制性，学习者的学习比较被动。

(2)认知内驱力、自我提高内驱力和附属内驱力

Ausubel将学习动机分为认知内驱力(cognitive drive)、自我提高内驱力(ego-enhancement drive)和附属内驱力(affiliative drive)。Ausubel认为，学生所有的指向学业的行为都可以从这三方面的内驱力加以解释。

认知内驱力是一种要求了解和理解的需要，要求掌握知识的需要，以及系统地阐述问题并解决问题的需要。一般来说，这种内驱力多半是从好奇的倾向中派生出来的，这种潜在的动机要通过个体在实践中不断获得成功，才能真正表现出来，才能具有特定的方向。认知内驱力与学习之间的关系是相辅相成的，认知内驱力对学习起推动作用，学习反过来又增强内驱力。

自我提高内驱力是个体因自己的胜任能力或工作能力而赢得相应地位的需要，它不直接指向学习任务本身。自我提高内驱力将成就看作是赢得地位与自尊心的根源，是一种外在动机。

附属内驱力是一个人为了保持长者们(如家长、教师等)的赞许或认可而表现出来的、要将事情做好的一种需要。它具有三个条件：第一，学生与长者在感情上具有依附性；第二，学生从长者的赞许或认可中获得一种派生地位。所谓派生地位，不是由他本身的成就水平决定的，而是从他所自居和效仿的某个人或某些人不断给予的赞许或认可中引申出来的；第三，享受到这种派生地位乐趣的人，会有意识地使自己的行为符合长者的标准和期望，借以获得并保持长者的赞许，这种赞许往往使一个人的地位更确定、更巩固。

随着年龄的增长，认知内驱力、自我提高内驱力和附属内驱力这三种成分在个体身上的比例会有所改变。在儿童早期，附属内驱力占主导地位，他们努力学习是为了获得家长的赞许。少年期附属内驱力逐渐减弱，而同伴赞许成为一个强有力的动机因素。而到了青年期，认知内驱力和自我提高内驱力成为学生学习的主要动机，学生学习的主要目的是为了满足自己的求知需要，并从中获得相应的地位和威望。

(二)外语学习动机

外语学习动机是直接推动学生外语学习的动力。Gardner(1985)认为，外语学习动机

应该包括四个方面的内容：目的、学习努力的程度、达到学习目的的愿望和学习态度。只有当要达到目的的愿望加上正确的态度与付出努力的行动结合起来时，才能产生真正的动机。20世纪90年代研究者们把认知、构建等因素引入动机理论后，动机被看成动态和静态的结合。Williams 和 Burden(1997)把外语学习动机定义为：一种认知和情感上被激发的状态；从而导致一种有意识的行动决定，这种决定使人们持续智力或体力上的努力，最后达到先前制定的某个或多个目标。Williams 等人的动机理论把动机看作一种过程：行为的理由(reasons for doing something)——行为的决定(deciding to do something)——持续的努力(sustaining the effort)。Williams 和 Burden 的动机模式认为，影响外语学习的动机有内在因素和外在因素。内在因素有对活动的内在兴趣、活动价值、中介价值、掌握程度、自我概念、语言学习态度、相关情感因素(如自信心、焦虑和恐惧程度等)、年龄和性别。外部因素分为学习环境和广义环境。学习环境指学校及班级规模、学习资源等；广义环境指当地教育体系、文化习俗、社会期望等。

总的来说，影响外语学习动机的主要因素有：

(1)认知。影响外语学习动机的认知因素主要是学习者对本人的自我认识，包括自我概念(self-concept)、自我效能(self-efficacy)、效价(valence)和主体感(sense of agency)等。自我概念中含有对自我外语学习的优势和劣势的认识，对外语学习成功和失败的判断，以及外语学习对自尊的提高和削减的认识等。自我效能是指在执行某个具体任务时对自己能力的判定，因此自我效能决定对外语学习活动中任务的选择，如果任务恰当，则动机增强；任务不恰当，则动机消失。效价则是对外语学习活动目的的认识，如果学习者认为目的意义重大，与自己关系密切，则动机就强。主体感是指对外语学习任务中自我承担责任的认识，如果认为自己承担的责任重大，则动机就强；如果认为责任很小，则动机减弱。

(2)情感。影响外语学习动机的情感因素是指学习者的情感变化导致学习动机的改变。情感包括兴趣、态度、需要、自信心和焦虑等。兴趣与外语学习的融合型动机、内在动机、深层动机、任务性动机联系紧密；态度被看作动机的一部分，许多研究者将态度和动机放在一起研究；需要是动机的原始动力；自信心与动机的关系是正相关关系，缺乏自信心就无法有强烈的动机；而焦虑与动机的关系是负相关关系，一定水平的焦虑能激发动机，但焦虑水平过高则会削减动机。

(3)社会环境。社会环境因素是学习者以外的因素，但对学习者动机的影响也很大，主要包括社会对外语人才的要求、外语课程教学大纲的要求、外语教师的影响、家长的要求以及同龄人的影响等。

不同的研究者对外语学习动机有不同的分类，比较常见的有以下两种：

(1)整体动机、情景动机和任务动机

Brown(2007)将外语学习动机分为整体动机(global motivation)、情景动机(situational motivation)和任务动机(task motivation)。整体动机是达到学习二语目标的整体定向，指学习者对外语习得的一般态度。情景动机指在自然习得情况下学习者动机不同于课堂学习者的动机，随着学习环境的变化而变化。任务动机指学习者对完成具体任务的动机。以上三类动机并不是相互孤立、截然分开的，他们之间存在着一定的联系，成功的外语学习离不开三者之间的有效互动。

(3)融合型动机和工具型动机

自20世纪50年代末，Gardner和Lambert开始对第二语言学习动机进行了比较系统的研究。根据Gardner和Lambert(1972)的分类，动机可以分为融合型动机(integrative motivation)和工具型动机(instrumental motivation)，前者指学习者对目的语社团有特殊兴趣，期望参与或融入该社团的社会生活，后者指学习者为了某一特殊目的，如通过考试、出国、获得某一职位等，而具有的学习愿望。一般来说，具有融合型动机的学习者学习外语的自觉性、主动性更高，更注重外语技能的全面发展，而且也能更持久地付出努力。具有工具型动机的学习者则较被动，因学习目的不同，各项语言技能得不到全面、均衡的发展，而且学习者坚持的时间短，达到目的之后就会放弃学习。但是，这两种动机并非互相排斥，一般情况下是并存的，在不同的情况下所占的主导地位不同，在某些情况下融合型动机和工具型动机是可以相互转化的。基于Gardner和Lambert(1972)对动机的分类，Gardner(1985)设计出语言学习动机调查工具，即态度/动机测验量表(Attitude/Motivation Test Battery，AMTB)，该量表成为调查外语学习动机的权威性工具。在该测量工具中，对语言学习动机的测量包含以下三个维度的指标：①学生对语言学习及目的语文化的态度。②学习语言的愿望。③动机的强度。

融合型动机是Gardner等人理论的核心概念，包括三个组成部分：动机、融合性和对学习的态度(见图4-4)。

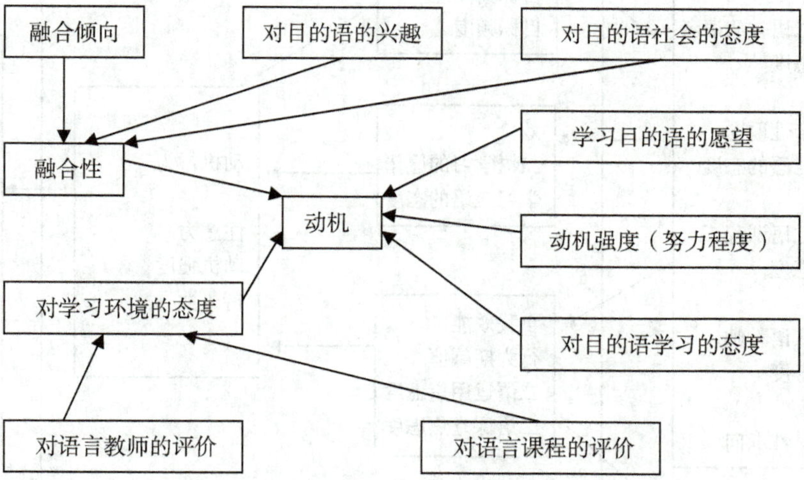

图4-4　Gardner的融合性动机概念图

随着外语学习动机研究的深入，20世纪90年代出现了几种有影响力的外语学习动机理论模型，主要包括：Dörnyei的外语学习动机三层次说，Trembley和Gardner的扩展动机理论，Schumann的神经生物学模式(引自武和平，2001)。

(1) Dörnyei的外语学习动机三层次说

匈牙利学者Dörnyei根据多年的研究，于1994年提出了外语学习动机构成成分的模式。该模式从语言层面、学习层面和学习情景层面三个维度来界定和测量外语学习动机。

该模式最大的特点就是强调了语言学习动机的多维性质，紧密地同课堂教学实际联系起来。该模式最引人注目的部分，是对与外语学习情景相关的动机因素的界定与测量。其中的课程特定动机成分(course-specific motivational component)指的是与大纲、教材、教学方法及学习任务相关的动机因素。其中包含了学习者对该课程的内在兴趣、教学与学生个体需要及目标的相关性、学生对学好该课程成功程度的期望值，以及学生对活动效果的满意程度。教师特定动机成分则与教师的行为、个性及教学风格相关。最后，学习集体动机成分与学习者所在学习小组的集体动力有关，其中包括目标定向、规范和奖励体系及课堂目标结构(竞争型、合作型、个性型)。

(2) Trembley 和 Gardner 的扩展动机理论

Trembley 和 Gardner(1995)的扩展动机理论既体现了 Gardner 早期动机研究中重视社会变量的特点，又融入了近期认知动机理论的内容，使得 Gardner 动机理论成为一个有机的整体，如图 4-5 所示。从图中我们可以看出，这一模式反映了 Gardner 等人的"语言态度——动机行为——学习成绩"三大因素之间线性关系的一贯立场，同时又在态度与动机之间增加了目标显著性、效价及自我效能等三个中间变量。

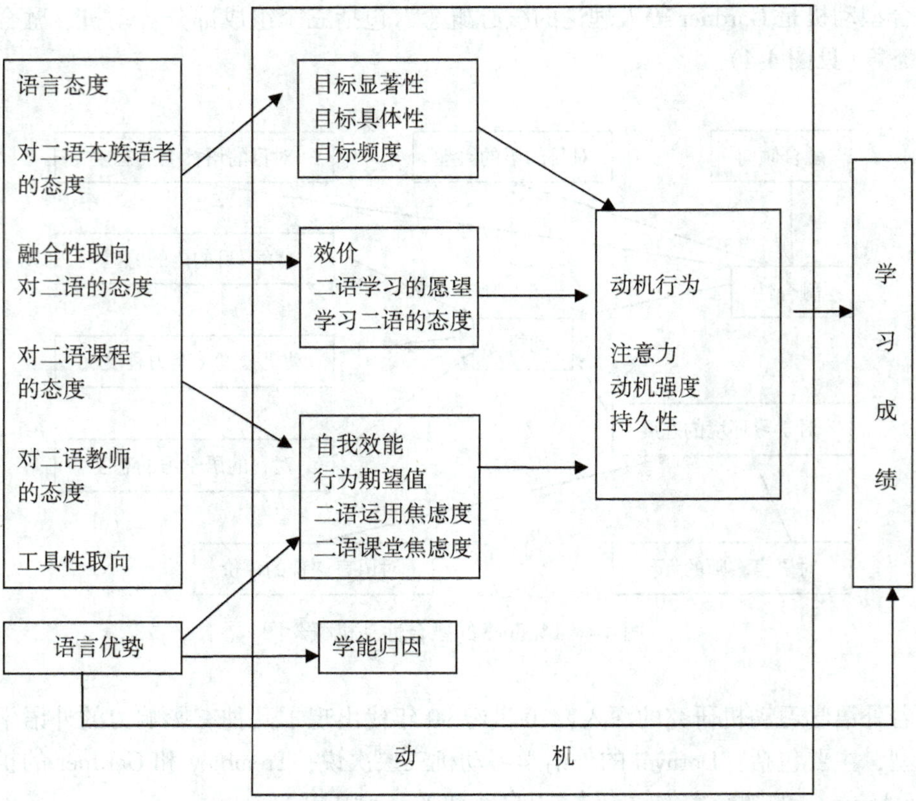

图 4-5　Trembley 和 Gardner 的外语动机模式

该模式继承了 Gardner 前期动机研究的一贯做法，也是建立在实证研究的基础上，在理论上又具有说服力。

(3) Schumann 的神经生物学模式

Schumann(1999, 1998; Schumann et al., 2004)及其同事从神经生物学的视角来考察第二语言习得活动，并在此基础上提出了一个持续性深度学习的模式(sustained deep learning, SDL)。根据这一模式，大脑对所接收到的刺激进行评价，从而引起学习者情感上的反应。他认为这种刺激评价可分为四个维度：①刺激的吸引性(pleasantness)，如"I enjoy learning English very much."②目标/需要意义(goal relevance)，如"Studying French can be important to me because it will allow me to ..."③可处理潜力(coping potential)，如"I never feel quite sure of myself when ..."④个体与社会形象(norm/self-compatibility)，如"Being able to speak English will add to my social status."

经过对动机研究的调查问卷进行逐项分析，Schumann 发现这些项目都可以归入上述四个评价维度中。因此，Schumann 认为语言学习动机的强弱和性质是由这些刺激评价维度的排列与组合决定的。该模式可以看作外语学习动机心理学理论在神经生物学层次上的简单体现。

20 世纪 90 年代，研究者除了在宏观层面上提出外语学习动机理论和模式之外，还在微观层面对外语学习动机及其相关因素进行了大量的实证研究。比较有代表性的有：Gardner 和 MacIntyre(1991)调查了融合性动机和工具性动机对词汇学习的作用，发现两种动机对词汇学习均有促进作用。Clement 等人(1994)探讨了动机、学习自信心与学习集体凝聚力之间的关系，发现学习者具有三种动机：融合性动机、语言自信动机和对课堂环境的评价动机。其中第三种动机，作为特定的课堂条件下产生的因素，包括对语言教师和课程的评价以及学习小组对学习环境的评价。

国内关于外语学习动机的研究主要始于 20 世纪 80 年代。刘润清(1990)介绍了西方语言学理论与研究成果，提到了移情与学习动机的关系。吴一安、刘润清等(1993)讨论了学生的心理因素、社会因素和语言学习策略对英语学习的影响，提出动机有助于外语学习，中国学生的学习动机以工具型动机为主。王初明(1990)谈到了外语学习中学生的认知和情感的需要以及教师在满足学生需求时应发挥的作用，他指出学习需求是产生动力的根源。文秋芳(2001)调查了英语学习者动机、观念、策略的变化规律和特点后，指出动机、观念、策略之间的关系具有较高的稳定性。动机影响观念和策略，观念也影响策略。深层动机对学习者的观念与策略影响大于表层动机。华惠芳(1998)通过调查，发现证书动机是中国学生的主要动机，即学生学习英语是为了得到证书。秦晓晴(2002b)讨论了动机的相关理论，如需求理论、期望价值理论、自我效能理论等对外语学习的意义。高一虹等探讨了中国本土情境下学生的英语学习动机类型、学习动机类型与自我认同变化的关系(高一虹等，2002)、动机类型与动机强度的关系(高一虹等，2003a)以及个人因素对动机类型的影响(高一虹等，2003b)。

(三) 动机与外语教学

动机是促使外语学习成功的动因。教师不仅要培养学习者学习外语的动机，而且还须在教学中利用一定的诱因随时激发学习者形成的动机，使学习者已形成的动机由潜伏状态转入活动状态，成为推动学习作用的内部动因，从而调动学习的积极性，来完成当前的学习任务。因此，在进行外语教学时要激发和维持学生的学习动机，将内在动机和外在动机有效地结合起来，同时，要充分考虑到学生的兴趣、好奇心、挑战性和学生独立发展等因素，让学生认识到学习语言的价值和重要性，使学生达到最佳唤醒状态，对外语学习充满自信。

(1)培养学生学习外语的兴趣

传统的外语教学模式以教师为中心，教师讲，学生听，教师问，学生答。这种教学模式是建立在行为主义学习理论基础之上的，强调刺激与反应之间的关系，忽略了学生自身的情感作用和学习自主性，课堂气氛刻板单调。这种填鸭式教学很容易降低学生学习外语的兴趣，削弱学生学习外语的信心，导致学习效果不佳。因此，教师要适当变更教学方法，创造生动活泼的课堂气氛和灵活多变的语言交际情景，为学生提供丰富的教学内容，鼓励学生积极参与听、说、读、写等教学活动，使语言能力得到全面发展。同时针对缺乏真实语言环境的现状，外语教师要采取相应措施，尽可能多设置情境，加强文化导入，激发学生的兴趣，促使他们形成学习外语的动机。

(2)激发学生学习外语的动机

学习外语的动机并非自发产生，必须经过有目的、有意识的培养和激发。明确学习目标，激发求知欲是培养学习动机不可缺少的条件。只有当学生将当前的外语学习与社会需求联系起来，才能确立远大和高尚的学习目标，端正学习态度，形成强烈的动机进而全身心投入学习。作为外语教师，应该帮助学生了解外语学习的性质，让学生将掌握外语的长期目标与短期的具体目标结合起来，使不同阶段的学习目标符合学生的认知水平，学生经过努力之后，可以实现这些目标，从而长久地保持良好的学习动机。

(3)引导学生将学习动机转化为学习行为

外语教师不仅应注意激发学习者学习外语的动机，还要引导学生将学习动机转化为学习行为。学生光有目标是不够的，关键要有目标定向，目标定向是为了实现目标所付出的具体的行动。作为外语教师，要激励学生树立远大目标，同时，要帮助他们制订切实可行的学习计划，教授学生掌握正确的学习方法、运用恰当的学习策略，将语言知识内化为语言能力，最终获得语言交际能力。教师对学习结果要及时做出反馈，予以正确评价，适当进行表扬和鼓励，让学习者看到自己的进步，获得成功的体验，从而产生后续学习的动机和愿望。

二、动机归因

(一) 动机归因概述

在学习和工作中，人们都会体验到成功与失败，同时人们还会去寻找成功或失败的原因，这就是人们对自我成就行为所做的归因。动机归因是个体对自己的成功或失败所做出的因果解释。美国社会心理学家 Heider(1958)曾指出，人们会将行为归结于内部原因和外部原因。内部原因指存在于行为者本身的因素，如努力、能力、兴趣、态度、性格等；外部原因指行为者周围环境中的因素，如任务的难度、外部奖赏与惩罚、运气等。Rotter(1966)将人划分为“内控型”和“外控型”。内控型的人认为自己可以控制周围的环境，不论成功还是失败，都是由于自己的能力和努力等内部因素造成的；外控型的人感到自己无法控制周围的环境，不论成功或失败都归因于他人的压力以及运气等外部因素。美国心理学家 Weiner(1979，1985)接受了 Heider 和 Rotter 的观点，指出学生一般将自己的学习成败归因于以下四个因素：能力、努力、任务难度和运气，并将这四个因素分为控制点、稳定性、可控性等三个维度。根据控制点维度，可以将原因分成内部的和外部的。根据稳定性维度，可以将原因分成稳定的和不稳定的。根据可控性维度，又可将原因分成可控的和不可控的(见表 4-2)。

表 4-2　**成败归因理论的三维度分析**

归因类别	成败归因维度					
	稳定性		控制点		可控性	
	稳定	不稳定	内在	外在	可控制	不可控
能力	✓		✓			✓
努力		✓	✓		✓	
任务难度	✓			✓		✓
运气		✓		✓		✓

如表 4-2 所示，能力是一种内在的、稳定的、不可控的因素，努力是一种内在的、不稳定的可控因素，任务难度是一种外部的、稳定的、可控的因素，而运气则是外部的、不稳定的、难以控制的因素。学生对自己学业成败的归因不同，对他们的学习动机所产生的影响也就不同。经过一系列研究，Weiner 得出一些有关归因的基本结论：①当个体将成功归因于能力和努力等内部因素时，他就会感到骄傲、满意、信心十足，而将成功归因于任务容易和运气好等外部原因时，产生的满意感则较少。相反，如果一个人将失败归因于缺少能力或努力，则会产生羞愧和内疚，而将失败归因于任务太难或运气不好时，产生的羞愧则较少。而归因于努力比归因于能力，无论对成功或失败均会产生更强烈的情绪体验。努力而成功，体验到愉快，不努力而失败，体验到羞愧，努力而失败，也应受到鼓励。②在付出同样努力时，能力低的应得到更多的奖励。③能力低而努力的人受到最高评价，能力高而不努力的人则受到最低评价。由此看来，Weiner 总是强调内部、稳定性和可控制的维度。

相关研究表明，学习者的归因对自主学习有重要的影响。一般说来，如果个体将自己的学习成功归因于能力，将学习失败归因于努力不够，这样就更容易激发学习自主性；如果将自己的学业成就归因于外部不可控因素，将学业失败归因于自身能力不足，那么，在学习过程中往往会表现出消极、焦虑、低自尊，就会影响其学习的主动性(Borkowski，1988；Zimmerman，1990)。自主学习者倾向于将自己的学业失败归因于可以弥补或纠正的原因，将自己的成功归因于自己的能力；即使学习不断伴随着不良的学习结果，这种自我保护性的归因也会引发积极的自我反应。例如，当个体将成功或失败归因于策略的运用，会直接诱发他们积极的自我反应，如调整学习策略等(Zimmerman，1998)。

大量研究表明，学习归因会影响到学生学习的期望和情感方面的变化，会影响到学生的学习动机，会影响到学生学习的成就行为(刘世奎，1992；韩仁生，1996)，进而会影响到学生的学习成绩(隋光远，1991；廖凤林，1993)。不同的归因方式引起不同的情感反应，例如，在归因与自我效能感的相互关系中，一方面，个体的成就归因会影响其自我效能感的信念；另一方面个体的自我效能感又会影响其成就归因(王凯荣，1999；胡桂英，2002；张学民等，2007)。有研究者指出，归因倾向对于成就行为方面的影响主要表现在认知与学习策略的选用上，学习归因通过学习策略影响学业成绩(谷生华等，1998)。

Trembley 和 Gardner(1995)研究了归因与语言学习的关系，如果学生将语言学习成功归因于自己的能力或努力，那么，他们会对自己将来的外语学习充满信心。如果学生将语言学习失败归因于基础差，没天赋或语言学习环境，会对个人的学习能力产生消极影响。秦晓晴(2002a)调查发现，不同英语水平的学习者在学习环境、课堂教学、语言天赋和个人努力等方面的归因上存在着定性差异；高分组在解释归因时具有较强的一致性，低分组在解释归因时则存在差异；归因和归因理解上对外语学习动机产生直接影响。张庆宗(2002，2004b)调查发现，成功的语言学习者将成功主要归因为“能力”或“努力”，不成功的语言学习者将学习不成功大部分归因为“能力”。李昌真(2009)对非英语专业学生的英语学习行为归因倾向进行了调查，调查发现学生对英语学习成败的归因具有较高的稳定性，不同水平的学生对成败归因存在着明显的差异。

(二)动机归因与外语学习和教学

动机归因是影响外语学习的一个重要因素。学生一般根据过去的学习经历、教师反馈和社会比较，对外语学习成功或失败进行归因。根据归因理论的观点，归因会引起学习者相应的心理变化，继而影响后续学习动机和学习行为。

作为外语教师，应该在以下几个方面指导自己的教学实践，帮助学生对外语学习的成败做出适当的归因：

(1)关注学生的归因倾向

外语教师要时刻关注学习者的归因倾向，引导学习者做出积极的归因。在教学中，我们经常发现学生对外语学习成败做出以下归因：“如果我努力学习了，但考试仍然不及格，别人一定觉得我很笨。”“如果我学习很刻苦，考试成绩很好，那么，勤奋降低了我的成功感。别人会觉得如果我很聪明，就用不着刻苦学习了。”“如果我没有努力，考试不及格。别人会认为只要我努力了，就一定会成功。”“如果我学习不努力，而考试及格了，别人会认为我是一个天才。”这些归因倾向在学生中很典型，也很普遍，不利于激发和维持他们后续学习中的动机。因此，当学生将取得的好成绩归因于自己的天资聪明，而将成绩不好归因于外部原因，如考试太难、运气不好等，要及时帮助学生改变这种归因倾向，才能有效地提高学习成效。

(2)引导学生正确对待外语学习中的挫折感

外语教师应指导学生对学习挫折和失败进行归因，化消极因素为积极因素，激发学习信心，产生新的期待。为此，教师应帮助学生正视挫折和失败，找出导致失败的原因，是自身原因、可控因素、稳定因素，还是外部的、不可控的、不稳定的因素。如果是自身的、可控因素造成的失败，就要克服自身不足，通过努力去获得成功。如果是外部的、不可控或稳定因素造成的失败，就需要适当降低原目标或重新调整目标，使学习目标更加符合实际情况，否则目标始终达不到，更容易产生挫折感。通过正确归因使学生认识到自己在外语学习中存在的问题与不足，及时调整自我的学习行为。

(3)教师反馈是影响学生归因的重要因素

学生对自己成败的归因直接受教师对他的成绩表现所做出的反馈的影响。在师生互动的教学过程中，教师给予学生的反馈对学生的影响是巨大的。从教师的反馈中(无论是正面的还是负面的)，学生往往都能感知到自己的成败，猜测到教师对他的态度，并以此作为自我成败归因的依据。根据教师的反馈予以归因之后，学生就可能对自己以后的行为形成一种预期：预期自己成功，他就会努力去追求成功，预期自己失败，他就会遇到困难立即退缩放弃。追求成功者才会成功，逃避困难者难免会失败。由此可见，个体对未来的预期与今后成败之间是一种因果关系，这种心理现象在心理学上被称为自验预言(self-fulfilling prophecy)，也称为皮格马里翁效应(Pygmalion effect)。图4-6说明了在师生互动的教学过程中，教师的反馈如何影响学生对自己成败的归因(Weiner，1982)。

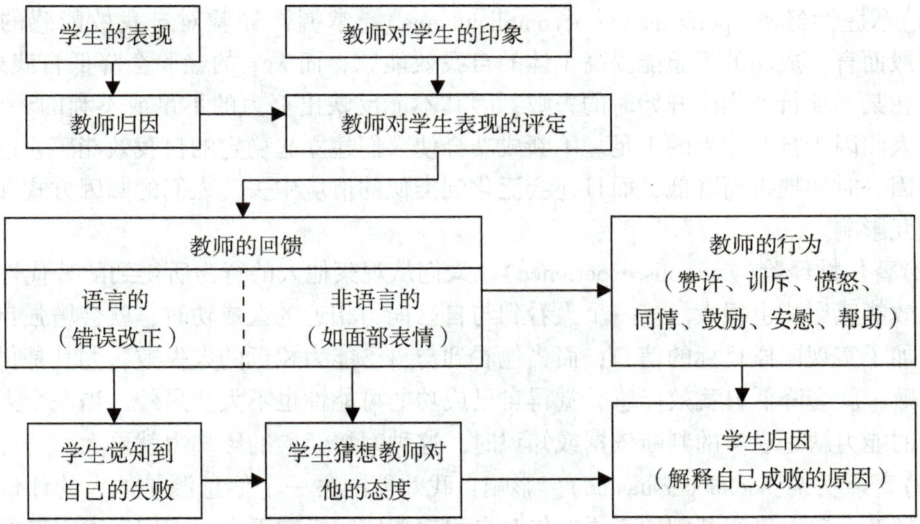

图4-6　师生互动中教师的回馈对学生归因的影响

教师是学生尊敬和信赖的人，他们对学生的态度和评价，在学生的自我评价和学习归因中起着极为重要的作用。教师能否对学生的学习行为及结果进行正确的归因，能否给予正确的评价，能否采取公正的态度，对学生今后的学习有重大的影响。如果因教师不恰当的评价和态度而造成学生认知的错误或模糊，都将会使学生产生不恰当的情绪和行为反应，从而影响学生的学习效果。因此，教师除了给学生传授知识之外，必须注意到自己的行为以及对学生的态度，随时随地都可能影响学生的学习动机和动机归因。

三、自我效能

(一)自我效能概述

自我效能理论是班杜拉提出的一种动机理论，自我效能(self-efficacy)指“个体在执行某一行为操作之前对自己能够在什么水平上完成该行为活动所具有的信念、判断或主体自我把握与感受”(Bandura，1977)。

自我效能感具有以下功能：① 影响或决定人们对行为的选择以及对该行为的坚持性、努力程度。自我效能感高的个体倾向于选择具有挑战性的任务，在困难面前能坚持自己的行为，以更大的努力战胜困难；而自我效能感低的个体则相反。② 影响人们的思维模式或情感反应模式，进而影响新行为的习得。自我效能感高的个体与环境相互作用时，确信自己能很好地把握环境，因而能将注意力集中在任务的要求以及困难的解决上；而自我效能感低的个体更多地将注意力放在可能的失败和不利的后果上，从而产生焦虑、恐惧等情绪，阻碍了已有行为能力的表现。

自我效能感与成就行为是相互促进的。在班杜拉看来，主要可以通过以下四种方式培养和增强自我效能感：

(1)掌握性经验(performance accomplishments)。掌握性经验对自我效能感的影响最大。一般而言，成功的经验能提高个体的自我效能感，而失败的经验会降低自我效能感。尤其是在某一项行动刚刚开始时的失败，因其不能反映出努力的不足或不利的环境因素，容易使人归因于自己能力的不足。不断成功会使人们建立起稳定的自我效能感，这种效能感不会因一时的挫折而降低，而且还会泛化到类似的情境中去。人们的归因方式和自我效能感相互影响。

(2)替代性经验(vicarious experience)。人们从观察他人的行为所得到的替代性经验对其自我效能感影响也很大。当一个人看到与自己能力相近的人成功时，就会增强自我效能感，增加了实现同样目标的信心；而当他看到与自己能力相近的人失败，尤其是付出努力后的失败，就会降低自我效能感，觉得自己成功的可能性也不大。另外，当一个人对自己某方面的能力缺乏现实的判断依据或知识时，这种间接经验的影响力就更大。

(3)言语劝说(social persuasion)。影响自我效能的另一个信息源是他人的评价、劝说及自我规劝。缺乏事实基础的言语劝告对自我效能感的影响不大，人们对说服者的意见是否接受，主要看说服者的身份、权威和可信度。此外，如果言语说服与个人的直接经验不一致，也不可能产生说服效果，在直接经验或替代性经验基础上进行劝说的效果会更好。

(4)情绪反应和生理状态(physiological and emotional states)。个体在面临某项活动任务时的身心反应，强烈的情绪通常会妨碍行为的表现而降低自我效能感，影响到个体的效能信念的建立。积极、稳定的情绪和良好的生理状态会提高自我效能感。

班杜拉认为自我效能感是通过选择、认知、动机和情感等中介过程而实现其主体作用机制的。

(1)选择过程。人们作用环境的活动部分地取决于人们对环境的选择，而个体选择什么样的环境，一定程度上又取决于他对环境的自我效能感。一般来说，个体选择自认为能有效应付的环境，回避自己感觉无法控制的环境，而这些环境因素反过来又会影响其行为技能和人格的发展。自我效能感通过选择过程发挥主体作用的另一种方式是决定个体对行为活动的选择。完成同一任务有几种活动方式可供选择，但选择何种活动方式就要取决于个体对该活动方式所需知识技能掌握运用的自我效能感。

(2)认知过程。自我效能通过思维过程对个体活动产生自我促进或自我阻碍的作用。首先，人类行为大多受其事先在头脑中设定的行为目标的调节，对其行为产生动机作用。而个体设定什么样的行为目标则要受自我效能感的影响。自我效能感越强，个体设定的目标就越具有挑战性，其成就水平也更高。其次，自我效能感通过认知过程对行为产生影响还表现为个体在想象中对活动进行实现。例如，如果个体坚信自己对活动具有效能感，他就会倾向于想象成功的场面，这就为活动的真正执行提供了支持和指导；而自我效能感低的个体就会想象失败的场面，从而对实际活动产生阻碍的作用。再次，自我效能感还通过归因影响活动过程中的思维，进而影响活动的效率。自我效能感高的个体往往将成功归因于自己的能力和努力，将失败归因为努力不够。这种归因方式能促进动机水平的提高及活动的成功。

(3)动机过程。自我效能信念在动机的调节中起着关键作用。班杜拉认为每一类型的动机都受到自我效能信念的影响。例如，自我效能信念影响因果归因；结果预期部分受效能信念的控制；期望——价值理论的预测性受知觉到的自我效能的影响；目标的设置和实现目标的努力受自我效能信念的影响。

(4)情感过程。自我效能感决定个体的应激状态、焦虑反应和抑郁程度等身心反应过程。自我效能感强的个体认为自己能有效地控制环境中潜在的威胁时，在对付、处理环境事件之前就不会感到焦虑、恐慌。相反，自我效能感弱的个体的焦虑水平就会被唤起而采取保护性的退缩行为或被动应付。

(二)自我效能感与自主学习

有研究表明，自我效能与自主学习关系密切，是影响自主学习的一个重要的内在动机性因素。Schunk(1982)曾指出，在自主学习过程中，自我效能感既影响目标设置过程，又影响学习的自我调节过程。学生的自我效能感越强，他们通常为自己设置的学习目标越高，对学习的自我调节能力也越强。Zimmerman(2000)认为，学生的自我效能感通过目标设置、自我监控、自我评价和策略运用等自主学习过程来影响他们的学习动机。学生觉得自己的能力越强，他们越会选择有挑战性的学习目标。学业自我效能感通过影响学生的目标等级，直接或间接地影响学生的成绩。

研究(Schunk，1983)同样表明，自我效能感也影响到学生对自主学习策略的运用。Schunk在研究中发现，自我效能感在自主学习的计划、行为表现和自我反思阶段都会产生相应的影响。相信自己能够完成学习任务的学生，更多地运用认知和元认知策略，不管自己先前取得过什么样的成绩，他们的学习都会更努力。自我效能感高的学生使用自主学习策略也更为有效，他们能够更好地监控自己的学习过程，面临学习困难时，也能够持之以恒。并且，随着自我效能感的提高，学生对自己的学习结果所作的自我评价也会相应提高。

综上所述，自我效能感是影响自主学习的一个重要的动机性因素，它不仅影响学生的学业目标选择、付出的努力、意志控制，还会影响他们所选择的学习策略，它通过上述中介过程对学生的学业成绩产生重要影响。因此，帮助学生提高自我效能水平是促进学生的外语自主学习的一个重要手段。

(三)自我效能感与外语学习策略

外语学习是一种特殊技能的学习，外语学习策略与一般学习策略既有相同之处、又有其自身的特点。学习策略是学习者用来获取、贮存、提取或使用信息的一套做法或步骤。语言学习策略是学习者用来提高其目的语语言能力的各项活动(Bialystok，1978)。

当人们发现语言学习策略对语言学习的促进作用之后，便开始对语言学习策略的教学及其成效展开了研究和讨论。有研究发现：有些语言学习者即使掌握了有效的学习策略，也可能知道何时何地运用何种学习策略，但在实际的外语学习过程中并没有使用这些策略。出现这种情况有多方面的原因，但学习者缺乏语言策略运用的自我效能感，即对自己能否具有成功运用该语言策略的能力产生怀疑，并且对使用该语言策略能否会产生预期效果产生怀疑是其中重要的原因。具体原因分析如下：

(1)自我效能感影响已有策略的运用。根据班杜拉的自我效能理论，个体所具有的某种知识技能与应用这种知识主要受自我效能的调节和控制。自我效能感影响已习得行为的表现。只有在个体认为自己能胜任时才会努力完成那些知识技能的任务，习得的行为才会表现出来。也就是说，只有在学生认为自己有能力有效地使用已习得的学习策略时，才会将其付诸实际的学习活动中。例如，学习者在外语学习过程中，已具备某些认知策略，但在今后的学习活动中是否运用该策略，则要取决于他是否确信自己具有有效运用该策略的能力。由此可见，策略的运用有赖于学生的自我效能感。

(2)自我效能感影响学生对不同学习策略的选择。班杜拉认为，自我效能感影响人们对环境及其活动的选择。一般而言，个体选择自认为能有效控制的环境，而回避自己感觉无法控制的环境。当一个学生面对同一学习任务时，是选择最有效的学习策略还是次有效的学习策略，就要受他对运用那种学习策略的自我效能感的控制和调节。例如，在外语学习过程中，即使学习者意识到运用策略 A 比策略 B 更能快速、有效地完成某一项学习任务，但当他感到自己不能很好地把握、运用策略 A 时，他会选择使用策略 B，即使需要较长的时间来完成学习任务也在所不惜。

(3)自我效能感影响运用学习策略的动机。Bandura 指出：只有当人们认为自己能胜任某项活动，认为自己在此方面有能力，才会产生从事该活动的内在动机。研究表明，自我效能感低的学生不愿尝试运用新的策略，即使这种策略有效，对已习得的策略和技能的运用缺乏信心，并且难以根据实际情况选择有效策略并付诸实施；而自我效能感高的学生则相反。由此可见，自我效能感是通过学习动机对学习起作用的，这种作用往往通过影响学生的学习策略运用水平而影响学生的学习。

在英语学习过程中，自我效能感对学习策略的选择和运用的影响更为显著。例如，在研究外语学习者自我效能和学习策略之间的关系时，发现高水平自我效能组的各项策略使用情况均优于低水平自我效能组(卢洁，2005)。在考察专科生的英语阅读自我效能感、阅读策略使用情况和阅读水平现状及相互关系时，发现专科生的自我效能感和阅读策略、元认知策略、认知策略、社会/情感策略以及阅读成绩呈显著正相关，同时对自我效能感和阅读策略进行培训比单独的阅读策略培训更能提高专科生的自我效能感水平、阅读策略有效使用和他们的阅读成绩(张庆宗、刘晓燕，2009)。在探讨英语专业学生自我效能、学习策略、自主学习能力和英语学业成就之间的关系中，研究者发现自我效能与学习策略和自主学习能力有显著的正相关关系(吴喜艳、张庆宗，2009)。与此同时，张庆宗和吴喜艳(2010)探讨了自我效能培养的有效性，发现与高年级学生培养效果相比，自我效能培养对增强低年级学生的自我效能感和自主学习能力有显著的促进作用。

对中国人来说，英语作为一种外来语言文化，在相当长的历史时间里是陌生的，加之核心英语国家在当今世界上的政治、经济地位，使许多英语学习者觉得英语是一种神秘莫测、高不可攀的语言，这一切无形中影响了人们看待英语学习的态度。因此，在英语学习中，许多学习者会处于消极的情感状态中，例如，胆怯、焦虑、谨小慎微等，这种消极心态无疑对英语学习起着阻碍作用。因此，在外语教学中，除了讲授语言知识、语言学习策略之外，更重要的是帮助语言学习者积极调整心态、树立自信心和增强自我效能感。

四、自我概念

(一)自我概念概述

自我概念(self-concept)指个体对自身的观念、情感和态度组成的混合物(Hilgard et al.，1979)。它是指个体对自己的综合、整体看法：①是在过去与环境相互作用而形成的经验的基础上建立的。②主要受到他人的强化和评价的影响。自我概念主要是个体对自己身份的界定(我是谁)，对自己能力的认识(我能做什么)，以及对自己的理想或要求(我应该怎么做)等。

自我概念的稳定性是指个体改变自我概念的难易程度，它依赖于个体信念的发展程度。即：当个体反复体验类似的经验时，其信念逐渐趋于结构化，当遭遇事实冲突时不会对个体产生多大影响。反之，由于个体缺少足够的经验，相关的自我概念未能很好建立，这时的自我概念比较容易改变。自我概念随着情景和年龄的改变而不断变化发展，逐渐从具体到抽象。自我概念的发展深受社会和教育的影响，Hattie(1992)发现生活中重要的他人，如父母、教师、同伴对自我概念形成的影响很大。一个人自我概念的形成，既来自于自己过去经验的总结，也来自于他人对自己的反应和评价，父母的影响尤为深刻。Coopersmith(1967)发现自我概念与父母的满意度、教育兴趣，以及父母在家庭中参与的教育活动关系很大。

学生的自我概念指学生在身心成长及学校生活经验中，对自我身心特征、学业成就以及社会人际关系等各方面所持的综合性知觉和自我评价，这种总体知觉和自我评价包括认知、情感、意志三种心理成分。

自我概念对个人行为起着自我调节与定向的作用，是个体心理发展的一个重要标志。积极的自我概念对个体的发展有着重要的意义：① 能从多个角度了解自己，认识自己，接受自己(包括优缺点)，正确地评价自己。② 有自尊感、自信心，体验到只有通过自己的努力，才能取得相应的成绩。③ 有求知欲，敢于面对挑战与挫折。④ 有良好的人际关系，积极的人生态度，获得的每一种经验都可能被赋予积极的意义。

(二)自我概念的结构

关于自我概念，前人分别提出了单维自我概念理论模型和多维自我概念理论模型。前者以美国著名心理学家 James 为代表，提出自我概念由物质的、精神的、社会自我概念和纯粹的自我概念四部分组成(James，1890)。

在国外的自我概念研究中，Harter 的研究具有较大的影响。Harter 认为，在自我概念研究中，有两点非常关键：第一，要把涉及具体领域的能力自我概念和普遍的自我价值信念予以根本的区分，要重视具体成分自我概念的测量。第二，要评价儿童的自我概念水平必须考虑其心理发展的年龄特征，不同年龄阶段的儿童的自我概念的成分要素是不同的，随着年龄的增长，自我概念的成分要素在不断地增加。根据这种对自我概念的认识和大量的研究，Harter(1985，1986)先后提出了不同年龄阶段儿童自我概念的不同成分要素，编制出 5 种测量问卷(见表 4-3)。

表 4-3　**Harter 的不同年龄阶段儿童自我概念测量问卷维度比较(引自 Trent et al.，1994)**

测量工具名　称	学龄前儿童能力知觉	学龄儿童自我知觉侧面	青春期学生自我知觉侧面	大学生自我知觉侧面	成人自我知觉侧面
	认知能力	学术能力	学术能力	学术能力	学术能力
	身体状况	艺术能力	艺术能力	智　力	幽默感
	同伴认同	同伴社会认同	社会认同	创造性	工作能力
	行为成果	行为成果	行为成果	工作能力	道　德
		身体状况	身体状况	艺术能力	艺术能力
		一般自我价值	朋友关系	身体状况	身体状况
			魅　力	同伴社会认同	社会性
			工作能力	朋友关系	亲密关系
			一般自我价值	亲子关系	抚养责任
				幽默感	供给者的适当性
				一般自我价值	一般自我价值
年龄(岁)	4—7	8—12	13—18	19—24	25—55

图 4-7 是 Shavelson 等人(Marsh & Shavelson，1985；Shavelson & Bolus，1982)在前人研究的基础上，创立了一个多维的、有层次的、有等级的自我概念模型。他们认为自我概念是按等级组织的，总体自我概念位于等级的上层，下面是一些具体的自我概念，主要包括学业自我概念和非学业自我概念。非学业自我概念可分为社会的、身体的、情绪的自我概念。学业自我概念涉及具体的学科自我概念，如数学自我概念、语言自我概念、科学自我概念、历史自我概念等。

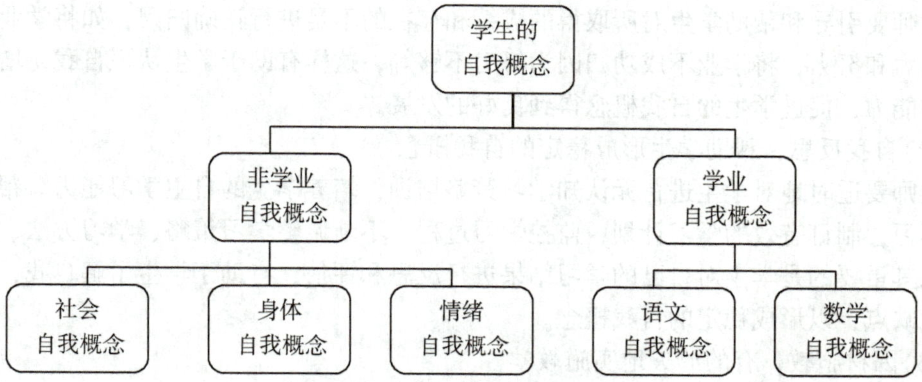

图 4-7　自我概念的结构

（三）学业自我概念

不同的学者对学业自我概念有不同的认识。有的从认知角度来界定，认为学业自我概念指个体在成就情境中对自己知识的知觉，指学生对其学业能力的自我知觉，是学生对自己在学业任务中能否获得成功、能否掌握某一具体的、确定的学业任务的预期和判断。有的从评价的角度来界定，认为学业自我概念是指学生对自己在学业任务中的表现或能力高低的评价。综合上述两种观点，目前心理学界将学业自我概念定义为：学生对自己学业方面的特长、能力和知识形成的稳定的知觉和评价。

研究者认为，自我概念作为动力系统，对学校投入和学习结果有着重要的影响(Connell et al. 1994)。Marsh 等人(1983)发现，学业自我概念与学业成就呈显著的相关，尤其是学科学业自我概念与相应的学科的学业成就具有较高的显著正相关。Byrne(1984)研究发现，学业成绩和能力与学业自我概念的相关高于非学业自我概念的相关，在特定领域中的成绩与相应的学业自我概念有显著相关。数学、英语等学业自我概念对相应科目的成绩有显著的预测作用(Marsh & Yeung，1998)，其影响机制是学业自我概念能够显著影响到学校投入，进而影响学业成绩(Buhs，2005)。学业自我概念也具有等级性，如 Yeung 等人(2000)对大学生的英语学业自我概念的研究发现，英语学业自我概念下包括听、说、读、写的学业自我概念。

国内的研究也表明，学生的学业成绩与学业自我概念存在着相关关系(如刘晓陵等，2000)。姜金伟等人(2011)发现技工学生的操作自我概念、语文自我概念和数学自我概念均对学校投入有显著预测作用，其中操作自我概念的作用更为突出；操作自我概念和语文自我概念能够影响群体内部认同，进而影响学校投入，群体内部认同在其中起到了部分中介作用。

（四）自我概念与外语教学

在外语教学过程中，教师要关注学生的学业自我概念在学习中的作用，积极引导学生形成正确的、稳定的自我概念，有效地实施外语教学，以取得好的教学效果。

(1)正确归因，促进学生自我概念的发展

教师要引导和帮助学生对所取得的成绩和存在的不足进行正确归因，如将学业成功归因为能力和努力，将学业不成功归因为努力不够等，这样有助于学生认识自我，增强知觉自我的能力，促进学生的自我概念得到良好的发展。

(2)自我反思，帮助学生形成稳定的自我概念

教师要适时地对学生进行元认知学习策略培训，培养学生的自主学习能力。帮助学生规划学习，制订有效的学习计划；监控学习过程，不断调整学习策略、学习方法、学习进度；尤其重要的是学生对自己的学习结果进行反思和评估，有助于学生了解自我，知晓自己的优缺点，以形成稳定的自我概念。

(3)因材施教，有的放矢地实施教学

教师在贯彻教学大纲，执行教学计划的同时，要充分认识到学生存在着个体差异。因此，教师要认识学生，了解学生的需求，在教学中应针对学生能力上的差异，因材施教，有的放矢地实施教学，使每个学生都能在相对统一的标准之下，获得符合其能力的成功体验。

五、自尊

自尊(self-esteem)是指个体对自己所持有的特质的评价、感受和态度，它表达了一种肯定或否定的自我态度的情感，表明个体在多大程度上相信自己是有能力的、重要的、成功的和有价值的。

(一)自尊概述

不同的研究者对自尊的理解与界定是不一致的。我国学者对自尊的界定主要有以下几种："自尊是社会评价和个人的自尊需要的关系的反映"(朱智贤，1989)；"自尊是指个体以自我意象和对自身社会价值的理解为基础，是对个人的值得尊重程度或其重要性做出的评价"(顾明远，1990)。林崇德(1995)认为，"自尊是自我意识中的具有评价意义的成分，是与自尊需要相联系的、对自我的态度体验；自尊在自我认知的基础上产生，有情绪成分，涵盖自我体验。自尊既有自我评价成分也有自我接纳成分，自我评价来源于自我认知，自我接纳是情绪体验后的反映，自我评价是自我接纳的前提，自我接纳是自我评价的结果，但又对其有反作用，自我接纳影响自我评价的积极性；二者不同步但又是密切联系、难以割舍的有机体"。黄希庭等人(1998)则认为，"自尊即自我价值感，self-esteem 即是 self-worth，是个人在社会生活中，认知和评价作为客体的自我对社会主体(包括群体和他人)以及作为主体的自我的正向的自我情感体验"。如果说前期对自尊的理解重视"知"，后期人们对自尊的理解更偏向于认为它是以"情"为核心的包括知、情、行的对自身的体验，不排除对自身知、行与情之间的相互作用。

在国外学者中最早给自尊下定义的是美国心理学家 James。James(1890)认为，自尊取决于个体在实现其所设定的目标过程中的成功或失败的感受。由此，James 提出一个关于自尊的公式：自尊 = 成就/追求。该公式表明：一般而言，当个体目前的成就动机处于稳定状态时，他的自尊水平与其追求水平成反比，即追求的目标越高，其自尊水平越低。

换言之，对于低自尊的个体，存在两个提高自尊的途径：或者提高其能力水平，力争取得更大的成就；或者降低其雄心与抱负，进而达到提高其自尊的效果。Mruk(1999)认为自尊是在应付生活挑战时的个人能力和个人价值之现存状态，能力和价值是自尊的两个基本维度。国际自尊心理协会执行理事长Branden(1994)指出，自尊是人们在应对生活基本挑战时的自信体验和坚信自己拥有幸福生活权利的意志，由自我效能和自爱两部分组成。而Pope等人(1988)把自尊和自我概念在理论上分别开来。Pope指出：自尊与自我概念的不同在于，自我概念是个人对自己各个方面特质的知觉与判断，而自尊是对自我概念中所包含的信息做出的评价。也就是说，自我概念是个人对自己所具有的种种特质，诸如对能力、成就、外貌、身体、人际关系、道德等方面的认知判断，而自尊是个体在自我判断中产生和形成的一种自我情感或自我体现。自我概念主要体现了一种事实判断，而自尊主要体现了一种价值判断。因此，自我概念是自我的认知部分，自尊是自我的情感部分。Steffenhagen(1990，引自张文新，1998)认为自尊指个体对自我的知觉的总和，其中包括他的自我概念(心理的)、自我意象(身体的)和社会概念(文化的)。

虽然目前国内外学者对自尊的概念尚无统一看法，但概括起来，自尊主要指个人对自我价值(self-worth)和自我能力(self-competence)的情感体验，属于自我系统中的情感成分，具有一定的评价意义。简言之，自尊是对自我的一种评价性和情感性体验。

(二)自尊的分类

研究者们从自尊的内容、来源方式、自尊的结构对自尊进行分类，主要有以下几种分类：

(1)从内容上将自尊分为理想自尊(ideal self-esteem)和现实自尊(real or actual self-esteem)。Bills等人(1951)认为现实自尊来自个人的成功的、已实现的部分，而理想自尊来自个人期望达到的抱负部分。两种自尊之间的差距越大，焦虑水平就越高。当两种自尊之间差距太大，以至于个人无法协调两者之间的关系时，就会产生不同程度的心理障碍，甚至是心理疾病。

(2)从来源方式上将自尊分为内在自尊(inner self-esteem)和外在自尊(outer self-esteem)。自尊由内源和外源两个因素组成，其中内源因素指能力或效能感，外源因素指他人的赞扬。Tafarodi和Swann(1995)也认为这两个因素是自尊的影响因素，他们称这两种成分为自我胜任感(self-competence)和自我悦纳(self-liking)。自我胜任感是一种个人效能感(a sense of personal efficacy)，对应于达到成功的行为和能力，而自我悦纳是一种社会价值感(a sense of social worth)，对应于来自他人和社会的赞同和接受。

(3)从结构上将自尊分为整体自尊(global self-esteem)和具体自尊(specific or differentiated self-esteem)。整体自尊是对待自我的总的积极——消极态度，而具体自尊则是整体自尊表现的局部或部分，如学业自尊、容貌自尊、社交自尊等。

(三)自尊的结构

20世纪90年代以前，自尊结构的研究主要集中在构成要素上，有单维结构、二维结构、三因素结构、四因素结构、六因素结构和八因素结构等几种不同的看法。到了20世纪 90 年代，Greenwald 和 Farnham(2000)等人突破了内隐和外显的双重自尊结构理论。

(1)自尊的单维结构

自尊的单维结构模型是由 James(1890)提出来的，他认为自尊就是个体的成就感，取决于个体在实现其所设定的目标的过程中的成功或失败的感受。他提出了一个著名公式：自尊 = 成就感(成功/抱负水平)，从公式中可以看出对个体自尊有重要影响的不是个体所获得的实际结果，而是个体对所获得结果的认知，即个体对所获得结果重要性的主观评价。

(2)自尊的二维结构

Pope 等人(1988)认为自尊由知觉的自我(perceived self)和理想的自我(ideal self)两个维度构成。前者指自我概念，是个体对自己具备或不具备的各种技能、特征和品质的客观认识；后者指个体希望成为什么人的一种意向和一种想拥有某种特性的真诚愿望。当知觉的自我和理想的自我相一致时，自尊就是积极的；当知觉的自我与理想的自我不一致时，自尊就是消极的。

(3)自尊的三因素结构

Steffenhagen(1990，引自张文新，1998)提出，自尊由三个相互联系的结构组成，即物质/情境模型(material/situational model)、超然/建构模型(transcendental/construct model)、自我力量意识/整合模型(ego strength awareness/integration model)。其中每一个模型又包含三个主要成份，每一个主要成分又由三种具体元素构成：①物质/情境模型自尊包括自我意象、自我概念和社会概念 3 个成分，而每个成分又都包括地位、勇气和可塑性 3 个元素。②超然/建构模型自尊包括身体、心理和精神 3 个成分，每一种成分又分为成功、鼓励和支持 3 个元素。③自我力量意识/整合模型自尊包括目标取向、活动程度和社会兴趣 3 个成分，每个成分都包括知觉、创造和适应 3 个元素。如表 4-4 所示：

表 4-4　**Steffenhagen 的自尊结构模型**

模型	成分	元素
物质/情境模型	自我意象 自我概念 社会概念	地位、勇气、可塑性
超然/建构模型	身体 心理 精神	成功、鼓励、支持
自我力量意识/整合模型	目标取向 活动程度 社会兴趣	知觉、创造、适应

(4)自尊的四因素、六因素和八因素结构

Coopersmith(1967)认为自尊包含四个因素：①重要性(significance)：指个体是否感到自己受到生活中重要人物的喜爱和赞赏；②能力(competence)：指个体是否具有完成他人

认为很重要的任务的能力；③品德(virtue)：指个体是否达到伦理标准和道德标准的程度；④权力(power)：指个体影响和控制自己生活与他人生活的程度。

我国学者魏运华(1997)将自尊归为六个因素，即外表、体育运动、能力、成就感、纪律和公德助人。

Mboya(1995)认为自尊包括家庭关系、学校、生理能力、生理外貌、情绪稳定性、音乐能力、同伴关系、健康八个维度。

(5)内隐自尊和外显自尊双重模型

Greenwald 和 Farnham(2000)运用验证性因素分析的方法考察了内隐自尊与外显自尊的关系，发现二者既相互独立，又存在较低的正相关，从而提出了内隐自尊和外显自尊的双重结构模型。研究结果发现，两种不同的自尊分别作用于不同的心理与行为，其中内隐自尊对自发的和情感驱动的行为反应有较高的预测。内隐自尊是由幼年时期形成并在随后的生活中内化为自我图式的一部分，通过有意识地内省不能确认，但却影响个体对行为的自我评价；外显自尊则是人们在意识中能够确认的一种自我评价。

(四)影响自尊的因素

(1)家庭因素

父母教养方式是家庭因素的重要组成部分，教育实践经验以及研究表明，父母的教养方式与儿童自尊发展有着密切关系，甚至影响到他们成长以后的自尊的发展。父母对儿童采取“温暖与理解”的教养方式会促进儿童自尊的发展，提高儿童自尊水平；相反，父母对儿童采取“惩罚与严厉”、“过分干涉”、“拒绝与否认”、“过度保护”等教养方式，都会不同程度地阻碍儿童自尊的发展，降低儿童的自尊水平。

(2)学校因素

学校是个体学习生活的主要场所，个体的学习成绩、师生关系和同伴关系等必然影响到个体自尊的发展。通过研究上述因素对自尊发展的影响发现：学业成绩与个体自尊发展具有显著的正相关；教师和同伴成为继父母之后个体自尊发展的两个重要影响源，教师对学生的支持、关心、鼓励、期望和参与等都有助于个体自尊的发展，满意的师生关系会促进个体自尊的发展；个体在同伴中的社会-领导性，对同伴的敏感-独立性，都有助于个体自尊的发展，而对同伴的攻击-破坏性，则阻碍了自尊的发展。

(3) 社会比较

社会比较对自尊的影响很大。一般来说，“下向比较”可以获得高自尊，而“上向比较”则容易导致低自尊。相关研究表明，低自尊者在社会比较过程中趋于采取自我保护的策略，而不是力求提高其自尊，只是在获得成功之后才寻求大量的社会比较；而高自尊者趋于采取自我提升的策略，往往在失败时进行大量的社会比较以寻求失败的补偿。

(4)自我知觉

自尊是自我知觉到的情感性体验，因此，自我知觉也影响个体自尊的发展。自我知觉的过程实际上是一种认知活动，影响我们知觉的不是我们做了什么，而是我们认为我们做了什么。

(5)他人的评价与态度

自尊是社会的产物，自我必须在他我中得到证实。Maslow(1954)在《动机与人格》一书中曾指出：最稳定和最健康的自尊是建立在当之无愧的来自他人的尊敬之上，而不是建立在外在名声、声望以及虚夸的奉承之上。由此看出，他人的评价与态度影响个体的自我意识的发展，也必然影响自尊的发展。

(6)个体的自我期待与行为

个体对自我的期待决定了个体的行动方向并预定了行动结果，而个体的行为则导致了现实的行动结果。个体自我期待的行动结果如果与现实的行动结果一致或比较一致，自尊即为积极的，反之，若现实的结果不如预想的好，则个体将体验到挫折感，自尊水平也必然下降。

总之，个体自尊的强弱取决于他们过去的体验、周围重要人物对他们的评价以及他们对自己的评价。重要人物通常指个体认为对他们有影响的人，主要指家长、教师、同学和朋友等。这些重要人物对个体的评价就像一面镜子，使他们能够认识和判断自我形象。如果这面镜子反映的是一个积极的形象(positive image)，那么，个体就会感受到自身价值的存在。否则，他们会觉得自己被抛弃，没有价值，没有意义。他们的后续行为也会因此受到影响。Coopersmith(1967)在《自尊心的养成》一书中提出培养自尊的三个先决条件。①重要感(sense of significance)，指个体觉得他的存在是重要的和有意义的。重要感主要来自与人交往的社会关系，在家庭中得到父母的关爱和在学校中受到教师和同学的接纳，就会使他们产生重要感。②成就感(sense of competence)，指个体能在具有挑战性的工作中表现出成就，而且能达到自己的预期目标，这时便会产生一种完美感受。③力量感(sense of power)，指个体感觉到自己有处理事务和适应困境的能力。这三个条件是指三个方面的心理需求的满足，只有这三个方面的心理需求得到满足后，自尊才会出现。

(五)自尊与成就动机和学业成就的关系

大量的研究显示了个体的自尊与成就动机有高度的相关性。自尊水平较高的个体相对于低自尊的个体有较高的成就动机；而对低自尊的个体而言，他们倾向于选择较为容易的学业任务以避免失败。Weiner在动机归因理论中曾指出，自尊是影响学生成就行为的重要因素。自尊水平低的学生遇到困难比较容易退缩，比较容易放弃，回避失败的倾向比较明显。在面对任务时多半会抱有失望和害怕的态度，他们往往认为自己没有成功的能力，他们无力避免失败，也不去追求成功，这种失落感、无力感最终可能演变成学习无助感(learned helplessness)。学习无助感是指个体面对挑战情境时的一种绝望心态，即使有轻易成功的机会摆在面前，他也没有去尝试的勇气。在这种心态的支配下，学习者便不愿再去学习，再去尝试了，久而久之，势必会形成失败—缺乏能力—失落感—表现降低的恶性循环。研究表明，自尊水平高的个体对任务的坚持时间远远长于低自尊者。积极的自尊发展会使学生富有创造力，会有较高的成就追求。

在所有与自尊有关的行为或特质的关系中，学业成就与自尊之间的关系受到研究者的广泛重视。有研究发现，青少年学生自尊水平的高低、自我印象的好坏对其在校的表现和学习能力有很大的影响，自尊与学业成就之间有显著正相关。

(六)自尊与外语学习/教学

决定自尊的两个因素是能力和价值。成功的体验和成功的教育是培养和发展大学生自我能力感的有效手段，而爱的体验和爱的教育是发展大学生自我价值感的关键。教师在教学工作及班级管理中应该针对每个学生的个性特点和能力水平帮助他们制订出符合自身条件的目标，并且鼓励他们靠自己的努力去实现目标，通过目标的实现，逐步建立起自尊和自信。教师对学生的点滴进步，都应该及时肯定和赞扬。教师对学生学习能力的评价、对他们的期待、对他们的支持与惩罚都会影响他们的自尊，而学业自尊对整体自尊的发展具有重要作用。同时，教师要引导学生学会自我肯定，当一个学生无论在取得成功还是遭受失败时都能自我肯定时，自尊才能真正建立起来。

自尊与外语学习关系密切。Heyde(1979，引自 Brown，2007)曾就自尊与外语学习之间的关系作过调查，发现在其他条件基本相同的情况下，自尊与外语学习成绩，特别是口语表达能力密切相关。通过实验还发现，教师对学生的表达能力和自尊能产生积极的影响。有研究表明，高自尊和低自尊的学生对语言学习焦虑的程度有明显的差异，即低自尊的学生比高自尊的学生更容易焦虑。Watkins 等人(1991)，Gardner 和 Lambert(1972)探讨了自尊与语言学习成功之间的关系，结果表明自尊是二语习得中的一个重要变量，尤其是二语习得中要涉及跨文化要素。Andrés(1999，引自 Brown，2007)也曾就自尊与外语学习的关系在阿根廷进行了试验研究，研究结果发现，儿童的自尊增强之后，他们的社会关系得到了改善，外语学习成绩有明显的提高。

因此，在外语教学中，教师应该有意识、有目的地提高学习者的自尊水平，教师要鼓励学生、接受学生、指导学生和信任学生，在情感上给学生更多的关爱。在组织课堂教学过程中，要营造积极的课堂气氛，给那些自卑、沉默、内向的学习者以更多练习和交流的机会，让他们有足够多的时间思考、发表自己的看法。同时，教师应以宽容的态度对待学生所犯的语言错误，让学生意识到出错是语言学习中最常见、最自然的事情，尽量做到多表扬，少批评，多鼓励，少惩罚。教师对学生所表述的内容及时给予反馈，随着他们课堂参与能力的提高，得到同学、老师认同的机会增加，成功的体验就增强，自信、自尊由此提高，焦虑程度随之降低。

六、焦虑

(一)焦虑概述

焦虑是个体在担忧自己不能达到目标或不能克服障碍，使自尊心与自信心受挫或使失败感和内疚感增加，形成紧张不安伴随其中的情绪心理状态。焦虑对人的行为及行为效果的影响，很早就引起了人们的注意。早在 20 世纪 20 年代，Freud(Sigmund Freud，1856—1939)就对焦虑进行了理论上的阐述，在当时产生了很大的影响。到了 20 世纪三四十年代，焦虑问题逐渐成为各国心理学界、尤其是教育心理学界研究和关注的焦点。到目前为止，许多学者对焦虑进行了探讨，已经取得许多有价值的成果。

学习焦虑是学生在学习过程中对现实或预期的对自己自尊心和价值感构成威胁的特定学习结果担忧的情绪反应，是学习者产生的忧虑、烦恼、紧张甚至恐惧等情绪体验。大致包括惧怕家长或老师的否定评价，对考试的担心、不安与恐惧、课堂上害怕提问，趋向回避、退缩，以及由植物性神经系统唤起的症状，如失眠、做噩梦等。

学习焦虑明显地影响着学生的精神状态、认知、行为和身体状况，因而影响学生的学业成就。焦虑对学习活动产生的危害主要有：注意力分散，影响对有关信息的掌握；影响学习策略的有效使用；影响考试策略的运用，对已掌握的内容不能做出正确回答。Covington(1992)分析了焦虑危害作用的几个不同阶段：第一个阶段是判断，在学习初始阶段，学生首先判断学习任务是挑战还是威胁，如判断为威胁便产生焦虑，导致注意力分散，学生开始关注于活动成败，怀疑自己的能力，担心能否达到预期目标等。第二个阶段是学习和解题阶段，由于同样的原因，学生关注能否有效地解决问题而不是如何去解决问题，不能很好地使用学习策略，尤其对无序材料的组织和难度较大材料的理解以及从长时记忆中提取相关信息解决当前问题的能力受到了极大的干扰，结果影响了学习的有效性。第三个阶段，由于焦虑使学生对于已掌握的内容无法提取，原本能够回答的问题也无法回答。

导致学习焦虑产生的原因，可以从内源性因素和外源性因素两方面来分析。

内源性因素主要包括：①学业压力。学业压力是学生心理压力的主要来源。随着社会的进步和发展，知识不断增多，信息日益更新，学习负担明显加重，学习内容难度加大、速度加快，对学生的自主学习能力要求越来越高。②成就目标需求过高。教师应该引导学生根据自己的能力、努力和环境条件来制定成就目标，并倡导学生脚踏实地、刻苦学习，力争达成预期目标。但如果制定的目标不切实际，加之自我成就需求又比较高，对事情的得失成败很在意，认为学习成绩直接关系到自己的前途和命运，往往会觉得压力很大。③自我认知差。自我认知较差的人，自我肯定不足，自我否定过多，严重缺乏自信。个人的喜怒哀乐受制于他人对自我的赞赏或贬损，遇到失败、挫折常常自责，容易产生挫折感和焦虑情绪。

外源性因素主要包括：①家庭的期望及教育方式。所有家庭都期望尽其所能，为孩子创造学习的环境和条件，一旦事与愿违，不是分析具体原因、激励孩子进一步努力，而是只就成绩做出负面反应，给孩子造成很大的心理压力。因此，孩子常把满足家长的期望当成自己的奋斗目标，唯恐成绩不好辜负了家长，因而整天忧心忡忡、焦躁不安。②教师的教育教学方式。教师对学生不恰当的批评和过分的激励，教师不恰当的课堂教学行为，如教学内容缺乏条理性、教学方法中的灌输和死记硬背、作业和测验安排太多或是学生没有达到要求时的严厉批评，都会使学生产生对教师、对学习的严重焦虑。③升学和就业压力。虽然目前倡导素质教育，但考试仍然是评定学生成绩的标准，关系到升学、就业和前途。因此，可能出现重智轻德、分数至上的消极现象，往往使学生产生焦虑情绪和挫败感。④同学间竞争。有些学生，尤其是学习成绩名列前茅的优秀学生总担心别的同学超过自己，这种来自同学之间的竞争压力常使他们产生严重的紧张情绪，焦虑过度，影响正常学习。

国外对学习焦虑的研究，主要集中于测试焦虑(test anxiety)。测试焦虑，即是由各种考试、测验所产生的焦虑，也有人称之为成就焦虑(achievement anxiety)或学业评估焦虑(school evaluation anxiety)。西方学者在研究考试焦虑的机能，编制焦虑量表，以及研究考试焦虑与学习效果和成就动机方面成果显著(Neumann, 1933; Atkinson & Litwin, 1960, 引自 Hamilton, 1974)。

近年来，国内对学习焦虑问题也进行了探讨。叶仁敏等人(1989)研究发现，中国大部分中学生成就动机很强，考试焦虑不高，智力水平较好。考试焦虑与成就动机、智力水平、学业成绩之间都存在显著的负相关。

中学生个性特征与家庭教育态度和考试焦虑有关。程念祖等人(1996)研究发现，情绪不稳定的学生有产生考试焦虑的倾向；家庭教育中的过度期待及粗暴干涉和不尊重孩子的做法，对考试焦虑的产生有明显的诱发作用。

学习焦虑作为一种对特定学习结果的预期性情绪反应，与学生的能力自我认知关系密切。如能力自我知觉越高，考试焦虑越低；能力自我知觉越低，则考试焦虑越高。同时，学习焦虑水平对归因有着直接的指导作用。不同学习焦虑水平的学生对成功或失败的学习结果有着不同的归因倾向。在成功情境中，低焦虑者更倾向于进行能力归因，而在失败情境中，高焦虑者更倾向于进行能力归因。而且，这些不同的归因倾向有着与学习焦虑水平相关联的激励后效作用。

有研究发现人格类型与考试焦虑存在着一定的关系。外向不稳定型和内向不稳定型的学生考试焦虑测验倾向于得高分。在考试高水平焦虑与考试低水平焦虑的人数百分比上，外向型均显著高于内向型。

（二）外语学习焦虑

外语学习中的焦虑主要指学习者在学习外语或用外语进行表达时产生的恐惧或不安心理。焦虑是一种心理状态，也是一种心理素质。面对某一特定情形或时间而产生的焦虑是一种心理状态(state anxiety)。这种焦虑心理可能随着时间的流逝而消失，但是，不是所有的学生都能克服焦虑。如果外语学习经常性地给学习者带来焦虑，则焦虑可能成为一种品质或心理素质(trait anxiety)。一旦焦虑形成一种品质，就会对外语学习造成严重影响(Arnold, 1999)。

Horwitz 等人(1991)认为外语学习焦虑是一个与课堂语言学习有关的，在语言学习过程中所产生的显著的自我知觉、信念和情感情结。MacIntyre 和 Gardner(1989)将外语学习焦虑定义为“与外语语境(听、说、读、写等)有着特殊关系的紧张与畏惧感觉”。总之，外语学习焦虑是学习者在外语学习或用外语表达时产生的恐惧或不安心理，是语言学习中所特有的一种心理状态。

在外语学习中，学习者的语言焦虑主要表现为交际焦虑(communication anxiety)、课堂焦虑(class anxiety)以及测试焦虑(test anxiety)。交际焦虑是对于与他人的真实或者预期交流产生的恐惧而出现的焦虑，其原因是学习者在用目的语交际时，担心自己不能正确运用目的语来充分表达自己的意思。课堂焦虑主要表现在学习者在课堂上担心自己的语言水平和语言能力落后于他人，担心在教师和同学们面前丢脸，担心自己能否跟上进度和能否完成学习任务。测试焦虑是学生担心考不好而产生的焦虑，它可能是由于学习者的语言能力不足而引发的，也可能是学习者受失败经历的影响而产生的(Horwitz et al., 1986)。

外语学习焦虑对外语学习过程、学习成绩、外语交际能力、自尊心及自信心都会产生负面的影响。学生可能会因为不能表达某一个信息而受到挫折，导致他们今后对用外语交际产生忧虑；有焦虑感的学生往往不愿意主动回答问题或积极参加课堂上的口语活动，他们还会尽量逃避学习一些难度大的语言结构，而较放松的学生则愿意挑战那些结构复杂的句子结构。

(1)外语学习焦虑产生的因素

导致外语学习焦虑的原因很多，Young(1991)总结了以下六种原因：①学习者与他人之间的比较。②学习者对语言学习的看法。③教师对语言教学的看法。④教师与学习者之间的交流。⑤课堂活动形式。⑥语言测试。

较低的自我评价和竞争意识是引起焦虑的两大重要原因。Bailey(1983)提出当学习者将自己和他人或者是和理想中的自我形象进行比较时，这种竞争意识就容易引起焦虑。自我评价低的学生总是担心同学们怎么看待自己，怕老师、同学对自己做出否定评价。如果学生一开始就认为自己学习外语的能力低下的话，就有可能引起语言焦虑。

学习者对语言学习的看法是引起语言焦虑的第二大因素。有的学习者认为学习一门外语最重要的是能说一口标准地道的外语，有的认为是记住单词，有的认为是掌握语法规则，有的认为要到目的语国家去亲临语言环境，有的认为在很短的时间内就可以学好外语，有的认为学习外语要有语言天赋等。当学习者发现实际情况并非如此时，焦虑随即产生。

教师对语言教学的看法也会导致语言焦虑。那些认为教师的任务是学生一出错就要纠正，认为教师在外语课堂上应占绝对主导地位，认为课堂教学模式主要是教师讲、学生听的教师最容易引起学生的焦虑。

教师与学习者之间的交流形式也会产生焦虑。平等、友好的师生关系有助于学生降低焦虑感，如果老师居高临下，对学生过于严厉，那么，势必会导致学生产生焦虑。

有的学生对外语考试表现出极度焦虑。在外语考试中，越是涉及对学生成绩的评价，考试的内容越不熟悉，学生就越容易焦虑。

Oxford(1999)将导致外语学习焦虑的因素归为以下十个方面：①自尊：自尊水平高的学习者比自尊水平低的学习者更能有效地克服焦虑。②歧义容忍度：在外语学习过程中，对语言模糊现象具有一定的歧义容忍度是非常必要的，否则，就有可能产生语言焦虑。③冒险精神：高度焦虑的学习者往往没有冒险精神。适当而明智的冒险对语言学习是有利的，例如，根据语言线索猜测词义，在课堂上大胆发言等。④竞争：当学习者将自己同他人或者理想中的自我形象进行比较时，可能会产生焦虑感。⑤社交焦虑：社交焦虑包括演讲焦虑、害羞、怯场、社会评价焦虑和交流中的不安等心理状态。⑥测试焦虑：由于担心测试结果不理想而产生的焦虑。测试焦虑会影响学习者完成测试任务。⑦认同感和文化休克：如果对所学语言和文化缺乏认同感，甚至产生文化休克现象，都会引起焦虑。⑧信念：学习者和教师的信念都有可能导致语言焦虑的产生。例如，有些学习者对外语学习持有一些不现实的想法，认为只要记忆单词，就能掌握一门外语；有的教师认为有错必纠等，这些信念支配下的行为都可能引起语言焦虑。⑨课堂活动和教学方法：课堂活动和教学方法可能导致焦虑的产生。⑩师生之间的互动关系：如果师生之间不和谐，教师处于绝对权威地位，可能会导致学习者焦虑情绪的产生。

(2)外语学习焦虑的测量

对于外语焦虑的测量有多种方法，如面谈、问卷调查、日记、报告等。

最初涉及对外语学习焦虑的测量是 Gardner 等人(1979)在对态度和动机的测量量表中设计的5个与法语课堂焦虑有关的题目，以及后来的一些涉及法语运用焦虑、英语考试焦虑(Clement et al.，1980)的测量，但这些测量都不是专门针对外语学习的，得出的关于外语学习焦虑的结论不一致，也不充分。

对外语焦虑所作的较有影响的定性研究是 Bailey(1983)的有关焦虑的日记研究。较有影响、可信度较高的定量研究是 Horwitz 等人(1986)专门针对学生在外语学习中因碰到的困难和学习策略等情况而可能出现的焦虑进行的研究，他们在大量调查的基础上设计了外语学习焦虑测量方法，即外语课堂学习焦虑量表 FLCAS(Foreign Language Classroom Anxiety Scale)。该量表主要测试交际畏惧、考试焦虑和否定评价恐惧三个方面的内容，由33个题目组成，其中有20个题目涉及听、说方面。该量表显示了很高的内部一致性。Horwitz 等人的研究结果表明外语学习焦虑对外语学习有很大的负面影响。

(三)正确认识焦虑的性质

在现代社会中，焦虑时时困扰着人们，任何人都难以摆脱。只要是个体作为一个社会成员参与社会生活、从事社会生产，必然要面对社会竞争、承受相应的社会压力，因此任何人都应该保持适度的焦虑。只有这样，个体才有可能面对和承受竞争和压力。

人们的生活处境不同、面临的问题不同，焦虑的内容和焦虑的程度也有所不同。对学生而言，只要进行学习活动，就存在着焦虑，只是应该将焦虑保持在适当的阈限内。许多研究都证明，适度的焦虑具有积极影响。适度的焦虑可以促进儿童的自我控制和自我约束，并有助于他们形成参加具有长远效果的活动的意向(Lindgren & Fisk，1976)。

Scovel(1978)将焦虑分为两大类：促进性焦虑(facilitating anxiety)和退缩性焦虑(debilitating anxiety)。前者指适度的焦虑可以使学习者保持警觉，有助于调动学习者的认知内驱力，激发他们挑战新的学习任务的信心，使他们不断向目标接近，后者阻碍学习者主动参与学习，导致他们逃避学习任务以回避焦虑。有研究表明促进性焦虑能使学习者保持适度的张力，对外语学习有一定的促进作用(Spielmann & Radnofsky，2001；Ehrman & Oxford，1995；Young，1992 等)。

Yerkes-Dodson Law 是心理学家 Yerkes 和 Dodson 经过实验研究归纳出的一种法则(Yerkes & Dodson，1908)，用来解释心理压力、工作难度与成绩三者之间的关系，见图4-8。如图所示，压力与成绩之间存在着一种倒 U 形关系，适度的压力水平能够使成绩达到顶峰状态，过小或过大的压力都会使工作效率降低。他们认为因为动机而产生的心理压力，对作业表现具有促进作用，而其促进作用的大小，将因工作难度与压力大小而异。在简单的工作面前，如果有较高的心理压力，将产生较好的成绩；但在复杂困难的任务面前，如果心理压力过大，往往会影响任务的完成。

外语焦虑与外语学习的关系同样遵循 Yerkes-Dodson 法则，即焦虑程度过强和过弱都会使学习成绩下降，可望取得最佳学习效率的焦虑程度应该是中等的。当然最佳的焦虑程度也因人、因学习材料的性质不同而变化，在相对比较容易的材料中，学习成绩随焦虑程

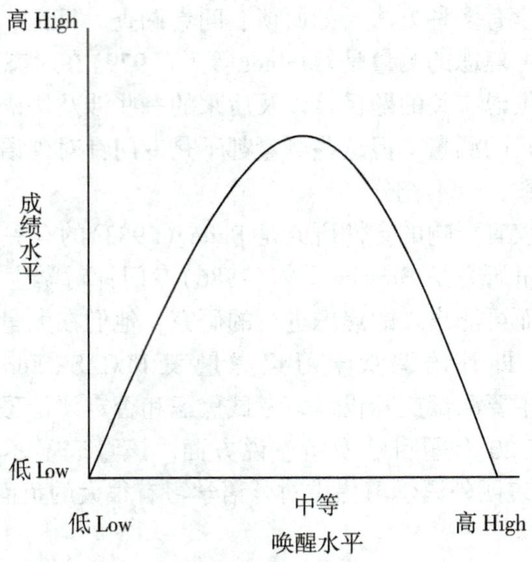

图 4-8　焦虑唤醒水平与成绩之间的关系

度的提高而上升，随着学习材料难度的增加，焦虑水平有逐渐下降的趋势。高度的焦虑只有同高度的能力相结合才能促进学习，而高度的焦虑同低能力或一般能力相结合，则往往会抑制学习。因此，就促进大多数人的学习而言，应当把焦虑控制在中等程度。

(四)降低或克服焦虑的方法

外语学习焦虑在教师的帮助下是可以降低或克服的。首先，教师要努力营造一个轻松、和谐，以学生为中心，让学生不感到过度压力和紧张的课堂氛围。教师不仅要给予学生学习上的帮助和指导，还要在心理上给予学生人文关怀，了解学生的需求，多与学生交流；让学生感到教师是学生学习的指导者、帮助者、促进者，而不仅仅是权威者、控制者、评价者。对焦虑水平较高的学生，教师要了解他们的焦虑根源，帮助他们实事求是地评估自己的学习结果，在课堂上提供各种语言学习成功的机会，以增强他们的自尊心和自信心。

第二，教师要有效地组织课堂教学，精心设计教学的每一个环节，教学内容要有条理性，使学习内容有明确的目标和清晰的结构。教师的授课态度要友好，提问要有艺术性和针对性，对不同的学生可以提不同的问题，要鼓励学生参加丰富多彩的课堂活动，允许学生犯错误，让学生有成功的学习体验；同时，教师要指导学生掌握一些外语学习策略和方法，提高学习外语的效率。

第三，作业、测验、考试的内容和时间安排要合理。平时作业和一般性的测验不要有太严格的时间限制；测验、考试卷面要有足够的信度和效度，内容的难度要有一定的坡度。

第四节　学习者社会文化因素

外语学习者除了具有认知因素、情感因素等方面的差异之外，还具有社会文化差异。社会文化差异指学习者态度、文化适应、社会距离和心理距离等方面的差异，社会文化差异对外语学习者来说尤为明显，它们在不同程度上影响着外语学习的过程和结果。

一、语言态度

态度是指个体对人、对事、对周围世界所持有的一种具有一致性与持久性的倾向。这种倾向可以从个体外显行为去推测，但态度的内涵却不限于单纯的外显行为。态度的内涵除了行为的成分之外，还包括情感和认知。正因为态度中含有认知和情感的成分，因而在对人对事的态度表现上，也就有积极的态度和消极的态度之分。

语言态度指不同语言或语言变体的说话者对他人的语言或自己的语言所持有的态度。对语言表示出的积极或消极的看法可以反映语言的难易度、语言学习的难易度、重要性、语言品位、社会地位等。语言态度还可以反映人们对说这种语言的人的看法。

语言态度主要可分为两个方面的内容：①感情方面的语言态度，指说话人在感情、情绪上，听、说特定语言时的反应和感受。它往往与说话人的母语和文化背景甚至个人的生活经历等因素紧密相关。感情方面的语言态度也可称为“语言感情”，常常表现为人们把一种语言和它所关联的国家或民族联系在一起，表达对本族语言的忠诚和热爱。这在移民地区表现得尤为明显，它反映了一种民族意识和民族心理。②理智方面的语言态度，指从实用或功利目的出发，对特定语言进行理智上的评价。它往往反映了说话人所处社会中特定语言的实际功能和社会地位。理智的语言态度主要取决于特定语言在使用中的功能以及它可能赋予说话人什么样的社会地位。这一点在移居海外(如美国)的移民身上体现得尤为明显，他们中的大多数人迫于政治、经济、社会地位的压力，往往放弃了自己的母语，转而使用英语，为的是尽快融入主流社会，为自己各方面地位的提升创造条件(陈松岑，1999；杨寿勋，2003)。

外语学习态度是学习者的认识、情绪、行为在外语学习上的倾向。Lambert(1963)认为对待第二语言学习的态度及倾向(orientation)决定了学习者的学习动机，从而决定了学习者第二语言学习的成就。Gardner 和 Lambert(1972)认为，如果第二语言学习者对目的语文化群体抱积极的态度，例如，想了解他们，和他们在感情上融为一体等，则会引发很高的参与性动机。Stern(1983)提到外语学习中的三种态度：①对目的语社团和人的态度。②对所学语言的态度。③对语言和学习语言的一般态度。Gardner，Lalonde 和 Pierson(1983)在 Lambert(1963)研究的基础上，把语言态度纳入动机的三要素之一进行研究。他们认为：语言态度是语言学习中重要的因素之一。语言态度不直接影响学习者语言学习成就，而是与学习者所处的社会环境相互作用影响动机，进而影响学习者的语言学习成就。Spolsky(1989)认为语言态度的作用机制在于：选择语言时，社会和个人的价值观决定了个人学习该语言的价值观，这些价值观转换成态度，态度进而影响动机形成的程度和类别。

态度对第二语言习得的影响主要体现在以下几种关系上。一是态度与第二语言习得水平的关系。学习者对第二语言抱积极态度则容易提高学习水平，而持消极态度则提高较慢。二是态度与投入程度的关系。Gardner 和 Lambert(1972)的研究发现，半途而废的第二语言学习者的态度大多是被动消极的，其学习成绩也较之持积极态度的学习者要差。三是态度与课堂行为的关系。Gilsman(引自 Gardner & Lambert，1972)的研究表明，学生上课的表现与学习态度之间有很高的相关系数。持积极态度的学习者课堂上表现活跃，参与意识强，学习成绩较好；相反，持消极态度的学生在课堂上往往处于被动状态，不主动参与课堂活动。

二、文化适应

文化适应(acculturation)指个体从当初所熟悉的母体文化进入异质文化后产生的行为变迁和适应过程，是某一个体的语言、文化和价值观因与另一文化相接触而发生的顺向变化。因而它是再社会化过程中一种他文化适应或外文化适应。

Ward(1996)认为文化适应分为两个维度：心理适应(psychological adaptation)和社会适应(sociocultural adaptation)。心理适应是以感情反应为基础，指在跨文化接触中的心理健康和生活满意度。在跨文化接触的过程中，如果没有或较少产生抑郁、焦虑、孤独、失望等负面情绪，就算达到心理适应。社会适应是指适应当地社会文化环境的能力，是否能与具有当地文化的人进行有效的接触和交流。Linton(引自 McLaughlin，1987)认为，文化适应的总体过程涉及态度、知识和行为方面的适应，文化适应的进程既受客观环境的影响，也受行为者主观心理因素的限制。

文化适应是一个错综复杂的过程，许多学者对其进行了广泛的研究，产生了不同的模式和理论，其中 U 形模式得到了广泛的关注。U 形模式又称为“文化休克理论”(Oberg，1660)。Oberg 将文化休克分为六个维度：压力感，迷失感，被拒/拒绝感，困惑感，焦虑感，以及无能感。Oberg 认为，在文化适应过程中，人们在情感适应方面存在着 4 个阶段：蜜月期、危机期、恢复期和适应期。①蜜月期：指在旅途开始时感到的兴奋和愉悦。旅居者因环境的改变而带来的新鲜感和兴奋感超出了起初的忧虑，这个阶段持续的时间较短。②危机期：在最初的兴奋逐渐消失后，旅居者面临在一个陌生而困难的环境里生活的挑战，进入危机期，开始体验文化休克，产生包含多种负面情绪的心理不适感。③恢复期：这一时期个体对周围的环境和人有了新的认识，个体开始承认两种文化在思维方式和情感表达方式上的差异，开始改变自己的期望去适应新的环境。④适应期：在这一阶段，个体开始逐渐适应新的文化环境中的生活，开始以一个“局内人”的身份获得对居住国文化的信任和理解，开始在新的环境中塑造和发展新的自我，并产生帮助其他“局外人”进入这种文化的满足感。

文化适应一般要关注两大问题，一个是文化保持(culture maintenance)，另一个是接触和参与(contact and participation)。根据这两个维度，Berry(2002)提出了四种文化适应的模式：文化融合/多文化共存、文化同化、文化隔离、文化边缘化。从弱势文化群体的角度看，如果个体不想保持母体文化的认同，而寻求与主流文化的互动，那么他就使用同化(assimilation)的文化适应策略。相反，如果个体看重自己的母体文化，避免同主流文化的互动，那么他就使用分离(separation)的文化适应策略。如果个体在保持母体文化的同时，又寻求与主流文化的互动，那么他就使用整合(integration)的文化适应策略。相反，如果个体对维持母体文化没有太大的兴趣，同时又不想与主流文化互动，那么他就使用边缘化(marginalization)的文化适应策略。一般来说，两种文化之间的适应性越强，两种文化的社会价值和规范矛盾越小，则两种文化之间的抵制就越少；反之，两种文化之间的适应性越弱，两种文化的社会价值和规范越相矛盾，则两种文化之间的摩擦就越多，抵制性就越强。

文化适应过程包含着第二语言学习者对目的语群体文化互动行为选择以及对文化心理结构的改造，表现为对文化心理层次的认同，如对社区认同、群体认同、语言认同等。文化适应的过程要从社会和心理两个方面来进行调整，其中包括学会适应语言习惯，以便能在目的语社团中进行交际。文化适应水平与语言精通水平之间存在相关，但是不同文化适应水平与第二语言精通水平之间的相关存在差异，语言认同和社区认同、群体认同高于民族文化认同。不同个体在文化适应的的过程中阶段性差异明显，其结果也有很大不同。Lambert(引自 Arnold，1999)认为成功地学习第二语言需要学习者能够并且愿意调整包括言语在内的各方面行为，这些变化是获得与目的语言群体相容的重要条件。

Brown(1980)把第二语言习得过程中的文化适应分为四个阶段：①兴奋阶段：最初接触新文化时的兴奋感和幸福感。②文化休克阶段：对目的语文化产生的生疏感和抵触情绪。③文化初步适应阶段：对新文化的紧张、抵触情绪逐渐得到缓解。④文化基本适应阶段：对新文化基本上产生认同感。Brown 认为，相对于成年人而言，儿童更早地完成文化适应的各个阶段，这是因为儿童对母语文化的意识程度较低，受母语文化的束缚较小，文化休克和文化紧张的程度较轻，在社会文化方面的弹性相对较大的缘故。

Schumann(1986)把文化适应按学习者与目的语社团的结合方式分为两类：第一类学习者把目的语社团作为参照系，希望被它的生活方式和价值观念完全同化而成为目的语社团中的一员；第二类学习者则仅希望与目的语社团进行社会结合，心理上对它的语言持开放态度，但不愿被它的生活方式和价值观念同化。Schumann 强调，这两种文化适应均能有效地促进第二语言习得的发展。

Lambert 的观点与 Schumann 的观点有着异曲同工之处。Lambert(1974)提出“削减性双语现象”(subtractive bilingualism)和“附加性双语现象”(additive bilingualism)两种不同的双语类型。削减性学习者的母语和母语文化认同被目的语、目的语文化认同所取代；附加性学习者在获得目的语、目的语文化归属的同时，保持其母语和母语文化归属。

文化适应要消除文化定势、减少偏见。文化定势(stereotypes)是一种整体式的文化取向，即把某一文化群体中的每一个成员都当作该文化代表的一种倾向，其结果是每个文化群体的成员都被当作其所属群体的代表而具有此群体的文化特征。文化定势使得人们用过分简单的语言概括并描述目的语文化，而忽视了其文化的个性。例如，有人这样概括：中国人谦逊、好客，美国人富有、慷慨，犹太人精明、吝啬，德国人呆板、机械等。这种文化定势忽视了目的语民族的个人文化特征，无疑对交际是不利的。

偏见是以一种错误的或不可变通的判断为基础的一种反感心态。这种心态也可能表达出来，也可能被别人知觉到。它可能是针对某一群体，也可能针对某一群体中的个体。偏见和文化定势一样，具有执著的情感内涵：它对使其改正的证据总是固执地抵抗；它是僵化的、不可逆转的、不可改正的态度；它基于错误的判断或先入之见，是对其他群体或个人采取的否定态度，是一种不健康、不合理的心态。偏见的存在严重影响了不同文化之间的人际交往。

外语学习是文化适应的一部分，学习一种外语的过程就是逐步适应这种新的文化的过程。因为语言既是表现文化的主要手段，又是文化的载体。学习一门外语，不可避免地会涉及学习者对目的语群体的看法和态度。学习者要学好这种语言，就必须了解和适应该语言所表达的思想体系和信仰体系，以及涉及的文化格调、风俗习惯、交际系统等。

三、社会距离和心理距离

为什么不同学习者在第二语言习得速度和成效方面存在着显著的差异？为什么第二语言习得过程中会出现僵化现象和洋泾浜化现象？Schumann(1978)提出的文化适应模式(acculturation model)理论试图从社会环境因素和学习者个人心理因素等两个方面回答以上问题。社会距离(social distance)和心理距离(psychological distance)是文化适应模式理论中的两个重要概念，学习者对外语文化的适应程度表现在他与该文化的社会距离和心理距离的大小。

社会距离指学习者社团相对于目的语社团而言的地位，或学习者被目的语社团容纳并与之接触的程度(Ellis，1994)。社会距离由体现和决定学习者社团与目的语社团关系的一系列社会因素决定，主要包括：①社会地位(social dominance)，指学习者社团与目的语社团各自在政治、经济、文化、技术等领域里的地位是平等的，不是一方优于另一方。②融合方式(integration pattern)，指学习者社团是被目的语社团同化，还是保留自己的生活方式和价值观念，或是二者兼顾。既适应目的语文化，又在自己的生活圈子里沿袭自己的文化方式。③封闭性(enclosure)：指两社团被各自的学校、教堂、医院等社会设施隔离的程度。封闭性有高、低之分。④凝聚力(cohesiveness)，指学习者社团以圈内交往，还是圈际交往为主。前者具有凝聚力，而后者无凝聚力。⑤学习者社团规模的大小(size)。⑥文化和谐性(cultural congruence)，指学习者社团和目的语社团的文化是相近还是相异。⑦社团的态度(group attitude)，指两社团对彼此所持的态度是肯定的还是否定的。⑧打算居留时限(intended length of residence)，指学习者社团打算在目的语社区居留时间的长短。

Schumann(1978)认为，学习者与目的语社团之间的社会距离是制约文化适应程度和第二语言习得水平的主要原因。因为，决定社会距离的各种社会因素通过影响学习者的动机、他们对目的语及其社团的态度、目的语输入的质量和数量以及总体学习环境来影响语言习得水平。

心理距离指学习者个人对目的语及其社团的总体心理感受，它与个体学习者对学习任务的适应程度有关(Schumann，1978)。心理距离主要由以下几种心理因素决定：①语言休克(language shock)，指学习者在使用目的语时所体验的困惑和恐惧。②文化休克(culture shock)，指学习者在接触一种新文化时所产生的焦虑和失落感。③动机(motivation)，指学习者学习目的语的目的，以及为达到该目的而做出的努力。Schumann沿用了Gardner和Lambert(1972)的动机分类法，把动机分为融合型(integrative)和工具型

(instrumental)两种。具有融合型动机的学习者对目的语社团有特殊的兴趣，期望参与或融入该社团的社会生活，具有工具型动机的学习者则仅为达到某一具体目的而学习目的语，如通过某一考试，获得某一职位，出国深造等。④自我渗透性(ego permeability)，指学习者的语言自我的可塑性和僵化程度。语言自我是外语学习者在母语习得过程中逐步建立起来并具有保护性能的一种心理屏障。对外语学习的心理抑制越强，自我渗透性越弱，语言信息就越不容易吸收。

Schumann(1978)认为，在自然语言环境下习得第二语言时，心理因素的作用不如社会因素明显。心理因素主要是在社会距离难以确定，即社会因素对文化适应不构成积极的或消极的影响时才发挥作用。如在外语教育环境下，学习者不能与目的语社团直接接触，反映两个社团关系的社会因素对文化适应的作用变得模糊，学习者个人对目的语及其文化的心理感受，即心理距离的作用可能变得更加突出。因此，如何帮助学习者克服语言和文化休克，激发学习者的学习动机，跨越语言自我的心理屏障，是外语教师需要重点考虑的问题。

在 Schumann 看来，学习者中介语的僵化和洋泾浜化的形成过程特征相似，二者均受社会和心理距离的影响。当学习者与目的语和文化的社会距离和心理距离较大时，学习者无法逾越语言发展的早期阶段，从而导致其语言僵化或洋泾浜化。Schumann 认为，社会距离和心理距离以两种方式导致语言的洋泾浜化。首先，社会距离和心理距离影响学习者接收语言输入的质和量；其次，社会距离和心理距离影响学习者对语言功能的选择。Schumann 将语言功能归为三大类：第一类是以满足一般的信息传递和交流为目的的交际功能(communicative function)，第二类是以融入目的语社团、成为其中一员为目的的融合功能(integrative function)，第三类是为展示语言的运用技巧和表达能力而使用目的语的表达功能(expressive function)，如在文学作品中的语言运用。Schumann 的研究结果表明，第二语言初学者所追求的是最基本的语言交际功能，此时发生的语言僵化和洋泾浜语能够满足这种功能。若在早期阶段，学习者的中介语没有僵化，学习者则可以像本族语者一样既要获得语言的交际功能，又要获得语言的融合功能。然而，无论是第二语言学习者，还是本族语者，把语言的表达功能作为学习目标的人为数不多。

Schumann 的文化适应模式对外语教学起到了一定的借鉴作用。在教学实践中，教师既要遵循第二语言习得的普遍规律，又要区别对待不同于自然语言习得环境的课堂外语教学；既要关注社会环境和社会因素对外语学习者产生的影响，又要积极发挥学习者心理因素的积极作用，帮助学习者尽早克服语言休克和文化休克，缩小与目的语的社会距离和心理距离，促使他们获得外语学习的成功。

第五章 交际能力

要使用一种语言，必须具备两大类知识：语言知识——语言自身结构方面的知识，包括语音、语法和词汇三个层面的知识；语用知识——与该语言相关的各种社会历史、文化背景知识，还包括各种超语言的交际知识和交际规则。学习一门语言，如果不懂得语言运用的社会原则和文化规约，纯粹的语言系统知识是不能保证交际顺利进行的。第二语言学习中，交际能力的培养是语言学习的主要目标。外语是一门交际工具，第二语言教学不仅要提高听、说、读、写、译等方面的语言知识和技能，更要培养学生的跨文化交际意识和文化能力，在跨文化交际中自如得体地运用语言知识，促进文化交流和相互理解。本章节主要介绍交际能力和跨文化交际能力的内涵、口语语法、语言的功能、语体和语域。

一、交际能力的界定

交际能力(communicative competence)是基于语言能力的概念发展起来的。这一概念首先是由美国语言学家 Chomsky 在讨论语言研究的目的时提出来的，他区分了语言能力(language competence)和语言行为(language performance)。“语言理论主要涉及理想的说话人/听话人，在完全同质的言语社团里，理想的说话人/听话人完全知道其语言，在语言实际运用中，应用语言知识是不受与语法无关的条件诸如记忆限度、干扰、注意与兴趣的转变、(杂乱或有特点的)误差等的影响(Chomsky，1965：3)。”“因此我们从根本上区分语言能力(说/听者的语言知识)和语言行为（performance)，即具体情况下语言的实际运用(Chomsky，1965：4)。”语言能力可理解为本族语者内化的语言规则体系。正是由于这种语言能力，本族语者能够理解并产生以前从未接触过的合乎语法的句子。语言能力说明了本族语者为什么能够区分合乎语法和不合乎语法的句子，为什么能够理解和生成新的合乎语法的句子等问题。语言行为是本族语者在交际场合使用的话语。说话者的语言行为由于心理因素如紧张、兴奋等因素的影响，语言行为不能完全反映他的语言能力。可以看出，Chomsky 的语言能力主要是句法知识，但句法知识只是语言能力的一部分，其他知识如语音、词汇、构词和语用等都是语言能力不可或缺的。语言行为除了受到心理因素的影响，还受到受到生理因素(如疲倦)、社会文化因素(如地域、种族、社会阶层)等因素的制约。

成功的交际，不仅需要一套内化的语言规则体系，而且还必须遵循其他交际规则。本族语者必须同时掌握了这些交际规则，才能正确地运用语言进行交际。基于这个原因，社会语言学家 Hymes(1972)提出了交际能力(communicative competence)的概念。Hymes 认为 Chomsky 的认知模型忽视了社会文化语境下语言使用的得体性。没有语言使用的规则，语法规则就没有用武之地。他提出交际能力应包括语用知识和能力，即在语言运用过程中，交际双方不仅需要知道交际话语的结构正确与否，还需要知道交际话语在特定语境中的可行性、得体性和目的性。也就是说，交际能力使得本族语者能够在适当的场合、适当的时间、用适当的方式进行交际。交际能力包括：①形式上的可能性(possibility)，指某种说法是否(以及在多大程度上)在形式上可能(正确)。②实施手段上的可行性(feasibility)，指某种说法是否(以及在多大程度上)在实施手段上可行。③语境中的得体性(appropriateness)，指某种说法是否(以及在多大程度上)在语境上得体。④现实中的实施状况(the performance is done)，某种说法是否(以及在多大程度上)实际出现了。Hymes 对交际能力的界定并不是十分明确，涉及的方面也不全面。

Canale 和 Swain(1980)拓展了语言能力的内涵，提出了交际语言能力模型，认为交际语言能力由语法能力(grammatical competence)、社会语言能力(sociolinguistic competence)和策略能力(communication strategies/strategic competence)三部分。Canale(1983)进一步将交际能力分为四种能力：语法能力、语篇能力、社会语言能力和策略能力。①语法能力(grammatical competence)，即掌握语音、词汇知识、词法规则、句法和语义的能力。②社会语言能力(sociolinguistic competence)，即在具体语境中得体地使用语言的能力。③语篇能力(discourse competence)，即能够在交际中构建和保持连贯的话语和篇章的能力。④策略能力(strategic competence)，即在交际受阻时采取补救措施以提高信息传递率的能力。Canale 将原来的社会语言能力进一步划分为社会语言能力和语篇能力。语言即语篇(language as discourse)，McCarthy 和 Carter(1994)认为把语言作为语篇来组织教学，将语篇能力作为外语教学的新目标。社会语言能力、话语能力和策略能力相当于语用能力(pragmatic competence)。语用能力指的是听话人对语境的认识能力和在对语境认识的基础上理解别人的意思和意图，能够准确表达自己的意思和意图的能力。

Leech(1983)将语用能力分为语用语言能力(pragmalinguistic competence)和社交语用能力(sociopragmatic competence)。语用语言能力指的是按本民族语者的语言习惯正确地理解和恰当地使用不同的语言形式和语用功能，准确地表达交际意图的能力。社交语用能力指的是根据不同文化背景的语言交际者习惯得体地、合适地使用语言的能力。学生在语用层面发生的错误称为语用失误。

与 Leech 提出的语用能力的两个方面相对应，Thomas(1983)将语用失误分为语用语言失误(pragmalinguistic failure)和社交语用失误(sociopragmatic failure)。语用语言失误是语言本身引起的语用失误，包括两个方面，一是表达不符合英语本族语者的语言习惯，误用英语的表达方式；二是不懂英语的正确表达方式，受语言负迁移的影响，按母语的语意和结构套用英语。社交语用失误是在跨文化交际中，由于不了解谈话双方文化背景差异而影响语言形式选择的失误，该类失误与谈话双方的身份、熟悉程度、语域等有关。

Van Ek(1986：35)提出六维度的交际能力模型，这六个维度分别是：语言能力(linguistic competence)，指产生和解释符合语言规则和规约的有意义话语的能力；社会语言能力(sociolinguistic competence)，指意识到语言形式与交际情境、人际关系、交际意图等因素之间关系的能力；语篇能力(discourse competence)，指能够运用合适的策略构建和解释语篇的能力；策略能力(strategic competence)，指能够使用恰当的交际策略解决交际中遇到的困难的能力；社会文化策略(socio-cultural competence)，指能够意识到社会文化差异并得体使用语言的能力；社会能力(social competence)，指与他人交际的意愿和技能、动机、态度、自信、移情等要素。

进入 20 世纪 90 年代，Bachman 提出了交际语言能力学说（Communicative Language Competence），该学说更加全面和系统。Bachman（1990）进一步发展了 Canale（1983）的模型，认为交际语言能力是把语言知识和语言使用的场景特征结合起来，创造并解释意义的能力。交际语言能力包括三个方面的内容：语言能力（language competence）、策略能力（strategic competence）和心理生理机制（psychophysiological mechanisms）。①语言能力。语言能力由四种能力构成：语法能力（grammatical competence），即语言结构知识，包括词汇、词法、句法和语音/拼写；语篇能力（textual competence），即语言运用中组句成章的能力；功能能力（illocutionary competence），即语言运用的概念功能、操纵功能、启发功能和想象功能；社会语言能力（sociolinguistic competence），即根据社会文化特征和语篇特征，如方言、语域、语言的自然性、文化所指和修辞，在不同的语言使用环境中恰当得体地使用语言的能力。②策略能力。策略能力分评估、确定目标、制定计划和实施四个部分。策略能力是人们使用语言进行交际时的心理认知过程。③心理生理机制。心理生理机制指语言使用所涉及的神经和生理过程。

Bachman 和 Palmer（1996）后来又对交际语言能力模型进行了重构，重构后的模型由以下五个部分构成：语言知识（language knowledge）、情感图式（affective schemata）、个体特点（personal characteristics）、话题知识（topical knowledge）和策略能力（strategic competence）构成。其中语言知识由组织知识（organizational knowledge）和语用知识（pragmatic knowledge）组成，前者由文本知识（textual knowledge）和语法知识（grammatical knowledge）组成，后者由词汇知识（lexical knowledge）、功能知识（functional knowledge）和社会文化知识（sociocultural knowledge）构成。

Celce-Murcia 等人（1995：10）在 20 世纪 90 年代也提出了一个五成分模型，该模型包括：语篇能力（discourse competence）、行动能力（actional competence）（即将语言的言内之意转化为实际语言的使用）、社会文化能力（sociocultural competence）、语言能力（linguistic competence）和策略能力（strategic competence）。

Littlewood 和 Li（2006）也提出交际能力具有五个方面的能力：①语言能力（linguistic competence），指掌握和运用词汇、语法、语义和音位知识的能力。②语篇能力（discourse competence），指构建连续语篇的能力，如在较长的书面语语篇中组织观点，保持较长的话语语轮，参与互动，开始和结束会话等的能力。③语用能力（pragmatic competence），指第二语言说话者运用语言资源在真实语境中表达和解释意义的能力，包括处理由于知识的差异而造成的问题情景的能力。④社会语言能力（sociolinguistic competence），主要指在社会语境中得体地使用语言的能力，如合适的语体、直接性等。⑤社会文化能力（sociocultural competence），指说话者意识到背景知识和文化观念会影响意义的表达，可能会导致跨文化交际中的误解。

“语言的使用包括语言学习，是由人作为个体和作为社会成员所采取的行动构成的。他们在行动过程中，发展了自己的一系列能力，包括一般能力和交际语言能力。他们能根据各种不同的场合，在不同的条件和限制下，运用所掌握的各种能力，去从事语言活动，包括在语言处理中去产出或接受具体范畴中特定主题的文本，运用恰当的策略去完成语言任务。参与者对其行为的监控进一步加强和改善了语言使用者和学习者的能力。(Council of Europe, 2001: 9)"《欧洲语言共同参考框架：学习、教学、测评》认为交际语言能力包括语言能力、社会语言能力、语用能力，每个组成部分又由知识(knowledge)、技能(skills)、应变(know-how)、生存能力、学习能力等要素构成(Council of Europe, 2001: 13)。语言能力包括词汇能力、语法能力、语义能力、语音能力、拼写能力、正音能力；社会语言能力包括表明社会关系的标识性词语、礼仪规则、大众智语、语体差异、方言与口音；语用能力包括话语能力、功能能力(刘壮等，2012: 617)。知识指对世界的认知以及社会文化知识、跨文化意识，是全部交际活动的基础；技能指跨文化的技能与应变、应用性技能与应变；生存能力指与交际活动相关的态度、动机、价值观、信仰、认知方式、性格特点等；学习能力指善于调动和运用各种知识、技能和生存能力，是在发现、应对其他语言、文化中形成的(Goullier, 2008)。

综上所述，交际能力的范围非常广泛，涵盖了交际中的各种因素，如语言、社会、文化、语用、心理等因素，这些因素相互作用、相互制约，形成一个复杂的知识和能力体系。交际能力不仅是口语表达能力，还包括书面语能力；交际能力的提高离不开传统语法的学习，同时学习者也应了解和掌握口语的特点；交际能力包括掌握语言知识、文化知识的能力，但更加注重语言使用的能力。交际能力的培养和获得并非易事，特别对外语学习者来说更是如此。

二、跨文化交际能力

跨文化交际能力的英译有三种：Cross-Cultural Communication（简称 CCC）、Transcultural Communication Competence（简称 TCC）和 Intercultural Communication Competence（简称 ICC）。CCC 多指本族语者与非本族语者之间的交际能力，强调文化交往，ICC 和 TCC 同指不同国家、民族和地区间的跨文化交际能力，强调文化比较。跨文化交际能力是运用语言知识、社会文化知识、语篇知识、语用知识和交际策略等方面的知识和技能与来自不同文化背景的人进行准确得体交际的实践能力，即"在跨文化交际实践中表现出来的基于跨文化知识、技能和态度的有效、恰当的沟通能力"(Deardorff, 2006: 247)。

跨文化交际能力是我国英语教学的重要培养目标之一。《义务教育英语课程标准》在"课程设计思路"部分描述道："这一课程体系以培养学生的综合语言运用能力为目标，根据语言学习的规律和义务教育阶段学生的发展需求，从语言技能、语言知识、情感态度、学习策略和文化意识等五个方面设计课程总目标和分级目标。"(教育部，2011: 5)《大学英语课程教学要求》在"教学性质和目标"部分提出："大学英语是以外语教学理论为指导，以英语语言知识与应用技能、跨文化交际和学习策略为主要内容，并集多种教学模式和教学手段为一体的教学体系。"(教育部高等教育司，2007: 1)《高等学校英语专业英语教学大纲》在"教学原则"部分明确提出培养学生的"跨文化交际能力"，除了强调培养学生运用语言的准确性外，还要培养他们对文化差异的敏感性、宽容性和处理文化差异的灵活性，以适应日益广泛的国际交流的需要(高等学校外语专业教学指导委员会英语组，2000: 12)。

有关跨文化交际内容，国内外学者众说纷纭。总的来说，跨文化交际能力涉及认知、情感、技能、行为等方面，是一个内容较多的综合体。

Spitzberg 和 Cupach(1984)认为跨文化交际能力由知识、动机和技能三个因素构成。知识是指关于交际对象、语境以及交际行为要求等信息；动机指交际愿望和情感联想；技能指从事交际行为应具备的能力，包括模糊容忍能力、自我平静能力、移情能力、自我行为调节能力、准确预测与解释对方行为能力等。

Byram(1995，转引自 Coperias，2009：245)构建了包含知识(knowledge)、做事的能力(knowing how)、态度与价值观(attitudes and values)、学习的能力(ability to learn)四个基本要素组成的跨文化交际能力模式。其中知识包括书本知识和亲身经历获得的知识；做事的能力就是执行某一行为程序的能力；态度和价值观是生存能力，是个体特征的综合体，包括个性特征以及关于个人形象、他人观点和交际意愿的态度；学习的能力包括了生存能力、陈述性知识和技能、发现差异的意愿。

Kim(2001：98-118)提出跨文化交际能力应涵盖认知能力、情感能力和行为能力三个层面。认知能力要求交际者必须具备解码不同言语和非言语行为的能力；情感能力要求交际者具有跨文化意识，并能尊重异族文化，克服民族中心主义等交际障碍；行为能力是跨文化交际能力的最终体现，包括技术能力、谋略能力和应变能力。

Deardorff(2006)建立了金字塔式的跨文化能力模式，塔底是必备的态度，第二层面是知识与理解及技能，且两者是互动关系，第三层面是理想的内在结果，具备了适应性、灵活性、民族文化相对观念和移情能力，就能到达金字塔顶，进行有效得体的跨文化交际。

贾玉新(1997：480-502)认为跨文化交际能力是由基本交际能力、情感和关系能力、情节能力和交际方略等系统构成。基本交际能力系统包括交际个体为达到有效交际所应具备的言语和非言语行为能力、文化能力、相互交往能力以及认知能力；情感和关系能力系统包括移情能力和交际者在交际中使用正确的交际策略能力；情节能力系统包括遵循意义和行为之逻辑的一般情节能力以及超越和改变自己习惯遵循的规则的能力；交际方略系统包括在交际过程中因语言或语用能力有缺陷而达不到交际目的或造成交际失误时所采用的一系列补救方略。

文秋芳(1999：9)提出的跨文化交际能力模式由交际能力和跨文化能力两个板块组成：交际能力板块包括语言能力、语用能力、策略能力；跨文化交际能力板块包括对文化差异的敏感性、宽容性和处理文化差异的灵活性。

杨盈和庄恩平(2007)认为跨文化交际能力要素应包括全球意识、文化调适、知识和交际实践四大能力系统，四者共同构成跨文化交际能力框架。全球意识是跨文化意识和跨文化知识的综合体。文化调适能力是一种在跨文化环境中根据文化特征调节自身行为的能力。知识分为交际文化和知识文化，包括价值观 、社会习俗 、历史与宗教等方面。交际实践能力包含语言交际能力、非语言交际能力和交际策略，综合运用各种知识，进行有效的、得体的、满意的交际。

张卫东和杨莉(2012：10)则提出了由文化意识、文化知识以及交际实践等部分组成的跨文化交际能力。文化意识需要交际者认识到文化无优劣好坏之分，愿意寻求和抓住机会平等地与异文化成员交流，要尊重对方的文化身份，入乡随俗。文化知识维度要求交际者理解和掌握中国文化和目的语文化知识，了解不同国家之间的文化差异以及当前关系，公正对待文化差异。交际实践表现为具体的语言运用能力，能够运用外语得体地交流，能基于对方的文化特点恰当运用手势、身势、面部表情、触摸、时空观念等因素，能适当运用交际策略，包括使用近义词、举例等转述策略和语码转换、语言迁移等补偿策略，能适当运用交际技能，包括解释技能、协调技能、发现技能、互动技能。

胡文仲(2013：4-5)将跨文化交际能力归纳为认知、感情(态度)和行为三个层面的能力。在认知层面，交际者不仅需要一般文化的知识，还需要具备特定文化的知识以及关于本国和其他国家的政治、经济、地理、历史、人文、宗教、习俗等各方面的知识。感情层面包括交际者对于文化差异的敏感、对于不同文化的包容、对于自己文化的深刻理解以及对于其他文化的尊重等。行为层面主要是指交际者的各种能力，如语言能力、非语言能力、变通能力、处理人际关系的能力、心理调适能力、适应环境的能力以及在异文化环境中做事的能力等。

顾晓乐(2017：82-84)在批评借鉴国内外跨文化交际模型的基础上，构建了跨文化交际互动理论模型，包括态度、知识和技能三个宏观维度。态度是跨文化交际成功的前提，知识是跨文化交际的基础，技能是跨文化交际的保障。态度维度涵盖全球意识、语言文化意识和交际动机；知识维度包括语言/肢体语言知识、本国/他国文化知识、交际策略知识和各类必要知识；技能维度包括语言知识和策略运用能力、基本认知能力、高级批判思维能力和调适能力。

综上所述，跨文化交际能力除了包含一般的交际能力，还包括跨文化知识、跨文化技能、跨文化态度。诚然，跨文化交际能力异于一般交际能力，它涉及两种或两种以上的语言、文化以及交际规则。即便较好地学习了目的语语言、了解了目的语文化及其规则，也不能保证交际的顺利进行。拿中国英语学习者来说，从小学开始，学习者接触的是英语书面语法，而在以英语为媒介的跨文化交际中，英语母语使用者会更多地遵循口语语法，口语语法与书面语语法存在较多的差异。因此，笔者认为，跨文化交际能力中语法知识还应包括口语语法知识。

三、口语语法

随着口语语料库的建立和对英语口语的深入研究，人们对口语语法的描述更加详尽而全面。基于语篇的口语语法被认为是一种区别于基于句子的传统书面语语法(McCarthy & Carter，1995；Houghes & McCarthy，1998；Biber 等，1999；Goh，2007)。Larsen-Freeman(2007)巧妙地阐释了二者的关系：“规则是有用的，但它是形式的、不易改变的。但现实中的语言就不一样了。语言是为意义的表达和解释而存在的，当然包括语法意义…… 我们告诉学生静止性的动词不能用于现在进行时态。但本族语者却说：‘I've been wanting to see that movie ever since it arrived in town。’原因在于现在进行时与现在完成时在语义上是对等的：都可以表达时间的跨度。”(转引自 Pérez-Llantada，2007：160)口语语法的独特性是显而易见的。

自从语料库语言学家 McCarthy 和 Carter(1995)的文章“Spoken grammar：what is it and how can we teach it?”发表以来，英语口语语法，作为一门独立的语言学分支，逐渐受到重视并得到了语言学界的认可。Biber 等人(1999)的著作 *The Longman Grammar of Spoken and*

Written English 标志着人们对口语语法的认识已经上升到一个新的阶段。该书收集了约 3 千 7 百万英式和美式英语口语和书面语篇，共 4 千万词汇，作者将 2 千万核心词汇分为四种不同的语域：会话语篇、科幻写作、新闻写作以及学术写作，并对会话语篇和其他语篇进行了定量比较，提出“对话的特殊语法”(Special Grammar of Conversation)。这种特殊语法的存在源于会话的特性：会话的语境是说话人和听话人共享的，会话中无需意义的精加工或具体化，模糊语言是普遍现象；会话是互动的；会话可以表达个人的礼貌、情感和态度；会话在真实的环境中进行；会话词汇具有限制性和重复性；会话中常常使用非正式用语(Leech，1998：第 13 段)。因此，英语口语和书面语都具有各自特殊的语法。

McCarthy 和 Carter(1998)概括总结了编写口语语法的十大标准：①建立口语语法的核心单位。口语中的结构单位从传统语法来看是不合适的，如非确定性结构（Take that off. All looks great. And they're like?）；词组(Oh that. For a car. Any problem.)；不完整结构(It was a bit erm … A bit.)；单独成句的从属分句(As soon as they hear insurance claim.)；断断续续的句子(Anything to do with … coach work is er … fatal isn't it?)；语法单位不明确的词汇(Now.)。②短语结构的实际复杂度。一般来说，为了交际的顺利进行，口语中的词组结构相对简单和松散。③时态、语态、体以及交际和语篇意义。时态、语态和体服务于交际和语篇意义的表达。④分句成分的位置。分句成分，如副词的位置在口语中比较灵活，是由交际情景决定的。⑤扑朔迷离的分句现象。口语中分句多为评价性句子，而且可以游离于句子而独立存在。⑥荒诞的出格现象(X's has had to be delayed because his teeth were slow coming，er，coming down，er，which fair enough，that was just one of those things，it was unavoidable.)。⑦语篇模式。跨越句子或段落的类似的结构，如时态的表达(used to，would 等)在口语和书面语中有相似也有不同的地方。⑧作比较的标准。将口语和书面语进行比较，找出相似性和差异性。⑨元语言术语。口语语法应该有一套元语言术语来呈现口语语法的特征。⑩本族语者和非本族语者。口语语法应该确立一个权威的语言变体。口语语法的标准为口语语法研究提供思路，对口语语法教学也有一定的参考作用。

McCarthy 和 Carter(1998)在研究语料库 The British National Corpus（BNC）、Cambridge and Nottingham Corpus of Discourse of English（CANCODE）、Collins Birmingham University International Language Database 的基础上，总结了口语语法的基本形式：①头词(heads)，位于句首，引起听者对话题的注意(The white house on the corner，is that where she lives?) ②尾词(tails)，位于句尾，呼应承前代词，加强语气(She's a very good swimmer Jenny is.) ③省略(ellipsis)，主语和动词都省略(Lots of things to tell you about the trip to Barcelona.) ④语篇标识(discourse markers)，用于标记话题的转换(anyway，right，okay，I see，I mean，mind you，well，right，what's more，so，now 等)。⑤句子成分位置灵活。如副词(词组)置于反意疑问句之后(Spanish is more widely used isn't it outside of Europe?)，副词置于句尾(You know which one I mean probably.)。⑥模糊语言(vague language)(thing，stuff，or so，or something，or anything，or whatever，sort of)。⑦指示词(deixis)(this，these，that，those，here，there）。⑧多样化的情态表达(may，might，can，could，must，should，ought to，I think，I suppose，perhaps)。⑨并列句和简单的从属句（I was driving along talking to Jill and we'd，like，stopped at some traffic lights and then — bang — there was this almighty crash and we got pushed forward all of a sudden.)。⑩纵横交错的分句(Sure we got there um at seven actually around six fifteen and class starts at seven and I went up in this building that was about five or six stories high and I was the only one there and I was the only one there I was. And I yeah I was thinking gosh you know is this the right place or may be everyone's inside waiting for me to come in there's nothing said you know come on in knock on the door and come in or anything like that.)

综上所述，基于语料库研究的口语语法有区别于传统语法的标准和结构形式，应该作为一个独立的语言层面来进行教学，以提高学生的跨文化交际能力。

四、语言的功能

McCarthy 和 Carter(1994：174)指出，描写使用中的语言具有潜在的价值，人们最好在语境中去了解语言的功能，而在语境中研究语言又会促使我们重新认识语言的形式和意义之间的关系，即语言能力与语篇能力不可分离。这里的语篇既包括口语语篇，也包括书面语篇，使用相应的语言形式(词汇和语法)实现相应的语言功能。

第二语言交际能力就是要在交际中实现语言的功能。关于语言的功能，研究者从不同的视角进行了分类，较为全面的有 Jakobson，Halliday 和 Nida 的语言功能分类。Jakobson (1960)在以往研究的基础上将语言的功能扩展为六个：

①指称功能(referential function)：用以传递信息和消息，这是语言的主要功能——信息功能。

②诗学功能(poetic function)：语言的娱乐作用。如以下这首视觉诗，文字编排别出心裁，中间的一条线象征着隔阂，传递出不惑之年的夫妻渐行渐远的情感状态。

Middle	aged
couple	playing
ten	nis
when	the
game	ends
and	they
go	home
the	net
will	still
be	be
tween	them.

(Roger McGough，引自 Jakobson，1960)

③表情功能(emotive function)：表达情感和态度。

I had a very terrible day!

Congratulations!

I'm awfully sorry!

I'm the happiest guy in the world.

④意动功能(conative function)：通过语言劝说和影响他人。

Would you mind opening the window?

John, come here!

Don't touch it!

⑤寒暄功能(phatic function)：与他人建立或维持良好的人际关系。

Hello!

How are you?

How have you been doing?

⑥元语言功能(metalingual function)：澄清交际意图、话语和意义。

Pardon, what do you mean by that?

The word "suggest" is used in the wrong way. It should be followed by a clause proceeded by "that" or by gerunds. For example, we can say that he suggests that we have dinner first or he suggests having dinner first.

Halliday 也对语言的功能进行了研究。在早期对儿童语言习得的研究中，他归纳出语言有七种微语言功能(Halliday, 1975)：

①工具功能(instrumental function)：用于获取自己想要的东西。

Mum, water.

Apple juice.

②控制功能(regulatory function)：用于调节他人的行为。

Don't touch it! It's mine!

Get out!

③交互功能(interactional function)：用于与他人交际。

Mum, you are the best mum in the world. I love you!

Goodbye daddy. Love you!

④个体功能(personal function)：用于表达个人观点和情感。

Me good boy.

I'm coming.

Baby sad.

⑤启发功能(heuristic function)：用于获取知识。儿童充满对世界的好奇，总会有一些奇怪的问题。

Why is the flower red?

How was I born?

Does the tree have tears?

⑥想象功能(imaginative function)：用于讲述故事、开玩笑等。下面是一位儿童编出

来的故事，很有想象力。

Auntie, my grandma and grandpa, and my mum and dad were buried under the big house. Now I am alone, without a relative. How poor I am! I know you are kind. Can you take me home?

⑦表征功能(representational function)：用于传递信息。

John cried a lot today. But I good boy.

We ate chicken today. Yummy!

We played a game. I was the princess.

Halliday(2008)认为成人的语言有三大元功能：

①意念功能(ideational function)，即人们用语言来描述周围所发生的事件或情形，谈论内心和外部世界。例如，下面两段话，虽然报道的是同一个事件——地震带来的灾难，但是第一个语篇采用的是主动语态，第二个语篇采用的是被动语态，描述的视角大相径庭，传递的信息焦点也不同。第一个语篇突出了地震强大的破坏力，地震就像一个恶魔一样摧毁着这个世界；第二个语篇则是客观、安静地注视着地震后的悲惨情形。

Three earthquakes jolted Indonesia in less than 24 hours, sending a three-metre tsunami crashing to the shore, uprooting thousands of trees, damaging hundreds of houses, devastating several villages, and killing at least 100 people.

Three earthquakes occurred in Indonesia in less than 24 hours. In the tremors, a three-metre tsunami was sent to crash to the shore, thousands of trees were uprooted, hundreds of houses were damaged, several villages were devastated and at least 100 people were killed.

②人际功能(interpersonal function)，即人们通过语言影响其他人的行为，建立和保持人际关系，表达自己的看法和态度。下面两个语篇摘自 *College English Creative Reading* 的两篇文章，题为 *Piracy in the 21st Century*。分析表明，第一个语篇全部使用陈述语气，第二个语篇除了使用陈述语气，还有疑问语气。不同的语气使两个语篇传递的人际意义大不一样。在第一个语篇中，作者是信息的绝对权威，读者是被动的接受者，二者关系较为疏远；而第二个语篇中的疑问语气类似日常生活中的对话，拉近了作者与读者的关系。

Local laws in Asia must be changed. Their failure to recognize and respect intellectual property rights needs to be corrected as soon as possible to ensure that foreign companies are adequately protected in terms of their investment. If the correction does not occur, then international companies will need to increase the number of inspectors they employ to go around the world checking that copyrights are not being abused and putting pressure on governments for legal reforms.

A final key issue needs to be addressed: Why are Asian countries so often criticized for piracy while nobody is forcing trade and copyright agreement on the Middle East? I believe there is a hidden policy agenda here. Countries such as Kuwait, the United Arab Emirates, Saudi Arabic, and Bahrain can hardly plead poverty as the reason for not being able or willing to buy legal software. Yet all these wealthy countries have piracy levels as high as, if not higher than, those of China, for example. At the top levels of politics, where international trade agreements are made, might the West's need for oil supplies be an issue of considerable significance here?

③语篇功能(textual function)，即人们用语言组织信息，表达意念和人际意义，实现思想表达的完整性和连贯性。下面三句话的基本意义相同，但出发点相异，分别为"Mum""Bread"和"In the kitchen"。使用哪句话需要看上下文语义的连贯性。

Mum is baking bread in the kitchen.

Bread Mum is baking in the kitchen.

In the kitchen Mum is baking bread.

Nida(1993)从社会学的角度将语言功能分为五类：

①人际功能(interpersonal function)：用于相互协商、维持关系、表达身份和态度。下面两句话，称呼和措辞不一样，说话者在交际中建立的地位、身份和权力不一样。第一句是平等的亲近的人际关系，第二句体现了不平等的疏远的人际关系。

Carey, got a second? I have a question.

Miss Wu, I was wondering if you could spare some time to explain this question to me.

②信息功能(informative function)：用于传递信息。如报纸、杂志、互联网等媒介每天都传递海量的信息，日常生活中亦是如此。

③祈使功能(imperative function)：通过语言影响他人的行为。针对不同的对象，语言的表达形式呈现多样化。

Open the window, please!

Could you open the window?

Would you be kind enough to open the window?

John, can you open the window?

④施为功能(performative function)：通过语言来改变事物的状态。在下面的句子中，说话者的话语改变了人物和事物的状态，可以说，语言可以用来改变世界。

Priest: I now pronounce you husband and wife.

Foreman of the jury: We find the defendant guilty.

Boss: You are fired!

Referee: You are out!

Chairperson: I declare the meeting open.

⑤情感功能(emotive function)：通过语言来改变他人的情感状态。政治演讲具有鼓动性，可以引起他人的情感共鸣。

I believe we can keep the promise of our founder. The idea that if you're willing to work hard, it doesn't matter who you are or where you come from or what you look like or where you love, it doesn't matter if you're black or white or Hispanic or Asian, or native American, or young or old, or rich or poor, able, disabled, gay or straight, you can make it.

(Barak Obama Victory Speech, 2012)

尽管不同的学者有不同的分类，但内容几乎大同小异。综合上述不同的分类，可以总结出语言的功能主要有：信息功能、人际功能、施为功能、情感功能(包括表达说话人的情感和影响听话人的情感)、寒暄功能、娱乐功能和元语言功能等。

四、语体与语域

语言交际要求语言使用者根据不同的话题、对象、场合、交际目的以及说话人和听话人的共享知识的程度使用不同的语体。语体不是社会或地域方言，而是用于特定目的的语言变体。例如，与家人、朋友、熟人和陌生人之间谈话时，人们会使用不同的语体。与家人和朋友交流时，较多使用随意语体。与熟人交谈时，说话比家人较为正式。与陌生人说话时，较多使用正式语体。口头语和书面语都有正式语体和非正式语体之分。朗读下面的语篇可以感受到不同的语体。(1)和(2)分别为口语的正式和非正式语体；(3)和(4)分别是书面语的正式和非正式语体。可以看出，在正式和非正式语中，使用的词汇、语法，甚至语音都会发生变化。

(1) But, in a larger sense, we can not dedicate — we can not consecrate — we can not hallow — this ground. The brave men, living and dead, who struggled here, have consecrated it, far above our poor power to add or detract. The world will little note, nor long remember what we say here, but it can never forget what they did here. It is for us the living, rather, to be dedicated here to the unfinished work which they who fought here have thus far so nobly advanced. It is rather for us to be here dedicated to the great task remaining before us — that from these honored dead we take increased devotion to that cause for which they gave the last full measure of devotion — that we here highly resolve that these dead shall not have died in vain — that this nation, under God, shall have a new birth of freedom — and that government of the people, by the people, for the people, shall not perish from the earth.

(Abraham Lincoln, *The Gettysburg Address*, 1963)

(2) [学生在外科候诊室交流]

Got on better with Glynbo I think and John Bish let me and trudie sleep in his bed last time we went up to Brunel or the one time when we stayed in Old Windsor with them cos erm Ben had given us his room cos he'd gone away for the weekend and erm it was me and Trudie just in Ben's room and John Doughty had a double bed so he, John Bish had a double bed so he offered us his double bed between us and then slept in Ben's room cos Ben and PQ had gone away for the weekend but they tried to get, they'd gone away and tries to get back like to catch me and Trudie before we left.

(Houghes & McCarthy, 1998: 270)

(3) Studies serve for delight, for ornament, and for ability. Their chief use for delight, is in privateness and retiring; for ornament, is in discourse; and for ability, is in the judgment, and disposition of business. For expert men can execute, and perhaps judge of particulars, one by one; but the general counsels, and the plots and marshalling of affairs, come best, from those that are learned. To spend too much time in studies is sloth; to use them too much for ornament, is affectation; to make judgment wholly by their rules, is the humor of a scholar. They perfect nature, and are perfected by experience: for natural abilities are like natural plants, that need pruning, by study; and studies themselves, do give forth directions too much at large, except they

be bounded in by experience.

(Francis Bacon, *Of Studies*, 1597)

(4) "My father's a great man. I see what he went through and the shit and the hard times. I don't see how he lived through it. I used to lay awake when he was drinkin' and listen to him talk all night. And I used to cry. He talked about the shittin'war, all the money goin' for war. And the workers' sons are the ones that fight these wars, right? And people that got nothin' to eat… I tell ya, if I didn't have an income comin' in… These kids hangin'around here, Irish kids, Italian kids, twenty-five years old, alcoholics, winos. One guy died of exposure. He went out with my kid sister and he's dead now."

(Studs Terkel, *Working*, 1974)

美国语言学家 Joos(1967)根据语体的正式程度把语言分为五个等级：①僵化(oratorical/frozen)，主要用于公众演讲，如美国总统的就职演说。措辞是经过深思熟虑、事先准备好的，语调比较夸张，运用较多的修辞手段。②正式(deliberative /formal)，正式语体面向较多听众，如大学课堂演讲。说话人和听众之间几乎没有互动。③商榷(consultative)，一般通过对话进行，措辞较为正式，如商务洽谈、医患对话等。④随意(casual)，用于朋友、同事和家人之间，无需太多措辞，几乎没有社交屏障。⑤亲近(intimate)，用于家人、爱人、知心朋友之间，完全没有社交屏障，双方能推心置腹地交流。

与语体相关的另一重要因素是语域。语域包括语场(field)、语旨(tenor)和语式(mode)。语场指正在发生的事件和进行的活动，包括社会活动的性质和进行谈论的话题；语旨指参与者的社会关系，包括权力和地位、情感状态和联系程度三方面内容；语式指语言使用的媒介和目的，即交际渠道(是口语形式还是书面形式)以及语言是用来行事还是表达观点等(Gerot & Wignell, 1994: 11)。语域具有预测语篇(text)和反映文化(context of culture)的两大功能。我们可以根据所处的语言环境类型预测语篇，即预测什么样的意义有可能在这一语境中交换，从而大致预测出语篇的结构以及所用的词汇和语法类型；反之，如果知道了语篇特征，也可以预测出语篇情景的特征；再者，我们还可以根据语言来预测讲话者所处的社会环境及其文化背景。语域的三个变量共同决定了意义选择的范围和表达内容的语言形式，这些语言形式实现了语篇的三大"元功能"：意念功能、人际功能、语篇功能。不同的功能由不同的语言形式来实现。意念功能由及物系统来实现，人际功能由语气系统来实现，语篇功能由主位系统来实现。

第四部分　教学篇

第六章　外语教学大纲

教学大纲(syllabus)指对一门教育或培训课程的教学内容和教学顺序等方面加以纲要或总结的形式进行描述的指导性文件，一般包括教学目的、任务、教学内容的范围、教学活动、教学进度、评分标准、课堂要求以及对教学法的基本要求等(梅德明，2017：240)。可见，教学大纲对一门课程的实施起着计划和指导作用。外语教学大纲也不例外，是外语教学理论与外语教学实践之间的桥梁，是外语教师将其对语言、语言教与学的理念转化为教学行为的转化器。教学大纲具有规约性，教师根据教学大纲，通过设计教学活动以实现学习者需求和教学目标；教学大纲可以提高效率：如实用效果，节约时间和金钱，可以因时因地而制定；教学效果，对学习过程的控制和管理(Yalden，2000)。

综观国外文献，人们用 syllabus 和 curriculum 两个术语来指称“教学大纲”。在有些文献中，二者没有差别，但有些文献将二者区分开来：

Stern(1983：434)认为 curriculum 有两层含义。从广义上讲，curriculum 指某一教育机构或体系的课程教学的本质；从狭义上讲，curriculum 跟 syllabus 同义，关于一门学科或课程的学习。但是近年来，curriculum 的内涵在逐渐扩大，不仅包括某一学科或课程内容，还涵盖了整个教学过程，包括教材、教学设备、考试、教师培训，总之，所有与教育或课程教学相关的内容。从这个方面来说，syllabus 是 curriculum 的一部分(Davies et al.，2002)。

Candlin(1984) 指出，curriculum 是对语言学习、学习目的与体验、学习评估、教师与学生之间的角色关系等方面进行的一般性陈述；syllabus 则更加具体化，描述和记录师生实际贯彻执行 curriculum 的情况。syllabus 是实施 curriculum 的具体形式。

Nunan(1988)认为，curriculum 是庞大的复杂的概念，可以从不同的层面来理解：从决策层面上来看，它包括明确学习者需求和学习目的、确定学习目标、选择和分类学习内容、组织安排学习和学习小组、选择、改编和开发教材、学习任务和评估手段。从行动层面上来看，它指的是教与学的具体过程。从评估和考核层面上来看，它需要考察学习者是否达到了学习目标：哪些学习内容已经掌握，哪些学习内容尚未掌握，并提出改进建议。从教学管理层面上来看，它涉及教学资源及其利用、教学机构与相关社区的关系、有限资源和行政决策对教学活动的影响等。Syllabus 主要是关于教学内容的选择和分类。

Rogers(1989：26，引自 Richards，2001：39)也对二者进行了区分。Rogers 认为 syllabus 主要是一门课程涵盖的内容，是整个学校课程的一小部分；curriculum 则是一个更加宽泛的概念，囊括了学习者在学校参加的所有学习活动，不仅包括学习什么，还包括怎样学，教师如何运用教学资源、评估手段和方法来指导学习者。

鉴于以上文献综述，笔者亦赞同 curriculum 与 syllabus 有一定的区别。Syllabus 是微观的，具体到一门课程，描述特定的语言课堂，包括教学目标、教学内容、教学活动、教学方法、课程考核等；curriculum 是宏观的，是对某一阶段语言教学具有指导性的文件，包括语言、语言学习和语言教学的理论框架，培养目标和目的语学习目的以及语言教学的实施。syllabus 指课程教学大纲，如《英语听力教学大纲》《基础英语教学大纲》《英语写作教学大纲》等；curriculum 指某阶段语言教学的纲领性文件，如《义务教育小学英语新课程标准》《初中英语新课程标准》《高中英语新课程标准》《大学英语课程教学要求》《高等学校英语专业英语教学大纲》《研究生英语教学大纲》等。本章在阐释课程教学大纲的内容、地位和作用的基础上，将进一步探讨课程教学大纲制定的影响因素，详细介绍外语教学大纲的作用与分类。

第一节　课程教学大纲的内容

泰勒(1994：2)提出课程研究的四个基本问题：

(1)学校应该追求哪些教育目的？

(2)提供什么样的教育经验才能达成这些教育目的？

(3)这些教育经验如何有效地组织？

(4)我们如何才能确定这些教育目的的达成？

以上四个问题构成了课程研究的四个要素——课程目的与目标、学习经验/内容的选择、课程内容的组织与课程评鉴。在语言教育中，“前两个问题是关于大纲设计的，第三个问题是关于语言教学方法的，第四个问题是关于评价与评估的”(Nunan，2006：55)。

一个有效的课程教学大纲应包括哪些内容呢？Smith 和 Razzouk(1993)总结出以下十个要素：

(1)教师和课程的基本信息。

(2)课程的目的和目标。

(3)教育理念。

(4)课程基本内容。

(5)课程的时间安排和作业的时间要求。

(6)使用教材。

(7)课外阅读。

(8)授课方法。

(9)学生反馈和学生成绩评定方式。

(10)学生的学习工具和学习资料。

以上内容是课程教学大纲的常规性、规定性内容，如教学目标、教学要求、教学内容(包括重点、难点、疑点、上课方式等)、教学进度、考核方式、评分标准、课堂纪律、课后阅读材料等，更是教师编写大纲时的重点。

一个完善的外语教学大纲应该包括以下几个方面的内容(Van Ek，1975：8-9)：

(1)使用外语的情境，包括可能遇到的各种话题。

(2)学习者将要参加的语言活动。

(3)学习者将要运用的语言功能。

(4)学习者针对某一话题的应对。

(5)学习者能够处理的一般意念。

(6)学习者能够处理的特定(与话题有关的)意念。

(7)学习者将要运用的语言形式。

(8)学习者运用语言的熟练程度。

外语课程的教学大纲除了满足一般教学大纲的要求，还需要突出外语教学的特点，焦聚语言形式、意念、功能、语言活动和期望达到的语言水平。我们来看一个具体的例子，这是某综合性大学英语专业的基础课程《基础英语》(1)的教学大纲(2007)。

课程：基础英语(1)

课程编号：xxx

学时数：108 (讲授：96 讨论：6 习题：6) ；学分数：6

适用专业：英语

开课学期：1

执笔人：xxx

编写日期：2007 年 11 月

一、本课程的性质和目的

1. 课程性质：基础英语是英语专业的一门专业基础必修课。

2. 目的和任务：基础英语是一门综合英语技能课。第一册课程时间为一个学期，其主要目的在于帮助学生练好坚实的语言基本功，从语音、语调到成句、成段地说，从单词、句子听写到段落听写，从句子写作到段落乃至语篇写作，从句子翻译到段落翻译。本课程主要通过语言基础训练，使学生逐步提高学生英语会话能力和交际能力，扩大词汇量和熟悉英语常用句型，具备基本的口头与笔头表达能力。鼓励学生积极参与课堂的各种语言交际活动以获得基本的交际技能，达到《高等学校英语专业英语教学大纲》(2000 年 4 月)所规定的听、说、读、写、译等技能的要求，并为学生进入高年纪打下扎实的基础。在语言技能训练方面，一年级狠抓听说，但不忽视读写。课程修完，要达到以下标准：

语音：发音正确；较好地掌握节奏感；掌握语流中的一些语音技巧和句子语调；初步掌握语段中语音轻重和新旧信息传递之间的关系。

语法：熟练掌握主语从句、同位语从句、倒装句和各种条件句；初步掌握句子之间和段落之间的衔接手段。

词汇：认知词汇 2000~3000 个，正确而熟练地运用其中的 1000~1500 个及其最基本的搭配。

听力：听懂英语国家人士关于日常生活和社会的谈话；能在 15 分钟内听写已学知识内词数为 200 个左右、语速为每分钟 120 个单词的录音材料，错误率不超过 8%。

口语：能在一般社会场合与英语国家人士交谈，正确表达思想，语音、语调自然，无重大语法错误，语言得体。

二、课程教学内容及学时分配

本课程的教材分为《新编英语教程》学生用书第一册和《新编英语教程》练习册第一册。本课程在教学内容方面，第一册共有18个单元，每单元分为语言结构、对话(对话1和对话2)、阅读(阅读1和阅读2)、写作和交际活动等五大部分。在学时分配上，一般是语言结构1学时、对话2学时、阅读2学时、写作和交际活动1学时，总共是18周授课时间。

第一单元(6学时)

理解并在对话中运用一般现在时、现在完成时、过去进行时、过去完成进行时等语言结构，学习在交际中自我介绍和介绍他人，理解并在指导写作中运用连词，学习写介绍性便条。

第二单元(6学时)

理解并在对话中运用“if；when ；that”等引导的宾语从句，学习在交际中问路、指路，进一步理解和在指导写作中运用连词，进一步学习根据提示写介绍性便条。

第三单元 (6学时)

理解并在对话中运用被动语态的一般现在时、现在完成时、过去时、将来时等语言结构，学习在交际中运用”比较”谈论过去、现在和将来，进一步理解并在指导写作中运用连词，学习写邀请便条。

第四单元 (6学时)

理解并在对话中运用各种情态动词，学习在交际中咨询建议和提出建议，理解和在指导写作中运用有关态度的词汇，进一步学习根据提示写邀请便条。

第五单元 (6学时)

理解并在对话中用一般现在时把直接引语转换成间接引语，学习在交际中运用直接引语变间接引语的转换技巧，进一步理解并在指导写作中运用有关态度的词汇，学习写电话留言便条。

第六单元 (6学时)

理解并在对话中运用时间状语从句，学习在交际中运用“咨询信息”和“提供信息”的得体表达，进一步理解和在指导写作中运用连词，进一步学习根据提示写电话留言便条。

第七单元 (6学时)

理解并在对话中运用动词不定式作宾语和宾语补语、动词不定式作宾语等语言结构，学习在交际中谈论“喜好”和“偏爱”，进一步理解并在指导写作中运用连词，学习写感谢信。

第八单元 (6学时)

理解并在对话中运用定语从句，学习在交际中描述事物，进一步理解和在指导写作中运用连词，进一步学习根据提示写感谢信。

第九单元 (6学时)

理解并在对话中运用由“if”引导的条件状语和虚拟语气等语言结构，学习在交际中谈论将来的计划和打算，进一步理解和在指导写作中运用条件状语和虚拟语气等语言结构，理解和学习写“庆贺”便条。

第十单元 (6 学时)

理解并在对话中运用将来进行时、将来完成时、将来完成进行时等语言结构，进一步学习在交际中谈论将来的计划和打算，进一步理解并在指导写作中运用定语从句，进一步学习根据提示写“庆贺”便条。

第十一单元 (6 学时)

理解并在对话中运用各种名词性从句，进一步学习在交际中运用“赞同”和“反对”的得体表达，理解并在指导写作中运用间接引语，理解和学习写有关“新信息”的通知。

第十二单元 (6 学时)

理解并在对话中运用被动语态的现在进行时、过去进行时、由“be going to”和情态动词引导的被动语态等语言结构，进一步学习在交际中运用“允许”“义务”的得体表达，理解并在指导写作中运用被动语态和连词，进一步学习根据提示写有关”新信息”的通知。

第十三单元 (6 学时)

理解并在对话中运用情态动词，理解和学习在交际中运用“批评”的得体表达，理解和在指导写作中运用情态动词，理解和学习写关于“安排”的通知。

第十四单元 (6 学时)

理解并在对话中运用宾语从句，进一步学习在交际中用一般过去时把直接引语转换成间接引语，理解并在指导写作中运用直接引语变间接引语的转换技巧，进一步学习写关于“安排”的通知。

第十五单元 (6 学时)

理解并在对话中运用状语从句，理解和学习在交际中运用解释用语的得体表达，理解并在指导写作中运用连接词汇，了解和学习写关于“与朋友联系”的便条。

第十六单元 (6 学时)

理解并在对话中运用动名词和现在分词，进一步学习在交际中运用道歉用语的得体表达，进一步学习在指导写作中运用连接词汇，进一步学习根据提示写关于“与朋友联系”的便条。

第十七单元 (6 学时)

进一步理解并在对话中运用定语从句，理解和学习在交际中运用“确定”和“不确定”的得体表达，进一步学习在指导写作中运用定语从句，理解和学习写“向他人提供某东西”的便条。

第十八单元 (6 学时)

进一步理解并在对话中运用虚拟语气，理解和学习在交际中运用“遗憾”的得体表达，进一步学习在指导写作中运用虚拟语气，进一步学习根据提示写“向他人提供某东西”的便条。

三、课程教学基本要求

本课程以教材为本，师生互动为主，旨在培养英语专业学生听说读写译等基本语言技能，提高学生的语言能力和交际能力。学生的最终成绩= 出勤率(10%)+ 作业(20%)+课堂参与(10%)+ 期末考试成绩(60%)(口试(20%)+笔试(40%))。

四、本课程与其他有关课程的联系和分工

1. 基础英语虽然也培养阅读技能，但有别于阅读课：它的课文相对短而精，通过这些课文，学习英语的基本词汇、句法、习惯用法以及正确的阅读方法，画龙点睛；以质而不以量取胜。

2. 基础英语的每篇课文都是了解英语国家文化背景的窗口，但它有别于“英美概况”这样的知识课。它是一门实践课，重点放在口头、笔头活用能力的训练上。

3. 基础英语有别于单项技能课程(口语、听力和写作)，但又与单项技能课程相辅相成：(1)基础英语为这些课程打好语言基本功；(2)它围绕课文对听、说、写、读、译等技能进行综合的训练，这种训练对每一项技能本身来说不一定具有系统性。

五、建议教材与教学参考书

1. 建议教材：

[1]李观仪主编．新编英语教程(英语专业用)(修订版)学生用书(第一册)[J]．上海：上海外语教育出版社，2004.

[2]李观仪主编．新编英语教程(英语专业用)(修订版)练习册(第一册)[J]．上海：上海外语教育出版社，2004.

2. 参考书：

[1]章振邦主编．新编英语语法(第三版)[J]．上海：上海外语教育出版社，1997.

[2]克莱尔(英)编．柯林斯 COBUILD 英语词典[J]．上海：上海外语教育出版社，2000.

[3]张鑫友主编．《新编英语教程(修订版)》学习指南(第一册)[J]．北京：兵器工业出版社，2001.

[4]高等学校外语专业教学指导委员会英语组编．高等学校英语专业英语教学大纲[J]．北京：外语教学与研究出版社，上海：上海外语教育出版社，2000.

[5]高等英语专业四级考试大纲修订小组编．高校英语专业四级考试大纲(2004 年新版)[J]．上海：上海外语教育出版社，2004.

[6]文秋芳等编．全国英语专业四级口语指南[J]．上海：上海外语教育出版社，2003.

该课程的教学大纲从课程的性质和目的、课程教学内容及学时分配、课程教学基本要求、本课程与其他有关课程的联系和分工、建议教材与教学参考书五个方面进行了描述，涵盖了 Smith 和 Razzouk(1993)提出的课程教学大纲的十个元素以及 Van Ek(1975)关于外语教学的八个方面，虽然该课程的教学理念没有特别说明，但在教学的目的部分已经充分体现出来：“本课程主要通过语言基础训练，使学生逐步提高学生英语会话能力和交际能力，扩大词汇量和熟悉英语常用句型，具备基本的口头与笔头表达能力。鼓励学生积极参与课堂的各种语言交际活动以获得基本的交际技能。”该课程注重语言的系统性和功能性，培养学生的交际能力。学习者需要掌握的意念和语言形式、参与的学习活动以及期望达到的熟练程度都在教学目的和教学内容部分都有具体说明。教学方法在教学内容和教学基本要求部分都有描述。总的说来，该课程教学大纲比较全面、具体地规定了该课程教与学的内容与方法。关于学习内容的分级，该课程可以说是一个较好的例子。该课程总共分为四册，或四个等级，以上呈现的教学大纲是第一级水平，到大学二年级下学期完成该课程的最高级——第四级水平，同时参加全国英语专业笔试和口试的水平测试——英语专业四级笔试和口试。

课程教学大纲除了主要板块，教师还可以根据课程的实际情况或个人信念作出一些其他相关的规定，如阿克伦大学的"美国文学"课，其课程要求可以说事无巨细：首先是对课堂纪律的强调：要求学生课堂语言要文明、行为要规范；不得带孩子及宠物入室；上课严禁使用任何类型的电子设备(除非在等待心脏移植手术通知)，如发现上课发短信一次，按缺勤一次处理；就上课的内容指出，该课程可能会涉及一些性、暴力、宗教、种族、政治等方面的敏感话题，也可能会涉及一些粗暴的语言，如果学生不能忍受，请慎重选择该课程；最后，大纲还提醒学生经常关注邮箱，如有课程变化，教师会在邮箱及时通知等(郭爱萍、宋燕，2014：95)。

第二节　课程教学大纲的地位和作用

美国高校将课程教学大纲视为"学生与教师就课程预期及政策达成的合同"("a contract between the student and professor regarding course expectations and policies")(祝吉芳，2010)。课程教学大纲对课程的有效实施起着指导和约束作用。

教学大纲是：①教师和学生之间的合同。②教师和学生之间的沟通工具。③课程的整体规划。④认知图(Matejka & Kurk，1994)。这说明课程教学大纲是师生达成的并承诺遵照执行的协议，双方承担一定的责任和义务，具有法律一样的效应。师生之间可以对照大纲中的条款进行协商和交流，明确各自的职责。当然教学大纲是课程实施的蓝图和规划，对教师而言，它明示了教什么、如何教以及达到怎样的目的；对学生而言，它指出了学什么、如何学以及学习目标。如此，教学大纲是师生对某一课程的认知图式，一个教与学的基本框架。正如Thompson(2007)所说，一个有效的教学大纲应把该课程的教学目标和教学活动进行有机结合，勾勒出该课程的整体框架，有助于学生从学期开始就对该课程形成正确认识。教学大纲是课程信息的载体，涵盖了学习者需要了解的该门课程的结构和内容等所有重要信息(Smith，1993)，能让学生了解教师的教学态度和教学理念(Habanek，2005)。课程教学大纲是以纲要的形式编写的有关教学内容的指导性文件，是组织教学、进行课堂教学质量评价和教学管理的主要依据(郭爱萍、宋燕，2014)。由此可见，课程教学大纲的作用不可小觑，管理者——学校、执行者——教师、践行者——学生，都应该认真对待和深刻领会课程教学大纲的内容。

一、课程教学大纲是师生之间的合同单

课程教学大纲是教师根据学习者的需求和水平对该课程的目标、内容、方法、教材、考核等方面提出的教学期待，直接受益于学习者，是师生之间的约定和契约，具有较强的

约束力。它有以下特点(郭爱萍、宋燕，2014：95)：①作为一份合同，大纲首先应该明确合同的主体——教师。“基本信息”一栏就是对教师身份的确定；该部分提供了相关课程信息和教师信息，便于学生出现问题时及时与老师取得联系。②作为一份合同，它还规定了合同期内(即学期内)甲乙双方应尽的义务和责任。对学习者而言，他们明白了课程的目的和要求，一旦选课，他们就会按照合同的要求，适时规划课程中需要完成的任务，对照检查完成情况；对教师而言，制订这样一份师生双方角色和责任的约定书，大大降低了学生因成绩不满带来纠纷的行为。

师生是利益共同体：从教师一方而言，他不仅是知识传授者，更是学生的合作者、引导者，而师生之间的合同意味着共同参与，意味着教师不是居高临下的权威，而是“平等中的首席”(first among equals)(祝吉芳，2010：277)。合同中责权分明，要求具体，师生拥有共同的目标，但需要扮演好各自不同的角色，相辅相成，齐心协力完成该课程的教学目标和要求。合同意味着责任和义务，需要双方贯彻落实，否则违约的一方就需要承担违约责任。教师需要提升自己的专业素养和教学能力，采用先进的教学理念，因材施教，与时俱进，教书育人，对上课、作业、测试、复习、考试等各个环节严格把关。学生则需要按照课程大纲的要求一丝不苟地完成学习任务，达到课程教学的基本要求，否则不能获得该课程的学分。在教学过程中，师生之间相互监督和制约，严格履行合约。

二、课程教学大纲是课堂教学的指挥棒

科学合理的课程教学大纲包括完整的课程信息，特别是教学目标、内容、方法、参考书、考核等方面的内容，可以有效地指导教师的教学行为和学习者的学习行为，帮助师生理清该课程的整个轮廓，明确其努力方向。师生可以按照课程教学大纲的要求来审视各自的行为，或者相互监督和评价，使教与学始终朝着预定的教学目标靠近。

课程教学大纲是评价该课程课堂教学的评价手册。拿教学内容来说，很多教师很容易剑走偏锋，为了激发学生的兴趣，谈论一些与课程内容风马牛不相及的话题，只为博得学生一笑。课堂教学大纲会时刻提醒教师，授课内容必须是该课程的教学重点和难点。同时，严格执行课程教学大纲，有利于教师对教学内容的处理详略得当，突出重点，因为在某一个知识点上花费时间过多，就会影响其他内容。对学生来讲，他们可以监督教师的教学行为，同时在完成每一个学习任务时，审视自己的学习行为，评估自己的学习效果。研究表明，学生会利用课程大纲提供的信息，来安排学习和作业(Calhoon & Becker，2008)。

当然，课程教学大纲要成为指挥棒，需要得到教师和学生的高度重视，得到学院和学校的制度和政策保障，因此，课程教学大纲应该是一份师生共同签订的合同。试想，如果课程教学大纲没有以制度或合同的形式存在，师生可能将其看成一张废纸，结果是：课程教学大纲只是一种形式，而教与学的过程按照教师个人的意愿随意取舍和安排，学生也不明确学习目标和要求，那么该课程的教学可能会偏离理想的预设轨道。所以“有必要将课程教学大纲视为合同而非文件，从法律角度督促大纲的认真编写和切实执行，从各门功课上严格把关，实现高校的‘严进严出’，推进高校教育质量的全面提高”(祝吉芳，2010：268)。

当然，课程教学大纲并不是一成不变的，教师在每个学期课程结束后应根据本学期的

教学经验和学生对课程的反馈及时调整、补充、完善大纲，才能创造出更加有效的学习氛围和教学效果(Matejka & Kurke，1994)。即使在教学过程中，教师也可以根据自己的教学反思和学生的反馈，对教学进度安排和教学方法进行调整。

第三节　影响教学大纲制定的因素

教学大纲可以分为不同层次：国家官方的教学大纲、机构教学大纲、个人教学大纲(舒尔茨，2001)，三者之间的关系可概括为：“教育部颁布的《课程要求》应该是为全国大学英语教学提供宏观指导的教学文件，在这个文件的指导下，各高校应根据自己的实际情况，制定自己的总体教学规划(curriculum)，并在此规划的指导下制定各课程的教学大纲(syllabus)。”(王海啸，2004：21)国家官方的教学大纲是社会对学校教养与教育基本目标的决定，对教与学的目标、教学内容、教学课题 、教学论原则、方法和媒介也作了规定，同时指明了各学科、学校类型与年级的特殊性，具有认证、方向指导、减轻教师负担的功能；机构或学校教学大纲是基于国家教学大纲，根据学校传统、学科呈现方式而制定的校本大纲；个人教学大纲则是每位教师在进行教学设计时形成的一种符合学校日常生活的教学策略，是对某一课程教学目的、内容、方法、作业、参考书、考核等方面的具体规定，具有实际操作性。本章所说的教学大纲主要是课程教学大纲，即教师与学生关于课程的教与学达成的契约性文件，它不仅是指导课程教学的纲领性文件，更是学生进行课程学习的指导文件。

微观层面的课程大纲，即教师个人教学大纲，与某一课程的教与学的过程紧密相关。课程教学大纲的制定需要考虑哪些因素呢？笔者认为课程教学大纲的制定前需要做好以下三件事：(1)文件解读。(2)需求分析。(3)情景考察。

(1)文件解读

教育部的大纲既包含专家学者有关语言、语言学及语言教学的观点，又包含国家社会对外语教育的需求，如《全日制义务教育普通高级中学英语课程标准》《大学英语课程教学要求》《高等学校英语专业英语教学大纲》《外国语言文学类教学质量国家标准》等。以《高等学校英语专业英语教学大纲》为例，该大纲对高等院校英语专业的培养目的、课程设置、教学要求、教学原则、教学方法与教学手段、测试与评估等方面提出了具体要求。作为课程教学大纲的编写者，教师应该认真研读国家教学大纲的要求，不能偏离大纲的宗旨和原则，因为该大纲所作的各项规定，对全国各类高等学校的英语专业均有指导作用，也是组织教学、编写教材和检查与评估教学质量的依据。如该大纲规定：“专业课程的教学方法直接关系到学生各方面能力的培养与提高。课堂教学应以学生为主体、教师为主导，改变过去以教师为中心的教学模式，注重培养学生的学习能力和研究能力。在教学中要多开展以任务为中心的、形式多样的教学活动。在加强基础训练的同时，采用启发式、讨论式、发现式和研究式的教学方法，充分调动学生学习的积极性，激发学生的学习动机，最大限度地让学生参与学习的全过程。”如果实际的课程教学大纲还是采用传统的灌输式的、教师“一言堂”的教学方法，就违背了教育部教学大纲的规定。《外国语言文学类教学质量国家标准》指出：“外语类专业学生应具备外语运用能力、文学赏析能力、跨文化交流能力、思辨能力，以及一定的研究能力、创新能力、信息技术应用能力、自主学习能力和实践能力。”如果外语专业具体的课程大纲只要求学生具有一定的知识的识记和理解能力、基本会话能力，那么就与外语专业的培养目标背道而驰。

课程教学大纲的制定还需要教师领会学校教学大纲和学校制定的专业培养方案。机构或学校教学大纲是基于国家教学大纲，根据学校传统、学科呈现方式而制定的校本大纲，反映了一个学校的文化和特点。同时，学校根据实际情况制定的人才培养方案，对专业人才培养目标、培养规格和要求、学制和学分要求、课程设置等方面都作出了明确的规定。作为课程教学大纲的编写者和实践者，教师应该仔细斟酌学校教学大纲和培养方案的要求，因为学校制定的课程教学大纲也是具有指导性的纲领性文件。如某学校关于英语专业的培养目标为：具有扎实的英语语音、词汇、语法等语言基础知识和熟练的听、说、读、写、译的语言技能；具有深厚的语言学知识、外国文学和文化知识、翻译学等专业知识，以及与专业方面相关的知识与理论体系；能够比较准确、流畅、得体地使用英语，具有较强的英语运用能力和跨文化交际能力；具有较强的英语思辨能力和自主学习能力，掌握文献检索、资料查询的基本方法，具有一定的科学研究能力和创新实践能力；具有正确的世界观、人生观和价值观，良好的道德品质、家国情怀、国际视野和社会责任感；具有主人翁意识、大局意识、团队意识、合作精神，具有高度的责任感和职业认同感。在课程教学大纲的制定过程中，教师必须考虑本专业的人才培养目标，将这些目标融入实际的教学中去。

以下是某高校英语专业《语言学概论》课程教学大纲的部分内容：

一、课程目的

学生通过学习本大纲规定的内容，了解和掌握关于语言学的基本概念和基本知识、语言的主要研究方法，为进一步学习好英汉两种语言打下良好的基础，从而以语言学知识指导以后的语言学习。通过该课程教学使学生达到如下要求：

(1)了解和熟悉语言学的基本概念和基本理论知识，从语言学习的感性认识上升到理论认识的高度；

(2)掌握语言学的研究内容及其研究对象，即微观语言学和宏观语言学，加深对语言特性的认识；

(3)学会将语言学理论知识同书面和口头语言现象联系起来，并学会分析语言现象所反映的语言理论知识；

(4)深刻理解语言学理论对外语教学的影响，逐渐学会如何将语言学理论运用于实际的外语学习中来；

(5)掌握科学的语言研究方法，并将之运用于语言现象，如文学、广告用语、日常会话等，并进行有意义的简单的科学研究；

(6)提高语言意识，认识语言与思维、文化是密不可分的，增强在外语学习中的文化渗透和文化导入意识；

(7)提高在实际交际中语言使用的流利性、准确性和得体性。

二、教学方法

(1)讲授

本课程以讲授与课堂讨论为主。教师运用介绍、阐述、分析、归纳、概括、总结等方法教授本课程的基本理论和基本知识。课堂讨论以学生为中心，突出学生在教学活动中的主体地位和教师的主导作用，营造良好的学习环境，引导学生就相关话题开展讨论。课堂讨论分组进行，教师参与其中，调控讨论话题，把握讨论进程。

(2)教师指导下的学生自学

每章节学完后，组织学生讨论，要求学生了解语言学的基本概念、任务和研究方法。在掌握英汉两种语言的基本特点和学习语言的基本方法的基础上，学生课外进行一定的研究，并以论文形式体现出来。组织学生采用采访、问卷、实地考察等方法对语言现象进行研究，并让学生参与到实际的教学过程中来，将语言学理论运用于实践。课外活动以学生为主体，以活动为主线，培养学生的协作能力和团队精神，加宽了信息渠道，增强了自信心，增加了语言实践，体验了学习乐趣。

(3)其他教学方法

充分利用学校的网络学习平台资源优势，师生共建教学资源，达到交流学习的目的。

可以看出，该课程的教学目的和方法符合教育部《高等学校英语专业英语教学大纲》《外国语言文学类教学质量国家标准》对培养目标和教学方法的规定和要求，也符合该学校英语专业的培养目标：不仅有知识和理论的理解和领悟，更要提高运用知识的能力、交际能力、思辨能力和一定的科学研究的能力，在教学过程中，以学习者为中心，提高学生的课程参与度、自主学习和独立思考能力、发现问题和解决问题的能力。

(2)需求分析

需求有时候指想法、愿望、要求、期望、动机、不足、限制和条件(Brindley，1984：28，转引自 Richards，2001：54)。在语言教学中，需求通常用于描述语言水平，即学习者已有的语言水平与希望达到的语言水平之间的差异；需求往往基于人们的判断，反映了他们的兴趣和价值观(Richards，2001)。需求分析(needs analysis)指教学过程中对某个(组)学习者的语言需要，并按照需求的迫切程度进行排序，利用定量和定性的方法(调查问卷、测试、访谈、观察等)获取多方面的信息：语言即将使用的场合、使用语言的目的和作用、语言交际的类型、预期达到的语言水平(梅德明，2017：540)。

Dubin 和 Olshtain(1986)则将需求分析过程称为“事实搜寻阶段”，即通过所发现的事实回答这样一些问题：谁是学习者？谁是教师？为什么要开设这门课程？在哪儿开设这个课程？课程如何开设？对这些问题的回答将成为课程的教学目的。Hutchinson 和 Waters(1987)将需求分为目标需求与学习需求。前者包括必需、所需和短缺。“必需”指的是学习者在目标环境中所需掌握的东西；“所需”指的是基于目标环境的要求学习者所产生的学习需求；“短缺”指的是学习者已知与必需之间的空缺。学习需求指的是为了在目标环境中进行交际，学习者必须掌握的知识、技巧、策略和动机。J. D. Brown(1995)将需求分为情景需求与语言需求、客观需求与主观需求、语言内容的需求与学习过程的需求。王海啸(2004)基于英语学习需求分析的理论框架，将需求分为社会、学生、教师和教学管理者需求四类。鉴于以往研究的内容和课程教学大纲的个性化，本书将从社会需求、学生需求和教师需求三方面进行阐释。

社会需求。依据 J. D. Brown(1995)提出的二分法，社会需求分为客观需求和主观需求两个方面。客观需求指学生毕业后所从事的工作对英语的实际需求，主观需求指社会对大学生应该具备的英语能力的看法。我们要分析将来从事的工作对英语毕业生的客观社会需求，一般是以目前相关工作岗位对英语的实际需求为基础，但社会瞬息万变，社会需求也会随之变化。因此，我们只能依据目前的需求，结合其他信息，预测毕业生的可能需求，并最终将这些需求反映到教学目标中去。主观社会需求包括两方面：一是人们受媒体等影响所形成的观念，二是用人单位根据其他单位的招聘条件提出的对大学生的英语要求(王海啸，2004)。这些信息的获取渠道可以是学校或院系的市场调研——不同地区、不同职业、不同岗位对英语专业毕业生的要求，每年用人单位的招聘条件要求以及以往毕业生所在单位的反馈信息。学院认真组织任课教师学习和领会这些信息所反映的社会需要。英语专业的各门课程教学大纲都必须围绕社会对专业的需求和期待来进行课程设计，编写课程教学大纲。

学生需求。学生需求亦可分为客观需求和主观需求。客观需求表现为修完课程、获取学分；顺利毕业、继续深造或满意就业。客观需求具有普适性。对学生来说，英语专业课程的学习就是他们达到目的的工具，课程学习就是为将来的工作做好准备的。因此，在课程教学大纲的编写中，要明确规定课程的学时、学分以及考核要求。由于学生普遍具有强烈的工具性动机，他们常用实用性来评价一门课程的价值和意义。学生的主观需求是他们对一门具体课程本身或学习的看法、观点或期待，具有个体性。如很多学生都认为语法学习就是记忆一些语法规则，做大量的习题，所以他们希望教师在课堂上以知识讲授为主，辅以题海战术，就像高考前的集训那样。要获取学生需求方面的信息，教师可以在课程授课初期、中期和结束后对学生进行问卷调查或访谈，以不断完善课程教学大纲。

教师需求。教师是课程教学大纲的编写者和执行者，是教学过程的主导者，因此教师需求不容忽视。同样，教师需求也分为主观和客观两方面。从客观上来讲，课程教学是教师的任务之一，是教师应尽的职责；同时课程教学也是教师科研或教研任务完成的途经之一。各个层面的教研改革和课程建设，如精品课、资源共享课、慕课等构成了课程教学大纲对教师客观需求的规约。教师主观需求则体现在教师对课程教学的认知和看法，这些认知和看法直接影响课程目标的设置、教材和教学方法的选择、课堂活动的安排以及考核的方式。

这里可能存在着一个学生主观需求和教师主观需求之间的冲突或矛盾，当二者不一致时，教师需要协调二者之间的矛盾，找到一个最佳的平衡点。如笔者根据自已多年“英语语法课”的授课经历，了解到学生最初的需求是讲解语法点、做习题，但教师的想法是语法只有在语篇中才有意义，如何解决学习者与教师认知相悖的问题？笔者采取了一个折中的办法——在讲解知识点的基础上，采用多种形式侧重语篇分析及其在交际中的运用。这一点也体现在该课程的教学大纲上：

一、课程目的

英语语法课是培养语言技能的一个重要环节，其目的在于帮助学生掌握词法、句法和章法的基础知识，对英语语法有一个比较系统的了解，并能运用英语语法知识分析语言现象，解决英语学习过程中的有关问题。通过英语语法教学，提高学生综合运用英语进行交际的能力，并提高对英语语言的认识。

二、教学方法

本课程以讲授为主。根据教学大纲的要求，突出重点和难点。讲授与学生课堂互动相结合。①运用多媒体教学，注重重点、难点语法知识的讲授与扩展，把握语法的基本结构规律。②注重互动教学活动的开展，讲课过程中强调理论联系实际和情景联系，配合足够的口笔头练习，加强语言的基本功训练。精讲多练，力求提高趣味性，激发学生兴趣。③语篇教学。以语篇的形式呈现教学内容，让学生学会将语法和语用结合起来，以提高学生的语言能力。

(3)情景考察

课程教学总是在一定的语境中进行的，情境分析是课程教学大纲制定的另一重要影响因素。所谓情景分析(situation analysis)是对某一计划开课或正在开课课程的情境影响因素进行分析，以评估这些因素对该课程的潜在影响力(Richards，2001：91)。这些因素可能是政治的、社会的、经济的、学校的或教师和学生个人的。笔者认为，对课程教学大纲影响较为直接的情境因素有学校、教师和学生。

学校条件。课程的开设离不开学校的实际条件。学校因素主要涉及以下问题："学校领导是否支持教育变革？学校的教学资源如何(包括教室设施、多媒体和其他技术资源、图书馆资源)？教科书和其他教材的地位如何？英语教师的精神面貌怎样？教师面临哪些问题以及采取了什么措施？学校对教师的行政支持如何以及二者之间的沟通怎样？学校对成功语言教学的评价如何？学校对争创一流的决心怎样？"(Richards，2001：98)由此可见，学校因素可以分为硬件和软件两部分。从硬件来看，学校的教学资源在很大程度上决定了课程教学的模式。如笔者所教授的"语言学概论"为英语专业核心课程，本课程既有教材和参考书，也有丰富的在线资源，因此本课程采用线下和向上相结合的混合学习模式：

本课程的教学计划为16周，每次授课由课前预习(阅读教材和观看教学视频)、课堂授课、文献阅读与思考、在线讨论与问答四个部分构成。课前预习中阅读教材是本课程的首要环节。观看视频之前，要求学生阅读本课程推荐的教材和相关参考书目中的有关内容。课前预习时，学会提问，并提交在线讨论与老师交流，旨在培养学生独立思考的能力。教学视频根据每个章节的概念或观点分为若干小节，每小节讲授时间为10分钟左右，最长的在20分钟以内。要求学生认真观看视频，做笔记，有问题及时提出，并提交在线讨论。课堂授课是学生在教师的辅导下完成某个章节的基本理论与知识，展开讨论，是本课程学习的重要环节。文献阅读与思考是本课程的延伸。每章节学习完成之后，配有思考题和文献节选，要求研读相关文献，旨在培养学生的文献阅读和思辨能力。在线讨论与问答是本课程的深化。每一小节学完之后，组织学生讨论，让学生充分发表自己的观点，培养其思辨探究的能力。

学校的软件环境，如学习和学术氛围、师生的精神风貌、课程所属学科在学校的地位和受重视程度等也在一定程度上影响课程教学大纲教学目标的确定。在一个学术氛围浓厚、学术受到重视的学校环境中，课程教学大纲，特别是专业课程教学大纲，往往要求学生具有较高的思维和综合能力，如批判思维能力、解决问题能力和科学研究能力。

教师因素。教师是课程教学大纲的编写者。教师的专业素养在较大程度上影响课程教学大纲的目标、内容和教法。教师专业素养是教师从事教育教学工作必须具备的特质，包括专业精神、综合知识和教学技能等方面。专业精神包括教师个人的教育理念和职业道德信念等方面的内容，教育理念和职业道德观念体现了教师敬业和乐业的精神。教师知识直接指导教师的教学实践活动，优秀的外语教师要具备丰富的学科内容知识、一般的教学知识、外语课程知识、熟练运用课堂教学知识、了解学生及其发展特点、教育背景知识等(张庆宗，2014：17)。教学技能表现为语言表达能力、组织课堂能力和教授语言知识、技能和理论的能力。另外教师认知因素中的教师信念也不容忽视。教师信念作为对教育活动的一种价值取向，直接影响教师的感知和判断，进而影响他们的课堂言行，可以说影响教什么、怎样教，并根据教学实际和学生的需要做出调整和完善。教师信念是预测教师教学行为和教学效果的最有效指标(Pajare，1992)。

学生因素。学生是课程学习的主体，自然成为课程教学大纲设计者需要考虑的对象，如学生的知识储备、学习目的、专业方向等。学生原有的背景知识和语言水平是课程教学大纲得以实施的前提条件。根据图式理论，认知的发展基于个体原有的认知图式，并得到不断的丰富和完善。学生的知识结构和语言水平不同，课程教学大纲的目标和教学方法就不同。同样，学生的学习目的也会影响课程教学大纲的设计，如高中阶段的英语课程教学大纲与大学阶段的就不一样，前者主要是以考试为导向的，后者的目的则呈现多样化，因专业方向不同而异(王海啸，2004)，如英语专业、翻译专业、化学专业等，英语学习目的就不尽相同。大学阶段，即使处于同一年级，学生的英语水平不同，同一课程的教学大纲也会有所差异，大学英语教学实行分层教学，教学效果尤为显著。英语专业教学也随着学生知识结构的变化和语言水平的提高而不断升级，在教学目标、内容和方法等方面不断地进行调整。如《英语阅读》教学大纲随着学生水平的提高对学生阅读水平的要求不断升级：从基本阅读技能训练到报刊阅读、再到文学作品赏析。

第四节　外语教学大纲的分类

教学大纲是课程设计的重要组成部分，教学的成功与否在很大程度上取决于教学大纲的设计。为此，课程教学大纲必须满足以下要求：①目的性。课程开设要体现制订教学计划的指导思想和培养目标的要求，使学生得到全面发展。②客观性。学校教学应顺应社会和经济的发展，课程大纲要符合学生客观实际的要求。③系统性。教师计划是实现培养目标的一个完整的体系，要保持课程之间的连接和衔接，注重课程的完整性和系统性(张庆宗，2014：310-31)。

外语教学大纲可分为综合性教学大纲(synthetic syllabus)和分析性教学大纲(analytic syllabus)(Wilkins，1976)。综合性大纲把外语学习看作是逐步累积外语知识的过程，先将语言的各个部分单独学习，然后一步一步地构建目的语语言的整体结构(Wilkins，1976：2)。综合性教学大纲将语言分解成各个层面：词汇、语法、意念和功能，目的在于学习者可以较为容易地掌握这些分支结构，在交际中可以将这些分项知识整合起来进行有效的交际。分析性教学大纲是以学习者学习语言所要达到的目的、达到这些目的所要从事的语言行为为核心来安排教学的(Wilkins，1976：28)。分析性大纲以整体模块的形式来呈现语言材料，为学习者提供表达意义的多种语言形式，学习者的任务就是选择某一合适的语言形式来表达特定的交际意图。综合性教学大纲和分析性教学大纲有多种具体表现形式，综合性教学大纲主要有：结构大纲(structural syllabus)、情境大纲(situational syllabus)、意念-功能大纲(notional-functional syllabus)、主题大纲(topical syllabus/content-based syllabus)、技能大纲(skills syllabus)、词汇大纲(lexical syllabus)等；分析性教学大纲主要有：程序大纲(procedural syllabus)、任务大纲(task syllabus)等。

一、综合性教学大纲

综合性教学大纲有多种组织形式，有强调句型的结构大纲，有在特定的情境中展开教学的情境大纲，有根据不同概念和语言功能为中心的意念-功能大纲，有围绕话题或内容的主题大纲，有以培养技能为目的的技能大纲，有以词汇为主要项目的词汇大纲等。这些教学大纲各有侧重，但是都注重语言知识的积累。

(一)结构大纲

结构大纲受结构主义语言学的影响，认为语言是一个完整的符号系统，是具有层次和等级的形式结构，语言学习就是获取一系列语法规则和结构的过程。为使学生获得系统化的语言知识，结构大纲将语法规则和句子结构按照一定的教学规律和设计标准呈现给学习者，这样学习者可以一点一点、一步一步地掌握语言知识，最后学习者把所学的知识碎片积累起来，重新组合。

结构大纲强调句型教学，教学内容是按照一定的语法结构来安排的，如一般现在时、一般过去时、过去进行时、存在句、定语从句、主动语态、被动语态等。句型操练是主要的学习活动，使用句型造句子、补充句子等各种练习，以达到熟练使用句型的目的。如某一个教学单元的内容为被动语态，分为两个阶段：被动语态的句型呈现和句型操练。第一个阶段，教师会一一展示被动语态的各种形式（例句如下），让学生识别其结构及其构成规则。

English is spoken in many parts of the world.

The lawn was mowed by Jasmine.

The bedroom has been cleaned.

Coffee had been made before their arrival.

A working plan will be mapped out as soon as possible.

在第二个阶段，教师会引导学生对以上句型进行操练，可采用句子成分替换练习、翻译练习、连词成句、小对话等多种学习活动。以小对话为例，对话的形式可以为：

(1) What's this called in English?

It's a ladder.

What is it made of?

It's made of metal.

What is used for?

It is used for climbing up and down.

(2) Has the bedroom been cleaned yet?

Yes, it has.

Has the fire been made in the living room?

Yes, it has.

Have the clothes been washed?

Yes, they have.

Terrific! Who did all this?

Mary did.

可以看出，结构教学大纲指导下的语言学习策略为合成策略。合成语言教学的策略是把语言分成若干个部分，一步一步地进行传授，因此，语言的习得是对独立的小部分逐渐积累的过程，直到学习者建立起语言的完整结构(Yalden, 1983)。结构教学大纲主要遵循以下五大原则(K. Johnson, 2002: 219-222)。

原则一：简化标准(simplicity criterion)，语言结构由简单到复杂。不过这里有一个形式简单和概念简单的区别，有些结构形式复杂，但意义较为容易理解，如现在完成体(the present perfect)的结构较为复杂(have+V-ed)，但学习者容易接受。再比如，不定冠词(a, an)，其形式极其简单，但不定冠词的概念包含了对物质界中实体的认知，理解起来较为困难。

原则二：序列原则或分组原则 (sequencing or grouping criterion)，把一些相似的结构放在一起呈现，如"some"和"any"，"both"和"all"，"every"和"each"，肯定句和否定句等。

原则三：频率原则(frequency criterion)，最常用的语言结构优先呈现。如人们认为一般现在时较进行体常用，因此，在教材编写与讲授时，一般现在时往往先于进行体。

原则四：实用原则(utility criterion)，最有用的结构优先呈现。结构大纲设计者认为BE的学习有助于进行体的学习，所以BE动词的学习在先。如在学习"Helen is a painter.""Is Helen a painter?""Helen isn't a painter."之后，学习者进行进行体的学习："Helen is writing an essay.""Helen was writing an essay yesterday evening."

原则五：可教性(teachability criterion)，从教师的视角来看，先教容易教的结构，再呈现较难解释的结构。如对有些教师来讲，"some"与"any"的区别比较容易解释，通常是教师优先呈现的语言结构。

结构大纲深受结构主义和对比语言学、行为主义心理学以及生成语法的影响。语言这个复杂的语言体系可以分解成具体的独立的细小结构，语言知识是一个积累的过程，语言学习就是一个不断操练形成新的语言习惯的过程，而且语言具有生成性。一个简单的结构，如 THERE BE 结构，可以生成无数个我们想要的句子。结构大纲有助于帮助学生构建系统的语法体系。但是结构大纲指导下的英语教学过于关注语言形式的操练，忽略了语言形式使用的真实语境，因而学习者的交际能力比较欠缺，因为语法性不能保证交际的得体性。在教学过程中还有一个“可学性”的问题，如果学习者没有足够的心理准备，将很难理解和学会所学的语言结构。看似简单的结构理解起来并非易事，原因之一就是没有遵循语言习得的自然规律。当学习者的认知概念系统中没有相关的认知，是很难真正领会所学的内容的。“语言表达基于人们对外界现实的感知体验和认知加工，语法结构取决于人们的认知系统和语义结构。”(王寅，2006：23)。

(二)情境大纲

与结构大纲相比，情境大纲从孤立的句子操练到句子使用的真实情境，满足学习者语言交际的需要。这里的情境指的是特定交际行为发生的语境。情境大纲列出了学习者要实现特定的交际行为的语境以及在该语境中需要使用的语言形式(Richards，2001：156)。情境大纲将语言形式置于其使用的交际情境。很多外语教材较好地体现了情境大纲，如教材 *Passport* 就是情境大纲的缩影(Buckingham & Whiteney，1995，转引自 Richards，2001：156)。

1. On an airplane
2. At an immigration counter
3. At a bank
4. On the telephone
5. On the street
6. In the city
7. At home
8. At the doctors'
9. In an office
10. In a restaurant
11. In a café
12. In a bar
13. On a bus
14. In a store
15. At the post office
16. At the cinema
17. In a hotel
18. At the airport

情境大纲反映了语言学中的语境论。语言不是思维的外衣，而是一种行为方式(Malinawski，1923，引自封宗信，2017)。语言的使用离不开语境，语境决定了语言的意义。语境可分为情境语境和语言语境，情境大纲基于情境语境来设计，让学习者学习在特定的交际语境下的交际行为及其使用的语言形式，有助于激发学生学习兴趣，培养学生的语言交际能力。

但是情境大纲的局限性也是显而易见的，主要表现在以下几个方面：第一，交际情境多种多样，一个教学大纲或教材不能穷尽所有的交际情境，而且一个特定情境的学习不可能迁移到其他情境中去(Richards，2001)。第二，情境大纲中的语言形式也可能是无限的，就 On a bus 而言，在这个情境中任何话题都有可能。情境大纲中给出的语言形式只是一种可能性，还有很多话题和语言结构是没法预见的。第三，情境大纲注重特定情境下的交际，忽略了语言形式的系统学习。第四，情境大纲往往以对话的形式呈现语言，谈话内容不够深入，学习者只能学习到一些简单的交际用语。

(三)意念-功能大纲

结构大纲回答了“how”的问题，即学习者怎样表达自己的思想；情景大纲回答了“when”和“where”的问题，即何时何地使用外语；意念-功能大纲则回答了“what”的问题，即学习者通过目标语言要表达什么样的意念(Wilkins，1979：84，转引自吕良环、史清泉，2002：44)。

意念-功能大纲亦称为意念大纲或功能大纲。大纲围绕交际功能或表达意念进行设计，既考虑了语言结构，又兼顾了语用意义，即将语言形式和语言功能结合起来，语言形式为实现相应的语言功能服务。因此，我们可以看出，意念-功能大纲的教学目标是培养学生的语言交际能力和语用能力，提高语言表达的准确性和得体性。

Van EK(1979)认为，要达到培养学生交际能力的目的，大纲应包括以下内容：学习者将来使用外语的情景，包括话题；学习者将来要参与的语言活动；学习者将来要表达的语言功能；学习者将来要做的与话题有关的事；学习者将来要表达的普通意念；学习者将来要表达的与话题相关的特定意念；学习者将来使用的语言形式；学习者将来语言技能要达到的水平。以《新编英语教程》(修订版)(李观仪，1999)第一册为例，该教材的编写体现了意念-功能大纲的主要特征。例如，教材中每个单元第二个对话部分(Dialogue 2)的标题明确了该对话的意念或功能，如 Introductions，Finding the Way，Making Comparisons between Past，Present，and Future，Advice and Suggestions，Reporting，Asking for and Giving Information，Likes，Dislikes and Preferences，Describing Objects，Future Plans and Intentions，Agreeing and Disagreeing，Permission and Obligation，Criticizing，Explanations，Apologies and Excuses，Certainty and Uncertainty，Past Regrets 等。对于每一个意念或功能环节，第一个部分呈现相关的短语、句子或表达式，第二个部分先是对话情境说明，然后展示一个真实情景对话实例，第三个部分是会话练习部分，提供了多个真实会话情境，学习者可以模仿或创造性地利用相关语言形式进行对话练习。

意念-功能大纲的设计基于功能语言学和交际能力理念。功能语言学重视语言运用，是解释和分析语篇的一个重要工具，认为“语言的运用是实现语言功能”，“语言的功能是生成意义”，“这些意义受语言使用的社会文化语境的影响”，“语言使用的过程是一个符号过程，一个通过选择来生成意义的过程”(Eggins，2004：3)。语言形式实现语篇的三大“元功能”(metafunctions)(Halliday，2008)：意念功能、人际功能、语篇功能。不同的功能由不同的语言形式来实现。意念功能由及物系统来实现，人际功能由语气系统来实现，语篇功能由主位系统来实现。交际能力概念最早由 Hymes 在 1972 年发表的《论交际能力》一文中提出。Hymes 认为一个人的潜在能力(capacity)包括语言知识(linguisitic knowledge)和使用语言的能力(ability for use of language)。同时，Hymes 认为交际能力由以下四个参数组成：合乎语法性、适合性、得体性、实际操作性。Canale(1983)将交际能力描述为交际所需要的知识和能力的内在体系，并提出四种交际能力：语法能力、社会语言能力、语篇能力、策略能力。Littlewood 和 Li(2006)进而提出交际能力的五个方面：语言能力、语篇能力、语用能力、社会语言能力、社会文化能力。

意念-功能大纲将语言系统与语言功能结合起来，语言系统是语言功能的实现手段，语言功能是语言系统的存在价值。意念-功能大纲的优缺点也较为明显。与结构大纲相比，意念功能大纲反映了更为全面的语言观，更加焦聚语言的使用，而且这种大纲可以跟其他类型的大纲(如基于话题的大纲、结构大纲、词汇大纲等)结合起来进行教学设计，并为教材的选择提供了便利的参照框架；该大纲不足的地方体现在：对功能进行选择或分级时缺乏明确的标准，不关注交际过程，交际能力观较为肤浅，并把语言能力分解成不同成分。由于过分重视语言功能，学习者的语法能力并未得到相应的提高(Richards，2001：155-156)。

(四)主题大纲

主题大纲是以主题、话题或其他内容来组织教学内容的大纲(Richards，2001：157)。在教学大纲设计中，内容是第一要素，是教学的出发点。在学习相关内容的基础上，学习者熟悉表达所需要的语言形式。

主题大纲按照内容专业性来讲，可以分为两类：非专业内容大纲和专业内容大纲。在非专业内容大纲中，主题是关于学习者对世界和社会的一般性认知，也可以是跟学习者的学习和生活密切相关的话题，如 resolutions，ambition，childhood，friendship，love，education，the Internet，university life 等。这些话题的理解无需专业领域的知识，学习者可以通过个人的亲身体验或阅读等途经来获得这方面的知识。基于一般性主题的英语教材比较多见，主题学习可以加深学习者对某个话题的理解，促进对该话题的发散性思维，学会从多层面、多视角来分析问题，有助于培养他们的批判性思维和创造性思维。

专业内容大纲用来指导 ESP(专门用途英语)的教学，其主题专业性较强，需要学习者掌握某一个领域的专门知识，当然对教师的教学也提出了更高的要求。专业内容大纲指导下的英语教学不是一般的英语教师可以胜任的，需要具有某一领域专长的教师才能胜任教学。拿商务英语来说，其主题可能包括：corporate culture，leaders and managers，internal communications，customer relationships，business negotiation，contract 等。专业内容大纲意在一箭双雕，学习者既学习了相关领域的知识，又掌握了这些知识的语言表达。

主题大纲在设计时会遇到以下一些问题，例如，如何选择主题、话题或内容？应该参照什么标准？如何处理内容与语法的关系？如何让二者达到平衡？第二语言教师可以胜任基于内容的课程教学吗？课程评估的侧重点是什么，是内容还是语言？(Richards，2001：158)。事实上，主题大纲的设计需要考虑学习者需求、学习者语言水平以及师资匹配等问题。就大学阶段英语专业的教学来看，低年级阶段使用的教材遵循非专业主题大纲(有很多教材是多种大纲的融合)，同时关注学习者的语言能力特别是语法能力的培养；高年级阶段专业方向课程的教材则体现了专业内容大纲，由该领域获得相关学位的教师担任。这种做法值得借鉴，教学效果良好。

(五)技能大纲

技能大纲是基于语言技能学习而设计的大纲。语言技能包括宏观技能和微观技能两个方面。语言的宏观技能包括听、说、读、写、译等五大技能，微观技能指五大技能各自包含的具体技能。如语言听力技能具体表现为语音解码、准确辨别、大意理解、细节理解、推理推论、词义猜测、记笔记、听写等各种微技能；口语能力有回答问题、陈述、会话、总结、复述等不同技能；阅读能力包括朗读、默读、速读、词义理解、大意理解、细节理解、推理推论等具体技能；写作能力可以分为构思、表达和修改等不同阶段的技能；在翻译中，口译技能有速记、短时记忆、同声传译等各项能力。

以大学阶段英语专业基础课程教材《新编英语教程》(第三版)为例。该教材体现了技能大纲的思想。该教材第三册每个单元的编排如下：第一部分为听说，第二部分为阅读，第三部分为写作。听说部分的主题与阅读部分保持一致，在完成听力理解的基础上(包括大意理解、细节理解、推理推论等技能训练)进行口语练习，涉及陈述、讨论、复述等各种微技能。阅读部分除了阅读理解技能(词义理解、大意理解、细节理解、推理推论、评价)，还涉及口语能力(如总结和复述)，以及写作能力(如总结、续写、改写等)。写作部分主要有基于阅读的内容提要写作(précis writing)、相关体裁(记叙文、描写文、说明文和议论文)的段落写作(paragraph writing)、书信写作(letter writing)等。

技能大纲关注学习者的语言行为和语言表现，认为语言技能是可以迁移的，具有可教性和可学性，但是该大纲对技能的选择没有严格的依据，只训练了具体语言行为而忽略了整体性和综合性交际能力(Richards，2001：161)。

(六)词汇大纲

词汇大纲根据学习者的语言水平，以词汇项目为基本单位来组织教学内容。词汇大纲是在语言教学大纲中较早出现的大纲设计。要编写合适的教材，选择合理的词汇是关键，词频是重要的参考依据。不同水平的词汇要求为教材的编写提供了参考。词汇大纲明确规定了不同阶段学习者的词汇要求，例如：

初级水平：1000 词
中级水平：增加 2000 词
中上水平：增加 2000 词
高级水平：增加 2000 词

(Nation，1990)

大学英语教学也有不同水平的词汇大纲，如大学英语三级词汇大纲、四级词汇大纲，研究生英语词汇大纲、英语专业四级词汇大纲、八级词汇大纲等，这些大纲规定了某一水平的学习者需要掌握的词汇广度和深度。广度是对词汇量的要求，深度是对词汇知识层次的要求。但是在实际教学过程中，没有仅仅呈现词汇的语言教学，因此，词汇大纲只是语言教学的合理参照，需要与其他教学大纲结合起来进行教学内容设计，词汇大纲在一定程度上限制了教材的难度水平。

二、分析性教学大纲

分析性教学大纲主张以意义交流为目的语言教学，教师呈现交际情境中的语言材料，意义的了解和表达先于语言形式的学习。在学习语言材料意义的基础上，教师再引导学生进行相关词汇和语法的学习。分析性大纲呈现语言材料时不对语言形式加以控制，而是依靠学习者已有的语言知识(包括母语知识)和分析能力对语言规则作出合理的推断(吕良环，史清泉，2002：46)。分析性大纲主要包括程序大纲、任务大纲等。

(一)程序大纲

程序大纲与Prabhu和他的同事在印度南部城市班加罗尔所做的课题密切相关(Bangalore Project)。由于Prabhu不满20世纪60年代印度采用的结构—口语—情景教学法，决定引进交际教学法。结构—口语—情景教学法培养的学生不能在交际情境中使用语言，并且他们的语法准确性和情境得体性都存在问题。Prabhu(1987)认为只有学习者关注语言的意义而不是形式时，语言习得才会发生。最好的途径就是让学习者参与基于意义的学习活动，也就是通过交际来学习语言，即语言在交际中产生，获取隐性的语言知识，用于真实情景的交际活动。通过交际进行教学要求学生参与一系列学习任务。任务(task)就是一个这样的学习活动：学生通过思维过程，利用已知信息达到一个学习结果，教师是整个活动的操控者。可以看出，任务是以认知为导向的，完成学习任务是一个思维过程。

程序大纲指导下的教学过程包括三个阶段：前任务阶段(pre-task)、任务阶段(task)和评估阶段(marking)。前任务阶段由教师引导和控制全班性的学习活动，全班性活动主要是以问答的形式(或指令和遵从的形式)进行师生互动，教师帮助学生解决任务阶段可能遇到的困难，为任务阶段做好准备。任务阶段主要由学生个人来完成(有时也会有学生之间的协作学习)，必要时教师会提供一定的帮助。评估阶段是对任务阶段的表现(学生完成任务的书面内容)进行评价。评价主要看内容而不是语言表达，即使学习者有语言错误，教师也不会过于纠结错误，而是重述学生的语言。评价有双重作用：教师了解学生任务完成的情况和任务难度，以便调整今后的教学。

程序大纲具有以下特点：

(1)语言学习分为有意识学习和伴随性学习，程序大纲主张在交际中来教语言，就是让学习者在伴随性学习中发展对语言的隐性知识的学习，学会在真实情境中进行交际。这里的隐性知识主要指语法的隐性知识。

(2)隐性知识的获取得益于程序大纲中以意义为中心的活动。活动形式多样：简图、图画、日历、钟表、地图、课程表、日程安排、火车时刻表、年龄与生日、金钱、距离、规章制度、邮政系统、电报、表格、故事、分类、个人简历等。这些活动对学习者来说，具有一定的难度，对他们的认知构成一定的挑战。在这些活动中，学习者集中于理解、扩展和传递意义，语言形式是表达意义的手段，是伴随性的。任务的设计基于真实的交际情境。以下是一个关于火车时刻表的活动，包括前任务和任务阶段。前任务阶段的活动是在教师的引导下的师生互动，教师呈现火车Brindavan Express始发站、经由车站和终点站的始发时刻，并提出相应问题，要求全班学生回答，学生回答问题时还需要进行一些计算。任务阶段的活动跟第一阶段相似，但时刻表有所不同，要求学生独立完成。

Pre-task The following is written up on the blackboard:

Brindavan Express	Madras	Katpadi	Jolarpet	Bangalore
	Dep. 0725	Arr. 0915	Arr. 1028	Arr. 1300
		Dep. 0920	Dep. 1030	

Questions such as the following are asked, answered, and discussed:

1. When does the Brindavan Express leave Madras/arrive in Bangalore? (Answers are expected in terms of the twelve-hour clock.)
2. When does it arrive at Katpadi/leave Jolarpet?
3. For how long does it stop at Jolarpet?
4. How long does it take to go from Madras to Katpadi/Jolarpet to Bangalore?
5. How many stations does it stop at on the way?

Task Sheets of paper containing the following timetable and the questions below it are handed out. The teacher asks a few questions orally, based on an anticipation of learners' difficulties (for example, "Is this a day train or a night train?" in view of the difference from the pre-task timetable, and "For how long does the train stop at Jolarpet?" in view of students' observed difficulty in calculating time across the hour mark) and then leaves the class to do the task.

Bangalore Mail	Madras	Katpadi	Arkonam	Jolarpet	Kolar	Bangalore
	Dep. 2140	Arr. 2250	Arr. 0005	Arr. 0155	Arr. 0340	Arr. 0550
		Dep. 2305	Dep. 0015	Dep. 0210		Dep. 0350

1. When does the Bangalore Mail leave Madras?
2. When does it arrive in Bangalore?
3. For how long does it stop at Arkonam?
4. At what time does it reach Katpadi?
5. At what time does it leave Jolarpet?
6. How long does it take to go from Madras to Arkonam?
7. How long does it take to go from Kolar to Bangalore?

(Prabhu, 1987: 32-33)

(3)在活动中，教师是引导者、咨询者和评价者，为学习者提供支架和反馈，学习者是活动的主角，可以根据自己的表达需要选择语言形式，必要时寻求教师或他人的帮助。

程序大纲的不足之处是：任务设计缺乏客观标准，任务的分析和排序也有一定的任意性。另外，对语言形式的关注也不够(Long & Crookes, 1992)。

(二)任务大纲

任务大纲认为语言是一个整体，不能分解成不同的部分、然后整合起来，语言学习不仅是一个语言知识的获取过程，更是一个社会和文化知识的习得过程(Long & Crookes, 1992)。任务大纲是基于任务的大纲。Long 和 Crookes(1992)提出了三种基于任务的大纲：程序大纲、过程大纲和任务大纲。

任务是学习者使用目标语完成的一个活动或目标。任务是有意义的活动；任务完成的成功与否是以学习成就来评估的；任务与真实生活情境具有某些相似性(Skehan, 1996)。任务大纲中的任务是为学习者学习第二语言而精心设计的任务，任务或活动是大纲设计的基本单位。学习者在完成任务时，也能接受可理解性的语言输入和修正后的输出。任务大纲通过学习者需求分析来确定目标任务，然后将目标任务分类，归置到不同的任务类型，并将任务进行分级和排序，最后呈现和实施任务。

基于功能语言学和交际能力理论的任务大纲，主要目标是培养学习者的交际能力和学习能力。在完成任务的过程中，学习者学会协商意义，达到解决任务的目的，同时提高语言表达的准确性和得体性，实现交际意图。Nunan(2004: 26)阐释了任务、功能与语言形式之间的关系。下表中展示的两个任务实现了语言的元功能(宏观功能)——交换商品和服务、微观功能(问路和给予指示)，完成任务的过程中需要使用的语言形式有特殊疑问句、一般疑问句和祈使句。在任务完成过程中，学习者实现了交际目的，实践了目的语语言形式。

表 5-1　　**任务、功能与语言形式的关系**

<table>
<tr><th>Tasks</th><th>Macrofunction</th><th>Microfunction</th><th>Grammar</th></tr>
<tr><td>Look at the map with your partner. You are at the hotel. Ask your partner for directions to the bank.</td><td rowspan="2">Exchange goods & services</td><td rowspan="2">Asking for and giving directions</td><td rowspan="2">Wh-questions
Yes/no questions
Imperatives</td></tr>
<tr><td>You are having a party. Tell your partner how to get from the school to your home.</td></tr>
</table>

任务可分为两种类型：真实任务和教学任务。在真实任务完成过程中，学习者学会解决真实生活情境中的问题，并学会相应的目的语语言表达，培养了分析问题和解决问题的能力、使用目的语交际的能力。真实任务(real-life task)是学习者在日常生活中遇见的场景或问题，如购物、预订飞机票、银行存款、粉刷房子、开生日晚会、填入学表格、解数学题、租房子、做听课笔记等。教学任务(pedagogical task)是基于第二语言学习理论，专门为促进目的语学习过程而设计的任务，如拼图任务、信息差任务、解决问题任务、决策任务、交换意见任务等。

任务的实施有三个阶段：前任务阶段、任务轮和语言焦点(Willis, 1996)。按照这个模式来进行教学，课堂教学可以分为三个阶段。在前任务阶段，教师向学生介绍话题和任务内容；任务轮阶段包括任务、计划和报告；语言焦点阶段包括分析和操练，以展示成果的方式来体现学习结果。

表 5-2　　任务实施的三阶段

PRE-TASK Introduction to topic and task
TASK CYCLE Task Planning Report
LANGUAGE FOCUS Analysis and practice

任务大纲专门设计语言学习任务，促进第二语言的学习过程，在任务完成的过程中，学习者可以习得语法。语言习得是任务完成过程的副产品，同时这些有意义的交际活动激发了学习者的学习动机和热情，培养了他们的交际能力(Richards，2001：162)。但是任务大纲仍然存在尚需完善的地方，如任务难度的评估和任务序列的安排较难确定，任务数量多少才算合适，语言的准确性是否可以保证等问题需要考量。

第七章　外语教学流派

19 世纪以来，随着心理学的发展、语言学流派的不断涌现，不同的外语教学法也随之应运而生。外语教育历史主要分为以下几个阶段：①古典语言教学阶段。早在 1880 年以前，欧洲大陆的外语教学以教授古典语言（古希腊和拉丁语）为主，运用语法翻译法，目的是阅读古典文献。②现代语言教学萌芽阶段。第一次世界大战之后，外语教育目标的变革对外语教学法提出了更高的要求，人们更加强调日常生活语言的运用，直接教学法开始盛行。由于受行为主义心理学的影响，人们认为语言学习是刺激—反应的结果，是语言习惯形成的过程。与此同时，结构主义语言学影响甚广，语言被当作工具来教和学，在这一背景下，产生了听说法和视听法等。③现代语言教学发展阶段。以 Chomsky 为代表的心灵主义语言学对 Skinner 的《言语行为》提出了质疑和挑战，认为语言习得机制是人类与生俱来的，语言发展是认知发展不可分割的一个部分，这些观点促成了认知教学法的产生。④现代语言教学深入阶段。20 世纪 70 年代以后，语言被看作是交际的工具，人们逐渐意识到语言教学的目的是培养学习者实际的语言交际能力，语言教学的重点不仅仅是传授语言知识和培养语言技能，更是语言交际能力的养成，因此，在这个背景下产生了交际教学法。受人本主义心理学的影响，人们除了关注语言教学本身，也十分关注学习者因素，尤其是情感因素在语言学习过程中的作用，由此产生了沉默法、暗示法、咨询学习法、全身反应法等教学法。20 世纪 80 年代后，随着科学技术和信息技术的迅猛发展，外语教学法进入了一个"后方法时代"，出现了全语言法、多元智能法、词汇法等，除此之外，还出现了体现交际理念的合作学习语言法、内容型教学法和任务型教学法等。以下将从不同心理学、语言学流派的视角对外语教学法一一进行述评。

第一节　外语教学法——结构派

结构派教学法有两个主要特征：语言结构是语言教学的主要内容；教师是教学的主体，是课堂教学的中心。

一、语法翻译法

语法翻译法（Grammar-Translation Method）是外语教学法中最古老的一种教学方法，产生于中世纪，距今已有几千年的历史。当时，人们主要以语法和翻译为手段教授古典语言，如拉丁文、古希腊文等，主要目的是阅读经典文献，了解和吸收古代文化。到了 18、19 世纪，随着罗马帝国的衰落，一些学校开始开设英语、法语等现代语言课程，于是，语法翻译法逐渐从教授古典语言过渡到教授现代语言。

语法翻译法的心理学基础是官能心理学(faculty psychology)。官能心理学认为，各种官能，如记忆力、理解力等，可以单独地加以训练和培养。语法翻译法主张在外语教学中可以通过背诵记忆语法知识来发展学生的思维能力。

在语法翻译法中，词汇和语法是教学的主要内容。人们认为，学习外语就是学习它的词汇和语法，句子是语言教学和语言练习的基本单位。语言是由一组描写规则构成的，掌握一种语言意味着学习者了解这些规则，并能迅速、准确地将母语翻译成第二语言或将第二语言译成母语。教学用母语进行，母语是学习第二语言必不可少的语言媒介。翻译是讲授生词和新课文的基本手段。语法翻译法的主要特点体现在以下几个方面：

(1)语法体系的完整性和整体性。语法翻译教学法借助“希腊——拉丁语法”的规则，形成了非常完整、系统的语法教学体系。教师在课堂上采用演绎法讲解语法规则，让外语学习者充分认识目的语的形式、不同的词类、句子组合等，有助于外语初学者较好、较快地掌握目的语的结构。

(2)语法翻译法主张用母语进行教学。教师用母语组织教学，用母语讲解语法规则。该教学原则体现了外语学习的功能，即两种语言形式的转换，进而达到语际信息交流的目的。课堂活动主要包括语法规则的系统讲解和课文句子的翻译。

(3)语法翻译法重视语言对比。在教学过程中，对目的语和母语在词汇、语法、结构等方面进行对比。翻译是检验学生掌握词汇、语法规则以及阅读能力的主要手段。

(4)语法翻译法强调对书面语的分析，注重原文的学习。教学中所使用的教材以文学材料为主，文学语言优于口语，在听、说、读、写四项技能中，重读写、轻听说。

在长期的语言教学实践中，语法翻译教学法一直占据着重要地位。语法翻译教学法能帮助学生牢固掌握系统的语法知识，较好地提高学生的阅读和翻译水平；采用母语授课，能消除语言交际障碍，既减轻了教师的压力，又提高了教学效率；不需要过多的语言设备和教具；测试教学效果手段简单。

由于语法翻译法基于对古典语言的学习和研究，在现代外语教学实践中，不免带有一定的局限性：①忽视口语教学。虽然学生掌握了词汇和语法知识，但口语表达能力较弱。②在教学中过分依赖母语，忽视了学生目的语听说能力的培养。③教学形式比较单一。基本上是教师讲解，学生听讲的模式，缺少师生互动、生生互动。④忽视了语言教学中的社会文化因素，语言学习者的认知、情感等内在因素。

尽管语法翻译法有以上不足之处，但它经受住了19世纪80年代到20世纪初进行的外语教学改革的冲击，在以后几百年的现代外语教学的发展过程中，它与直接教学法、听说法、视听法、交际法等各种教学流派相互竞争，精彩纷呈，在外语教学领域占有重要的地位。

二、直接教学法

19世纪中叶，资本主义在欧洲得到进一步发展，各国之间的交往、尤其是通商贸易日益增多，社会迫切需求掌握外语并能用外语进行口头交际的外语人才。外语学习的目的也发生了根本性的变化，学习外语不再是阅读经典、怡情养性，而是变成了社会需求，主要体现在对口语的需求，直接教学法就是在这种社会背景之下产生的。

直接教学法的心理学基础是德国心理学家冯特创建的实验心理学。冯特认为，心理学应该研究人的直接经验，在语言行为的心理活动中起主要作用的是直觉，而不是理智；是感觉，而不是思维。

直接教学法(Direct Method)以培养学习者直接用外语进行思维和交际能力为主要目标，以机械的口语训练为主要特征，通过外语本身进行的会话和阅读来教外语。直接教学法认为，在任何两种语言中，很多单词在语义、搭配、用法上都不存在一一对应的关系，如果在外语教学中将翻译作为唯一的手段，就会导致学生在表达时词不达意，错误百出。直接教学法认为外语学习应与儿童习得母语一样，起始于接近生活的口语，而不是文学作品中的书面语。因此，直接教学法重视口语，使用在具体情境中接触外语的方法代替背诵记忆语法规则，以对语言的实际使用代替翻译。教师通过视、听、联想、模仿、手势、图片、实物等直观方式进行教学。

直接教学法提出了以下教学原则：

(1)直接联系原则：教外语应使每一个外语单词同它所代表的事物或意义直接发生联系，而不要经过母语翻译。当学习者学习一个新词语的同时，也学会了这个词语所代表的事物或意义。

(2)句本位原则：句本位原则能够保证学生所学外语的纯正性。教外语应以句子为单位，这样，学生既学到句子的正确表达法，又学到单词在句中的用法，同时也学到自然、纯正的语音、语调。

(3)模仿原则：直接教学法强调学生对语句进行大量模仿，语言习惯的养成在于模仿和练习。

(4)以归纳法教授语法规则的原则：学习外语要让学生掌握大量的实际语言材料，然后引导学生从他所积累的感性语言材料中分析、归纳、总结出语法规则，用以指导后续的学习。

(5)以口语为基础的原则：直接教学法以培养口语能力为主要目标，重视语音训练和口语教学，强调语音、语调的正确性，主张教授活的语言。

(6)以当下通用语言为基本教授内容的原则：直接教学法主张教授当下社会通用的语言，学了即能用于日常交际之中。

直接教学法强调直接学习外语和直接使用外语，有利于培养学生的口语交际能力，但也有其自身的局限性。不足之处在于：直接教学法强调了外语教学的实用目的，忽视了外语教育和教养目的，导致了学生口语流利，但普遍缺乏语文修养的状况；直接教学法夸大了母语在外语教学中的消极作用，一味排斥母语在外语教学中的使用；不能很好地处理口语和书面语的关系；强调儿童习得母语和掌握了母语之后学习外语的共同规律，而忽视了二者之间的差别，将外语学习等同于母语学习；直接教学法运用效果如何在很大程度上依靠教师娴熟、流利的外语技能，然而，在教学实践中，并不是所有的教师对外语的精通程度都能达到直接教学法的要求。

三、听说教学法

听说教学法(Audio-Lingual Method)产生于美国20世纪40年代后期，起自美国的陆军口语法。当时，美国参加第二次世界大战，要派大量的士兵出国作战，迫切感到士兵需掌握所去国家的语言。因此，语言学、心理学、教育学等不同领域的专家被召集起来，研究外语速成教学法，对士兵进行外语培训。于是，军队特别培训项目(The Army Specialized Training Program，ASTP)于1942年成立了，也叫军队法(Army Method)，口语法(The Oral Approach)，结构法/句型法(The Structural Approach)。到1943年初，美国已有55所大学承担了军队外语人才的培训任务。由于军队要求培养士兵的听和说技能，因此，培训项目课程内容包括大量的语音、句型操练和会话练习，不涉及语法和翻译的内容。军队特别培训项目持续了大约两年的时间，取得了很大的实践效果，引起了语言学界的普遍重视。"二战"后，该方法正式得名听说教学法(audio-lingual method)，被推广应用到外语教学中。

听说法是结构主义语言学和行为主义心理学理论的综合应用。结构主义语言学认为语言是一套结构，是由各种小的语言单位根据语法规则组合起来的结构系统，许多语言结构是通过各种句型得以体现的。掌握一种语言，首先要掌握该语言的各种句型，特别是常用句型。行为主义心理学认为语言是一种习惯，而习惯又是经过大量、反复的"刺激——反应"才能形成，乃至牢固。行为主义心理学提出的刺激、反应、强化、形成习惯等理论和观点与句型操练相结合是听说法的核心内容，换言之，听说法是一种以掌握语言结构为目的、模仿操练为手段的语言教学法。

听说法的基本教学原则可以归纳为：

(1)听说领先原则：听说法强调听说领先，教授新句型一般先口头操练到一定的熟练程度之后才转入书面文字，即先听说，后读写，听说是重点和基础。

(2)反复实践形成习惯原则：该原则是根据行为主义心理学"刺激——反应"学说提出来的。语言学习是习惯的形成，而语言习惯的形成主要靠反复操练。在课堂上，教师除了用外语授课之外，还大量使用录音、录像和电影等电化教具作为刺激手段，强化学生的反应，巩固所学的内容。

(3)句型操练原则：学习语言就是学习、掌握句型。掌握了全部句型就掌握了语言结构，也就掌握了语言。美国结构主义语言学反对传统语法，不承认"语法规则"的存在。受结构主义语言学的影响，听说法相信经验，轻视理性(这里指语法规则)。听说法的课堂活动主要是对话和句型操练。

(4)限制使用母语原则：听说法流派认为，既然外语运用是一种习惯，那么只有通过外语本身的大量句型操练才能有效地形成，因此，在课堂教学中，要尽量不用或少用母语和翻译。

(5)及时纠正错误原则：及时纠正错误，培养正确的语言习惯。根据行为主义心理学理论，习惯一旦形成，便很难更改。语言既然是一种习惯，那么语言错误必须要及时纠正，否则错误的语言习惯会导致语言石化现象的发生。

(6)通过语际、语内结构对比以确定教学重点和难点原则：通过系统地对比分析语际(interlingual)、语内(intralingual)结构，了解目的语和母语的异同之处，作为选择、处理教材和确定课堂教学中重点和难点的依据。

(7)充分利用现代化教学技术和手段原则：充分利用现代化教学技术和手段，为学习者提供多听、反复听、多练、反复练的机会。

(8)教师是课堂教学中心的原则：课堂上的语言教学活动主要通过师生口头互动进行，教师是课堂的中心，严格按照教学参考书设计的活动组织教学。

听说法的长处是能在较短的时间内培养学生初级的外语口语和听力能力。不足之处是：把学习语言看作是习惯的形成，只重视句型操练，并按听、说、读、写的顺序进行教学，帮助学生形成语言机能，忽视了语法规则的指导作用；只重视语言的形式和结构，忽视了语言的内容和意义，忽视了培养学习者的交际能力。

四、视听教学法

视听教学法(Audio-Visual Method)产生于20世纪50年代的法国，是在直接教学法和听说教学法的基础上发展起来的。它是一种借助电教手段，通过视、听在一定情境中呈现的整体、真实的目的语材料，从而使学生理解所学语言材料的结构和含义的教学方法。试听法重视教学过程中语言材料的完整性，也被称为“整体结构法”。

和听说法一样，试听法的理论基础也是结构主义语言学和行为主义心理学。视听教学法流派认为，语言不仅仅是一种由语音、词汇、语法组成的抽象系统，它是人与人之间、社会团体之间的交际工具。学习语言应从交际中的话语或句子入手，学习语言的顺序应是“话语→句子→单词→音位”。

另外，人们使用语言进行交际时受情境的制约，因此，在教学中使用外语和图像结合创造类似学习母语的情境和过程，能帮助学生加速掌握运用外语的能力。从行为主义心理学的角度来看，声音加图像的“整体性刺激”比单纯的声音刺激会收到更佳的学习效果。

视听法的基本教学原则有许多与听说法的教学原则相同：

(1)听说领先原则：听说领先，集中强化教学。集中3个月，用250~300课时进行强化教学，使学生掌握基本的口语能力。

(2)句型操练原则：以句型为中心，描述语言句子结构。

(3)限制使用母语和翻译原则：用目标语进行课堂教学。

(4)对比母语和外语两种语言以确定难点和重点的原则。

(5)语境教学原则：创设情境，利用语境进行教学，使所学语言与情境建立直接联系。

(6)充分利用电教设备和手段，使语言和形象紧密结合，让学生在情境中整体感知外语的声音和结构，边看画面边练习听和说。

视听法的教学步骤为：①呈现。利用电教手段为学生呈现有意义的教学内容。②讲解。教师利用图像、有选择地听录音和回答等手段进行讲解。③记忆。通过重放录音和幻灯等练习，重复记忆对话。④运用。教师运用多种方法组织学生运用所学的内容。

视听法的不足之处：过分强调视觉直观作用，忽视对抽象词汇和语法结构的处理和讲解；过分重视语言形式训练，忽视交际能力的培养；过分重视语言整体结构，忽视分析语言的有机构成；忽视书面语的作用，学生的阅读、写作能力得不到相应的发展。

五、认知教学法

认知教学法(Cognitive Approach)产生于20世纪50年代的美国，是在教学中充分发挥学生智力作用，重视对语言规则的理解，培养学生全面运用语言能力的一种教学法。认知教学法最初由美国的心理学家Carroll(1964)首先在“语法翻译法的现代形式”一文中提出，保留了语法翻译法的一些基本特点，如重视语法的作用、用母语授课、使用翻译手段、以文字为依托等，但它克服了语法翻译法的片面性，吸收了其他教学流派的长处，尤其是以认知心理学、心理语言学为理论基础，发展了语法翻译法，因此，有人又把它叫做“新语法翻译法”。

认知教学法有坚实的语言学、心理学和教育学的理论基础，主要以Chomsky的转换生成理论、Piaget的“发生认识论”和Brunner倡导的结构主义教育理论为依据。认知教学法包含以下三个方面的内容：①语言具有规则性和创造性。语言是受规则支配的体系，人类学习语言的过程是从学习和理解语言规则入手，应用语言规则，先掌握以句子结构为重点的语言知识，进而创造性地使用语言。②外语教学要以学生为中心，充分发挥学生的主体作用。学生在外语学习过程中，通过观察、分析、归纳去发现语言规律，掌握语言知识。③学习外语应该是外部刺激和主体相互作用的结果，不单纯是主体对外部刺激的被动反应。

认知法的教学原则可以归纳为：

(1)以学生为中心原则：认知法强调学习的过程是认知的过程，学生是认知的主体。在学习过程中，学生主动进行信息加工，建构知识。教师要根据学生的认知特点和认知过程合理安排教学。

(2)有意义学习和操练原则：认知法强调认知，强调有意义的学习，反对单纯依靠机械操练来培养语言习惯，强调在理解语言知识和规则、建立内在联系的基础上操练外语。认知法的教学过程可以概括为“语言知识的理解→语言能力的形成→语言运用(语言行为)”三个阶段。理解是前提，操练是手段，运用是目的。

(3)听、说、读、写并进原则：学习外语的最佳途径是调动各种感官通道进行综合训练，因此，认知法主张耳听、口说、眼看、手写齐头并进，对听、说、读、写进行全面综合的训练，全面发展。

(4)有效利用母语原则：母语是学生已有的语言经验，是外语学习的基础。母语的语法知识、规则等会迁移到外语学习中去，因此，认知法主张在外语学习中要有效地利用母语。

(5)对错误进行分析和疏导原则：容忍学生的语言错误，不能见错就纠，要对错误进行分析、疏导，只纠正主要错误。

(6)广泛利用电化教学设备和手段原则：利用教学媒介使外语教学情境化、交际化，达到交际化操练的目的。

认知教学法的突出贡献在于将心理学、教育学的理论用于指导和解释外语教学，而不是简单规约外语教学。

认知教学法的不足之处：虽然吸收了乔姆斯基的语言理论，但并没有关注对语言结构的描写，缺少对教学内容的研究，使得教学内容缺乏实际内容；尽管认知教学法吸收了认知心理学理论，但在语言加工过程等方面，尚不能对外语教学提供具体的指导。

第二节　外语教学法——人文派

20世纪60年代后期，虽然乔姆斯基的转换生成语法在语言学界产生了巨大的影响，但是语言学习和语言教学中存在的问题并没有有效地得到解决。早年出现的教学法逐渐衰落，人们开始探索新的外语教学法，这种背景催生了人文派教学法。人文派教学法的出现深受人本主义心理学的影响。人本主义心理学认为，在学习过程中，学生的认知因素和情感因素都起着非常重要的作用。语言学习主要通过认知过程来实现，但解决情感问题有助于提高语言学习效果。消极情感如焦虑、害怕、羞涩等影响学习潜力的正常发挥；积极情感如自尊、自信、动机等能创造有利于学习的心理状态。人文派教学法强调，在教学过程中，教师要处理好师生之间的人际关系，关注学生的情感世界，营造良好的外语学习的氛围，减少学习外语的压力和焦虑。

一、全身反应法

全身反应法(Total Physical Response)是20世纪60年代由美国心理学教授James Asher提出来的，是一种通过协调语言和身体动作来教语言的教学方法。全身反应法体现了行为主义刺激——反应的观念，强调通过口语刺激引起行动的反应。Asher(2000)在观察幼儿学习母语时，发现幼儿在会说话之前，已经进行了大量的“听”的活动。幼儿在听(输入)的过程中，用身体做出回应(输出)，如用手、头和身体的动作等做出回应。Asher认为成人学外语与儿童学习母语的过程一样，儿童在学会说话之前通过动作对语言指令做出反应，那么也应该允许成人在学习外语的过程中，有一段时间保持沉默，只用身体动作来表示是否理解了所接受的语言。由此他提出了外语学习的全身反应法。由于强调在理解的基础上学习外语，也有人把这种方法称为“理解法”(Comprehension Approach)。

在全身反应法中，Asher肯定了情感因素在语言学习中的作用，认为一种对学生的言语输出不作过高要求并带有游戏性质的教学方法可以减轻学生的心理负担，培养其愉快的学习情绪，从而提高学习效率。

全身反应法将语言和动作结合起来。教师口头发布指令，学生做动作，对教师的指令做出回应，这样做可以减轻学生语言输出时的压力。由于指令可以派生出无数的句子，学生就在行动中边实践边学到许多词汇与语言结构。

全身反应法的教学原则是：

(1)理解能力先于输出能力，即听先于说。在语言学习过程中，先培养学生的听力理解能力，口语教学应推迟至听力理解能力具备之后，这样可以减少学生学习语言的焦虑。

(2)通过听所获得的技能可以迁移至其他语言技能中，如听力理解能力可以迁移到阅读、口语、写作等技能中。

(3)教学应强调语言的意义，而不是语言的形式。全身反应法关注的是学生对语言意义的理解和掌握，而不是语言的形式。

(4)教学应将学习者的语言焦虑减低至最低程度。全身反应法强调在教学过程中，教师要创设轻松、愉快的学习环境，充分发挥学生情感因素的积极作用，降低焦虑感，增强学习成效。

(5)课堂教学活动以教师为中心。教师是导演，决定教学内容和教学步骤，对教学起着十分积极和直接的作用。因此，在教学之前，教师必须认真做好准备，甚至将课堂上每一个指令都写下来。学生是演员，任务是听和依照指令做动作。

(6)对待母语的态度。排斥母语，用目的语组织课堂教学活动。

(7)对待错误的态度。在学习初始阶段，教师应借鉴家长对待儿童母语习得的态度，容忍错误，随着学习的深入，有限度地纠正错误。

全身反应法的总体目标是在初级阶段培养学生初级口语能力，而理解则是达到这一目的的手段。

Asher认为动词，尤其是祈使句中的动词是语言的中心内容，语言学习和语言运用都要围绕它来展开。Asher还认为目的语的大部分语法结构和成千上万的词汇可以通过教师熟练使用祈使句而掌握，因此，祈使句操练是全身反应法中的主要课堂活动，主要用来调动学生的身体行为和活动。其他的课堂活动包括角色扮演和幻灯放映等。

全身反应法自问世以来，在外语教育界引起了很大的反响，但也有一定的局限性。它主要适用于初级阶段的外语教学，不能教授复杂的、难度较大的语言项目，因为身体动作很难表达抽象的事物和复杂的句式；它更适用于活泼好动的青少年，而不适用于成年人。它的有效性还需要更多的教学实践来证明，Asher本人也指出，全身反应法应与其他教学法结合使用。

二、沉默法

沉默法(The Silent Way)是20世纪70年代早期由美国心理学家Gattegno(1972)创立的教学法，它主张在外语教学中，教师应尽量少讲话(保持沉默)，多组织学生开展活动，学生应尽量多说话、多练习。沉默法坚持“教从属于学”的原则，认为外语要重视学生，突出学生的主体性，以学生为中心，要注重培养学生的独立性、自主性和责任心。

在沉默法教学中，教师经常使用以下教具：彩色棒(Cuisenaire Rods)、卡片(Fidel Cards)和挂图。彩色棒长短不一，用来教词汇(如颜色、数字等)和句法(如时态、语序等)。不同颜色的卡片代表不同的元音和辅音，用来教发音。彩色挂图提供实物和场景以配合教学。

沉默法的总体目标是通过语言基本要素的训练培养初学者的听说能力。沉默法采纳的是结构式的教学大纲，课程根据语法项目和词汇安排，语法结构和词汇用彩色棒表示，新的语法结构和词汇被分割成小的组成部分逐一教给学生。句子是教学的基本单位，词汇是教学的核心内容。

沉默法吸取了教育哲学的思想，认为教育的目标是培养独立自主、有责任心、具有解决问题能力的学生。Gattegno将语言学习看作是一种发现问题、创造性地解决问题的活动，是一个通过自我意识和自我挑战的个人成长过程，学习者必须培养独立性、自主性和责任心，才能变无序的学习为有序的学习。

在沉默法中，学生的角色是多种多样的，有时作为一个独立的学习者，有时作为小组活动的一个成员，学生必须自行决定什么时候应该扮演什么角色。沉默法要求学生多听、多思考，在动脑的基础上开口。沉默是引发记忆的关键，是记忆的有效途径。在沉默中，学生更能集中注意力完成学习任务，沉默对语言发生、集中神经组织能产生积极、有效的作用。

在沉默法中，教师的主要特色是保持沉默。教师必须学会自我控制，对学生的成功和失误不轻易表露自己的情绪。总之，教师要给学生尽可能创造一个鼓励冒险、提高学习效率的环境。

沉默法的教学原则可以归纳为：

(1)教从属于学。学生的学是第一位的，学生的学比教师的教更重要。学生是学习的主体，对自己的学习负责。

(2)教师主要利用教具进行教学。教师先教发音，主要通过挂图等让学生理解和操练单词、词组和句子的语音、语调等。然后再进行句型、结构和词汇的操练。教师每说一句话，就通过彩色棒进行直观演示，接着让学生进行练习，直到练会为止。

(3)口语领先。沉默法首先培养学生的听、说能力，特别是用准确的语音、语调进行说话的能力，然后再培养读、写能力。

(4)教师不改正学生的错误。教师不轻易改正学生的错误，教师的主要任务是帮助学生建立一套内在的判断正误的标准，自我纠错。

沉默法的优点是：重视学生的主体性，重视师生之间的情感因素。大量的语言实践活动有利于培养学生的语言能力和思维能力。沉默法的不足之处：教师话语是语言输入的重要来源之一，教师在大多数时间里保持沉默，使学生失去了重要的语言输入源；沉默法不适合外语学习的高级阶段。

三、暗示法

暗示法(Suggestopedia)是20世纪70年代由保加利亚心理疗法专家和教育家Lozanov(1978)根据心理治疗的原则提出来的一种外语教学法。根据洛扎诺夫的理论，情感使学习者产生某种倾向和爱好。这种倾向和爱好不仅影响对将来行为的选择，而且刺激适当的生化变化，使学习者进入一种有巨大潜力的生化环境，思维和身体在这个生化循环圈(biochemical circle)中紧密结合，使学习者的身心进入到有效学习的准备状态。

暗示法将心理学和生理学理论结合起来运用于外语教学，旨在通过各种暗示手段，激发学生的学习动机，挖掘学生的学习潜力，消除学生焦虑、紧张等情绪，从而最大限度地提高学生的学习效率。

Lozanov没有明确提及暗示法的语言学基础，但强调对词汇的记忆和翻译，强调学习者要在完整、有意义的语境中感受语言材料，从而用语言进行有效的交际活动。

暗示法强调教室的布置，音乐的使用，教师的权威作用等，Lozanov认为权威性(authority)、幼稚化(infantilization)、双重交流(double-planedness)、语调变换、节奏和音乐是暗示法的重要特色。

Lozanov认为人们往往对来自权威方面的信息记忆最深，受其影响也最大，权威性能显著增强学生对学习材料的记忆。洛扎诺夫提出了一系列使学生感受学校和教师权威性的作法，如学校的声誉、教师的自信、教师与学生的距离、教师的积极态度等。

幼稚化主要帮助成年学生通过参加各种活动，如角色表演、游戏、唱歌和体育活动等找回孩提时的自信、自发性和接受能力，从而消除紧张情绪。

在交际活动中，说话人发出的信息有两个层次：第一个层次是语言的内容，第二个层次是伴随语言内容的非语言信息。双重交流指学生不仅受直接的教学影响，还受教学环境(如教室的布置、背景音乐、教师的个性和教态等)的影响，这些边缘刺激对学生的学习同样具有重要的影响。

不同的语调可以表达不同的内容，对听者产生不同的效应。在教学中，教师采用不同的语调，可以表达真实的信息、强化言语的内容，同时避免学生因单调的重复而产生厌烦心理，使学生对教材的记忆效果更好、更持久。

暗示法的教学原则可以归纳为：

(1)大量使用语言材料。要保证给学生充足的语言输入，并以学生最可能接受和记忆的方法将语言材料呈现给学生。

(2)重视培养学生的会话能力。教师介绍并朗读对话材料、拓展学习材料，课堂活动包括学生模仿、回答问题、朗读等，鼓励学生开展表达交流活动。

(3)有意识和无意识的统一、整体大脑活动的统一。不仅要调动学生的有意识活动，还要充分发挥学生的无意识作用，激发动机，挖掘潜力；注重开发大脑的右半球在语言学习中的作用，使大脑左右两半球协调配合，提高学习效率。

(4)提倡愉快、不紧张和放松式学习。创造舒适优雅的学习环境(音乐伴奏、教师和蔼可亲)，消除学生紧张的心理状态，促使大脑轻松自如地活动，以增强学生的记忆力。

(5)借助母语进行翻译和对比。在教学中，教师适当借助母语对比、解释、翻译某些语言难点，以便学生更好地理解新的语言材料。

(6)鼓励学生大胆使用目的语，尽量少纠正错误。鼓励学生在理解的基础上，多进行练习；教师尽量少纠正学生的语言错误，维护学生自信心。

暗示法的优点是：重视学生全部的身心活动，使学生调整出一个最佳的学习心理状态，并将所有注意力都集中到所学的内容上。不足之处：暗示法的教学模式在实践中有一定的难度，对教师的要求比较高，教师需要接受专门的音乐训练。同时，暗示法忽视语言知识的传授和语言规则对语言运用的指导作用，语言材料缺乏真实性，在一定程度上会影响语言交际能力的培养。

四、社团语言学习法

社团语言学习法(Community Language Learning)产生于20世纪60年代初的美国，创始人Curran(1972)将外语学习过程比作病人就医咨询、寻求医生帮助的过程，认为学习者在外语学习中遇到的问题和人们在心理咨询过程中遇到的问题非常相似。成人学习外语遭受挫折时，会感知到来自同伴们的压力，产生焦虑情绪。该教学法的目的在于消除学习环境中团体带给个人的焦虑、竞争及冲突的压力，因此，这种方法也叫作咨询学习法(Counselling Learning)。

社团语言学习法将心理咨询理论和方法应用于外语学习，重新解释了教师和学生在语言课堂上的角色，认定他们应该是咨询者(counselor)和被咨询者(client)的关系。在教学过程中，师生之间要相互信任、相互支持。教师要为学生提供一个安全的学习环境，有安全感的学生才能自由、直接地参与语言学习和思想交流。注重调动学生的情感因素作用，帮助学生认识自己、接受自己。社团语言学习法推崇人本主义的全人教育理念，学习是学习者个人的发展过程，教师要为学生服务，帮助他们达到学习目标。

Curran 认为课堂学习气氛是一个决定性因素。他提出了 SARD 的方法，侧重于改善学生的学习情绪，尽可能减轻学生的学习压力和课堂上担惊受怕的心情。其中 S 代表安全感，A 代表注意和进取，R 代表记忆和反思，D 表示辨别。

安全感(Security)：在教学过程中要消除学生的紧张情绪，使学生产生一种集体学习的安全感。只有当学生有了安全感时，才能更好地学习。

注意—进取(Attention-Aggression)：注意是信息加工的前提，因此，学生必须高度集中注意力，处于一种进取状态，积极参与课堂教学活动。

记忆—反思(Retention-Reflection)：当学生全身心投入到学习中时，所记忆的东西就内化为学生所掌握知识的一部分。在课堂教学中，教师要安排一段沉默时间，让学生思考、反省所学课程内容。通过发现、再认、记忆、思考等学习步骤后，学生对语言材料的记忆、保持更长久。

辨别(Discrimination)：指学生对自己和其他同学使用外语知识具有的辨别正误和差异的能力，并能凭借语言材料类推出语言各要素之间的关系、功能和属性等。学生的分辨能力越强，越能将在课堂上学到的语言知识运用到实际交际中去。

社团语言学习法的教学过程大致如下：①学生相互介绍。②教师介绍课程目的和原则。③进入目的语课堂活动阶段。师生围坐一圈，首先学生用母语提出话题，然后教师翻译，接下来学生商谈议题、准备对话、将活动中所说的目的语录音，并抄写、整理录音内容。④学生交流学习过程中的感受。⑤师生分析所抄写的语言材料中的词语和语法。⑥学生自由提问、抄写黑板上教师写下的词语和语法分析。

社团语言学习法的主要原则归纳如下：

(1)独特的师生角色。教师是咨询者，是父母；学生是被咨询者，是孩子。

(2)关注学习者的情感状态。教师负责创设具有安全感的学习环境，消除学生的焦虑和挫折感。

(3)听说领先。

(4)借助母语的原则。允许初学者使用母语，并借助翻译手段帮助学习者表达自己的思想。

(5)强调分析目的语语法结构。

(6)使用录音设备，辅助语言学习。

社团语言学习法重视学生的学习心理，强调学生的自主学习能力，由学生决定学习内容，使整个学习过程随意性太强，忽视了教师在外语学习过程中的指导作用。并且，社团语言学习法对教师要求较高，教师要具备较高的语言水平(母语和外语)，具有较强的翻译能力，还要掌握咨询技能，否则，很难获得预期效果。

五、全语言法

全语言教学法(Whole Language Approach)始于20世纪90年代，最初的目的在于改进小学的母语教育，后来被广泛应用于中学和成人阶段的外语教育。

传统的语言教学通常把语言学习分为“听”“说”“读”“写”等范畴，将不同的语言技能割裂开来。全语言教学法注重将有意义的语言以全面、完整的方式传达给学生，而不应该把活的语言分割成语音、语法、词汇等部分来进行教学。全语言法认为语言是一个完整的沟通系统，要让学生通过亲身体验来学习。Rigg(1991)曾指出，“语言的使用始终发生在社会情境中，这条原则既适用于口语，也适用于书面语；既适用于母语，也适用于外语。”

全语言教学法的心理学理论基础来源于人本主义和建构主义。人本主义强调宽松的学习环境，良好的师生关系能促进学生的学习。建构主义强调教学指导的“协商性”，教师的作用是提供帮助和指导，学生是知识建构的主体。

Bergeron(1990)在综述大量文献的基础上，归纳出全语言教学法具有以下四个明显的特征和常用的教学活动。四个特征包括：使用文学作品，使用过程写作法，鼓励合作学习，关注学生态度。常用的教学活动有：独立或小组形式的阅读和写作活动、不分级别的对话材料、写作档案袋、写作会议、学生自创作品、写故事等。

全语言教学包括以下几个教学原则(Richards & Rogers，2008)：

(1)使用真实语言材料进行阅读，而非为训练单个阅读技巧而编写的文本和练习材料；

(2)强调真实自然的事件，而非与学生生活体验无关的编写出来的故事；

(3)阅读学生感兴趣的语料，如文学作品；

(4)鼓励写作，倡导为真实的作者写作，而非简单地训练写作技能；

(5)将读、写与其他语言技能综合起来；

(6)以学生为中心，关注学生的个体差异。

全语言教学法的优势在于强调学习者真实的生活体验，将课堂学习与实际生活紧密相连，使学生深刻体验并习得语言知识、获得语言技能。不足之处在于：过分强调语言的整体性，忽视了语言技能的训练，忽略了语言的准确性。

第三节　外语教学法——交际功能派

交际功能派教学法的主要特点是以语言交际功能意念项目为纲，以培养语言交际能力为教学目的，语言是交际的工具。学生通过交际活动来掌握语言工具，“交际”贯穿外语教学的全过程。

一、交际教学法

交际教学法(Communicative Approach)兴起于20世纪70年代的英国，是以培养交际能力为目的，以语言功能项目为纲的一种教学方法。交际法又称功能法(The Functional

Approach)或功能-意念法(The Functional-Notional Approach)。交际能力是根据交际的目的、语境、身份、谈话对象、谈话内容等说出恰当得体的话语能力，包括语法能力、语篇能力、社会语言能力和策略能力。英国语言学家 Wilkins(1972)将语言意义分为两类：意念范畴(如时间、顺序、数量、地点和频度等概念)和交际范畴(如要求、否定、邀请、抱怨等)，并以此作为制定语言交际教学大纲的基础。

交际教学法的理论基础主要是 Hymes 的交际能力理论和 Halliday 的功能语言理论。Widdowson 的语言交际观也是交际教学法的重要理论之一。Widdowson(1978)认为语言是表达意义的系统；语言的基本功能是交际；语言的结构反映其功能和交际用途；语言的基本单位不仅是语法和结构特征，还包括反映在话语中的功能和交际意义的范畴，语言系统与它们在话语中的交际价值之间存在着密切关系。Canale 和 Swain(1980)认为交际能力应该包括语法能力、社会语言能力、话语能力和策略能力四个方面的能力。Littlewood(2011)在修正 Canale 和 Swain 的交际能力框架基础上，提出交际能力应包括语言能力，语篇能力，语用能力，社会语言能力和社会文化能力。

交际教学法主张教学应该以语言的表意功能为纲，强调语言“以言行事”的功能，即“以言叙事”“以言做事”“以言成事”等言语行为。交际教学法强调语言是人们交际的工具，应将培养学生的交际能力放在首位，强调教学过程的交际化。交际教学法继承了语法教学的观点，不排斥语法，但反对以语法为纲，同时不排斥母语。

Richards 和 Rogers(2008)将交际法分为三个发展阶段。第一个阶段关注开发基于功能和意念的教学大纲，培养学习者的交际能力；第二个阶段关注需求问题，探索确定学习者需求的步骤；第三个阶段重点探讨交际法框架下的课堂活动，如小组活动、任务、信息沟通等。

交际教学法的特点可以归纳为：

(1)语言是交际的工具。学会一种语言不仅要掌握语言形式，还要培养学生在不同场合恰当运用语言的能力。交际教学法强调语言运用的得体性(appropriateness)。

(2)交际教学法大纲以意念、功能、交际活动为内容，强调在教材中使用自然、地道、真实的语言材料，如各种书籍与报刊杂志节选的文章或电影、电视和电台报道片段等。

(3)教学过程本身就是交际过程。在教学过程中，教师将言语交际作为教学的出发点，创设交际环境，将交际活动贯穿整个教学过程。

(4)采用多种教学手段组织教学。交际教学法主张采用各种不同的教学方式和手段进行教学，以满足真实交流的需要。

(5)课堂教学以学生为中心。在课堂教学中，学生是交际活动的主体。课堂活动的形式多种多样，可以是个人活动，也可以是小组活动。

(6)正确对待学生的语言错误。交际教学法以培养学生语言交际能力为目的，更加关注学生表达意念和交流思想的能力，更加关注语言表达的流畅性，而不是精确性。语言错误在语言学习过程中不可避免，不要有错必纠，语言能力的形成是多次试误(trial and error)的结果。

(7)综合运用言语交际活动的各个要素，如情景、功能、意念、社会因素、心理因素、语言知识和语言技能等，将听、说、读、写技能看作是综合的言语活动。

交际教学法首先是作为一种外语教学思想而不是一种教学法而存在的。交际教学法的教学思想不要求人们采用固定的、一成不变的教学模式和程序，而要根据实际情况来确定具体的教学方法。交际教学法的优点是培养学生掌握交际能力，教学过程交际化和促进实用英语的发展。不足之处：如何处理教学大纲中结构和功能的关系，缺乏确定语言功能项目的标准、范围及教学顺序的科学依据。

二、活动教学法

活动教学法是交际教学法的一个分支。英国语言学家 Jeremy Harmer 是活动教学法的主要倡导人之一，他比较系统地探讨了外语教学，并明确以“平衡”命名自己的教学思想，提出了“平衡活动教学法”(The Balanced Activities Approach)。平衡活动教学法在活动教学法中比较具有代表性。

Harmer(1983)的平衡活动教学法以交际性教学原则为理论基础，从学生所进行的课堂活动的角度来探讨如何在这些活动中达到一种平衡。平衡活动教学法认为教师的任务就是要确保学生能参与各种各样的活动，这些活动有益于语言学习和语言习得；他还提出了教学计划应该使语言输入和语言输出之间达到一种平衡；教学内容应与学习者的需要相平衡；课堂教学活动要与激发学习者的学习兴趣相平衡；教师的控制程度、学习者的自主程度与教学流程之间应该保持平衡。总之，就是在整个教学过程中，教师、学生和教材三者之间应该达到平衡。

在活动教学法中，“活动”有宏观和微观两个层面上的意义。宏观层面的活动指教学大纲设计，即活动是大纲设计的主导思想，是连接大纲与课堂教学的纽带，教师必须按照大纲的要求有步骤、有计划的实施。而微观层面的活动指课堂教学活动。教学的实质是交际，是师生之间的思想、感情和信息的交流，教学中师生主体作用的发挥通过活动来展现；师生构成双重主体，他们之间是平等、合作、协商的关系；并强调教师主体作用在于精心设计活动，组织活动，推动学生参与活动，保证学生自觉主动地进行信息输入和输出。信息的输入和输出是通过活动来实现的。

活动教学法的大纲设计和教学程序有以下特征：

(1)大纲设计：活动教学大纲的教学内容包括主题(themes)、话题(topics)和活动(activities)三个部分。主题可以分为若干话题，再进一步分为若干小话题(subtopics)，直至分到适合学生水平的单位(units)。活动通常分为三种类型：语言成分的综合教学；以意义为中心的情景化活动；以语言使用为目的的交际活动。

(2)教学程序：活动教学法对教学程序的要求极富弹性，它不苛求严格依据某种一成不变的模式来教学，而是可以根据课堂教学的实际情况，自由确定其教学活动。活动教学法的基本教学程序为 PPP(Presentation，Practice，Production)模式，其教学原则的特征是：课堂程序以呈现新的语言为起点，以交际运用为终点，中间经历一个语言实践阶段。基本程序如下：

步骤一：呈现活动。呈现新的语言内容时要力求生动形象，使学生的智力、心理、体力都处于积极状态，以保证英语信息的输入和加工的顺利进行。呈现包括五个步骤：导入、启动、讲解、复用、活用。

步骤二：练习活动。练习活动是指新语言项目呈现后所进行的旨在训练听、说、读、写技能的活动。这些活动具有交际性，如信息沟活动(information-gap activities)，社交谈话(social talk)等。目的是为了操练语言，为下一步的交际活动做好准备。

步骤三：交际活动。用所学语言真实地、自由地交流思想，共同完成某项任务的活动称为交际活动。这些活动包括转述指令、解决问题、角色扮演、编述故事等。

活动教学法的核心是活动，教师的作用是组织课堂教学活动，创造和谐的师生关系，保证学生参与各种不同的活动。

三、内容教学法

20 世纪 80 年代以来，内容与语言融合学习法(Content and Language Integrated Learning，缩写为 CLIL)备受关注，主要以沉浸式教学法(Immersion)和内容型教学法(Content-based Instruction)为主要教学形式。内容型教学法与交际法具有相同的心理学和语言学理论基础，是交际教学法的一种。内容型教学法强调要为学生提供充足的内容和信息，从而达到内容教学和语言教学相互促进、共同提高的目的。内容教学法同时强调关注语言技能以外的能力和素质，因为一旦缺少内容和内涵，仅凭语言形式是无法进行有效交流的。

内容教学法的倡导者们陆续开发了一些 CBI(Content-based Instruction)项目，探索出多种教学模式。其中 Met(1999)将内容型教学法的教学理念描述为一个连续体，一端是内容驱动教学(content-driven)，另一端是语言驱动教学(language-driven)，两端之间存在多种教学模式语言和内容有着不同的权重(见表 7-1)。

表 7-1　**CBI 教学模式连续体**

内容驱动	⟵⟶			语言驱动
沉浸式教学(Immersion programs)	部分沉浸式教学(Partial immersion programs)	保护式教学(Sheltered courses)	附加式教学(Adjunct courses)	主题式教学(Theme-based courses)
完全用二语为媒介讲授课程	主要用二语为媒介讲授课程	由学科教师教授课程，但学生均为二语学习者	专业课加语言课	围绕学生感兴趣的主题进行教学

完全或部分沉浸式教学以内容为主导，教师用二语作为授课的媒介，讲授学校正规课程，学生在掌握内容的同时，也掌握了语言。保护式教学的授课对象是非本族语者，由学科领域专家担任教师，但在授课过程中要关注学生的外语水平，根据实际情况调整教学话语、使教学内容更容易理解。附加式教学强调语言学习和内容学习同等重要，附加式教学中的语言和内容的融合可以通过教学团队合作来实现，即语言教师负责学术读写等语言技能的培养，内容教师则负责学术内容的讲授。主题式教学通常在二语或外语教学情境中进

行，课程大纲围绕主题来组织，最大限度地利用内容来传授语言技能。

内容型教学法既强调教材的真实性，又要求教材具有较强的可理解性。内容型教学法的优点在于：语言的形式、功能和意义没有被分割开来；教学形式增强了学生的学习动机。

不足之处：第一，师资问题。内容型教学模式对教师提出了较高的要求，教师必须同时具备语言和专业内容两项专长，即学科内容知识、学科教学技能、外语知识、外语教学技能、教材开发、教学评价等。在现实中，同时具备语言知识技能和学科内容知识的教师非常匮乏。第二，内容型教学在多大程度上能帮助学生发展其语言技能还有待验证。第三，教材开发有一定的难度。第四，评价问题，是以评价学生掌握学科知识的情况为主，还是以评价学生语言能力的提高为主？

四、任务型教学法

任务型教学法（Task-based Instruction）源于交际法。交际法的代表人物之一 Prabhu 在交际法教学实践中，于 1983 年正式提出任务型教学法。这种教学法也叫作任务型语言教学（Task-based Language Teaching，缩写为 TBLT）。

任务型教学自产生以来，备受瞩目。该教学法认为任务是课程的核心，学习者通过完成规定的课堂任务而习得外语。不同学者对任务有不同的界定。任务是学习者通过对已知信息进行思考加工而达成某一结果的活动（Prabhu，1987）。交际性任务是学习者理解或掌握目的语，并用目的语进行互动，其注意力主要集中于交际意义而非结构形式（Nunan，1989）。Skehan（1999）指出任务应具备五个要素：①有意义。②有待解决的交际问题。③与真实世界的交际活动相似。④完成任务。⑤根据结果评价任务。

任务型教学法的理论基础是前苏联著名心理学家维果茨基的语言和学习理论。维果茨基强调社会交往在语言学习中的重要性，认为语言的获得是个体之间交往的结果，语言也是认知发展的工具。

自任务型教学法面世以来，出现了大量的实证研究，探究任务的特征分类、任务对二语习得的促进作用等。Skehan（1999）指出语言的复杂性（code complexity）、认知的复杂性（cognition complexity）和交际的紧张度（communicative stress）是划分任务难度的三个标准。Ellis（2013）从输入、任务条件、认知加工过程和任务目标四个方面描述任务特征。输入包括四个变量：媒介、语言复杂性、认知复杂性和信息熟悉度。任务条件包括三个变量：参与者关系、任务要求、完成任务所涉及的话语模式（对话或独白）。认知加工过程指完成任务所涉及的认知加工层次。任务目标包括媒介、任务结果是开放式还是单一式、任务结果所涉及的语篇模式等。

Nunan（1989）提出任务型教学法应区分两种任务类型：真实任务和课堂教学任务。Willis（1996）从教学的角度提出六种任务类型：列举、排序、比较、解决问题、分享个人经历和创造性任务。Prabhu（1987）从认知的角度划分出三种任务类型：①信息沟任务（information-gap activity），指对所给信息进行由此及彼的传递，或形式上的转换，或时空的转换。②推理沟任务（reasoning-gap activity），指根据所给信息通过推理、演绎，或对关系、模式的识别等过程推导出新的信息。③观点沟任务（opinion-gap activity），指针对所给情景，明晰表达个人喜好、感受或所持态度。

任务型教学法自问世以来，得到了广泛的应用，也受到一些质疑。有学者认为，任务型教学法是一种教学思想、教学理念，而不是具体的教学方法。另外，在实际教学过程中，以“任务”为基本单位组织教学也存在一定的问题，如任务选择、任务排序、任务评价等具体操作环节还有待进一步探讨和研究。

第五部分　教师篇

第八章 外语教师专业发展

第一节 教师发展概述

教师专业发展是教师个体由新手逐渐成长为专家型教师的过程，是教师在整个专业生涯中，通过终身专业训练，学习教育专业知识技能，逐步提高自身从教素质，增强专业能力，成为一个良好的教育专业工作者的专业成长过程。教师专业发展是一个教师终身学习的过程，是一个教师不断解决问题的过程，是一个教师的职业理想、职业道德、职业情感、社会责任感不断成熟、不断提升、不断创新的过程。概括地说，教师专业发展就是指教师习得并提升有效教学专业实践所必需的知识与技能的过程。

自20世纪60年代以来，教师专业发展的内涵研究、阶段研究和模式研究成了教师专业发展研究的主题。Hoyle(2006)认为“教师专业发展指在教学职业生涯的每一个阶段，教师掌握良好专业实践所具备的知识与技能的过程”。Fullan 和 Hargreaves(1992)认为，教师专业发展指在职教师在目标意识、教学技能和与同事合作能力等方面的全面进步。Fuller 最早提出了教师专业发展的五阶段理论。从相关研究来看，研究者对“教师专业发展”的理解是多种多样的，归纳起来主要有三类：第一类指教师的专业成长过程；第二类指促进教师专业成长的过程；第三类认为以上两种含义兼而有之。

我国对教师专业发展阶段的研究始于20世纪80年代，林崇德、申继亮、叶澜等从认知心理学角度对教师素质结构予以研究的成果和叶澜等从教育学、伦理学研究视角出发构建的教师专业化的理论框架，为我国教师专业发展阶段的研究奠定了理论基础。

教师专业发展主要呈现三种取向：教师专业发展的理性取向(intellectual perspective)，教师专业发展的实践-反思取向(practical-reflective perspective)，教师专业发展的生态取向(ecological perspective)。

一、教师专业发展的理性取向

教师专业发展的理性取向就是教师接受充分的学科知识和教育知识，重点是知识的获得和行为的变化，发展的途径是各种短期或长期的正规培训。要确保教育的质量，必须提高教师的专业水准。提高教师的专业水准就是明确教师专业的知识基础，使教师的教育拥有更为坚实的理智基础。影响有效教学的因素是教师的学科知识和借以将这些知识、技能传递给学生的教育知识。因而这种取向的教师专业发展就是向专家学习某一学科的学科知识和教育知识。

教师专业发展的理性取向来源于“技术理性”。“技术理性”是一种追求规范、可操作的理性精神。在技术理性的指导下，具体的教学成为学科内容的知识与教育学、心理学原理与技术的合理运用，它关注的是什么知识对教师的教育教学有用，那么教师就应该掌握相应的知识，由此形成一种“技能熟练”的教师专业发展模式。教师专业发展的理性取向注重对教师专业发展内容进行客观、理性的分析，建构教师专业知识、能力结构，并最终形成可测量、易操作的指标体系。因此，教师专业发展成为丰富学科知识、移植教育理论、照搬教育专家理念的过程，衡量专业发展的程度是看其专业知识是否丰富、技能是否娴熟。教师专业发展的理性取向的局限性在于：教师专业发展的内容被严重窄化了，成为单纯的知识技能历练，忽视了教师作为“人”的情感、智慧等因素的实现。

二、教师专业发展的实践-反思取向

教师专业发展的实践-反思取向认为教师对于影响其专业活动的知识或理解或信念，不是通过培训或从外面专家那儿“获得”，而主要依赖于教师个人或合作的“探究”和“发现”；认为应当关注“实践”，强调“实践”本身所包含的丰富内涵，关心“教师实际知道些什么”；认为教师专业发展的目的并不在于外在的、技术性知识的获取，而在于通过各种方式促使教师对自己的专业活动直至相关的物、事有更深入的“理解”，发现其中的“意义”，以促成“反思性实践”(reflective practice)。与理性取向强调教师专业知识与技能的掌握，寻求教师专业普遍的知识、能力结构不同，教师专业发展的实践-反思取向强调教师作为一个“人”的独特性，强调教师个人生活与其专业生活的关联，更为注重教师“个人的”“实践的”专业知识在专业活动中的作用。

教师专业发展的实践-反思取向注重教师专业发展的过程性与体验性，因而非常关注情感与态度在教师成长中的重要作用，即教师的发展不仅是理性的成长，而且还包括着情感的丰富与深化。Hargreaves(1988)曾指出，情感与知识是内在交织的，知识以情感为前提，认知建立在情感偏好的基础上，情感又以认知为基础——情感离不开认知的诠释。因此，情感与态度在教师发展中同样具有重要作用。

基于这种取向，教师专业发展的主要目的并不在于外在的、技术性知识的获取，而在于通过反思活动，促使教师对自己的专业活动有更深入的理解，发现其中的意义，以促成反思性实践。实践-反思取向的教师专业发展的途径是经验学习，主要通过写日记、文献分析、教师会谈、参与课堂观察等方式进行探究、合作和反思，加强对自身教学实践的认识，不断提升教学能力。实践-反思取向的教师专业发展是一种探究性的专业发展，对影响教师专业活动的知识或信念，不是通过(从外面专家)“获得”，而是主要依赖教师个人或合作的“发现”。

三、教师专业发展的生态取向

生态取向的教师专业发展观是将教师置于某一群体中，关注群体中的各种因素，包括群体中的人、事、物等之间的关系。生态取向的教师专业发展理论关注一个动态的、宽广的生长环境中教师成长的问题，探讨的是教师与其生长环境中各因素的关系问题，关注的重心及落脚点则是教师如何更好地与他所处的日常工作环境中的各因素相融合，以获得专业上的成长和发展。

获得知识的途径也是多样的，根据理性取向和实践反思取向，通过书本习得和专家学者的传授可以获得知识；通过对实践的反思，教师也可以获得感受更深的、记忆更牢固的知识。然而，就教师的专业发展而言，教师发展其专业知识与能力并不仅仅依靠自己，还会向他人(如校外专家或同事)学到更多；教师并不是孤立地形成与改进其教学的策略与风格，这种策略与风格的形成与改进更大程度上有赖于“教学文化”(cultures of teaching)或“教师文化”(teacher cultures)，正是教学文化为教师的工作提供了意义、支持和身份认同。教师在其所生存的教师群体中，通过彼此的交流和文化氛围的熏陶同样可以获得成长和提高，此时，他所获得的知识就来自于群体的文化。这就是生态取向教师专业发展理论的价值观所在。

教师实现专业发展不仅要通过教师个人的学习与实践反思，更重要的是在教师群体中形成合作的专业发展文化与模式，正是这些文化为教师的工作提供了意义、支持和身份认同。生态取向的教师专业发展并不完全依赖自我，个人环境、组织环境都对其产生重要影响。相对于理智取向和实践反思取向而言，教师专业发展的生态取向采用更宏观的视角，更多关注的是“文化”“社团”“合作”和“背景”，更为关注教师发展的方向或途径而不是教师专业发展的内容。“社团”指教师所处的教师团体、群体。学校组织中存在各种教师组织或群体，有正式群体，如年级组、教研组；也有非正式群体，如部分教师因年龄、兴趣相近或相同而组成的“友谊群体”。每个教师都会处在一个或者多个群体中，势必要受到来自群体文化、包括其他成员言行、观念等的影响。因此，关注社团或者说关注教师组织或群体，对探讨教师专业发展途径有重要意义。这里的“背景”不仅指教师个人所处的群体环境，也包括教师群体所处的环境；而从另一方面来说，“背景”还包括教师个人成长的历程、职业发展经历。这些因素对教师专业发展都有着重要影响，它们反映的是一种文化的因素。在一个群体中，合作的行为对集体和个人目标的实现都是非常必要的。因此，生态取向的教师专业发展主要的注意力不是学习某些学科知识或教育知识，也不是个别教师的“反思”，而是教师之间如何更好地合作，如何构建合作的教师文化。

生态观下的教师专业发展与理智取向、实践-反思取向教师专业发展的最大区别在于：它超越了理智取向、实践-反思取向中主要关注教师本身的局限，转而关注教师专业的背景、专业图景中各因素的关系。生态取向的教师专业发展的最理想的方式是合作的发展方式。

表 8-1　　**三种取向的教师专业发展的内容、途径与方式**

取向	内容	途径与方式	关键词
理智取向	教师个体知识的获得与技能的提高	培养与培训	知识技能
实践-反思取向	教师个体实践行为的改进	个人的或合作的”探究”与反思	实践反思
生态取向	教师群体的共同发展	建构合作的“教师文化”或“教学文化”	合作、文化、社团、背景

第二节　教师专业发展理论

对教师专业发展的研究最早源于美国学者 Fuller 对教师关注阶段的研究，至今已有许多学者参与到教师专业发展理论研究的行列中，并产生了精彩纷呈的教师发展理论，具有代表性的教师发展理论有："关注"阶段论，Katz 的教师发展时期论，Burden 的教师发展理论，职业生命周期阶段论，Steffy 的教师生涯阶段模式论，Huberman 的教师职业周期论，心理发展阶段论，教师社会化发展阶段论。

国内的学者也有相应的研究成果。连榕等(2003，2004)在前任研究的基础上，结合我国教师的特点，主要从教龄和职称两方面入手，提出教师发展三阶段论：新手型教师、熟手型教师、专家型教师。申继亮等(2002)在研究中发现不同教师关于教师成长的历程有两种不同的观点：一种是三阶段论，包括熟悉教学阶段、个体经验积累阶段和理论认识阶段；另一种是四阶段论，包括学徒期、成长期、反思期和学者期。

一、"关注"阶段论

"关注"阶段论以美国学者 Fuller 和 Bown(1975)为代表，他们以教师共同心理特征、态度和实际需求为研究对象，根据教师关注的内容将教师职业生涯分为四个阶段：教学前关注阶段，早期生存关注阶段，教学情景关注阶段，关注学生阶段。在每个发展阶段，教师所关注的事物都有所不同。

(1)教学前关注阶段(pre-teaching concerns)：该阶段是教师培养阶段。大部分人对教师角色仅处于想象之中，由于没有担任过任何教学工作，无任何教学体验，所以只关注自己。在对其他教师观察的初期，常常持批判的态度。

(2)早期生存关注阶段(early concerns about survival)：该阶段是实际接触教学工作阶段，主要关注的是自我胜任能力以及作为一个教师如何"幸存"下来，关注对课堂的控制，关注是否被学生喜欢和他人对自己教学的评价。在此阶段，教师已感受到极大的压力。

(3)教学情境关注阶段(teaching situation concerns)：该阶段所关注的是教学情境问题，以及教学对教师各种教学的能力与技巧要求。因此，在这个阶段教师重视的是自己教学所需要的知识、能力、技巧等，所关注的是自己的教学表现，而不是学生的学习。

(4)关注学生阶段(concerns about students)：许多教师在职前接受师范教育时表达了对学生学习、社会、品德和情绪需求的关注，但却没有实际行动，因为他们不知道该如何做。当这些准教师成为真正的教师以后，他们从实际工作中学会了如何克服困难和调配繁重的工作之后，开始关注学生的一切。

从教师专业发展的角度来看，Fuller 将教师所关注的内容作为衡量发展水平的标志，关注自我的教师发展水平较低，关注学生的教师发展水平较高。从新教师到一般合格教师必须经历全部阶段。Fuller 只讨论了教师在不同发展阶段所关注的事物，没有囊括教师发展的方方面面。

二、Katz 的教师发展时期论

Katz(1972)根据自己与学前教师一起工作的经验，运用访谈和问卷调查等方式，将教师发展分为四个时期：

(1)存活期(survival)：该时期大约持续一到两年时间。在这个时期内，教师原来对教学的设想与实际有差距，主要关注的焦点是自己在陌生的环境中能否生存。此外，新教师在教学中需要得到各种技术上的协助。

(2)巩固期(consolidation)：该时期将持续到第三年。在这个时期内，教师获得了处理教学事件的基本知识，并开始巩固所获得的教学经验，关注个别学生以及思考如何帮助学生。但这个时期还需要专家、同事和领导的建议和帮助。

(3)更新期(renewal)：该时期持续到第四年年底。在这个时期内，教师对重复、机械的工作感到厌倦，试图寻找新的方法和技巧。应鼓励这个时期的教师参加各种学习进修活动。

(4)成熟期(maturity)：该时期延伸到第五年和五年以后。在这个时期内，教师已习惯教师的角色，能够深入地探讨一些教育问题。这个时期的教师仍然要参加各种促进专业发展的活动。

Katz 提出的教师发展理论，为区分教师发展阶段提供了有价值的见解，但也存在着不足，如没有对成熟教师的专业发展做进一步的区分。

三、Burden 的教师发展理论

Burden(1979，引自叶澜等，2001)对教师职业生涯发展进行了一系列研究，提出了教师发展的三阶段：

(1)求生存阶段(survival stage)：指从事教学的第一年。在这个阶段，教师所关心的是做好与教学工作相关的工作，如管理班级、提高教学技能、了解教学内容、制定教学计划、组织教学材料。该阶段的教师仍然缺乏信心，不愿意尝试新的方法。

(2)调整阶段(adjustment stage)：指从教的第二、第三年。在这个阶段，教师对教学有了进一步的了解，感觉更轻松了。他们开始了解学生的复杂性并积极寻找新的教学技术以满足更广泛的需要。师生之间的关系变得更加真诚和开放。

(3)成熟阶段(mature stage)：指从教五年和五年以上的教师。在这个阶段，教师在教学活动中感到舒适，并能理解教学环境。他们有了安全感，能处理教学中发生的任何事情，关注学生的需求，重视与学生之间的关系。

Burden 的教师发展阶段理论以其丰富的数据为基础，而使其研究成果更加引人注目。但 Burden 仍然将所有成熟教师归为一类，没有对成熟教师做进一步的区分研究。

四、职业生命周期阶段论——Fessler 的生涯发展理论

职业生命周期阶段论是以人的生命自然的衰老过程与周期来看待教师的职业发展过程与周期，其阶段的划分以生命变化周期为准。代表人物有美国学者 Fessler 等人。Fessler (1985)以各种情境因素对教师个人影响的复杂程度将教师生涯发展分为八个阶段：职前

教育阶段，实习导入阶段，能力建立阶段，热心和成长阶段，生涯挫折阶段，稳定和停滞阶段，生涯低落阶段，生涯引退阶段。

(1)职前教育阶段(pre-service)：这个阶段是特定职业角色的准备时期，即教师的培训养成时期。主要是学院或大学进行知识学习和专业训练，也包括教师从事新角色和新任务的再训练，或者参加高等教育机构的学习，或者在工作中进修。

(2)实习导入阶段(induction)：这个阶段是教师最初任教的前几年，他们要学习教师角色的社会化，要适应学校系统的运作。这个时期的新教师工作较为努力，希望能被学生、同事、上级及其他人员所接纳，力求稳妥地处理日常事物。

(3)能力建立阶段(competency building)：这个阶段是教师尽量完善教学技巧，提高教学效率，寻求新材料，发现和运用新方法、新策略的时期。这个时期的教师渴望形成自己的技能，他们学习欲望强，容易接受新观念，乐于参加各种研讨会和教师培训计划，热衷于研究、进修课程。

(4)热心和成长阶段(enthusiastic and growing)：这个阶段的教师在能力水平建立以后，热心教育工作，持续不断地追求自我实现。他们热爱工作，积极主动，不断充实、丰富教学方法。有较高的工作满意度，积极支持和参与学校的各种职业教育活动。可以说，热心成长与高度的工作满足感是这个阶段的要素。

(5)生涯挫折阶段(career frustration)：这个阶段的教师可能受到某种因素的影响而产生教学上的挫折，出现理想幻灭，工作不满意，情绪沮丧，并开始怀疑自己的工作能力及所从事职业的正确性。这个阶段又被称为教师的职业倦怠期，教师工作满意度下降，这种挫折感在生涯发展周期的中间阶段经常出现。

(6)稳定和停滞阶段(stable and stagnant)：这个阶段是生涯发展中的平原期。这个阶段的教师出现停滞状态，除了份内的工作之外，不再想多做其他任何事情，他们的工作虽然可以接受，但这些教师维持原状，不再追求优秀和成长。这个阶段可以说是缺乏进取心、敷衍塞责的阶段。

(7)生涯低落阶段(career wind down)：这个阶段是教师准备离开教育职业的低潮时期。有些教师回顾过去觉得很满意，因为他们曾经有过辉煌的教学成绩并在心中留下美好的回忆；而有些老师因一事无成而异常苦闷。该阶段的长短因人而异，也许是几年，也许是几个月或几周。

(8)生涯引退阶段(career exit)：这个阶段是教师离开教学生涯以后的时期。不同的人有不同的选择，有的人找到临时的工作，有的人从事非教学工作，有的人享受天伦之乐。

教师所经历的职业周期是教师作为发展中的人与环境因素相互作用的结果。Fessler把教师的职业周期放在个人环境和组织环境中来考察，教师的职业周期是教师作为发展中的人与这两个环境影响因素相互作用的结果。Fessler 指出教师的职业周期是一种动态、灵活，而不是静态、线性的发展模式。Fessler 提供了较为完整的纵贯教师生涯的理论框架，具有重要的理论参考价值。

五、Huberman 的教师职业周期论

在教师职业周期研究中，Huberman(1993)提出了另一较有影响的模式，他们将教师

的职业周期分为五个时期。

(1)入职期(career entry)，时间在第1~3年，可将这一时期概括为"求生和发现期"。课堂环境的复杂性和不稳定性使教师对自己能否胜任教学产生了怀疑，同时，由于有了稳定的工作和自己的学生，教师又表现出积极、热情的一面。

(2)稳定期(stabilization phase)，时间大约在工作之后的4~6年。这个时期的教师初步掌握了一些教学法，由关注自己转向关注教学活动，不断改进教学基本技能，逐渐形成了自己的教学风格，表现出自信和愉悦。

(3)实验和重估期(experimentation and assessment)，大约在工作后第7~25年。随着教育知识的积累和巩固，教师们开始不满足于现状，试图进行教改实验，不断地对自我和职业进行挑战。但也有一部分教师因年复一年单调、乏味的课堂生活，或者连续不断的改革后令人失望的结果而引发危机，代之以自我怀疑和重新评估。

(4)平静和保守期(serenity and conservation)，时间在26~33年。许多教师在经历了怀疑和危机之后开始平静下来，能够轻松地完成课堂教学，也更有信心。但随着职业目标的逐渐实现，对专业发展失去热情，志向水平开始下降，对专业投入也减少。教师变得较为保守。

(5)退休期(disengagement)：时间在工作后的第34~40年前后，即教师职业生涯的逐步终结阶段。

Huberman的理论将教师置于家庭、社会和职业场景之中，揭示了教师的专业生活与其专业外的生活是不可分割的，教师的专业观念和专业行为与其专业之外的活动有着千丝万缕的联系。

六、Steffy的教师生涯阶段模式论

Steffy(1989)依据人本主义的自我实现理论建立了教师生涯发展模式，主要分为五个阶段：预备生涯阶段(anticipatory career stage)、专家生涯阶段(expert/master career stage)、退缩阶段(withdrawal career stage)、更新生涯阶段(renewal career stage)、退出生涯阶段(exit career stage)。Steffy的教师生涯阶段模式论与Fessler职业生命周期阶段论有着许多相似的地方，在此不再一一赘述。需要说明的是，Steffy提出的"更新生涯阶段"弥补了Fessler教师发展循环论的不足，即当教师处于发展的低潮时，如果给予教师适时、适当的协助与支持，教师是有可能度过低潮而继续追求专业发展的。

七、心理发展阶段论

心理发展阶段的划分把教师当作一个成年的学习者来看待，是建立在认知理论、概念发展理论及道德判断等理论的基础上的。代表学者Leithwood(1992)将教师的发展分为四个阶段：

(1)第一阶段：教师的世界观非常简单，坚持原则，相信权威，认为任何问题只有一种答案。

(2)第二阶段：教师的行为遵从现行的框架，特别易于接受他人的预期，主要表现为墨守成规。对他们来说，课堂规则十分明确，要求所有学生必须严格遵守规则。

(3)第三阶段：教师有较强的自我意识，能够意识到某些教学情境下的多种可能性。教师已经将规则内化，能根据实际情况灵活掌握规则，关注学生的成绩和他们的未来，注重良好的人际关系。

(4)第四阶段：教师较有主见，能够从多角度分析不同的课堂情境，应用规则时显得更加灵活、自如。师生之间密切合作，强调有意义学习、灵活性和创造性。

八、教师社会化发展阶段论

教师社会化发展阶段论从教师作为社会人的角度，考察其成为一名专业教师的变化过程，主要关注个人需要、能力、意向与学校机构之间的相互作用。英国教育社会学家Lacey(1977)指出，教师专业化是指个人成长为教学专业的成员并且在教学中具有越来越成熟的作用这样一个转变过程。Lacey 对教师社会化发展阶段的划分如下：

(1)“蜜月”阶段。
(2)“寻找教学资料和教学方法”阶段。
(3)“危机”阶段。
(4)“设法应付过去或失败”阶段。

教师发展阶段的理论研究经历了一个从点——教师的关注点，到面——教师发展全程的拓展，是一个逐步进步、完善的过程。

第三节 外语教师专业教育模式

外语教师专业发展，除了教师个人具有专业发展意识之外，在很大程度上仍然依赖于师资培养。Wallace(1991)将教师成长的历程概括为三种模式：匠才/学徒模式(craft model)，应用科学模式(applied science model)，反思性模式(reflective model)。

一、匠才/学徒模式

匠才/学徒模式指有经验的教师对新教师的言传身教实现的，有经验的教师告诉新教师做什么并演示如何做，并不解释教学方法背后的原则或原理，新教师靠观察、模仿有经验的教师和自己的经验积累，逐渐形成专业能力，在教学实践中不断提高教学质量。该模式如图8-1：

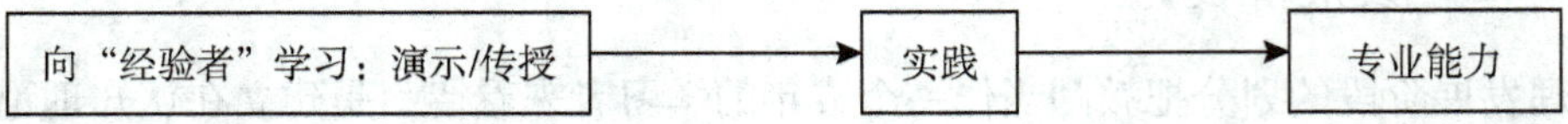

图8-1 专业教育中的匠才模式(Wallace，1991)

二、应用科学模式

随着心理语言学和社会语言学等学科的兴起，教师教育中的应用科学模式应运而生。应用科学模式指新教师学习与外语教学相关的理论课程，在理论指导下形成教学思路和方法，应用于教学中。

应用科学模式，如图 8-2 所示，认为教师的专业能力是受学科内容的专业知识和教育学、心理学的原理所制约的。在该模式中，“教学实践”被认为是学科内容知识和教育学、心理学的原理的合理运用。教师的专业程度就是凭借这些专业知识、原理的熟练程度来保障的。该模式侧重于对教学内容再处理、教师课堂教学环节组织、教学过程调控、课堂管理、突发事件处理、师生互动中的技艺的追求。

应用科学模式是向接受培训的教师自上而下地传授一整套理论的培养模式。这些理论来自各学科的研究成果，而接受培训的教师在接受理论之后应自觉地在教学实践中将其付诸实施。这种培训模式是研究者通过“过程——结果”研究(process-product research)概括出优秀教师的若干特征后，确定其行为中有规律性“变量”(如提问的方式、课堂活动的时间安排等)，并将其作为教师培训中的教学内容和目标。尽管这些研究成果易于操作，便于培训，但是却忽视了外语教学的复杂性。外语教学是一个复杂的过程，教师、学生、教学环境等因素的差异使外语教学不能用简单的某一个或者某一些理论/方法来规约、限定。这种通过寻求“优秀教师”外部特征的培训模式不能充分解释教师发展的内部机制。

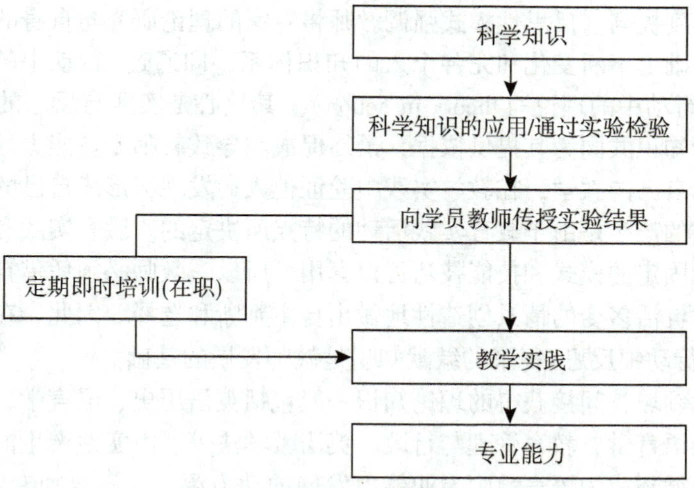

图 8-2　专业教育中的应用科学模式(Wallace，1991)

三、反思性模式

反思(reflection)是教师基于自己的教学活动来分析自己作出某种行为、决策以及产生结果的过程，是一种通过提高参与者的自我察觉水平来促进能力发展的手段。教师对自己教学的反思，有助于教师自身教学能力的提高。教师的反思有三种(Killion & Todnem，1993)：①行动后反思(reflection-on-action)，是个体在行为完成之后对自己的行动、想法和做法进行的反思。②行动中反思(reflection-in-action)，个体在做出行为的过程中对自己的行动中的表现，自己的想法、做法进行反思。③为行动反思(reflection-for-action)，这种反思是前两种反思的预期结果，即“行动后反思”与“行动中反思”的目的最终形成超前性的反思，从而形成在行动之前的三思而行的良好习惯。首先，教师计划自己的行动，通过“行动中反思”观察所发生的行为，把自己当作是局外人，以此来理解自己的行为与学生的反应之间的动态的因果联系。尔后，教师又进行“行动后反思”和“为行动反思”，分析所发生的教学实践，并得出用以指导以后教学决策的结论。如此更替，成为一个连续的过程。

反思性教学理论主张在教师培养过程中培植教师的反思意识，鼓励教师去反思自己的教学理念，观察和评估教学行为、教学过程以及引发这些行为的认知内涵，使其不断地自我调整，自我建构，从而使教学实践与教育理念不断达到和谐、统一。反思是过去和现在、理论和实践之间的一座桥梁，反思使以往的经验成为有教育意义的经验(Dewey, 1938/1963)。

美国心理学家 Posner(1989)曾提出了一个教师成长的公式：经验+反思=成长。他指出，没有反思的经验，是狭隘的经验，而在反思性教学中，教师可以通过对自己教学经验的解释，来增进其对教学现实的理解，提高自己的教学水平和培养自己的职业能力。

反思性模式指新教师在教学实践、观察他人教学或回忆自己教学的基础上，进行自我反思、与他人研讨，以形成教学理论或思路，再付诸于实践，教学质量在这种螺旋式循环过程中，不断得到提高。反思性模式强调教师将专家的理论研究与自身的实践相结合，并在实践总结的基础上不断变化和完善个人的知识体系，即通过“行动中的反思”(reflection in action)形成“行动中的理论”(theory in action)。其核心是实践与反思的交替进行，并以理论知识与经验知识共同为其提供依据，最终促成和导致教师专业能力的发展。反思性模式鼓励教师反思自己的教学，在教学实践中验证他人的发现，形成自己的信念。

反思性模式的产生是由于教育实践活动的特点所决定的。教育实践和教育情景具有生成性的特点，无固定的模式和技能技巧可以套用，所以，教师必须凭借自己对教育教学的理解和领悟，对灵活多变的情景创造性地做出自主判断和选择。因此，在长期的实践中积累起来的、在“行动中反思”得来的缄默知识是教师发展的基础。

在外语教学领域，间接获得的理论知识一般包括英语历史、语言学、学习心理学、心理语言学、社会语言学、教育管理与行政、英语教学法等。由实践产生的反思和由反思推进的实践的不断循环成为语言教师专业能力发展的动力源。外语教师专业教育/发展的反思模式如图 8-3 所示：

根据这一模式，间接获得的知识与经验性知识共同成为教师实践与反思的源泉，是教学实践和反思的核心和理论基础，也是教师自我发展的基础。实践与反思循环周期是一个对专业知识和经验知识不断反思的实践过程。通过不断地反思和实践这个循环过程，以达到理想专业能力的形成，即教师经过不断反思的过程最终实现了专业能力的养成和提高。反思教学能力表现为教师的教学推理(pedagogical reasoning)与课堂互动中的应变决策(interactive decision making)。

反思性教学模式注重教师实际教学能力的培养，在实践中体现外语教学理论和方法。反思性教学模式不仅关注相关教育心理学理论和语言学理论的传授，而且还关注教师的内在感受和自主建构。通过教师自身的内在体验，这些客观知识被自主建构为教师自身的“个人知识”，这样的知识才真正具有内在的价值。只有教师亲历实践，在实践中运用知

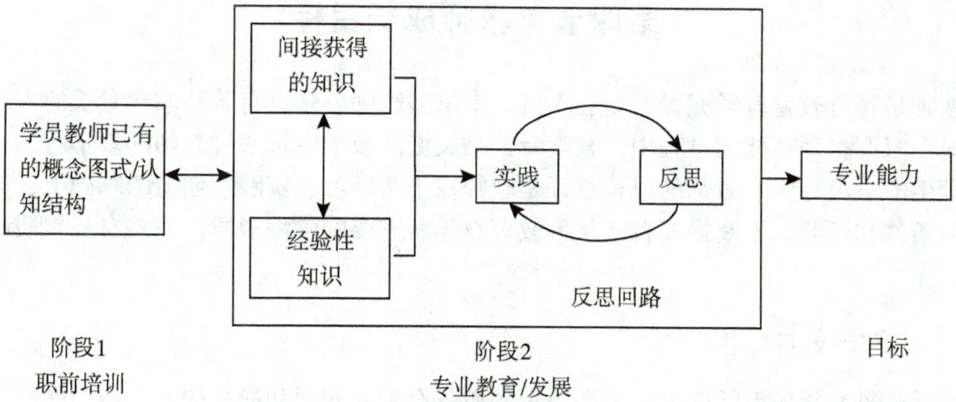

图 8-3　专业教育/发展的反思实践模式(Wallace, 1991)

识，通过反思和研究，才能更好地理解和掌握知识，最终促进教师专业发展。

Richards 和 Nunan(2000)认为，反思性教学的实施需要教师具备以下各项能力与理念：

(1)使用目的语的能力：①听、说、读、写等各项能力。②关于语言、语言的使用、文化以及它们相互之间关系的知识。

(2)对于目的语如何教的理解：①关于如何教任何一门科目的理论和实践的基础知识。②关于如何通过学校教育传授与学习语言的理论和实践的基础知识。

(3)在教学环境下学科知识和教学知识的运用实践：①计划如何以综合方式进行语言、语言使用以及文化教学。②培养如何以其他方式进行语言、语言使用、文化教学。③如何以综合方式开展语言、语言使用以及文化教学的实践。

(4)将教学过程视为一种将艺术与技巧有机融合的机会：①观察同行教师如何教学。②在一个将实践和错误作为标准并鼓励和期待冒险的环境下，对所观察到的现象加以讨论。③联系教学实践，对关于语言、文化、教学以及语言教学的理论观点加以讨论。④联系教学实践，对某个学校的教学氛围与文化用于个体学习者或某一组学习者。⑤在检验和讨论之后，提供重新计划、重新教学和重新评估课堂的机会。

(5)对教学的评估：①检验对某个学校、个体学习者和学习小组的教学策略所持的观点是否正确。②对学习者学习和使用目的语所采用的现有工具的知识和使用加以评估。③评估对检验教学效果的数种方式所具有的知识和使用。④在某个特定的学校环境下，评估对检验教学效果的数种方式所具有的知识和使用。

Richards 和 Lockhart(2000)认为，语言教师的任何一项教学活动都反映出他们对语言及对语言教学的认识，反思性教学就是教师对课堂上所发生的事情加以注意，通过教学日记、问卷调查、座谈、录音或录像、听课等研究方式，研究思考自己的教学行为，从而加深对外语教学的认识和理解。反思性教学是教师对教学实践中所出现的问题进行内省和思考的过程，它力求找到一种解决问题的方法和策略，以达到教师自我发展的目的。因此，反思性教学是教师自我发展的有效途径。

第四节　教师成长目标

教师是履行教育教学职责的专业人员，专家型教师就是具有某种教学专长的人。在新教师向专家型教师转化的过程中，教学专长是关键。教学专长通过教师的教学行为，最终影响学生的学习行为。教师的成长过程是教师在不断学习、实践、创造的基础上，充分利用外部条件和资源，不断提高自己从事教育教学所需要的各种素质，完善自身素质结构的过程。

一、教学专长

专长是具有领域专长的人，是在特定领域具有专业知识和能力的人，他们能够有效地思考和解决该领域的问题，从而表现出良好的专业行为。认知心理学采用“新手——专家”的研究范式来探讨专长的核心——认知过程与心理结构。研究步骤为：选择特定领域的专家和新手；给专家和新手呈现一组相同的任务；比较专家和新手是如何完成任务的。

(一)教学专长概述

教学专长是教师在教学过程中所表现出来的一种有效解决问题的能力，是熟练地运用教学策略和教育智慧的优秀的专业行为。

大量的教学实践经验是教学专长形成的必要条件。专家型教师的教学专长决定了他们出色的教学行为，专家型教师的教学专长主要表现在专业知识、专业技能等方面。首先，专家型教师具有较强的理解分析能力和丰富的专业知识，专业知识在教学实践中不断得到完善。其次，专家型教师具有较强的专业技能，有洞察问题和即时决策的能力，有充分驾驭课堂和灵活应变的教学行为。

Glaser(1990)和Berliner(1994)综合了教师教学专长的理论与实证性研究，将专家型教师教学专长的特点归纳如下：

(1)专家型教师的教学专长是经过长期教学实践而获得的，获得的专长是不断发展的；

(2)与其他职业专长的发展一样，专家型教师的教学专长的发展也是非线性的。在不同的发展阶段，教学专长的发展速度也有所不同；

(3)与新手相比，专家型教师的知识和经验更具有实践性和实用性；

(4)专家型教师与新手在对问题的表征上有本质区别，专家对问题的表征更深入、更接近本质；

(5)专家型教师对熟悉的教学情境的观察与判断比新手要快，具有直觉性的特点；

(6)专家型教师在解决问题时更具有灵活性，他们是机遇的策划者，能够迅速地转变看问题的角度。而新手在观察和处理问题时具有刻板性；

(7)专家型教师在从事教学活动时，需要对学生的个体情况(能力、知识背景、个性等)有充分的了解，以便因材施教；

(8)专家型教师在教学活动方面的认知技能达到了自动化的水平，因此他们在处理教学情境中的问题时，能够将更多的认知资源分配到其他的重要任务上；

(9)在教学活动的过程中，专家型教师逐渐形成了完善的自我监控和调节机制，因此，能够对遇到的问题进行灵活、合理、有效地处理。

(二)教学专长的分类

不同的专家学者对教学专长做出了不同的分类。Berliner(1994)将教学专长分为四类：

(1)学科专长(subject matter expertise)：不仅指特定内容的知识，还指优化教学所需的知识结构；

(2)课堂管理专长(classroom management expertise)：指支持有效教学和有效学习的条件，包括课堂中高水平任务的指向行为，预防和迅速消除课堂不良行为，创造良好的课堂气氛而采取的教学行为；

(3)教学专长(instructional expertise)：指为了完成教学目标，教师具有的关于教学策略与教学方法的内隐知识和外显知识的总和，包括计划、监控、控制、评价和应变能力；

(4)诊断专长(diagnostic expertise)：指获得有关全部学生和个别学生知识的方法。

Berliner认为，教师的教学能力并不仅仅是四类专长的综合运用，还与教师的人格特征、动机、价值观和情感因素密切相关。

根据认知心理学对知识的表征，Gagné(1993)也相应地把专家型教师的教学专长分为三类：

(1)概念性知识(conceptual knowledge)：包括学科内容知识、学生知识、教学知识和教学情境的知识。

(2)基本技能(basic skills)：指课堂教学步骤的固定模式，也称为教学常规，如课堂管理和作业检查等教学法知识。

(3)教学策略知识(strategic knowledge)：指教师有效地计划教学、进行课堂教学和评估教学效果时采用的方法与策略，如教学计划、教学反馈等。

Gagné认为上述三种知识是相互联系的，专家型教师同时拥有这三类知识。他们的概念性知识是高度组织化的和精细化的，基本技能是自动化的，教学策略是灵活多变的。

Shavelson(1986)认为专家教师一节课所需要的知识主要是行动日程(agenda)与教学策略。行动日程主要包括：脚本，即教学常规。脚本贯穿整个教学过程的线索；情境(scene)，情境是关于学生和(或)教师参与教学活动的各种图式，如群体教学、小组讨论、练习等；命题网络(propositional structure)：主要包括学科知识、学生知识和教学策略。行动日程与教学计划有许多相同之处。

(三)教学专长的发展阶段

Berliner(1994)认为不同阶段的教师的教学专长存在着差异，从新手教师到专家的过程存在着五个阶段：

(1)新手阶段(novice stage)：指新入职的教师。他们主要学习一些概念性的知识，如教学原理、教材内容知识和教学方法等，并同时获得初步的教学经验。

(2)高级新手阶段(advanced beginner stage)：指有两、三年教龄的教师。他们的概念性知识开始与教学经验相融合，教学事件开始与相对应的知识相结合，但该阶段教师的教学行为仍带有很大的偶然性和盲目性。

(3)胜任阶段(competent stage)：指能完全胜任教学的教师。他们能有意识地选择要做的事，能确定课堂中教学事件的主次之分，但教学技能仍然达不到流畅和变通的水平。

(4)熟练阶段(proficient stage)：该阶段的教师对课堂教学情境有着敏锐的观察力，形成了一定的教学模式，能根据课堂教学进程和学生学习的反馈及时调整自己的教学计划和教学活动。

(5)专家阶段(expert stage)：专家型教师能根据教学情境的复杂程度，采取不同的教学处理方式灵活应对。

Glaser(1990)把教学专长的发展分为三个阶段：

(1)外在支持阶段(external supported stage)：指新入职的教师。新教师在入职后将面临一系列教学实践问题，迫切需要学习教学技能。教师的个人兴趣和动机影响新教师技能的获得，环境因素同样也影响新教师技能的获得，因此，学校应该形成学习共同体，为新教师提供支架式(scaffolding)的支持。

(2)转变阶段(transitional stage)：指教龄2~3年的教师。他们的自我监控技能与自我调节技能得到逐步发展，教学技能越来越符合标准化。学校可以逐渐减少对该阶段教师的支架支持，为他们提供更多的指导性建议。

(3)自我调节阶段(self-regulatory stage)：指专家型教师。专家型教师不仅掌握了娴熟的教学技能，而且还拥有高度发展的自我监控技能与自我调节机能。在促进专家型教师的发展上，学校应该更多地为他们创造学习和练习的条件。

Alexander(2003)也将教学专长分为三个阶段：

(1)适应阶段(acclimation)：主要指新教师专长发展的最初阶段。在这个阶段，新教师面临的是复杂的、陌生的教学领域。新教师的各种知识之间缺乏有机联系，他们很难分辨各种知识情景，因此，他们只能运用表层加工策略，如模仿，去解决教学中存在的问题。在这个阶段，情境兴趣在促进新教师的发展方面起着非常重要的作用。

(2)胜任阶段(competence)：主要指胜任型教师专长的转变阶段。在这个阶段，教师的知识出现了质和量的变化，不仅表现出拥有更多的领域知识，而且有着更为紧凑、更多联系的主题知识。这个阶段的教师不仅运用表层加工策略，还能运用深加工策略去解决教学问题。处在这个阶段的教师发展，情境兴趣的影响逐渐减弱，而个人兴趣的影响逐渐增强。

(3)专长阶段(proficient/expertise)：Alexander认为，在前面两个阶段，任何一个影响因素都能促进教师的发展，但在专长阶段，必须要有这些因素协同作用，共同促进专长的发展。在这个阶段，教师不仅有渊博的教学领域知识、深厚的教学主题知识，而且还能够提出新的知识。为了提出新的知识，专家教师积极从事研究，不断思考教学中存在的各种问题。对专家教师的教学领域内探究产生重大影响的是个人兴趣，而不是情境兴趣。

(四)教学专长的提高

教师可以通过以下途径来提高自己的教学专长：

（1）制订切实可行的教学计划

教师在制订教学计划时，要认真研究教学大纲，明确教学目的，有效组织教学内容，保证教学方法的新颖性和创造性，保证教学活动既符合学生的知识水平和能力，又能吸引他们的学习兴趣。在计划制订中，教师不仅要提取相关的学科知识、学科教学知识、学生知识，还要考虑教学内容、班级情况及学生特点等，能有效地促进教师实践经验与已有知识的整合。

（2）适时进行教学评价和反思

教学评价和反思是对整个教学过程的评价和反思，包括教学计划的评价和反思，主要反思教学目标的设定、教学内容的选取和把握、材料的恰当性等；教学实施过程的评价和反思，主要反思自己的教学行为、学生的学习行为、学生的学习结果等。通过教学评价和反思，教师能找出自己在知识、技能等方面存在的不足，加强学习，不断提高。同时，教学评估和反思也能增进教师对学生的认识、学生学习的认识，改进自己的教学。

（3）依托教师共同体进行合作式学习

教师共同体指以不断提高教学质量、提升教师个人专业技能为目的的同事合作小组，成员之间相互信赖，不仅关注个人观点，且享有共同兴趣，共同参与学习和研究。教师学习共同体的形成过程需要一定的时间。教师学习共同体的建构过程包括个人知识的加工、观点的描述等；成员之间的商讨，相互交换意见，共同形成一种完整理念；冲突，即对认识的合理化等。教师学习共同体形成之后，教师可以通过讨论教学问题来实现个人的专业知识的提高和充实，从而提高自己的教学专长。

二、教师成长的机制与目标

（一）教师成长的机制

（1）教师的成长过程是教师敬业精神形成并发挥作用的过程

教师成长需要一个动力系统，没有动力系统是难以持续发展的。教师成长的动力系统有诸多因素构成，如思想品德、兴趣爱好、身心状态等，但最核心的动力来自教师的敬业精神。

（2）教师的成长过程是教师教育教学素质不断提高的过程

教师的成长过程取决于素质的提高。教师素质的提高由以下几个方面体现出来：一般文化素质与教育教学素质，书本知识与实际知识，教育教学基本功与创造性教育工作素质，思想素质与教育教学业务素质等。

（3）教师的成长过程是一个不断学习、不断实践、不断创造的过程

教师的成长过程要求教师不断学习、不断实践和不断创造。教师不断学习主要是提高他们的理论水平，教学实践主要是提高他们教育教学的实践能力，创造主要是提高他们的创造性素质，促使他们取得创造性成就。

（4）教师的成长过程是教师利用外部资源和条件进行积累的过程

教师的成长需要他们不断学习、不断实践、不断创造，同时也取决于他们的生活环境和外部条件。影响他们成长的环境因素主要有：家庭环境和所受教育程度，学校工作条件，社会背景，还有机遇因素等。

(5)教师的成长过程是一个不断由目标到反馈的自我监控过程

自我监控是某一客观事物为了达到预定的目标，将自身进行的活动过程作为对象，不断对其进行积极的计划、监察、检查、评价、反馈、控制和调节。优秀教师的成长，在于他们非常重视确定目标，同时，他们还非常重视反馈调节环节。

(二)教师成长的目标

研究者认为，教师成长的目标是成为专家型教师，教师的成长过程是一个由新手(novice teacher)到熟手(proficient teacher)，再向专家型教师(expert teacher)发展的过程。

Sternberg(1999，引自陈琦、刘儒德，2007)把专家型教师称为有教学专长(expertise)的教师。他们具有以下特征：

(1)将更多的知识运用于教学问题的解决。这些知识包括所教学科的内容知识、一般教学法知识、与具体教学内容有关的教学法知识以及教学得以发生的社会和政治背景知识。

(2)解决教学问题的效率高。他们能在较短的时间内完成更多的工作，或者只需较少的努力。程序化的技能使他们能将注意集中于教学领域高水平的推理和问题解决上。

(3)富有洞察力。他们能够鉴定出有助于问题解决的信息，并有效地将这些信息联系起来。他们能够通过注意，找出相似性及运用类推来重新建构问题的表征。

Gagné(1985)对新手型和专家型教师教学行为方面的差异进行了总结，发现新手与专家在课前计划、课堂教学过程和课后评价三个方面都存在着明显的不同。

(1)课前计划的差异：与新教师相比，专家的课时计划更简洁、灵活、以学生为中心并具有预见性。

(2)课堂过程的差异：专家教师制定的课堂规则明确，并能坚持执行，而新教师的课堂规则较为含糊，不能坚持执行下去；专家教师有一套维持学生注意力的方法，新教师则相对缺乏这些方法；专家教师在教学时注重回顾先前知识，并能根据教学内容选择适当的教学方法，新教师则不能；专家教师将练习看作检查学生学习的手段，新教师仅仅将它当作教学的必经步骤；专家教师有一套检查学生家庭作业的规范化、自动化的常规程序；专家教师具有丰富的教学策略，并能灵活应用，新教师或者缺乏、或者不会运用教学策略。

(3)课后评价的差异：在课后评价时，专家教师和新教师关注的焦点不同。新教师更多地关注课堂中发生的细节，如教学内容是否讲解清楚、板书情况、学生参与课堂活动状况等，而专家教师则关注学生对新材料的理解情况，关注那些对完成教学目标有影响的活动。

连榕(2004)对新手型、熟手型和专家型教师的心理特征进行了比较，发现在教学策略、成就目标、人格特征上，专家型教师均优于熟手型教师，而熟手型教师又优于新手型教师；在职业承诺和职业倦怠上，专家型教师均优于熟手型教师和新手型教师，而熟手型教师与新手型教师不存在差异。下表是对新手型、熟手型、专家型教师成长的心理比较。

表 8-2　　新手、熟手、专家型教师成长心理的比较

	新手型教师	熟手型教师	专家型教师
教学策略	以课前准备为中心	课中教学操作熟练	以课前的计划、课中的灵活、课后的反思为核心
人格特征	活泼、热情、外向	随和、能关心他人、乐群、宽容	情绪稳定、善于自我调节、理智、重实际、自信和批判性强
工作动机	以绩效目标为主	开始以任务目标为主	内部动机强烈且稳定
职业承诺、职业倦怠	承诺低而倦怠较高	承诺低而倦怠较高	职业的情感投入程度高，师生互动好，职业的义务感、责任感、成就感强
情境心理	能感受到支持，有满意感，心理契约和主观幸福感较高	支持感和满意感不高，心理契约和主观幸福感较低	支持感和满意感强，心理契约和主观幸福感高

俞国良(1999)、罗晓路(2000)等采用“新手—专家”的范式对新手型教师和专家型教师的教学效能感和教学监控能力进行了研究，他们发现：

在教学效能感方面：专家型教师的总体教学效能感水平、个人教学效能感水平都显著高于新手型教师，而新手型教师的一般教学效能感水平高于专家型教师。在教学效能感与教学行为的关系上，专家型教师和新手型教师的个人效能感都与教学行为的各个方面存在显著的正相关，而专家型教师的一般教学效能感与他们的教学行为存在相关关系，表明个人教学效能感的高低对教师教学行为具有直接的决定作用。

在教学监控能力方面：专家型教师的教学监控能力显著高于新手型教师，具体表现在监控能力的四个维度——计划与准备性、调节与控制性、评价与反馈性、课后反省性和教学监控能力总分上。同时发现，专家型教师教学效能越高，教学监控能力也越强，且个人教学效能感的高低对教师教学监控能力有预测力。

总之，专家型教师的总体特征是：①有强烈的成就动机，热爱教育工作，对社会的发展以及学生的终身发展有较多的责任感，希望对教育事业做出较大的成就。②在人格特征上，他们是正直、诚实、有责任感的人，他们能够以较高的标准要求和约束自己，反省自己，他们对学生关心、亲近、和蔼、公正。③在业务能力上，他们善于学习，勤于实践，有比较丰富的知识，有正确的教育观念和教育思想，对教育的功能和规律有比较深刻的认识和把握，有丰富的教学经验和熟练的教学技能，能够自如、同时又有创造性地处理和解决问题，能够取得满意的教育效果。

在教师发展过程中，教师的专业发展需要和专业发展意识至关重要，是教师专业发展的内在主观动力。只有当教师有了这种意识，他才可能有意识地去寻找学习机会，才可能明确自己到底需要什么、今后朝什么方向以及如何发展等，才可能成为一个自我引导学习者(self-directed learner)。

教师的职业生涯发展与其他的职业的生涯发展不同之处在于：其他职业生涯发展的影响相对较少，而教师职业生涯发展的影响较大，主要表现在对学生人格养成、学业成就的

影响。Perry 认为，“教师专业发展意味着教师个人在专业生活中的成长，包括自信心的增强、技能的提高、所教学科知识的不断更新、拓宽和深化，以及对自己在课堂上为何这样做的原因意识的强化。就其最积极意义上来说，教师专业发展包含着更多的内容，它意味着教师已经成长为一个超出技能的范围而有艺术化的表现：成为一个把工作提升为专业的人；把专业知能转化为权威的人”(1980：143)。因此，作为教师，必须不断地增强和拓展专业素质、专业能力和专业知识，使自己能灵活地运用最适当的教材、教法，让学生获得最佳的学习效果。

第五节　外语教师专业研究能力

“教师成为研究者”的观点最早由英国课程专家 Sternhouse(1975)提出。Sternhouse 认为，教师是教室的负责人，是检验教育理论的理想的实验师。教育科学的理想是：每一个课堂都是实验室，每一名教师都是科学共同体的成员。教师自主发展的有效途径就是：教师成为研究者。20 世纪 80 年代以来，“教师成为研究者”的观念已逐渐深入人心。教师要有能力对自己的教育行动进行反思、研究和改进，并提出改进建议。

一、外语教师专业研究能力现状

随着全球化时代的到来，伴随着改革开放和现代化进程的加快发展，我国进入了转型时期。教育的发展和变革成为国家事业中的一项中心任务，教师发展和角色转变成为时代和社会发展的必然要求。在这种背景下，未来教师的职业特点会发生以下变化(申继亮，2006)：

(1)教师的职能从传统的教书匠变为学习的引导者，同时，教师自身也必须是学习型的人。

(2)教师成为学生心理健康的维护者和学生的心理教育者。

(3)新型的教师应该是行动研究者。教师以教育教学实践场景为研究场所，以教育教学实践中遇到的实际问题为研究对象，强调研究活动和教育活动的统一。

(4)未来教师是教育创新者。

教师的教育研究能力是判断教师是否专业的标准。然而，长期以来，外语教师专业研究能力不强，科学研究的实际情况不乐观。形成这样的局面有主观、客观两方面的原因，例如，外语教师队伍数量严重不足、工作量超负荷，除此之外，长期以来科学研究被蒙上了一层神秘的面纱，外语教师普遍认为科学研究不是自己分内的事情，自己的任务就是把课堂教学搞好。虽然许多教师长期工作在教学第一线，有着丰富的教学经验，但由于缺乏理论知识和科研方法，写论文只会谈体会、谈经验，难以将经验升华。近年来，随着教育教学改革的深入，学术交流的增多，越来越多的外语教师认识到了外语科研的重要性，逐渐有了做科研的意识，但由于缺乏相关的、系统知识的培训，没有掌握正确的科研方法，不知道外语科研从何入手。

二、外语教师如何做科学研究

中小学外语教师的科研不同于专家学者的理论研究，是一种应用研究、行动研究、微观研究，研究的重点是课堂教学改革，研究的核心是课堂教学的优化和课堂教学效率的提高。中小学教师应该确立自身应当而且有能力搞教育科研的观念(申继亮，2006)。中小学教师参与教育、教学实践，如果能勤于思考，就能发现当今时代有研究意义的教育科研课题。优秀教师善于面对复杂的教育现象，有意识地进行观察、分析、思考，在不断探索中寻找规律、发现新知，以改进工作。以下将为外语教师具体介绍一些做科研的步骤：

1. 研究及其相关属性

(1)研究的定义和分类

研究是一个系统的寻求解决问题方法的过程。从类别上来讲，研究通常分为两大类，即定性研究和定量研究。无论是认识论还是方法论层面，定性研究和定量研究都有着本质的不同，即对问题研究切入的视角、研究设计、数据收集方法、数据分析和解读都有所不同。定性研究是根据社会现象或事物所具有的属性和在运动中的矛盾变化，从事物的内在规定性来研究事物的方法，强调研究对象是研究者的主观认识与界定。在外语研究中，定性研究主要有访谈、课堂观察、日记(教学日记和学习日记)等方法。定量研究是确定事物某方面量的规定性的研究方法，通过对研究对象的特征按某种标准进行量的比较来测定对象特征数值，或求出某些因素间的量的变化规律。在外语研究中，定量研究主要有实验、问卷调查、描述性研究等。

(2)研究的属性

研究的主要属性有归纳性论证(inductive reasoning)、演绎性论证(deductive reasoning)、信度(reliability)、效度(validity)等。

定性研究和定量研究反映了两种不同的思维方式。定性研究以归纳性思维为主，是从个别到一般(from specific to general)的思维过程。当研究者发现某一个群体中一个、两个，乃至多个个体具有同一种特征时，就可以形成如下假设：这个群体都具有这种特征。定性研究以观察材料为出发点，研究者事先对实验对象没有形成任何看法，具有描述性特征，研究成果是描述或假设，不是结论。课堂观察、田野工作等是比较典型的定性研究。

定量研究以演绎性思维为主，是从一般到个别(from general to specific)的思维过程，也就是说，研究者在对某一群体做出一般性描述或假设之后，还要通过具体的实例(个体)来验证这个假设是否成立。定量研究以假设为出发点，研究者事先对实验对象有预测，具有验证性，研究成果是理论。教学实验，调查等是比较典型的定量研究。

信度和效度是研究的两个重要属性，同时也是衡量和评价研究的重要标准。信度是指研究方法、程序(步骤)、结果的可重复性，可分为内在信度(internal reliability)和外在信度(external reliability)。内在信度是指在同样的条件下，数据收集、分析和解释能在多大程度上保持一致。外在信度指不同的研究者在相同或相似的背景下重复研究以及研究结果的一致性。一般来讲，定量研究经过严格控制变量和实验条件，研究结果具有可复制性，因此，定量研究具有较高的信度。

效度指某一个研究揭示事物规律的真实程度。它直接反映研究目的的实现程度，是评价研究及其结论的最根本的尺度之一。效度分为内在效度(internal validity)和外在效度(external validity)。内在效度指研究结果能被解释的程度，而外在效度指研究结果能被推广到其他条件、时间和背景中的程度。一般来讲，定性研究具有较强的主观性，研究结果不易复制和推广，信度较低，但它能较深入地探讨和挖掘事物的内在规律，因此，定性研究效度较高。

2. 研究步骤和方法

研究是一个系统的、由多个步骤构成的过程。无论是定性研究还是定量研究，一般来说，研究由七个步骤组成，外语研究也不例外，它们分别是确定选题(choosing topics)、形成研究问题(focusing research questions)、文献综述(reviewing literature)、研究设计(designing research)、收集数据(collecting data)、分析和解读数据(analyzing and interpreting data)、通报研究成果(informing others)。以下将对科研步骤逐一进行解析。

(1)确定选题

选题往往是研究者根据自身的兴趣或研究的需要而定，也可根据所占有的文献资料的质和量来确定，既不能太大，也不能太小。选题过大，可能会由于研究者自身的知识结构、时间、精力等因素所限而难于驾驭；选题太小，难于发现各事物之间的有机联系。另外，选题要有研究意义，研究结果应该对某一研究领域现有的研究成果有所补充，要对学术界有所贡献。

很多时候，选题来自教学实践，教学是刺激思维、激发灵感、产生问题的重要途径，是科学研究的重要源泉。课堂教学与科学研究不是彼此分割、彼此对立的，而是相互联系、相互促进的，因此，我们不能在教学与科研之间人为地画上一条分水岭。

中小学教师的教育研究应该围绕自己的实际工作中存在的问题展开，研究课题的确定应该符合以下原则：第一，选题必须有价值。价值的判断标准包括是否符合社会发展、教育事业发展的需要，是否有利于提高教育质量、促进青少年的全面发展等。第二，选题必须有现实性。选题的现实性集中表现为选定的问题具有科学性，指导思想及目的明确。第三，选题必须具体明确。选定的问题一定是具体的、界限清晰的、范围不宜过大或太笼统。第四，选题必须有创新性。要选择新的理论和现实意义的课题，在研究中可以采用他人没有使用过的研究方法。第五，选题必须具有可行性。研究的可行性指问题是能被研究的，必须同时具备主观条件和客观条件，能使课题得以顺利开展(裴娣娜，1995)。

中小学教师研究课题主要来自以下方面：第一，从教学实践中提出的实际问题。第二，从日常观察中发现问题。教学情境是教师感受、生发教育理念、提升教育智慧的场所，教师可以在语言交流、课堂、学生等教学情境中引发思考，确定选题。第三，从学校发展和学科建设中寻找课题。

Burns(1999，引自邹为诚等，2008)提出了一些可供中小学英语教师参考的研究课题：

①My students don't seem to concentrate well in class and are making slow progress. What physical or emotional problems are affecting their ability to learn English?

②I'm teaching a very diverse group of students with different levels of proficiency. This seems to be a problem to me, but what are my students' perceptions about being in this class?

③My classes feel chaotic and disorganized because of different language learning needs.

How should I select sequence common materials and activities in order not to disadvantage individual learners?

④I have found a course book I like to use with my beginner learners. How can I personalize the tasks in it so that they are more interesting and relevant to them?

⑤My students don't seem to use English outside the classroom. What tasks can I develop to raise their awareness about the importance of practicing in real-life situations?

⑥My students seem hostile towards each other. Why is this happening? Are cultural factors having an influence here?

⑦I want to offer tutorial assistance in grammar for students with limited formal education backgrounds. What grammar items should I select and what kinds of grammatical terms should I introduce?

⑧My students say they want to improve their writing. What are their perceptions about their needs and the progress they are making in writing?

⑨I've just read an article that suggested that speaking often involves using set "formulas" or "chunks" of language. What kinds of chunks do my students use on a set task and can I exploit this idea in teaching speaking?

⑩I have heard about using portfolios of students' writing to assess their progress. How can portfolios also be used for self-assessment by my students?

在选题过程中，常常会出现的问题有：

第一，选题太大，过于空泛。我们经常看到有这样的选题，例如"外语课程体系建设""外语教育改革"等，这样的选题包含的内容很多，往往需要一个团队共同协作、共同完成，不是一个研究者能够独立解决的问题，也不是一篇论文能够说明和涵盖的。一个好的研究应该是"小题大做"，从"小"入手，由表及里，深入探讨和挖掘，只有这样，才能获得有意义的结果。

第二，研究方向缺乏稳定性和一致性。有的教师科研论文选题涉及的领域很多、很杂，研究内容五花八门。研究方向不稳定浪费了教师自身大量的时间去了解和熟悉不同的领域，不利于对某一领域问题进行深入、细致的研究。写文章，做课题要从某一个领域的某一个"点"(研究问题)开始，随着时间的推移、研究的深入，"点"会逐渐增多，"点"多了自然就会连成"面"，这样，研究者就能触类旁通，融会贯通，做到纲举目张，找出不同的"点"之间的有机联系，形成稳定的研究方向，同时，也能为后续研究打下坚实的基础。

(2)形成研究问题

研究问题是研究的中心和焦点，没有问题的研究不称其为研究。选题确定之后，要对选题加以细化，形成研究问题，才使研究具有可操作性。例如，当确定研究学生的情感因素对英语学习的影响之后，接下来要细化到某一个(或几个)情感因素，如动机、焦虑等，具体研究问题可以是："学生的英语学习动机现状如何?""学生的动机水平与英语学习成效之间存在着什么关系?"等。

研究的主要特点之一是探索性，因此研究问题不应有任何导向性。我们常常发现有的论文中的研究问题带有明显的导向性，例如，“学生的动机水平与英语学习成效的相关性如何?”等。其实，在开展研究之前，人们(包括研究者)并不知道“动机水平”和“学习成效”两者之间存在着什么关系，它们可能是相关关系，也可能是因果关系或者其他什么关系。

研究问题确定之后，可以在此基础上形成研究假设(research hypothesis)。研究假设具有一定的推测性，必须至少包括两个变量，说明两个(或两个以上)变量之间的关系。假设分为定向假设(directional hypothesis)和非定向假设(nondirectional hypothesis)。定向假设表明研究结果有一定的趋向，例如，“如果学生的动机水平高，那么他的英语学习就好”。或者“如果学生的动机水平高，那么他的英语学习就差”。非定向假设不显示趋向，例如，“学生的动机与他的英语学习成效之间没有关系”。研究假设的提出虽然有一定的依据，但它们只是研究者的主观判断，可能被证实，也可能被推翻，也可能部分被证实或部分被推翻。

(3)文献综述

文献综述是研究的一个重要组成部分。文献综述是文献综合评述的简称，指在全面收集、阅读大量研究文献的基础上，经过归纳整理、分析鉴别，对所研究的问题在一定时期内取得的前期研究成果、存在的问题以及新的发展趋势等进行系统、全面的叙述和评论。文献综述是一切研究的基础，文献综述在论文写作中占据着重要的地位，文献综述的好坏直接关系到论文的成功与否。同时，文献综述质量的好坏与研究者的研究能力息息相关。通过文献综述，读者可以了解到作者熟知某一研究领域的主要问题，使读者对作者的研究能力、研究背景产生兴趣和信心，从而促使读者尽快阅读该研究论文。

一篇好的文献综述要有综合性，研究者应该广泛阅读相关文献，对文献中的数据、研究方法、研究结果等进行梳理和整合，而不是将所有研究进行罗列和堆砌。一篇好的文献综述要有评价性，批判性地分析以往的研究设计和研究发现，找出其中不足的地方，肯定值得借鉴的地方。

以下是两篇对相同文献的综述(Nueman，1994，引自张庆宗，2008)，试作一比较：

综述1

Smith (1990) conducted an experiment on fear and self-esteem with 150 undergraduates. In the study he tested subject self-esteem and then exposed subjects one at a time to a fear-inducing situation. He found that those with lower self-esteem felt greater fear. Jones and Jones (1982) surveyed elderly residents. The respondents who had the greatest independence, self-esteem, and physical health, had the lowest degree of fear of being the victim of crime. In a study of college women, Rosenberg (1979) found that the greater independence one felt, the less the fear of being left alone in a darkened room. DeSallo's study (1984) of 45 college males found that those who had the greatest self-esteem felt the least degree of failure. Yu (1988) found the same for college females. Hong (1980) conducted a telephone survey of 200 welfare recipients and found no relationship between feelings of independence and fear of crime.

综述2

People with greater self-esteem appear to be less fearful. Laboratory studies with college students (DeSallo, 1984; Smith, 1990; Yu, 1988) find a strong negative relationship between self-esteem and fear. The same relationship was found in a survey of elderly people (Jones and Jones, 1982). Only one study contradicted this finding (Johnson, 1985). The contradictory finding may be due to the population used (prison inmates). In general, it appears that self-esteem and fear are negatively related. Self-esteem is strongly related to feelings of independence (see Gomez, 1977; Zarnoth, 1985), and independence was found to decrease feelings of fear of crime (Jones, 1982; Rosenberg, 1979). Only Hong (1980) did not find a significant relation between independence and fear of crime. It was the only stud that studied welfare recipients.

从以上两个例子可以看出，综述 2 明显比综述 1 要好。综述 1 尽管文字表达比较清晰、流畅，但它仅仅只是将相关文献进行简单地罗列和排序，也没有对这些文献进行评价。而综述 2 有机地整合了相关文献，中心意思明确，文字简洁。主题句(画线句子)提纲挈领，分别整合了自尊与恐惧、自尊与独立性关系的研究，同时，对文献进行了客观的评价，使读者对所综述的文献有一个直观、清晰的认识。

(4)研究设计

研究设计是一篇论文的方法论部分，主要包括以下几个方面的内容：

①明确研究目的，选择研究对象

在做某一项研究之前，首先必须有一个明确的研究目的，有了目的，研究才有方向。在教学实践中，当我们发现学生的“学”和教师的“教”存在着一些问题之后，受问题驱使，我们就会尝试着做一些研究，试图找到解决这些问题的答案，这就是研究的目的所在。

研究目的确定之后，可以根据研究的性质来确定研究对象。在选择研究对象时，除了要考虑研究目的之外，还要考虑研究结果的概括性程度和研究的可行性因素。例如，如果是定量研究，可以通过随机抽样的方式，选取一定数量的学生，分为控制组和实验组做教学实验；也可以直接作问卷调查，这样获得的研究结果通常具有较高的信度，可以推及同类学生。如果是定性研究，可以选取少数几名学生作案例研究，作深度访谈或观察等，这样获得的研究结果具有较高的效度，但信度较低。总之，确定研究对象取决于研究的目的和研究者的主客观条件。

②选择研究类型和收集数据的方法

在开展研究之前，要选择研究类型，是定性研究还是定量研究，或者是定性、定量研究相结合。选择什么研究类型与研究问题密切相关，也与研究者的个人因素有关，总之，研究者应该根据自己的主客观条件和研究问题的要求，选择适当的研究类型。

确定研究类型之后，要选择收集数据的方法。定量研究可以采用调查、实验等方法，定性研究可采用访谈、观察、个案研究等方法。在外语研究领域，运用比较多的方法有实验、调查、访谈、课堂观察等。每一种方法都有各自的优缺点。同一研究中尽量采用多种方法收集数据——三角论证(triangulation of methods)，使研究结果具有更强的说服力。

③界定研究变量

界定研究变量是操作层面的一个重要的环节，但同时又是一个容易被忽视的环节。界定研究变量，赋予其操作定义，从而使研究变量变得更具体、可操作、能控制及被检验。有的作者在论文中没有对相关变量进行界定就有如下表述，例如：“Good readers use more metacognitive reading strategies than poor readers."读过以上句子之后，我们不知道"good readers"和"poor readers"分别代表什么样的群体，他们的阅读水平如何。因此，作者在研究设计中首先要对相关的变量进行界定，例如，"good readers"和"poor readers"在目前的研究中分别代表什么样的阅读者，在某一标准化阅读测试中处于哪一个分数段等。

④选择研究材料和测量工具

在外语研究领域，人们常用的研究材料有教材、视频录像、卡片等。测量工具主要有测试、问卷、日记(教学日记和学习日记)、有声思维等。

⑤确定研究程序

研究程序包括确定测量研究变量的方法和实施研究的步骤，研究材料的组织和呈现方式等。研究程序在研究设计中非常重要，它引导读者跟随研究步骤，明了数据的来龙去脉，知晓研究者是如何一步一步得出结论。因此，研究程序不能省略，尤其在定量研究中，研究程序使研究的可复制性成为可能。在有些研究中，我们发现没有研究程序，对于数据是如何来的，一头雾水。这不禁让人猜测：该研究到底做了没有？数据是否杜撰出来的？

(5)收集数据

当研究设计完成之后，研究者可以运用事先确定的测量工具去收集数据。数据的具体形式主要由研究课题性质、研究类型决定。如果是定量研究，数据是数字的形式；如果是定性研究，数据则是文字的形式。有的数据可以一次性获得，如问卷调查；有的数据需要经过多次测量获得，如测量儿童在某一实验条件下的词汇习得情况等。

数据收集时需要注意的问题：测量工具要有一定的信度和效度。如果测量工具没有信度和效度，那么，所收集的数据就缺乏信度和效度。我们常发现，有的访谈问题缺乏信度和效度，具有明显的导向性，基本上是研究者想要得到什么信息，就问什么。例如，在调查学生学习动机情况时，研究者就问："在学习英语时，你有强烈的学习动机吗?"，那么，学生一定会趋利避害，回答："有!"这无疑会影响数据的真实性，影响研究的信度和效度。

定量研究主要的数据收集方法有封闭式问卷调查法、测试法等，定性数据的收集方法有访谈、观察、日志/日记、开放式问卷调查法、内省法等。以下介绍几种常用方法：问卷调查法、测试法、访谈法、观察法、日志/日记法、内省法(张庆宗、吴喜艳，2013)。

①问卷调查法

问卷是以书面形式提出问题，向被选取的调查对象了解情况或征询意见的调查方法。问卷调查可以涉及多方面的问题：背景性的问题(主要是被调查者个人的基本情况)、客观性问题(是指各种行为和经历)、主观性问题(主要是被调查者的观点、情感、态度、价值观等)。问卷调查可以是开放式也可以是封闭式。在定量研究中，我们通常使用封闭式问卷调查。问卷发放的形式多样，现在常用的有直接发放、邮寄、电子邮件等。

问卷设计需要缜密的思考，以提高问卷的信度和效度。首先需要设计问题，其次需要将设计的问题进行排序，然后将问卷进行排版，写好卷首语和答题说明，最后再次对问卷进行编辑(Brown，2001)。

设计问题。设计问题就是要设计高质量的问题，认真考虑问题的形式、意义和被试。

就问题的形式而言，题干不能太长，问题尽量简短；题干不能模棱两可；题干要完整；所有问题最好不要超过两页。问题的结构也需确定。问题的结构有两选题、多选题和分级题。就问题的意义而言，题干不能包含多层意思；题干不能具有诱导性；题干的意思不能让人感到尴尬或带有偏见；提出的问题是相关的。就被试而言，设计问题时需要考虑被试的语言水平、认知水平和背景情况。

排序。将设计好的问题按照一定的顺序进行排序。排序遵循这样的原则：先易后难、先一般后具体、同一类型、同一功能、同一回答方式、同一话题的题目放在一起。这样做的目的是尽量让问卷清楚易懂。

排版。排版需要考虑字体和各部分的安排。字号不易太大或太小。同一问卷不宜采用多种字体和字号，最好保持一致。问卷要美观，让被调查者感到愉悦。

总体介绍与具体说明。除了设计的问题，研究者还需要写本研究的介绍与答题说明，包括卷首语、具体说明和话题介绍。卷首语向被试说明调查的目的、意义和主要内容，填写问卷的总体说明，回复问卷的方式和时间，同时强调调查的匿名和保密原则，表示对被试的感谢等。卷首语一般放在问卷第一页的上面，也可以单独作为封面。

每当问卷中问题类型、功能、格式或话题改变时，需要有具体说明，告诉被试如何回复各题。特别是话题改变时，需要对新话题进行简明扼要的介绍，帮助被试理解题意。有的问卷还有简短的结束语，再次对被试的合作表示真诚的感谢。

编辑。研究者除了自己对问卷进行修改和完善之外，还需要请同行和专家对问卷的设计提出建设性的意见，并在意见的基础上进行修改。完善后的问卷需要进行试测(piloting)，以检验问卷的信度和效度。对试测的问卷进行分析可以帮助研究者进一步明确问卷的问题、结构和说明。最后，问卷进入定稿阶段。

②测试法

第二语言研究中，测试法经常被用于收集数据。研究中需要使用标准化测试，以保证测试的信度和效度。第二语言研究中的标准化测试可以分为不同的种类。按用途分类，语言测试可分为四种，即水平考试，成就考试，学能考试和诊断考试；按考试方式分类，考试可分为分离式考试和综合式考试；按解释分数的方法，考试可分为常模参照性考试和标准参照性考试(各类考试的具体解释请参照第九章相关内容)。

③访谈法

访谈是社会生活中较为常见的活动，也是定性研究主要的数据收集方法之一。访谈法就是通过研究者和受访人面对面的交谈来了解受访人的心理和行为的研究方法。从访谈的结构来看，可以分为结构式访谈、半结构式访谈、非结构式访谈。无论何种访谈研究者都需要做好笔记，人的短时记忆是有限的，需要录像机、摄像机等辅助工具记录访谈过程。

结构式访谈对访谈过程高度控制，研究者按照事先设计好的访谈指南进行访谈。访谈指南的问题要具体、详尽、明确。与每一位受访者都要按照相同的顺序谈及所有问题。结构式访谈最大的优势是便于操作，研究者可以把握谈话的主题，与不同受访者之间的交谈内容具有可比性。但结构式访谈也存在不足，例如，收集的语料有限，仅限于所问的问题，受访者很难展开话题。

非结构式访谈具有很大的自由度，受访者可以围绕话题自由展开。交谈往往是自发的，发散性的，目的是创造一个轻松的交流环境。研究者无需准备详细的访谈指南，只需一些指导性的问题即可。非结构式访谈可以获得较为丰富、深入的信息，但这需要研究者与受访人建立一种和谐的关系。

半结构式访谈介于二者之间，多数应用语言学研究采用这种访谈。研究者事先设计了一系列相关的开放性的研究问题，在交谈过程中，受访人可以围绕话题畅所欲言。研究者在访谈中扮演听话人和引导者的角色。

从时间上来看，访谈可分为一次性访谈和多次访谈。顾名思义，一次性访谈只要进行一次即可，时间介于30分钟到60分钟。多次访谈可以分多次进行，如深度访谈，也称为现象学访谈。现象学访谈可以通过了解人们行为发生的语境，进而理解该行为的意义。深度访谈的一个基本设想就是个人经历的意义影响他们的行为方式(Seidman，2006)。深度访谈是研究者与受访者面对面、一对一的交谈。因为深度访谈需要深入了解个人生活经历，研究者更需要与受访者建立良好的关系，甚至成为朋友。深度访谈可以分为三步走，每一次访谈持续90分钟，两次访谈之间间隔3~7天。第一步：访谈侧重于受访者到访谈为止的生活经历。受访者尽量提供较多的细节。第二步：访谈集中于受访者现在的生活经历。第三步：受访者谈论自己的生活经历所蕴含的意义。例如，当人们运用深度访谈调查教师语言教学观念时，可以遵循以下步骤：第一步，教师讲述自己的语言教学经历。第二步，教师目前的语言教学情况，成就与挫折、困惑等。第三步，教师反思这些教学经历是如何受教学观念影响的。

④观察法

观察法是研究者根据研究提纲或观察表直接观察研究对象，从而获取深度信息的有效方法。在第二语言研究中，我们可以用观察法来研究外语课堂内语言的使用情况、互动等其他教学活动。为了记录所观察现象的细节，研究者可以用录音机、录像机等设备来辅助观察。常见的观察方法有：核对清单法(checklists)、级别量表法(rating scale)、记叙性描述(narrative description)。

核对清单法指的是研究者预先设计好观察点，观察时一一核对。例如，研究者设计了以下四个观察点来观察学习者的课堂学习活动，在观察过程中核对这些观察点出现的情况以及出现的频率：

要求老师翻译生词；

使用母语与老师进行交流；

使用目的语与同伴进行交流；

要求老师解释语法。

级别量表法指的是研究者将研究的某一维度用等级的方式表示其不同的程度。例如，观察学习者在某一学习任务的投入程度：

非常投入　1　2　3　4　5　不投入(very involved　1　2　3　4　5　not involved)

记叙性描述指的是研究者对观察现象进行书面描述，记录其细节。例如，通过观察教师和学生在第二语言课堂内母语的使用情况，研究者需要描述教师语言的类型和数量、学生语言的类型和数量。

课堂观察的内容一般包括：

自我观察(一边讲课一边观察)：观察对象主要是学生的学习行为、人际间互动情况、对教师授课的反应等。

观察他人(听课)：观察讲课教师的行为，包括教材运用、讲解能力、提问技巧、教学沟通、多媒体运用、学生行为管理、教学准备、组织教学和评价教学，也包括讲课教师的课堂观察能力、学生非学习性行为等。

研究者进入教学现场进行观察，不免会给正常的教学活动带来影响，可能分散学生的注意力，也可能会产生霍桑效应，学生的课堂表现要比平时好得多。研究者进入课堂内观察，需要得到教师和学生的许可，要尽可能得到教师的帮助。

⑤日记法

写日记也是获得深度信息的有效方法，要求参与者按照一定的要求记录生活的点点滴滴，这些经历可以反映参与者的认知和情感。研究者根据研究的目的，告知参与者日记写作的目的和内容。下面的例子中，学习者的日记包括三个方面：听力材料、听力问题以及问题出现的原因。这样有利于研究者分析和归纳所收集的材料，并且确保材料是相关的。

I listened to an English program this evening through the radio. Though the speed was not very fast, I didn't understand well. I often heard some words sounded familiar but I couldn't know their meanings quickly, I must think for a while and when I knew it, the program already past a lot. Maybe I wasn't familiar with the pronunciation of such words because I only read or wrote but never listened to or spoke them.

(Goh, 1997: 364)

日记法往往可以挖掘参与者内心深处的东西，获取其他方法不能得到的信息。但是，日记对参与者的书面表达能力有着较高的要求，他们的写作水平可能参差不齐，并且可能会遗忘某些细节，他们的日记写作在深度和质量上可能存在差异。

除了学生的学习日记之外，还有教师的教学日记。教学日记是教师对教育生活事件的定期记录，将真实的生活场景转化为文字、语言符号加以记载，梳理自己的教学行为。通过教学日记，教师可以定期回顾与反思日常的教学情景。在不断的回顾与反思过程中，教师对教学实践、教学问题和自我认知方式与情感的洞察力，也会不断地加强。教学日记通常需要每天或几天记录一次，至少是每周记录一次。一般来说，教学日记不是简单地罗列教育生活事件，而是通过聚集这些事件，让教师更多地了解自己的思想和行为。以下是一位实习教师的一篇教学日记：

"今天上了第四节课，发现英语说的越来越少了，大部分课堂指令的发送，知识点的讲解几乎全是用汉语讲的。今天这节课我多少有点发怒的成分。因为上语法课，大量的时间用在了提问和分析句式上了，虽然整个课堂控制得还行，抓住了学生的注意力，但讲课的进程却大打折扣，大概只讲了四分之一的内容。也不知怎么的只分析了几个句子，做了几道练习题一节课就结束了。而影响课程进度和让我有些不满的主要原因是领着学生分析了好几遍的句子学生还是分析不出来。下课后，带着有些抱怨的语气向老师诉说，老师的一席话却让我一下子无地自容了。

我主要向老师抱怨学生分析句式分析不出来，课进行不下去。老师给我提供了一种方法，由于讲的是主语从句，老师的方法是先找出连词，然后顺着连词往后推第一个谓语就是从句的，下一个自然就是主句的，这样一来整个句子也就分析出来了。而我上课用的却是找谓语的方法，先找出主句的谓语，其他成分也就一目了然了。由于我对句子很熟悉了就以为这个方法很简单。

事后反思，觉得自己真是误人子弟呀！分析句式的主要目的就是分清主句和从句，而我把要实现的目的当成了已知项，认为主句从句就在那儿摆着，找个谓语还不简单嘛。哎！自己教学方法不对还埋怨学生笨，真是丢死人了。幸而亡羊补牢，对于教学方法还得慢慢地探索一点点地总结。"

⑥内省法

内省法是将思维过程口述出来的研究方法，内省法亦称为口述法。内省法探究的是人们的认知过程。根据口述的时间与完成特定任务的时间之间的关系，口述可分为共时(concurrent)口述和事后(retrospective)口述。前者是口述者在完成特定任务的同时讲述自己的心理认知状况，即出声的思维；后者是口述者在完成特定任务后回忆和追述自己的认知心理过程。

研究者在采用口述法之前需要仔细研究口述材料，决定需要停顿的地方，以便参与者口述自己的认知过程。一般来讲，语篇中的可以停顿的地方有意群之间、小句之间以及句子之间等。预先设计的停顿的地方不能妨碍参与者对语篇的理解以及在线思维过程。当参与者不知道说什么时，研究者会提示他："你正在想什么?""你是如何理解的?"等。这个过程需要录音、转写和分析。

事后口述是在听力或阅读任务完成之后进行的。为了提高事后口述的信度和效度，Dörnyei(2007)提出以下建议：完成任务与口述之间的时间要尽可能短，最好不要超过24小时；语境信息越多，口述的效果越好。就听力任务来说，将原材料重新听一遍比看听力原稿更好一些；要求被试回忆可以直接提取的信息，如"你听到这里时，想到了什么?"；不要提前告诉被试事后口试的事情；尽量让被试主动提供信息；如果可能的话，口述可以使用被试的母语；口述的过程需要进行试测。

人们的思维过程非常复杂，一般的研究方法很难挖掘出人们的认知过程，内省法为探究个体认知心理过程向前迈进了一步。由于被试的认知和语言水平不同，对他们认知过程的口述也存在质和量的差异。在有声思维法中，被试的认知过程可能还会受到干扰。在事后口述法中，遗忘的问题不可忽视。

(6)分析和解读数据

由于定性研究没有预设的研究问题，没有明确的变量，没有对变量和环境的控制，因此，对数据的解释要求研究者有高度的分析能力和解释能力。人们往往觉得定性研究实施起来比较容易，不需要太多的设计和控制，但当数据(如课堂录像)回来之后，却一筹莫展，找不到头绪，不知从何下手进行分析。这就要求研究者对数据进行多次分析和筛选，力求找出反复出现的趋势和规律(recurring pattern(s))，形成假设。在定性研究中，研究者作为研究的一分子，参与到研究中，因此，对数据的解释具有较强的主观性。

定量研究的数据是通过严格控制变量和实验环境获得的，数据的获得比较直接，数据形式比较直观。在定量研究中，研究者将自己置于研究问题之外，整个研究过程不带任何主观色彩，因此，对数据的解释具有较强的客观性。

定量数据分析方法通常被分为两大类：描述性统计方法(descriptive statistics)和推断性统计方法(inferential statistics)。描述性统计方法主要研究如何整理数据，描述一组数据的全貌，表述一个事物的性质等。表示数据集中趋势的有平均数(mean)、中位数(median)和众数(mode)等，表示数据离散情况的有全距(range)、标准差(standard deviation)、方差(variance)等。其中人们常用的有平均数和标准差。有的论文作者撇开标准差，只比较平均数是不能充分说明问题的，因为当两组数据的平均数相同、标准差不同的情况下，标准差数值大的一组说明该组数据离平均数越远，反之，则越近。在平时的教学效果考察中，我们希望在平均数相同的情况下，标准差越小越好，说明学生之间成绩差异不大；而在选拔甄别考试中，则希望在平均数相同的情况下，标准差越大越好，这样，就能轻而易举地将优秀学生选拔出来。

推断性统计方法主要研究通过观察和分析一小部分数据(sample)来概括和推断它所代表的总体(population)的特征的方法。在外语研究领域中，人们常用的统计方法有 t 检验、相关分析、方差分析、回归分析等。

t 检验，亦称 student t 检验(Student's t test)，主要用于样本含量较小(例如 $n<30$)，用以比较两平均数之间的差异是否达到显著性水平。t 检验分为独立样本 t 检验(Independent—samples t-test)和配对样本 t 检验(Paired—samples t-test)。独立样本 t 检验是比较两组的均值是否具有显著性差异。配对样本 t 检验是对同一总体两个样本的比较，同一组被试在实验前和实验后的比较，同一组被试在实验条件下和控制条件下的比较。

相关分析是用数理统计法建立两个随机变量之间的关系。两变量之间联系的方向分为三种情况：第一，两变量变动方向相同，即一种变量变动时，另一种变量也同时发生与前一变量同方向的变动，称为正相关；第二，两变量变动方向相反，即一种变量变动时，另一种变量同时发生与前一变量变动方向相反的变动，称为负相关；第三，两变量之间没有关系，即一变量变动时，另一变量作无规律的变动，称为零相关。

方差分析主要用于分析数据中的不同来源的变异对总变异的影响大小，从而确定自变量对因变量的重要性。单项方差分析检验一个因变量在一个具有两个以上水平的单一变量各组的平均值之间是否具有显著性差异。

回归分析是通过观测值寻求自变量与因变量之间的函数关系的一种统计方法，它所要解决的问题是：在相关变量间建立数学关系式，即回归方程；检验回归方程存在的统计合理性，并对各自变量对因变量影响的显著性进行检验；利用回归方程进行预测和控制，并了解这种结果的精确程度。回归分析分为一元回归和多元回归分析。一元回归研究一个自变量和一个因变量的关系。多元回归探究多个自变量与因变量之间的关系，还可以计算自变量对因变量的预测力。

(7)通报研究结果

最后一个步骤是将研究结果撰写成文，以会议交流的形式或论文发表的形式报告给学术界的同行，互相学习，取长补短。论文写作要符合学术写作规范。

总之，开展科学研究是一个过程，需要长时间的积累，不能一蹴而就。只要大家有科研意识，掌握正确的科研方法，平时在教育教学实践中做有心人，善于发现问题，就一定能找到解决问题的方法，在外语科研方面有所作为。

第六节 外语教师专业发展途径

教师的专业发展，必须经过专门的教师教育，使教师掌握所需的基本知识、掌握教学技能等。外语教师专业发展是一个长期的过程，是教师职前(pre-service)、在职(in-service)过程中不断培训、学习、积累和反思的结果。

一、教师专业发展途径

当代教师专业发展的基本途径主要有“教师教育课程改革”“教师学习”“教师参与研究”“校本培训”等。

(一) 教师教育课程改革

人们逐步认识到教师发展是一个连续的生命过程，试图通过教师教育课程改革更有效地提升教师专业发展。教师教育课程指教师在其专业生涯中接受学校专门教育和在职专门培训时获得的教学专业经验，分为职前教育课程和在职教师培训课程。当前的教师教育课程改革主要包括职前与在职教育一体化、学术性与师范性一体化、普通与特殊教育一体化以及理论学习与实践培训一体化。

(二)教师学习

教师学习指教师基于专业发展的需要所从事的更新个体专业知识经验的各种活动。教师的专业成长是一个终身学习的过程，这种学习不仅是个体的学习过程，也是一个集体的学习过程。教师只有在集体与个体互动的学习中，才会真正获得专业成长。近年来，作为教师专业发展的一种新的方式——专业学习共同体(professional learning community)逐步发展起来。专业学习共同体是某一个学校或校际某一类教师组成一个专业性群体，全体成员在共同目标指引下以学习为主导和纽带，具有高度的凝聚力和旺盛的生命力。专业学习共同体通常由“文化构建”“多样化发展”“共同愿景”和“知识共享平台”构成。文化构建就是教师不断进行反思，生成“自觉”“自律”和“协作”的教学专业文化智慧。多样化发展提供了教师之间个人知识和隐性知识共享的机会和实践园地。共同愿景的建立旨在鼓励每一个教师发展个人愿景，同时，促进教师组成的共同愿景融入学校的发展理念。当前，许多学校建立了网络资源系统，为教师的学习提供了良好的平台。

(三) 教师参与研究

教师参与研究的形式有许多类型，比较常见的有“校本教学研究”。校本教学研究是一种特殊的教学研究制度和方式，以学校为基地，以教师为主题，以教师在教育教学实践中遇到的问题为对象，以提升学生学习结果、促进教师专业发展和提高学校教育质量为目的。校本教学研究的基本形式是“行动研究”。

教师行动研究，指教师在日常工作中，将自己组织开展的实际教育教学活动作为研究对象，采取有效方法加以观察、反思的方式。教师的行动研究，将教师置于自身实践的具体过程中，进行再思考和再体验，为教师教育教学专业能力的发展提供了机会，有利于教师在不断的反思教学中获得成长。

二、外语教师专业发展途径

关于外语教师专业发展途径，有些学者提出了很好的建议。刘润清(2001)认为外语教师培训应包括两个方面的培训："教什么"和"如何教"。"教什么"是对外语本身的培训；"如何教"涉及外语教学和相关学科的知识。

束定芳等人(1996)认为合格的外语教师应该具备以下素质：①较为扎实的专业知识和专业技能。外语教师必须具备外语语音、词汇、语义、语用方面的知识，同时必须具备较高的外语听、说、读、写的技能。②教学组织能力和教育实施能力。外语教师必须具备教育学、心理学的学科知识，熟悉教学组织的步骤和基本的教学原则，具备运用现代化的教学辅助设施进行教学的能力。③较高的人格修养和令人愉快的个人性格。④较为系统的现代语言知识。外语教师应该对语言和语言交际能力的本质、特点和规律有系统的了解，并能自觉地利用语言学方面的知识指导外语教学实践。⑤相当的外语习得理论知识。外语教师应熟知外语习得理论，了解最前沿的外语研究动向和成果。⑥一定的外语教学法知识。外语教师要了解各种教学法，如语法翻译法、直接法、听说法、交际法、暗示法、社团学习法、沉默法等教学法的渊源、优势和不足，以充实自己的外语教学实践知识、提高教学技能。

Nunan(1990)从行动研究角度，阐释教师素质包括掌握专门学科知识；掌握课堂观察和研究技能及实质；研究和开发课程的技能；分析、判断、管理和评估能力；获取信息能力；控制、描述自己行为和学生活动的能力；个人教学信念；自我反思能力；了解教学方法、教材及其运用；认识课堂行为和学生学习之间的关系；基于课堂教学情景修正和改变教学行为的能力等。

英国著名学者 Strevens(1977)认为，理想的外语教师的特征包括教师个人素质、教学能力和专业理解三个方面。外语教师培训方案包含四个基本要素，即选拔、个人继续教育、作为教师或教育人员所接受的普通专业教育，以及作为外语教师所接受的特殊教育。其中外语教师的特殊教育是培训课程的核心部分，分为技能层面、知识层面和理论层面的内容，其中技能层面指熟练掌握英语、教学技巧、课堂活动、管理学习的技能，知识层面指有关教育的知识、大纲与教材教具的知识、有关语言的知识。

为了尽快地成长为优秀的外语教师，教师可以通过采取以下途径实现教师专业发展(张庆宗，2011)：

(一)注重学习、善于积累

外语教师要注重学习，树立终身学习的理念，学习是获得发展的唯一源泉。

第一，学习语言学理论与外语学习理论。外语教师必须具备一定的语言理论知识，应该对语言的本质特征、语言分析方法、最新的语言理论发展趋势等有所了解，同时，外语教师更要了解外语学习过程的特殊性及有关的语言学习理论；

第二，注重外语理论与实践。外语教师应该时刻把提高和完善自己的外语实践能力，即听、说、读、写、译的能力摆在重要的位置，但同时也应该重视关于语音、语法、词汇和语用方面的知识，并且将理论运用于实践。

第三，教育心理学理论与教学实践并重。外语教师应该具备基本的教育心理学知识，了解课堂教学的一般性原则和学生的心理特点，同时外语教师应该研习本学科的各种教学流派的形成和特点，掌握外语教学中一些最基本的教学原则和方法。

第四，对优秀外语教师的课堂教学进行观察和分析，分析他们的教学活动特点、知识经验结构特征、教学行为等内容。课堂观察分为组织化观察和非组织化观察。组织化观察一般在观察之前制定比较详细的观察计划，确定观察的对象及观察的程序，非组织化观察则不具备以上特征。观察可以是课堂现场观察，也可以是观看优秀教师的教学录像。Shulman(1987)认为，开展案例教学对于提高教师的专业水平具有十分重要的作用。在Shulman看来，案例介于理论和实践之间，观念与经验之间，理想与现实之间。案例教学具有如下特征：为教师提供真实的课堂情境；呈现内隐知识和提供多元表征；提供向专家学习的机会。

（二）注重反思、善于总结

教师在教学活动之后要注重反思教学过程，善于总结经验，改进不足之处。反思是教师着眼于自己的教学活动过程来分析自己做出的某种行为、决策以及所产生的结果的过程，是一种通过提高参与者的自我觉察水平来促进能力发展的手段。只有具有反思的意识和能力，才能对自己所学的理论、所持有的信念和经验以及教学实践进行深入的反思和分析，才能超越理论的局限、观念的偏颇，才能摆脱经验权威的影响，使理论和经验在碰撞与互动中不断升华，从而成长为一名反思型、研究型的教学专家。

教师要成长为反思型、研究型专家，必须要强化教学反思意识，掌握科学的反思方法。一般来说，教师的反思方法包括以下几种策略：一是教师主体自身的反思策略，如反思日记、教师个人研究等，这种反思策略体现的是教师与自我的对话。二是教师主体与他人交流的反思策略。从交流主体来看，可以与专家交流，与教师同行交流，也可以与学生交流。三是教师进行理论文献的反思，教师结合自身实践批判性地阅读反思性教育理论与实践方面的文献。

教师教学反思的主要内容包括以下两个方面的内容：

首先，教师应反思自己的教学理念。教学理念包括学习者需求、认知方式、学习策略等，语言的功能，语言教学的目的，教学原则，教师角色，教学方法等。学习者是学习的主体，教师可以通过需求分析(needs analysis)了解学习者的需求，了解学习者的智力因素和情感状态。在对学习者有了充分的了解之后，教师才能做到有的放矢，取得较好的教学效果。同时，教师要对语言功能、语言教学目的、教学原则等有一个正确的认识，这样，才能在教学活动中对教师角色正确定位，采用适当的教学方法。

其次，教师应反思自己的教学行为。教学行为包括教学计划、课堂决策、教学活动的设计与组织、课堂管理等。教师在教学活动之后要经常反思自己的教学行为，如对教学计划进行必要的调整，对教学活动的各个环节进行分析、评估等，以改进教学效果。

（三）注重研究、善于升华

外语教师不仅是一名教师，同时也应该是一名研究者。研究是一种态度、是一种精益求精的职业追求和信仰。在研究过程中，教师以主动的精神和态度，研究自己的教育教学，提升自我素养，提升教育教学质量。研究如何让教育的意义在学生身上得以实现，如何让学生健康、全面的发展，如何让自己在教育过程中体验教育生活的幸福。教师可以开展行动研究，在学校真实的教学环境中发现问题、研究问题并解决问题。教师研究的内容包括：①具体的课堂教学，如备课、批改作业、学生评价。②日常教育，如品德教育、心理辅导。③教育管理，如纪律管理、教学安排、制度设计。④人际交往，如与家长的沟通、与同事的沟通、与学生的沟通。⑤自我生活的改善，如家庭生活、社会生活与工作关系的处理，个人兴趣、爱好、情感的满足和心理压力的调适等。

教师行动研究旨在不断革新和改善教育行动；同时，它有助于教师个人行动理论的产生和发展。行动研究与专家研究的区别在于：①研究问题可以是来自于自己的日常教学经验中的任何问题，而不一定是大的课题。②研究途径可以是任何非正式的探索方法，包括记笔记、写日志、谈话记录等，而不一定像专家们那样恪守研究套路。③在行动研究中，教师可以形成研究者团体，包括教师之间、教师与学生之间的联系等。因此，行动研究是一种学习途径，一种教师专业发展的途径，是一个螺旋式上升、不断发展的过程。

行动研究的主要步骤有：发现问题，形成假设，验证假设。

(1)发现问题：这是行动研究的起点，教师关注教学活动中的特定问题，并从课程、学生、教师本身等方面收集有关的资料。研究问题通常来自于教师日常教学中的任何问题，不一定是大的课题。收集资料的几种主要方法包括：①观察：对课堂教学活动进行观察和记录。课堂观察的内容可以预先设定，这样观察结果更具有针对性；也可以不预先设定观察内容，这样观察的范围会更宽泛，没有局限性。②问卷与访谈：通过问卷可以大量地、便捷地获得比较客观的数据。尽管访谈中被试的数量通常不大，但通过访谈可以了解被试深层次的想法和动态。③教师日志：纪录教学事件，真实反映教学过程。④学生日志：学生将自己的学习方法、学习体会记录下来。教师可以通过学生日志反思自己的教学，对教学活动作出必要的调整，以取得更好的教学效果。

(2)形成假设：在发现问题之后，教师要广泛地查阅文献，查询与当前问题相关的信息，并在此基础上形成假设，力图找到解决问题的方法和途径。

(3)验证假设：教师要根据假设，进一步有针对性地收集数据，通过统计分析来验证假设，解决教学中的实际问题。

教师要善于将教学体验和教学心得提炼、升华，从中找出一般性的规律，用不同的产出形式，如向同行介绍自己的教学方法和手段、发表文章、编写教材等丰富外语研究领域。

第六部分　测试篇

第九章　语言测试与评价

语言测试(language testing)是语言教学过程的有机组成部分，用于测量语言知识和技能的掌握程度，是检查语言教学效果的重要手段。同时语言测试为外语教学提供反馈信息，对语言教学也具有反拨作用——测试结果对改进教学方法、提高教学质量有促进作用。语言学习评价(language learning assessment)是根据数据或资料对学生的学习过程和结果的分析与评定。语言测试是语言学习评价的参考数据，可以了解学生的语言学习情况，对学生的语言能力进行客观、准确、公正的评价。语言测试是教育测试的一个分支，目前语言测试已成为一门学科，研究测试理论、方法、标准、试题项目、测试评估等(梅德明，2017：608)。

第一节　语言测试

语言测试是随着语言教学理论的发展而发展起来的。在语言教学理论发展的不同阶段，由于语言观不同，所采用的语言测试的方法和内容也不尽相同，因而先后形成了不同的语言测试的理论模式：心理测量-结构主义模式、心理语言-社会语言学模式和交际语言测试模式。这三种语言测试模式各有千秋。本章节将从语言测试理论出发，介绍语言测试的种类、标准、题型以及不同技能测试的设计与实施。

一、语言测试的模式

(一)心理测量-结构主义模式

心理测量-结构主义模式的产生以 1961 年 Lado 发表的“语言测试”为标志。在这个阶段，以 Skinner 为代表的行为主义心理学家认为语言学习是刺激—反应的联结过程，是一个模仿、操练和强化的过程，学习一种语言即形成一套语言习惯。受行为主义的影响，以 Bloomfield(2001)为代表的结构主义语言学家认为语言是一套由音素、词素、词、词组直至句子组成的结构系统，可以用直接成分分析法(immediate constituent analysis)对语言进行描述，把句子分成不同的等级或水平。在行为主义和结构主义的影响下，语言学习观表现为语言是一个可以分成不同层次的系统，学习者对各个不同层次可以进行不断的模仿和练习，以达到熟练的目的。以 Lado 为代表的心理测量学测试理论认为语言可以分解为听、说、读、写技能和语音、词汇、语法等语言成分，认为试题应该每题只考查一个考点，离散项目测试(discrete-point test)是最佳选择，其主要题型有选择填空、词汇填空、语法填空、完成句子、改错等。心理测量学-结构主义语言学测试采用了客观题，评分快捷、方便、客观、公正，测试信度高(Brown，2005)。但是离散项目意味着把语言成分分离开来，忽视语言在语境中的综合使用。但多项选择题依然在各种语言测试中依然受到教师和学生的青睐。

(二)心理语言-社会语言学模式

心理测量-结构主义测量模式将语言脱离了其赖以生存的语言环境。语言并不是离散项目的综合，其形式和功能是一个有机的整体，是具有创造性的。国外有不少语言测试专家(如 Oller)提出了反映社会语言学和心理语言学的测试观点，即语言应该作为语用期待语法（pragmatic expectancy grammar)来考查——一个人如果具有关于某种语言的知识，就应该知道某个词或某句话是否在某一特定上下文或情景中出现(戴曼纯、肖云南，1999)。心理测量-结构主义测量模式采用综合测试法。离散题把语言技能加以分解，而综合测试正好相反。离散测试认为一次只可以测试一个语言点，而综合法则主张测试在一定的语境中进行，不在考试中刻意区分各单项语言成分、技能和能力，而是强调两项和两项以上的综合评估。这一时期采用得比较多的是综合题，如完形填空、综合改错、听写等。综合性测试比离散测试更接近语言的现实，即语言的使用在语篇中进行，可采用客观评分。社会语言学和心理语言学的测试模式向语言的交际迈进了一步，语言测试项目出现在相关的语境中，将语言的成分语音、词汇和语法不分家。但是综合性测试也不能完全测试语言能力，更倾向于语言理解能力，产出能力有所忽视。

(三)交际语言测试模式

交际法测试模式始于 20 世纪 80 年代。Chomsky(1965)首先区分了语言能力和语言行为。Hymes(1972)进而提出了交际能力的概念，并提出了交际能力四要素：形式上的可能性、实施手段上的可行性、语境中的得体性、现实中的实施状况，认为语言使用者不仅要有产生符合语法规则的句子的能力，还应该具备在不同语境中准确地得体使用这些句子的能力。Canale 和 Swain(1980)拓展了语言能力的内涵，提出了交际语言能力模型，认为交际语言能力由语法能力、社会语言能力和策略能力三部分构成。Canale(1983)进一步将交际能力分为四种能力：语法能力、语篇能力、社会语言能力和策略能力。Van Ek(1986：35)提出六维度的交际能力模型：语言能力、社会语言能力、语篇能力、策略能力、社会文化能力和社会能力。进入 20 世纪 90 年代，Bachman 提出了交际语言能力学说，该学说更加全面和系统，交际语言能力包括三个方面的内容：语言能力、策略能力和心理生理机制。其中语言能力包括以下组成部分(Bachman，1990：87)：

(1)语言组织能力(Organizational competence)

①语法能力(Grammatical competence)

词汇

词法

句法

语音学/书写

②语篇能力(Discoursal competence)

词语联结知识

修辞知识

(2)语言使用能力(Utilizing competence)

①功能能力(Illocutionary competence)

达意功能

操纵功能

探索功能

想象功能

②社会语言能力(Sociolinguistic competence)

方言或变体知识的敏感性

语域知识的敏感性

自然地道语言的敏感性

文化典故和比喻知识

该交际能力模型模式认为语言的使用是各种知识、技能和心理过程交织在一起相互影响、相互作用的动态过程，是交际英语测试设计的理论基础，也是交际英语考试内容选择的参照依据，交际法语言测试应运而生。

交际语言测试的主要特征是：①重点是意义。②语境化(contextualized)。③语言活动带有可接受的目的性(purposive)。④有实际意义的语言。⑤使用真实的语言材料(authentic material)。⑥文本处理有真实性。⑦反应结果不可预见性(unpredictable)。⑧以互动为基础(interaction-based)。⑨考生在真实心理状态下展示语言能力。⑩根据实际交际结果判定成绩(Weir，1990)。

二、语言测试的种类

语言测试是衡量学习者语言能力、知识和技能的任何过程。测试通常用量化指标(如分数、等级)来解释或区分考生的语言行为，是一种具体的、未获取某一行为样本而设计的定量分析方法(张庆宗，2010：250)

根据测试目的、结构形式、参照方式、评卷性质、施测的媒介，语言测试可以分为不同的类型。

从测试的目的来看，测试可分为：水平测试(proficiency test)、学业成就测试(achievement test)、诊断性测试(diagnostic test)、编班测试(placement test)和学能测试(aptitude test)。

(1)水平测试是根据一定的要求，检查学生的语言知识或综合运用语言的能力是否合格，不与特定的课程相联系，托福(TOFEL)、雅思(IELTS)、我国出国人员英语水平测试(EPT)、大学英语四六级、英语专业四八级等考试均属于水平测试。

(2)学业成就测试检测学习者对某一课程或教学大纲所规定全部或部分内容的掌握掌握情况，如单元测试、期中、期末考试、升学考试等。这些测试通常是以某个教学大纲或教学计划为基础，衡量学生对教学内容的掌握程度，考试内容与课程内容紧密相关。

(3)诊断性测试针对某一部分教学内容或语言项目，检测学习者对某一具体语言知识和技能的掌握情况，可以及时发现问题，以便教师及时调整和改进教学方法和策略，提高教学效果和教学质量。诊断性测试在教学过程中随时可以使用，不受教学阶段的限制。

(4)编班测试用于检测学习者的语言水平，将其分成不同班级进行教学。分层教学有利于教师统一教学内容和进度，比如我国的大学英语教学将学生按照水平的高低分为 A、B 、C 不同班级。学能测试同于预测学习者潜在的语言学习能力，不考虑学生已经学会了多少语言知识。

(5)学能测试基于语言潜在能力结构，包括语音编码解码能力、联想记忆、语法敏感性、归纳性语言分析能力。研究者先后开发了学能测试试题，比如外语预测测试(Symonds Foreign Language Prognosis Test)、现代语言潜能测试(Modern Language Aptitude Battery)(MLAT)、基本现代语言测试系列(Elementary Modern Aptitude Battery)(EMLAT)、语言潜能系列(Pimsleur' s Language Aptitude Battery)(PLAB)。

按照测试的结构形式，测试可以分为离散项目测试（discrete-point test)和综合性测试(integrative test)。

(1)离散项目测试受结构主义语言学的影响，主要是指对语言成分（如语音、语法、词汇)和语言技能(如听、说、读、写、译)的各个单独项目进行分别测试的语言测试，强调每个测试项目考查一个语言知识点或一个语言技能。常用的题型为句型转换、时态语态转换、时态填空、介副词填空、冠词填空、词汇释义、多项选择题等。听力、阅读、语法和词汇多采用选择题。

(2)综合式测试以心理语言学为理论基础，主张用适当方法测试学生的综合运用语言的能力。常用的题型为完形填空、阅读理解、段落听写、口语、写作、翻译等。综合性测试旨在语境中考查学习者的语言知识和技能，侧重考查语言的意义，而不是语言形式。

按照参照方式不同，测试可分为：常模参照测试(norm-referenced test)和标准参照测试(criterion-referenced test)。

(1)常模参照测试认为学习者之间存在个体差异，即学生在掌握英语知识和运用英语能力上的差异。该测试旨在把某一考生的得分与参加同一考试的其他考生的得分进行比较，区分好、中、差等若干等级。常模测试常用于大规模的选拔考试中，比如我国的高考就属于这类测试类别，因为录取的原则是从高分到低分择优录取。

(2)标准参照测试根据既定的语言能力标准来解释学习者的成绩。标准参照测试的目的是确认学生是否达到了既定的标准，关键是制定合理的标准，根据标准进行命题，比如大学英语四六级和英语专业四八级考试，都有明确的评分标准。

按照评卷性质的不同，测试可分为主观测试(subjective test)和客观测试(objective test)。

(1)主观测试是指试题答案的标准主要由评分人主观判断进行评分的测试。常见的主观测试题型有：作文、翻译和问答题。主观性测试阅卷中，由于阅卷人的主观标准不完全一致，评判的等级和分数也不尽相同。解决这一问题的办法就是同一份试卷进行二评、三评甚至四评，不过这样的做法也耗时耗力。主观测试通常信度低，效度高。

(2)客观测试与主观测试相反，客观测试是指试题答案不受评分人主观判断的影响，都依照统一的答案。典型的客观测试包括多项选择题和判断正误题，每个题都有唯一正确的答案，因而考生成绩比较公正公平。客观题测试可以使用机器阅卷，效率高，省时省力。客观测试题通常信度高，但效度低。

按照施测的媒介不同，测试可分为：传统的纸笔测试、计算机辅助语言测试（computer-assisted language testing）、计算机自适应测试（computer adaptive language testing）。

（1）传统的纸笔测试是大家最熟悉的测试，考生使用铅笔、钢笔或圆珠笔完成试卷试题，教师人工阅卷。

（2）计算机辅助语言测试（王金铨、陈烨，2015：77）是指测试开发人员可以利用扫描仪将测试者纸笔测试试题扫描到计算机上，教师在计算机上进行卷面批改，并对测试的结果进行数据统计分析或形成成绩报表，还可指受试者直接在计算机上进行的语言测试，后者又分为单机测试和网上测试。我国的成人高考试卷、大学英语四六级、英语专业四八级考试的主观题就是经过扫描后教师进行阅卷的。托福网络测试整个考试过程通过网络在计算机上完成。

（3）计算机自适应测试又被称为个性化的考试，计算机自适应测试的题项不是直接和线性的，即难易程度不是事先定好的，而是根据受试在前一个题项中所表现出来的能力或潜在能力而有针对性地选择出来的，计算机随时都在对试题进行在线调整，以保证挑选出能最大限度测量出受试能力的题项（张宝钧，2003：19），比如英国的快速分班测试（quick placement test，QPT）和美国的研究生入学考试（graduate record examination，GRE）都属于计算机自适应测试。

根据测量的内容，语言测试可分为传统标准化测试和语言行为测试。语言能力测试是根据教学法和教育改革应运而生，特别是20世纪80年代，交际能力的研究和发展。语言行为测试为"一种测量考生完成任务能力的测试方法，这些任务通常与工作或学习要求相关"（Davies et al.，2002：144）。广义上讲，语言行为测试为"任何一种旨在引导出测试者欲测的特定语言行为表现的测试"（Brown，2005：93）。

（1）传统的标准化测试基于行为主义理论和结构主义理论，强调语言成分和技能观，能反映听、说、读、写技能和语法、词汇知识的单项试题，评判标准为是否与固定的试题答案一致，只重考试结果，以多项选择题为主。

（2）语言行为测试基于多元智力理论、建构主义学习理论、交际语言能力理论，内容为现实生活中的实际任务或模拟现实生活的任务，评判标准为是否能用语言完成任务，既重考试结果，又重考试过程，测试形式多样，如使用历程档案袋（portfolio）、学生自评或互评等（孔文等，2007：202）。语言行为测试的优点如下（Brown，2005：109）：

①测试内容

只评估相关内容

测量产出性语言的使用

能测量接受性和产出性技能之间的互动

增加测试中个人因素

测量对真实的语言任务的反应能力

既适合成就测试又适合水平测试

测量语境化的和复杂的语言

不仅仅测量多项选择题式的反应
测量高层次的认知技能
测量学习过程
测量学生对程序式知识的理解

②评分标准
利用真实生活中的衡量标准来选择测试任务并评分
帮助教师或评分者做出更精确无误和一致性的评价
调节测试中评分者偏差效应

③分数解释
减少学生猜测因素在考试成绩中的比重
为以功能型或任务型为基础的教学大纲提供诊断性或成就性信息
比传统的多项选择题更好地测量学生的知识和技能
鼓励并记录学生的批判性思考、创作和自我反思过程
能从具体的、真实的生活层面展示学生的优、缺点
能更准确地预测学生在未来真实情景中使用语言的能力
鼓励在班级和学校层面解释分数

④课程开发
可融于并成为课程设计的一部分
测试和教学活动都与真实的现实生活中的活动紧密相关
测试与课程目标保持一致
帮助教师界定什么是成绩优异
帮助教师制订让学生达到优异成绩的计划
对教学和课程提供积极的教学启示
帮助教师对学生进行全面评估
对教学产生积极的反拨作用
避免导致乌比冈湖效应(Lake Wobegon Effect，指高估自己的实际水平)的因素

⑤决策
抵消标准测试消极的反拨效应
可记录作出有关学生的重要决策的过程
为决策提供多方面的信息
支持在班级和学校层面得出结论
鼓励在班级和学校层面作出决策
连续的反复的评估以监控历时的变化

⑥交流
教师和评估小组成员共同参与考评
制定对学生清晰的真实的评估标准
帮助教师向学生解释构成学业优异的各个环节和多种因素
帮助教师向学生说明如何进行自我评价

帮助教师向家长和其他人解释考评目标和结果

三、语言测试的标准

(一)信度

信度(reliability)是衡量语言测试的一个重要标准。信度指的是某一测试的测量结果在多大程度上具有一致性。信度指的是测试结果的可信度、可靠度，也就是考分的一致性。语言测试信度的高低说明测试结果在多大程度上反映了考生真正掌握的知识和能力。如果某一个测试在不同情况下或对不同的考生进行施测时，都能得出相同的测试结果，那么该测试就有较高的信度。测试信度通常用相关系数来表示，相关系数一般在0.00与1.00之间，相关系数越大，信度就越高；相关系数越小，速度就越低。信度通常用以下三种方法来测定：重复测试法、平行卷测试法、对半分析法。

1. 重复测试法(test-retest method)

重复测试法就是对同一组考生重复使用同一份试卷来确定试卷的信度。两次考试之间需间隔一段时间，否则学生在第二次考试时会凭借记忆答题，构成启动效应。重复测试法需要控制一些变量，如需要控制学生在两次考试之间进行新的学习等。

2. 平行卷测试法(parallel-form method)

平行卷测试法指两套或多套不同试卷来测量考生相同的语言知识或技能。这些试卷在测试的内容、题量、题目的难度、试卷的长度、完成的时间等方面都必须保持一致。一般来说，对于同一个考生，如果平行卷测得的分数相近，那试卷具有较高的信度。

3. 对半分析法(split-half method)

对半分析法指根据试卷两个对半部分(如单号题目的得分和双号题目的得分或前一部分试题的得分和后一部分试题的得分)的相关系数来估计试卷的信度。两个部分分数的一致性较高，试卷的信度也就较高。因此对半分析法通常用来测定内部一致性信度。

(二)效度

语言测试的效度(validity)是指测试是否或者在多大程度上测量了所期望测量的内容，考生的成绩是否合理地说明了该考生所要求掌握的语言知识和技能。语言测试的效度表明的是一种关联性，即测试和测试目标的关联程度。效度主要包括以下几个方面的内容：表面效度、内容效度、标准关联效度和结构效度。表面效度、内容效度和结构效度是测试的内在效度标志，标准关联效度指的是测试结果是否或在多大程度上与一些外在标准相关，因此是测试的外在效度。

1. 表面效度(face validity)

表面效度指测试是否达到了预先设想的测量知识或能力的要求，通常由观察者的主观判断而定，例如语法测试中，如果存在许多学生尚未掌握的语法结构，那么该语法测试就缺乏表面效度。

2. 内容效度(content validity)

内容效度指测试内容包括所要测试的语言知识或技能等方面具有代表性的内容。例如，阅读技能测试如果只测试语篇中的词义理解，而没有测试考生对语篇主旨、作者观点和态度的理解，没有判断推理能力的考察，效度就会较低。

3. 标准关联效度（criterion-related validity）

标准关联效度指该测试与某一个或多个标准尺度的关联程度。如果两者之间的关联度高，就表明前者具有标准关联效度。标准关联效度包括同期效度（concurrent validity）和预测效度（predictive validity）。前者将一次测试与某一个时间相近并旨在测量同一技能的测试相比较而得出的相关程度。后者指某一测试是否能较好地预测考生将来的语言水平或能力。

4. 结构效度（construct validity）

结构效度指的是某一套测试题对编制该试卷所依据的理论的反映程度，是语言测试的主要效度，是一切其他效度的基础。比如，基于结构主义编制的试卷主要是以句子为单位的多项选择题、填空题等；交际能力测试基于交际能力理论，反映了语言交际的特点。

（三）实用性（practicality）

测试必须具有实用性测试的实施需要考虑多个因素：花费的财力、时间的限制、实施的便利、评分的难易等。如果费用太过昂贵，测试就不实用；如果完成测试的时间过短或过长，测试也不实用；如果测试必须在网络上进行，而该学校处于偏远山区，网络没有覆盖，测试也不实用；如果一份测试要花费评卷人好几个小时完成阅卷，测试也不实用。因而测试的实用性要求测试的编制和实施者考虑各种实际因素，提高测试的质量和利用价值。

四、语言测试的设计

语言测试设计的过程通常是：先根据教学大纲，拟定有关语言知识和能力的理论定义，确定分项指标，在再拟定操作定义，具体说明指标的测试方法和步骤，然后编写试卷（张庆宗，2010）。

（一）明确考试目的

明确考试的目的是教师设计试卷的依据，又是最终评价考试质量的标准。要明确考试目的，应该认真研究领会教学大纲中各阶段的教学目的、目标和教学要求，并思考以下几方面的问题：

（1）所测量的项目反映了该课程的哪些基本语言知识和技能？

（2）该课程的学习要求学生形成哪些语言行为？最终要达到的目的是什么？

（3）该课程的学习要培养学生怎样的语言能力和认知能力？

（4）该课程的学习要培养学生怎样的情感心理？

（二）确定考试内容

考试内容是内容效度的具体体现，也是考试结构效度的重要保证，没有内容效度就无法确定结构效度。根据课程教学的内容和目标，确定考试范围：有代表性的知识点、语言行为、语言能力和认知能力。中学英语新课标中还规定了教学的情感目标，理论上讲也在考试范围之内，关键在于如何将其融入考试题型中。

（三）决定考试题型

考试题型取决于考试的目的和考试的内容，同时，还要考虑各类考题自身的特点。外语测试经常选用以下选题：多项选择题、正误判断题、匹配题、补全句子题、完型填空题、转换题、简答题、论述题等。

（1）多项选择题。该题型通常由两部分组成：题干和备选项。提干可以直接提问或者以不完整的句子形式出现，目的是为了设置问题情景。备选项中包括正确选项和干扰项。备选项数目不等，有三项、四项、五项，大部分考试以四项为常用形式。多项选择题具有以下特点：评分客观且易操作，评卷信度高；多项选择题是一题一个考点，考试目标明确。多项选择题既能测试语言知识（如语法、词汇等），又能测试语言技能（如阅读理解、听力理解）。不足之处在于：无法测试语言能力的运用，普遍存在考生猜测答案的现象，命题工作耗时费力，对命题人员的业务素质要求高，其效度有待考证。

（2）判断正误题。该题型一般由一个句子组成。该句子可以表述一个事实，也可以表明一个观点。正误判断题侧重考查学生的判断能力，常用于阅读理解、听力理解测试。正误判断题具有以下特点：命题难度不大，评分客观，信度较高，题目覆盖面广。不足之处在于：一道题目只能包括一个考点；由于只有两个答案，因此猜测答案的概率高。

（3）匹配题。该题型以用来考核词汇知识、语法知识、对概念的理解、事实和观点之间的关联等。匹配题一般有两大部分组成：匹配栏与被匹配栏。匹配题不仅可以考查学生的知识、实际能力和理解能力，还能考查学生简单的语言运用能力。不足之处在于：不适于测量学生的综合语言运用能力。

（4）补全句子题。该题型一般有一个或多个句子组成，其中个别词和句子被删去，学生按照要求填入恰当的词或句子以补全意义。补全句子题的特点是：编写题目较容易，考试目的明确，既能测试语言知识，又能测试语言运用能力。问题是可能存在多个答案，给评分造成困难。

（5）完型填空题。该题型分为有提示、无提示、多项选择、混合选择等类型。完型填空的特点是：可以同时测试一种以上的语言知识或技能；题型变化多，因此命题具有灵活性，不仅能测试语言知识，还能测试语言的简单运用。不宜删除材料中第一句中的单词和词组，应保留第一句的完整性，这有助于学生理解短文的大意。

（6）信息转换题。该题型将文字内容转换成图表或将图表转换成文字，常用于阅读口语听力和写作考试中。信息转换题的特点是强调语言的运用，要求学生同时运用一种以上的语言技能，与现实语言运用环境关联度大，具有较高的真实性。不足之处是：考生的一种技能水平影响其他技能水平的发挥。

（7）问答题：通过学生的简短回答来测试学生在某一方面的能力或技能，是测试阅读和听力的一种有效形式。解答题的特点是：直接考查学生的能力，不存在猜题的可能性，强调语言的产出技能，可以满足不同层次测试的要求，如测试学生对阅读或听力材料细节的理解、对阅读或听力材料主旨的理解、对阅读或听力材料隐含意义的理解。简答题命题注意事项：提示部分要说明答题要求，如使用完整句还是非完整句、字数的限制等。

(8)论述题。该题型要求学生根据考试要求详细表达自己的观点和见解，答题要求具有逻辑性、合理性、完整性和流畅性。论述题常用于测试写作能力和高层次阅读理解。论述题的特点是：直接测试学生的能力，具有较高的信度和真实性，强调学生的思维能力和语言运用能力。论述题的不足之处是：没有标准答案，评分难度大，因而影响考试的信度；需要人工阅卷，比较耗时费力。

(四)试卷设计与编写

1. 考试项目复查

试卷编写之后，由本人或他人再复审一遍，可以从以下几个方面检查试卷的质量：试卷是否有效测试了学生的某一个语言行为；测试不同语言行为和能力是否采用了相应的题型；考试要求是否陈述清楚；考试项目难度是否适中，题数是否适量；试题覆盖面是否具有内容效度，是否在教学大纲的框架范围之内。

2. 考试项目排序

考试项目排序一般，采用下列原则：第一，将测量同一类语言行为或能力的项目编排在一起，这样有助于教师根据考试结果找出学生的学习问题。第二，将形式相同的项目集中在一起，如将所有的选择题集中在一起，所有的问答题集中在一起，因为学生做同一类题目只要运用一种回答方法即可。在大规模考试中客观题往往由机器阅卷，主观题由人工阅卷，将试题按主、客观试题编排也有利于评卷。第三，根据从易到难的原则编排试题。考卷开始部分的试题容易些，然后逐步加大难度，难度大的题项放在最后。这样的编排方式能减少学生的考试焦虑，增强他们的答题信心。第四，按所测量的不同技能排序。如果一份试卷测试多项技能，一般按照听、读、写的顺序来编排题项，即测试听力理解的项目放在最前面，测试阅读理解的项目放在中间，测试写作能力的项目放在最后，测试语法或词汇的项目放在阅读理解之前或之后。

五、语言技能测试

语言技能测试主要有听力测试、口语测试、阅读测试、写作测试和翻译测试。

(一)听力测试

听力是一个涉及语音辨识和理解、知识激活、提取、推理等重要环节的复杂心理过程，可以说听力是英语学习中最为薄弱的环节之一。一般来讲，听力理解分为三个不同的层次：单词辨析、句子理解和语篇理解。单词辨析和句子理解在中小学英语测试中比较多见，随着学习者语言水平的发展，测试中较多使用语篇。在大学英语学习阶段，语篇理解是重点和难点，包括新闻、演讲、对话理解等。

听力测试的形式很多：离散项目测试、综合测试、交际测试、面试、自我评估、学习档案评价(Rost，2005：172-173)。①离散项目测试要求考生在听完语篇之后完成多项选择题或问答题。这种问答题根据答题的正确性和完整性来评分，比如故事发生的时间地点、主要人物及其关系等。这些问答题的主观性并不强。②综合测试要求考生在听完语篇之后进行总结。总结分为三种形式：开放性总结主要考查语言表达的准确性和内容的完整性；封闭性总结要求考生根据内容填空，类似完型填空；听写可能是听写全部语篇，跟英语专业四级考试一样，也可能是填词听写。③交际测试分为两类：一种是要求考生在听完语篇之后完成一个书面的交际任务，比如听力材料给考生呈现了一个问题，要求考生理解并写出书面建议；另一种是要求考生在听完听力材料之后进行口头答题或者直接通过非言语行为完成指定的任务。④面试要求考生与考官进行面对面的交流，考官根据考生语言的准确性、流利度、得体性等语言不同特征的表现进行判分。⑤自我评估要求根据给定的标准或问卷进行自评，或者根据自学日志对自己的听力表现进行评估。⑥学习档案评价是教师为考生建立听力学习的档案，观察考生在听力课堂上完成各项学习任务的表现，对考生进行一个比较全面的，但也有一定主观性的评价。

目前在听力测试中，前两种测试中的四种题型最为常见：多项选择题、总结性填词、听写和问答题。这些测试题型比较容易操作，易于实施和判分。当然，每种题型都有各自的评分细则。

(二)口语测试

口语是一个动态的双向交流过程，涉及语音的产生、传递和感知与理解的过程。口语具有直接性、随时性、双向性、反馈性、情感性、主观性(李新博，2000)。虽然书面语语法是日常交际的基础，但对书面语法的系统掌握不能保证交际的成功，因为口语涉及语用规则和社会规约，以及在现实的交际过程中产生的人际关系(Houghes & McCarthy，1998)。英语口语对多数英语学习者来说还是一个难题。考生不仅要有掌握目的语的语音、词汇和语法，更要懂得交际规则，具有社会文化意识，得体、准确和流利地进行语言交际。口语交际受到很多因素的影响，比如考生的身体状况、情感心理以及社会文化因素，所以口试的表现可能不完全反映考生的语言水平。同时，口试不应该是一个离散的语言技能，不能分解成诸如词汇和语法一样的离散项目进行测试，要求考生将语音、词汇、语法进行有机的组合，表情达意，实现交际目的。

口语测试大致可以分为以下三大类：直接型口试、间接型口试和半直接型考口试(张庆宗，2010)。

(1)直接型口试是在一个接近真实的语境中考查学生的语言使用和表达能力，可以是一个考生面对一个或两个考官，也可以是两个考生或多个考生同时参加测试，考官当场评定考生的成绩。首先，直接型口试具有较高的效度。然而，由于直接型口试瞬间性较强，因此增加了评分的难度。其次，直接型口试需要培训大量考官，并且逐个测试考生耗时费力。再次，人工评分结果主观性较强，从而影响测试的信度。最后，考官的语言水平和情绪影响考生语言水平的发挥。直接型口试主要有面试型口试、小组讨论、对话、简短谈话、看图说话、复述、朗读等形式。其中面试是最常用和最真实的口语形式，是一种自然语境中测试口语整体能力的有效手段。

(2)间接性考试主要是以纸笔方式进行的口语考试，最常见的是使用多项选择题形式测试学生的语音、语调、重音、口语交际等知识，由此间接地、片面地推断出学生的口语能力。该类考试的评分稳定性较高，但缺乏效度，不能真实地反映学生的口语能力。

(3)半直接型口试，即录音口试，是将统一的具有真实性的考题事先录制在磁带上，让考生按照要求，有针对性地对录制的考题进行口头操作(或提问和回答，或个人独白、对话和讨论)，考生所有的口语活动均被录在磁带上。测试时不需要考官和考生面对面的交流，一个考官可以同时测试大批考生，节省人力物力；考生的语言口语水平的发挥不受考官的语言水平和情绪的影响，相同的考题使测试的信度得到保证。该类口试可以增强评分的客观性，降低费用，能较好地保证考试的质量，适合于大规模的口语考试。

口试测试的评分标准可以分为两类：分析评分法和整体评分法。分析评分法是将考试表现分解为若干个考查点，如语音语调、词汇、语法、流利程度、准确性、内容的相关性等，不同的考查点有不同的分值，可作不同的加权处理，各考点的得分总和为口试的总分。整体评分法是由评分员凭总体印象打分，其优点是能从总体上把握考生的考试表现，评分的速度比较快，而分析评分由于注意口试表现的各组成部分，评分速度稍慢一些，但评分更为客观、准确一些。

(三)阅读测试

英语阅读是一个理解语言和信息的心理过程。阅读测试主要考察考生对语篇中的词汇、短语、语法、结构、篇章、语用、修辞等语言知识的理解，以及基于阅读材料的理解能力、逻辑分析能力、归纳推理能力、预测能力以及批判思维能力。

阅读测试主要有三种形式：多项选择题、正误判断题和简答题(张庆宗，2010)。

(1)多项选择题要求在阅读相关材料后在多个选项中选择某一正确答案来表达对于某一阅读部分的正确理解，这是目前各类阅读测试中最为常见的题型。在考试中采用多项选择题有以下优点：无论是机器阅卷，还是人工阅卷，评分既简单、可靠，又客观、公正、信度高；在大型考试中采用多项选择题，机器阅卷可以缩短整个阅卷的过程，从而降低考试成本。但多项选择题也存在着不足：比如考生可以猜测答案，因此仅仅根据得分很难判断考生的真实水平；选项很难编写，尤其是干扰项的编写；易于作弊。

(2)正误判断题要求考生基于阅读材料的内容判断正误。它的优点是易于编写，缺点是学生的猜测率较高。

(3)简答题的答案具有开放性，评分具有主观性。某些测试会限制考生的答题字数，有的则没有任何限制。简答题的优点在于：命题方法简单，提问范围广，考生无从猜测，答案能够较真实地反映考生的阅读水平和能力。不足之处在于：学生的回答，受其表达能力的影响，有的学生能理解文章的内容，但表达能力有限，无法将自己对文章的理解用文字表述出来。

(四)写作测试

写作首先是篇章创作的过程，是作者表达自我的过程，是作者与读者之间的互动过程(Hyland，2005)，因而写作必须是有意义的探究过程，是表达个人情感、观点和意愿的过程。我们通常布置给学生的命题和自由作文均不是学生表达自我的方式，而是学习任务。最有意义的写作是源于生活的创作活动，反映生活、表达生活。总而言之，英语写作是一个学习过程、用英语表达的过程、一个积极的思维过程。

写作测试一般采用主观题，通过命题作文或自由作文的形式，要求学生记述事件、描写事物、阐述观点、发表评论等，评分具有主观性。写作测试的评分标准通常可分为两类：整体评分法和分析评分法。整体评分法(holistic scoring)是指阅卷人根据对考生作文的总体印象打分，这个总体印象将考生作文对应于某一个档次，每一个档次都有明确的内容、语言、组织等方面的特征。

分析评分法(analytic scoring)是将作文的特征分解为具体的成分，如观点的透彻性、语义的连贯性、语法的正确性、结构的合理性等，阅卷人对考生作文的每个层面进行评分，各个层面的分数总和即总分。比如语言能力可以从语言使用的准确性、流利性和复杂度来进行测量(刘春燕，2009)：

流利度：以作文中的总词数作为流利度指标，即词数越多，作文越流利。

准确度：以每 t 单位的错误数作为准确度指标，即错误数越高，其语言的准确度越差。“t 单位”指限定性分句及其从句。

复杂度：以每 t 单位的词数为复杂度指标，即每 t 单位的词数越多，其语言的复杂度越高。该指标反映了组词成句的能力。

(五)翻译测试

翻译涉及两种或多种语言、文化和思维方式的转换，是一个极其复杂的认知过程。翻译能力由五种次能力构成，分别是双语能力、语言外能力、翻译知识能力、工具能力和策略能力（PACTE，2003)。翻译测试的目的就是测试考生的翻译能力，如何在命题时设法把翻译能力分解成可以评估的因素，或使翻译能力通过翻译实践体现出来(王鸣妹，2017)。

现行的翻译测试方法可以按照评分方式分为客观题和主观题：客观题指正误判断、填空、多项选择等，其评分不受评分员主观因素干扰；主观题指段落翻译或篇章翻译等文本翻译，其评分往往取决于阅卷者的主观判断。客观题一般有确定答案，无需评分员主观判断，评分结果比较客观准确；主观题需要评分员根据评分标准和评分方法作出判断，难免个人主观因素的干扰（宁静，2018)。就考查考生的翻译能力而言，客观题如判断正误、填空和多项选择不能准确地测量考生的翻译能力，这类题型侧重考生的理解能力；主观题是语篇翻译，考查了考生的双语知识、认识能力、翻译策略等多方面的能力，更能如实地反映考生的翻译能力，这对阅卷教师提出了更高的要求。

翻译的评分可以参考作文评分(刘润清，1991：86-87)。但写作的评分方法仍然处于探索阶段，其中几种流行的评定方法为(刘润清，1991：239-241)：

(1)机械法(mechanical method)，又被称为计算错误法(error-count method)。数出文章中的错误，按错误数目扣分。这种方法毛病很多，错误性质不同，严重程度不同，扣同样的分数是不合理的。这种方法的致命弱点是：它只注意文章的缺点，忽视了最根本的东西——思想表达。

(2)印象法(impression method)。凭阅卷者的个人印象给等级分。

(3)分析法(analytic method)。把一篇作文分成若干项目，按照事先集体规定的评分标准，对每项分别评分，最后统计总分，给等级或百分。

第二节　语言学习评价

评价(assessment)是对学习者的接受能力、学习效果或对一门课程的教学质量、效果等所做的衡量，可以通过测试、观察 、问卷、面谈等方法方法进行(梅德明，2017：350)。语言学习评估是语言教学中不可或缺的环节，可以用来检测语言学习目标是否达成，洞悉存在的问题，以便教师调整课程教学内容与方法，改善课程教学的有效性，同时可以激发学生更强的学习动机，从而更好地学习该课程。语言课堂中评估手段有很多：单元测试、单词听写、语篇听写、写作、期中和期末考试、演讲等。语言学习评估中，如何使用这些评估手段来评价学习者的学习效果，是一次性检测还是连续性考查，是侧重一个方面还是多个方面的综合考评？这是我们在语言学习评估过程中需要考虑的问题。总的来说，有两种语言学习评估：终结性评价和形成性评价。终结性评价是指某课程学习活动结束时，对学习结果进行的评价；形成性评价与之相对，注重学生在课程学习过程中的表现，包括认知、情感和态度，不以知识的掌握情况为唯一评价的标准。终结性评价和形成性评价同等重要：形成性评价包含总结性评价；形成性评价对总结性评价做出解释，阐明评价目标实现的程度以及下一步还需要做什么(Taras，2005：470)。

一、终结性评价

终结性评价(summative assessment)是指某课程单元或章节结束，在学期期中或期末对学生对该课程的掌握情况进行测验，分析学生的考试结果，来考查学生是否掌握了该课程的基本知识和技能，是否达到了该课程要求达到的目标。终结性评价把考试成绩作为衡量学生英语学习水平高低的唯一标准，其结果是要将学生的成绩计入成绩报告单，作为某种资格的认定或升级、留级的根据。总结性评价的对象是综合性的，它既可以包括对学生综合素质和学习能力的评价，又可以包括对其学习成绩的评定；总结性评价关注的是鉴定、甄别功能(张庆宗，2010)。

终结性评价的优点在于：①实用性，容易实施。比如我国的高考和研究生考试，根据考生的考试成绩来录取。②客观性，易于接受。考生使用的是同一份试卷，比较公平客观，根据考试分数来决定考生的前途。③激励性，增强动机。终结性评估是某一测试变得异常重要，考试压力变为动力，考生具有强烈的学习动机。

但终结性评估强调的是终点，即学习结果，忽略了学习过程中学生的成长和进步，因而其缺点也是显而易见的。①静态性。学习是一个不断发展变化的过程，而且每个人的成长过程不尽相同，每个学生都有自己的最近发展区，终结性评价不能反映学习的动态发展的本质，不能反映学生的个体差异。②高压性。当然，终结性评价给学生造成极大的压力，虽然压力可以变为动力，但也给考生造成了考试焦虑症，不利于考生水平的正常发挥。③片面性。终结性评价不能全面反映考生的语言水平。首先，考生由于过度焦虑，考试成绩可能远远低于学生实际的语言水平。其次，考试内容不能涵盖所有知识和技能，而每个学生都有各自擅长的知识和技能，如果二者不相匹配，就会造成考试成绩低于预期。④单向性。终结性评价通常以成绩单的形式呈现考试结果，几乎没有反馈，即师生没有进行双向交流。

二、形成性评价

形成性评价(formative assessment)是学生在语言学习过程中完成的任何学习任务，比如开放性问答题、作文、陈述等，教师根据学生的表现提供反馈，帮助学生反思和总结，进一步提高学习成绩或为进一步学习做好准备，主要形式有：随堂提问(classroom questioning)、点评式打分(comment-only marking)、同伴及自我评价(peer-and self-assessment)、学习档案评价(portfolio assessment)、课堂观察(classroom observation)等。形成性评价的目的在于：①检验教学效果，发现在教学中存在的问题，有助于教师调整教学计划，改进教学方法，调整教学进度；②适时了解学生的学习情况，经常性地快速提供反馈信息，使学生清楚自己的优势和薄弱环节，及时调整学习策略，调控学习过程，提高学习效果。

形成性评价的优势表现在：①动态性。形成性评价关注语言学习的过程，记录学生学习的变化发展。取消"一考定终生"，记载学生学习过程中任务完成情况，考量学生的进步。比如写作学习过程中，可以给学生建立一个学习评价档案，将学生的作文从第一篇到最后一篇集中起来，而且每一篇作文从初稿到定稿也一一保存，可以看出学生从初稿到定稿的变化，从学期初到学期末的发展。这种动态的评价方法遵循事物变化发展的规律。②激励性。形成性评价让学生看到自己的进步，体验成功的喜悦，从而增强了自我效能感和学习动机；同时，学生的考试压力会相对减少，考试焦虑症相对缓和，有利于学生在学习中保持良好的心态。③个性化。形成性评价尊重学生的个体差异，学生看到自己不同任务、不同阶段的变化发展。学生是有着不同认知、情感、生理和社会文化特征的个体，形成性评价以人为本，是实现个体性评价的表现手段。④全面性。形成性评价考量学生在多个学习任务中的表现、在不同学习阶段的成绩，可以比较全面地评价一个学生的学习状况。⑤双向性。形成性评价中教师对学生的任务完成情况适时进行反馈。反馈是对学生任务完成作出的评价，分为积极反馈和消极反馈。积极反馈是对学生在任务中表现的肯定和褒扬；消极反馈分为隐形和显性，目的在于指出学生表现的不足。反馈可以让学生意识到已经取得的成绩和存在的问题，及时调整自己的策略和方法，提高学习效果。在一项评价活动中，如果老师和学生都可以从中得到对自身或同伴进行评价的反馈信息，并据此调整其参与的教学或学习活动，则评价活动就能有助于学习。当评价活动获得的证据确实被用于调整教学方法、满足学习需要时，这样的评价活动即"形成性评价"(Black et al., 2002)。

当然形成性评价在实施过程中也会遇到一些问题：①耗时性。教师需要花费大量的时间和精力对每一位学生的诸多学习任务表现进行记载和反馈，这种理想的个体化的评价在大班教学中难以实施。②主观性。因为是针对学生个体的评价，关注该学生不同阶段的发展变化。由于没有将学生个体与个体之间进行比较，这种评价不是基于同一标准的比较，难免具有一定的主观性。

参考文献

Alexander, P. A. The Development of Expertise: The Journey from Acclimation to Proficiency [J]. *Educational Researcher*, 2003, 32:10-14.

Anderson, J. R. *Language, Memory and Thought* [M]. Mahwah, NJ: Lawrence Erlbaum Associates, 1976.

Arnold, J. *Affect in Language Learning* [M]. Cambridge: Cambridge University Press, 1999.

Asher, J. *Learning another Language through Actions* (6th ed.) [M]. Los Gatos: Sky Oaks Productions, 2000.

Ausubel, D. P. *Educational Psychology: A Cognitive View* [M]. New York: Holt, Rinehart & Winston, 1968.

Bachman, L. & Palmer, A. *Language Testing in Practice: Designing and Developing Useful Language Tests* [M]. Oxford: Oxford University Press, 1996.

Bachman, L. *Fundamental Consideration in Language Testing* [M]. Oxford: Oxford University Press, 1990.

Bacon, S. The relationship between gender, comprehension, processing strategies, and cognitive and affective response in foreign language listening [J]. *Modern Language Journal*, 1992, 76: 160-178.

Bailey, K. M. Competitiveness and anxiety in adult second language learning: Looking at and through the diary studies [A]. In H. W. Seliger & M. H. Long (Eds.). *Classroom Oriented Research in Second Language Acquisition* [C]. Rowley, London: Newbury House, 1983: 67-103.

Bandura, A. *Social Learning Theory* [M]. Englewood Cliffs, NJ: Prentice-Hall, 1977.

Bergeron, B. S. What does the term Whole Language mean? [J]. *Journal of Reading Behavior*, 1990, 22(4): 6-7.

Berliner, D. C. Expertise: The wonders of exemplary performance [A]. In J. N. Mangieri & C. C. Block (Eds.). *Creating Powerful Thinking in Teachers and Students* [C]. Fort Worth, TX: Holt, Rinehart & Winston, 1994: 161-186.

Berliner, D. C. *The Development of Expertise in Pedagogy* [C]. Paper presented at the Annual Meeting of the American Association of Colleges for Teacher Education. New Orleans, LA, 1988.

Bialystok, E. A theoretical model of second language learning [J]. *Language Learning*, 1978, 28: 69-84.

Bialystok, E. Achieving proficiency in a second language: a processing description[A]. In R. Phillipson, E. Kellerman, L. Selinker, M. Sharwood-Smith & M. Swain (Eds.). *Foreign/Second Language Pedagogy Research*[C]. Clevedon: Multilingual Matters, 1991: 63-67.

Bialystok, E. The role of conscious strategies in second language proficiency [J]. *Modern Language Journal*, 1981, 65: 24-35.

Biber, D., Johansson, S., Leech, G., Conrad, S., & Finegan, E. *The Longman Grammar of Spoken and Written English*[M]. Harlow: Longman, 1999.

Bickerton, D. Creole language [A]. In WSY Wang (Ed.). *The Emergence of Language: Development and Evolution*[C]. New York: Freeman, 1983:59-69.

Bickerton, D. How to acquire language without positive evidence: What acquisitionists can learn from Creoles? [A]. In M. Degraff (Ed.). *Language Creation, and Language Change: Creolization, Diachrony, and Development*[C]. Cambridge, MA: MIT Press, 1999: 49-74.

Bickerton, D. *Roots of Language*[M]. Ann Arbor, MI: Karoma, 1981.

Bickerton, D. The language bioprogram hypothesis[J]. *Behavioral and Brain Sciences*, 1984, (7): 173-221.

Bills, R. E., Vance, E. L., & McLean, O. S. An index of adjustment and values[J]. *Journal of Consulting Psychology*, 1951, 15: 257-261.

Black, P., Harrison, C., Lee, C., Marshall, B., & Wiliam, D. *Working inside the Black Box: Assessment for Learning in the Classroom*[M]. GL Assessment: London, 2002.

Bloomfield, L. *Language*[M]. Beijing: Foreign Language Teaching and Research Press, 2001.

Bogaards, P. Testing L2 vocabulary knowledge at a high level: The case of the Euralex French tests[J]. *Applied Linguistics*, 2000(4): 490-516.

Borkowski, J. G., Weying, R. S., & Carr, M. Effects of attribution retraining on strategy-based reading comprehension in learning-disabled students[J]. *Journal of Educational Psychology*, 1988, 80: 46-53.

Branden, N. *The Six Pillars of Self-esteem*[M]. New York: Bantam Books, 1994.

Brown, H. D. *Principles of Language Learning and Teaching*[M]. Beijing: Foreign Language Teaching and Research Press, 2001.

Brown, H. D. *Principles of Language Learning and Teaching* [M]. New York: Pearson Education, 2007.

Brown, H. D. The optimal distance model of second language acquisition[J]. *TESOL Quarterly*, 1980, 14: 157-164.

Brown, J. D. *Testing in Language Programs: A Comprehensive Guide to English Language Assessment*[M]. New York: McGraw-Hill Companies, 2005.

Brown, J. D. *The Elements of Language Curriculum: A Systematic Approach to Program Development*[M]. Boston: Heinle & Heinle Publishers, 1995.

Budner, S. Intolerance of ambiguity as a personality variable[J]. *Journal of Personality*, 1962, 30: 29-50.

Buhs, E. S. Peer rejection, negative peer treatment, and school adjustment: Self concept and classroom engagement as mediating processes[J]. *Journal of School Psychology*, 2005, 43: 407-424.

Byrne, B. M. The general/academic self-concept nomological network: A review of construct validation research[J]. *Review of Educational Research*, 1984, 54: 427-456.

Calhoon, S. & Becker, A. How Students Use the Course Syllabus[J]. *International Journal for the Scholarship of Teaching and Learning*, 2008, 2(1): Article 6.

Canale, M. & Swain, M. Theoretical bases of communicative approaches to second language teaching and testing[J]. *Applied Linguistics*, 1980(1):1-47.

Canale, M. From communicative competence to communicative language pedagogy[A]. In J. Richards & R. Schmidt (Eds.). *Language and Communication*[C]. London: Longman, 1983: 2-14.

Candlin, C. N. Syllabus design as a critical process[C]. *ELT Documents*. London: Pergamon & The British Council, 1984, 118: 29-46.

Carroll, J. B. & Sapon, S. M. *Modern Language Aptitude Test — Form A*[M]. New York: The Psychological Corporation, 1959.

Carroll, J. B. Cognitive abilities in foreign language aptitude: then and now[A]. In T. Parry & C. Stansfield (Eds.). *Language Aptitude Reconsidered*[C]. Englewood Cliffs, NJ: Prentice-Hall, 1990: 1-29.

Carroll, J. B. Implications of aptitude test research and psycholinguistic theory for foreign language teaching[J]. *International Journal of Psycholinguistics*, 1973(2): 5-14.

Carroll, J. B. *Language and Thought*[M]. Englewood Cliffs, NJ: Prentice-Hall, 1964.

Carroll. J. B. Twenty-five years of research on foreign language aptitude[A]. In K. C. Diller (Ed.). *Individual Differences and Universals in Language Learning Aptitude*[C]. Rowley, MA: Newbury House, 1981: 83-117.

Carter, R. The grammar of talk: spoken English, grammar and the classroom [C]. *New Perspectives on Spoken English in the Classroom: Discussion Papers*. London: Qualifications and Curriculum Authority, 2003.

Celce-Murcia, M., Dornyei, Z., & Thurrell, S. Communicative competence: A pedagogically motivated model with content specifications[J]. *Issues in Applied Linguistics*, 1995, (2): 5-35.

Chamot, A. Language learning strategy instruction: Current issues and research[J]. *Annual Review of Applied Linguistics*, 2005, 25: 112-130.

Chapelle, C. & Roberts, C. Ambiguity tolerance and field independence as predictors of proficiency in English as a second language[J]. *Language Learning*, 1986, 36: 27-45.

Chomsky, N. *Aspects of the Theory of Syntax*[M]. Cambridge, Massachusetts: MIT Press, 1965.

Chomsky, N. *Syntactic Structure*[M]. The Hague: Mouton, 1957.

Clahsen, H. & Muysken, P. The UG paradox in L2 acquisition[J]. *Second Language Research*,

1989, 5(1): 1-29.

Clement, R., Dörnyei, Z., & Nods, K. Motivation, self-confidence, and group cohesion in the foreign language classroom[J].*Language Learning*, 1994, 44: 417-448.

Clement, R., Gardener, C., & Smythe, P. C.Social and individual factors in second language acquisition[J]. *Canadian Journal of Behavioral Science*, 1980, 12: 293-302.

Cohen, A. D.*Strategies in Learning and Using a Second Language*[M]. London: Longman, 1998.

Connell, J. P., Spencer, M. B., & Aber, J. L. Educational risk and resilience in African-American youth: Context, self, action, and outcomes in school[J]. *Child Development*, 1994, 65: 493-506.

Cook, G.*Applied Linguistics*[M]. Oxford: Oxford University Press, 2003.

Coopersmith, S.*The Antecedents of Self-esteem*[M]. San Francisco, CA: W. H. Freeman, 1967.

Coperias, M. J. Intercultural communicative competence in the context of the European higher education area[J].*Language and Intercultural Communication*, 2009, 9(4): 242-255.

Corder, S. P. Describing the language learner's language[R].*CILT Reports and Papers*, 1971, No.6, CILT.

Corder, S. P. The significance of learners' errors[J].*International Review of Applied Linguistics*, 1967,(5): 161-169.

Council of Europe (CoE).*Common European Framework of Reference for Languages: Learning, Teaching, Assessment (CEFR)*[M]. Strasbourg: Council of Europe/Cambridge: Cambridge University Press, 2001.

Covington, M. V.*Making the Grade: A Self-worth Perspective on Motivation and School Reform*[M]. New York: Cambridge University Press, 1992.

Curran, C. A.*Counseling-Learning: A Whole-Person Model for Education*[M]. New York: Grune and Stratton, 1972.

Curtiss, S. *Genie: A psycholinguisitic study of a modern-day "wild child."*[M]. New York: Academic Press, 1977.

Dansereau, D. F. Learning strategy research[A]. In Segal, J. W. et al. (Eds.).*Thinking and Learning Skills: Relating Learning to Basic Research*[C]. New Jersey: Lawrence Erlbaum Associates, 1985: 218-224.

Davies, A. *An introduction to applied linguistics: from practice to theory*[M]. Edinburgh: Edinburgh, 2007.

Davies, A. et al. (Eds.). *Dictionary of Language Testing*[M]. Beijing: Foreign Language Teaching and Research Press, 2002.

Deardorff, D. K. Identification and assessment of intercultural competence as a student outcome of internationalization[J].*Journal of Studies in International Education*, 2006, (10): 241-266.

Dewey, J.*Experience and Education*[M]. New York: Collier Books,1938/1963.

Donato, R & McCormick, D. A sociocultural perspective on language learning strategies: The role of mediation[J].*The Modern Language Journal*, 1994, 78: 453-464.

Dörnyei, Z. & Skehan, P. Individual differences in L2 learning[A]. In C. Doughty & M. Long (Eds.) . *The Handbook of Second Language Acquisition* [C]. Malden, MA: Blackwell publishing, 2003: 589-630.

Dörnyei, Z.*Research Methods in Applied Linguistics*[M]. Oxford: Oxford University Press, 2007.

Dubin, F. & Olshtain, E.*Course Design*[M].Cambridge: Cambridge University Press, 1986.

Dulay, H., Burt, M., & Krashen, S. *Language Two* [M]. New York: Oxford University Press,1982.

Eggins, S.*An introduction to systematic functional linguistics* (2nd ed.)[M]. London: Continuum International Publishing Group, 2004.

Ehrman, M. & Oxford, R. Cognition plus: Correlates of language proficiency[J]. *Modern Language Journal*, 1995, 79: 67-89.

Ehrman, M. Ego boundaries and tolerance of ambiguity in second language learning[A]. In J. Arnold (Ed.).*Affect in Language Learning*[C]. Cambridge: Cambridge University Press, 1999: 68-86.

Ehrman, M. The Modern Language Aptitude Test for predicting learning success and advising students[J].*Applied Language Learning*, 1998, (9): 31-70.

Ellis, R.*Classroom Second Language Development*[M]. Oxford: Pergamon, 1984.

Ellis, R. Modelling learning difficulty and second language proficiency: The differential contributions of implicit and explicit knowledge[J].*Applied Linguistics*, 2006, 27(3): 431-463.

Ellis, R.*Task-based Language Learning and Teaching*[M]. Shanghai: Shanghai Foreign Language Education Press,2013.

Ellis, R.*The Study of Second Language Acquisition*[M]. Shanghai: Shanghai Foreign Language Education Press, 1994.

Ellis, R. *Understanding Second Language Acquisition* [M]. Oxford: Oxford University Press, 1985.

Ely, C. M. An analysis of discomfort, risktaking, sociability and motivation in the L2 classroom [J].*Language Learning*, 1986, 36: 238-244.

Ely, C. M. Tolerance of ambiguity and the teaching of ESL[A]. In J. M. Reid (Ed.).*Learning Styles in the ESL/EFL Classroom*[C]. Brooks: Cole Publishing Company, 1995: 87-95.

Eubank, L. Negation in early German-English interlanguage: More value less features in the L2 initial state[J].*Second Language Research*, 1996, 12(1): 73- 106.

Fessler, R. A model for teacher professional growth and development[A]. In P. J. Burke & R. G. Heideman (Eds.).*Career-Long Teacher Education*[C]. Springfield, IL: Charles C. Thomas, 1985: 181-193.

Flynn, S. A parameter-setting approach to second language acquisition[A]. In W. C. Ritchie & T. K. Bhatia (Eds.). *Handbook of Second Language Acquisition* [C]. San Diego, CA: Academic Press, 1996: 121-158.

Fries, C. C. *Teaching and Learning English as a Foreign Language* [M]. Ann Arbor, MI: University of Michigan Press, 1945.

Fuchs, C. Exploring German pre-service teachers' electronic and professional literacy skills [J]. *ReCALL*, 2006(2): 174-192.

Fullan, M. & Hargreaves, A. Teacher development and educational change [A]. In M. Fullan & A. Hargreaves (Eds.). *Teacher Development and Educational Change* [C]. London: Falmer, 1992: 8-9.

Fuller, F. & Bown, O. Becoming a teacher. In K. Ryan (Ed.). *Teacher Education* [M]. Chicago: University of Chicago Press, 1975: 25-52.

Gagné, R. M. *The Conditions of Learning* (4th ed.) [M]. New York: Holt, Rinehart and Winston, 1985.

Gardner, R. C. & W. E. Lambert. *Attitudes and Motivation in Second Language Learning* [M]. Rowley, MA: Newbury House, 1972.

Gardner, R. C. *Social Psychology and Second Language Learning: The Role of Attitudes and Motivation* [M]. London: Edward Arnold, 1985.

Gardner, R. C., Lalonde, R. N., & Pierson, R. The socio-educational model of second-language acquisition: An investigation using LISREL causal model [J]. *Journal of Language and Social Psychology*, 1983(2): 1-14.

Gardner, R. C., Smythe, P. C., & Clement, R. Intensive second language study in a bilingual milieu: An investigation of attitudes, motivation and language proficiency [J]. *Language Learning*, 1979, 29: 305-320.

Gass, S. M. & Selinker, L. *Second Language Acquisition: An Introductory Course* [M]. NJ: Lawrence Erlbaum, 2001.

Gass, S. M. & Varonis, E. M. Input, interaction and second language production [C]. *SSLA*, 1994, 16: 283-302.

Gass, S. M. Input and interaction [A]. In C. J. Doughty & M. H. Long (Eds.). *The Handbook of Second Language Acquisition* [C]. Malden, MA: Blackwell, 2003: 224-255.

Gattegno, C. *Teaching Foreign Language in Schools: The Silent Way* (2nd ed.) [M]. New York: Educational Solutions, 1972.

Gerot, L. & Wignell, P. *Making Sense of Functional Grammar* [M]. Cammeray, NSW: Antipodean Educational Enterprises, 1994.

Glaser, R. Expertise [A]. In M. W. Eysenck, A. Ellis & E. Hunt (Eds.). *The Blackwell Dictionary of Cognitive Psychology* [C]. Oxford, England: Basil Blackwell, 1990.

Goh, C. C. M. Strategic processing and metacognition in second language listening [J]. *RELC Journal*, 1998, 29: 173-175.

Goh, C. C. M. *Teaching Listening in the Language Classroom* [C]. Singapore: SEAMEO Regional Language Centre, 2002.

Goh, C. C. M. *Teaching Speaking in the Language Classroom* [C]. SEAMEO Regional Language

Centre, 2007.

Goh, C.M. Metacognitive awareness and second language listeners[J]. *ELT Journal*, 1997, 51(4): 361-369.

Goodman, K. Reading: A psycholinguistic guessing game[A]. In H. Singer & R. Ruddle (Eds.). *Theoretical Models and Processes of Reading*[C]. Newark, DE: International Reading Association, 1970: 259-271.

Goullier, F. *Tools for Language Teaching: Common European Framework and Portfolio*[C]. Strasbourg: Council of Europe, 2008.

Grabe, W. Applied Linguistics: An Emerging Discipline in the Twenty-first Century[A]. In R.B. Kaplan (Ed.). *The Oxford Handbook of Applied Linguistics*[C]. Oxford: Oxford University Press, 2002.

Greenfield, P. M. & Smith, J. H. *The Structure of Communication in Early Language Development*[M]. New York: Academic Press, 1976.

Greenwald, A. G. & Farnham, S. D. Using the implicit association test to measure self-esteem and self-concept[J]. *Journal of Personality and Social Psychology*, 2000, 79: 1022-1038.

Guilford, J. P. The Structure of Intellect[J]. *Psychological Bulletin*, 1956, 53: 267-293.

Habanek, D. V. An Examination of the Integrity of the Syllabus[J]. *College Teaching*, 2005, 53(2): 62-64.

Halliday, M. A. K. *Learning how to mean: explorations in the development of language*[M]. London: Edward Arnold, 1975.

Halliday, M. A. K., A. McIntosh & P. Strevens. *The Linguistic Sciences and Language Teaching*[M]. London: Longman, 1964.

Halliday, M. A. K. *An Introduction to Functional Grammar*[M]. Beijing: Foreign Language Teaching and Research Press, 2008.

Hamilton, J. O. Motivation and risk-taking behavior: A test of Atkinson's theory[J]. *Journal of Personality and Social Psychology*, 1974, 29: 856-864.

Hansen, J. & Stanfield, C. The relationship of field dependent-independent cognitive styles to foreign language achievement[J]. *Language Learning*, 1981, 31: 349-367.

Hansen, J. Field dependence-independence and language testing: Evidence from six Pacific island cultures[J]. *TESOL Quarterly*, 1984, 18: 311-324.

Hargreaves, A. The emotional practice of teaching[J]. *Teaching and Teacher Education*, 1988, 14: 835-854.

Harmer, J. *The Practice of English Language Teaching*[M]. London: Longman, 1983.

Harter, S. Competence as a dimension of self-evaluation: Toward a comprehensive model of self worth[A]. In R. L. Leahy (Ed.). *The Development of the Self*[C]. New York: Academic Press, 1985: 55-118.

Harter, S. *Manual: Self-perception Profile for Adolescents*[R]. Denver, Co: University of Denver, 1986.

Hattie, J.*Self-concept*[M]. New Jersey: Lawrence Erlbaum Associates, 1992.

Heider, F.*The Psychology of Interpersonal Relations*[M]. New York: John Wiley & Sons, 1958.

Hilgard, E. R., Atkinson, R. L., & Atkinson, R. C.*Introduction to Psychology*[M]. New York: Harcourt Brace Jovanovich, 1979.

Horwitz, E. K. & Young, D. *Language Anxiety: From Theory and Research to Classroom Implications* (Eds.)[C]. Englewood Cliffs, NJ: Prentice Hall, 1991.

Horwitz, E. K., Horwitz, M. B., & Cope, J. Foreign language classroom anxiety[J].*Modern Language Journal*, 1986, 70: 125-132.

Houghes, R. & McCarthy, M. From Sentence to Discourse: Discourse Grammar and English Language Teaching[J].*TESOL QUARTERLY*, 1998, 32(2):263-287.

Hoyle, E. Professionalization and deprofessionalization in education [A]. In E. Hoyle & J. Megarry (Eds.). *World Yearbook of Education: Professional Development of Teachers* [C]. Oxon: Routledge, 2006: 42-56.

Huang, X. & Van Naerssen, M. Learning strategies for oral communication [J]. *Applied Linguistics*, 1985(8): 287-307.

Huberman, M. The model of the independent artisan in teachers' professional relations[A].In J. W. Little & M. W. McLaughlin (Eds.). *Teachers' Work: Individuals, Colleagues, and Contexts*[C]. New York: Teachers College Press, 1993:11-50.

Hulstijn, J. H. A comparison between the information-processing and the analysis/ control approaches to language learning[J].*Applied Linguistics*, 1990, 11:30-52.

Hutchinson, T. & Waters, A.*English for Specific Purposes*[M]. Cambridge: Cambridge University Press, 1987.

Hyland, K. *Teaching and Researching Writing* [M]. Beijing: Foreign Language Teaching and Research Press, 2005.

Hymes, D. On communicative competence[A]. In J. Pride & J. Holmes (Eds.).*Sociolinguistics* [C].Harmondsworth: Penguin, 1972: 269-285.

Jakobson, R. Linguistics and Poetics [A]. In T. Sebeok (Ed.). *Style in Language* [C]. Cambridge, MA: M.I.T. Press, 1960: 350-377.

James, W.*The Principles of Psychology*[M]. MA: Harvard University Press, 1890.

Jamieson, J. The cognitive styles of reflection/ impulsivity and field independence and ESL success[J].*Modern Language Journal*, 1992, 76: 491-501.

Johnson, J. S. & Newport, E. L. Critical period effects in second language learning: The influence of maturational state on the acquisition of English as a second language [J]. *Cognitive Psychology*, 1989, 21:60-99.

Johnson, J. S. Critical period effects in second language acquisition: The effect of written versus auditory materials on the assessment of grammatical competence [J]. *Language Learning*, 1992, 42: 217-248.

Johnson, J., Prior, S., & Artuso, M. Field dependence as a factor in second language communicative production[J].*Language Learning*, 2000, 50: 529-567.

Johnson, K.*An introduction to language learning and teaching*[M]. Beijing: Foreign Language Teaching and Research Press, 2002.

Joos, M.*The Five Clocks*[M]. New York: Harcourt Brace Company, 1967.

Kagan, J. Reflection-impulsivity and reading ability in primary grade children [J]. *Child Development*, 1965, 36: 609-628.

Kagan, J., Pearson, L., & Welch, L. Conceptual impulsivity and inductive reasoning[J].*Child Development*, 1966, 37: 583-594.

Karmiloff-Smith, A. Stage/structure versus phase/process in modeling linguistic and cognitive development[A]. In I. Levin (Ed.).*Stage and Structure: Reopening the Debate*[C]. New York: Ablex, 1986.

Katz, L. Developmental stages of preschool teachers[J].*Elementary School Journal*, 1972, 73: 50-54.

Killion, J. P. & Todnem, G. R. A process for personal theory building[A]. In A. E. Woolfolk (Ed.).*Readings & Cases in Educational Psychology*[C]. Boston: Allyn and Bacon, 1993: 14-16.

Kim, Y. Y. *Becoming Intercultural: An Integrative Theory of Communication and Cross-cultural Adaptation*[M]. Thousand Oaks, California: Sage Publication, 2001.

Kinsella, K. Understanding and empowering diverse learners in the ESL classroom[A]. In J. M. Reid (Ed.).*Learning Styles in the ESL/EFL Classroom*[C]. New York: Heinle & Heinle Publishers, 1995: 170-194.

Krashen, S. Newmark's ignorance hypothesis and current second language acquisition theory[A]. In S. Gass & L. Selinker (Eds.).*Language Transfer and Language Learning*[C]. Rowley, MA: Newbury House, 1983:135-153.

Krashen, S.*The Input Hypothesis: Issues and Implications*[M]. London: Longman, 1985.

Lacey, C.*The Socialization of Teachers*[M]. London: Methuen, 1977.

Lado, R.*Language Testing*[M]. New York: McGraw Hill, 1961.

Lado, R.*Linguistics across Cultures*[M]. Ann Arbor: University of Michigan Press, 1957.

Lambert, W. E. Culture and language as factors in learning and education[A]. In F. E. Aboud & R. D. Meade (Eds.). *Cultural Factors in Learning and Education* [C]. Bellingham: Washington State College, 1974:44-51.

Lambert, W. E. Psychological approaches to the study of language[J].*Modern Language Journal*, 1963, 47: 51-62.

Lantolf, J. P. & Thorne, S. L. *Sociocultural Theory and the Genesis of Second Language Development*[M]. Oxford: Oxford University Press, 2006.

Larsen-Freeman, D. & Long, M. H.*An Introduction to Second Language Acquisition Research*[M]. Beijing: Foreign Language Teaching and Research Press, 2000.

Laufer, B. What's in a word that makes it hard or easy: some intralexical factors that affect the learning of words[A]. In N. Schmitt & M. McCarthy (Eds.). *Vocabulary: Description, Acquisition and Pedagogy*[C]. Cambridge: Cambridge University Press, 1997:140-155.

Leech, G. English Grammar in Conversation[EB/OL]. Retrieved April, 13, 2008, from http://www. tu-chemnitz. de/phil/english/chairs/linguist/real/independent/llc/Conference1998/Papers/Leech/Leech.htm. 1998.

Leech, G.*Principles of Pragmatics*[M].London: Longman, 1983.

Leech, G.*Semantics: The Study of Meaning*[M]. Harmondsworth: Penguin Books, 1981.

Leithwood, K. The principal's role in teacher development[A]. In M. Fullan & A. Hargreaves (Eds.).*Teacher Development and Educational Change*[C]. London & Washington, D. C.: The Falmer Press, 1992.

Lenneberg, E. H. *The Biological Foundations of Language*[M]. New York: John Wiley & Sons, 1967.

Levelt, W. J. M.*Speaking: from Intention to Articulation*[M]. Cambridge, MA: MIT Press, 1989.

Lightbown, P. M. & Spada, N.*How languages are learned* (3rd ed.)[M]. Oxford: Oxford University Press, 2006.

Lindgren, H. C. & Fisk, L. W.*Psychology of Personal Development*[M]. John Wiley & Sons Inc., 1976.

Littlewood, W. & Li, D. L. The Sociolinguistic Awareness of Tertiary Level Students in Hong Kong and Mainland China[J].*Language Awareness*, 2006, 15(2): 97-109.

Littlewood, W. Communicative language teaching: An expanding concept for a changing world [A]. In E. Hinkel (Ed.). *Handbook of Research in Second Language Teaching and Learning: Volume II*[C]. New York: Routledge, 2011: 541-557.

Long, M. H. & Robinson, P. Focus on form: Theory, research and practice[A]. In C. Doughty & J. Williams (Eds.).*Focus on Form in Classroom Language Acquisition*[C]. Cambridge: Cambridge University Press, 1998: 15-41.

Long, M. H. Native speaker/Non-native speaker conversation and negotiation of comprehensible input[J]. *Applied Linguistics*, 1983(4):126-141.

Long, M. H.*Problems in SLA*[M]. Mahwah, NJ: Lawrence Erlbaum, 2007.

Long, M. H. The role of the linguistic environment in second language acquisition[A]. In W. C. Ritchic & T. K. Bhatia (Eds.).*Handbook of Second Language Acquisition*[C]. San Diego, CA: Academic Press, 1996: 413-468.

Long, M. H., & Crookes, G. Three approaches to task-based syllabus design[J]. *TESOL Quarterly*, 1992, 26(1): 27-56.

Long, M.H. Input and second language acquisition theory[A]. In S. Gass & C. Madden (Eds.). *Input and Second Language Acquisition*[C]. Rowley/Mass.: Newbury House, 1985: 259-278.

Lozanov, G. *Suggestology and Outlines of Suggestopedy*[M]. New York: Gordon and Breach, 1978.

Lyster, R. & Ranta, L. Corrective feedback and learner uptake[C].*SSLA*, 1997, 19: 37-66.

MacIntyre, P. D. & Gardner, R. C. Anxiety and second-language learning: toward a theoretical clarification[J].*Language Learning*, 1989, 39: 251-275.

Mackey, A. Beyond production: Learners' perceptions about interactional processes [J]. *International Journal of Educational Research*, 2002, 37: 379-394.

Mackey, A. Input, interaction and second language development: an empirical study of question formation in ESL[C].*SSLA*, 1999, 21: 557-587.

Marsh, H. W. & Shavelson, R. Self-concept: Its multifaceted, hierarchical structure [J]. *Educational Psychologist*, 1985, 20: 107-123.

Marsh, H. W. & Yeung, A. S. Top-down, bottom-up, and horizontal models: The direction of causality in multidimensional hierarchical self-concept models[J].*Journal of Personality and Social Psychology*, 1998, 71: 509-527.

Marsh, H. W., Relich, J. D., & Smith, I. D. Self-concept: The construct validity of interpretations based upon the SDQ[J].*Journal of Personality and Social Psychology*, 1983, 45: 173-184.

Maslow, A. H. *Motivation and Personality*[M]. New York: Harper, 1954.

Matejka, K. & Kurke, L. B. Designing a Great Syllabus [J]. *College Teaching*, 1994(3): 115-117.

Mayer, R. E. Learning strategies: an overview[A]. In C. E. Weinstein, E. T. Goetz & P. A. Alexander (Eds.).*Learning and Study Strategies*[C].New York: Academic Press, 1988.

Mboya, M. M. Perceived teacher's behaviors and dimensions of adolescent self-concepts [J]. *Educational Psychology*, 1995(4): 191-199.

McCarthy, M. & Carter, R. *Language as Discourse: Perspectives for Language Teaching* [M]. London: Longman, 1994.

McCarthy, M. & Carter, R. Ten criteria for a spoken grammar [A]. In E. Hinkel & S. Fotos (Eds.) *New Perspectives on Grammar Teaching in Second Language Classrooms* [C]. Mahwah, NJ: Lawrence Erlbaum Associates, 1998: 51-75.

McCarthy, M. & Carter, R. What is spoken grammar and how should we teach it? [J].*ELT Journal*, 1995, 49(3):207-217.

McDonough, S. *Applied Linguistics in Language Education* [M]. Beijing: World Publishing Corporation, 2009.

Mckeachie, W. H., Pintrich, P. R., Lin Yi-guang, Smith, D. A., & Sharma, R.*Teaching and Learning in College Classroom: A Review of the Research Literature*[C]. Michigan: University of Michigan, 1990.

McLain, D. L. The MSTAT-1: A new measure of an individual's tolerance for ambiguity [J]. *Educational and Psychological Measurement*, 1993, 53: 183-189.

McLaughlin, B.*Theories of Second Language Learning*[M]. London: Edward Arnold, 1987.

Met, M. Content-based instruction: Defining terms, making decisions [R]. *NFLC Reports*.

Washington, DC: The National Foreign Language Center, 1999.

Mitchell, R. & Myles, F. *Second language learning theories* (2nd ed.) [M]. London: Arnold, 2004.

Moray, N.*Attention: Selective Processes in Vision and Hearing*[M]. London: Hutchinson, 1969.

Mruk, C.*Self-esteem: Research, Theory and Practice*[M]. New York: Springer Publishing, 1999.

Naiman, N.M., Frohlich, M., Stern, H. H., & Todesco, A.*The Good Language Learner*[M]. Toronto: Ontario Institute for Studies in Education, 1978.

Nation, I. S. P.*Teaching and learning vocabulary*[M]. New York: Newbury House, 1990.

Nelson, K. Structure and strategy in learning to talk[J].*Monographs of the Society for Research in Child Development*, 1973, 38 (1-2, Serial No. 149).

Nemser, W. Approximative systems of foreign language learners [J]. *International Review of Applied Linguistics*, 1971(9):115-123.

Newell, A.*Unified Theories of Cognition*[M]. Cambridge, MA: Harvard University Press, 1990.

Nida, E. A. *Language, Culture and Translating* [M]. Shanghai: Shanghai Foreign Language Education Press, 1993.

Nunan D. Action research in the language classroom[A]. In J. C. Richards & D. Nunan (Eds.). *Second Language Teacher Education*[C]. Cambridge: Cambridge University Press, 1990.

Nunan, D. *Designing Tasks for the Communicative Classroom* [M]. Cambridge: Cambridge University Press, 1989.

Nunan, D. Syllabus design[A]. In M. Celce-Murcia (Ed).*Teaching English as a Second or Foreign Language*[C]. Beijing: Foreign Language Teaching and Research Press, 2006: 55-66.

Nunan, D.*Syllabus Design*[M].Oxford: Oxford University Press, 1988.

Nunan, D. *Task-based language teaching* [M]. Cambridge, UK: Cambridge University Press, 2004.

O'Malley, J. M. & Chamot, A. *Learning Strategies in Second Language Acquisition* [M]. Cambridge: Cambridge University Press, 1990.

Oberg, K. Culture shock: adjustment to new cultural environments[J].*Practical Anthropology*, 1960(7): 177-182.

Odlin, T.*Language Transfer: Cross-linguistic Influence in Language Learning*[M]. Shanghai: Shanghai Foreign Language Education Press, 2001.

Ohta, A. S.*Second Language Acquisition Processes in the Classroom: Learning Japanese*[M]. Mahwah, NJ: Lawrence Erlbaum, 2001.

Oller, J. W. & Ziahosseiny, S. M. The contrastive analysis hypothesis and spelling errors[J]. *Language Learning*, 1970, 20:183-189.

Oxford, R. Anxiety and the language learners: new insights[A]. In J. Arnold (Ed.).*Affect in Language Learning*[C]. Cambridge: Cambridge University Press, 1999: 260-278.

Oxford, R. Employing a questionnaire to assess the use of language learning strategies[J].*Applied*

Language Learning, 1996(7): 25-45.

Oxford, R.*Language Learning Strategies: What Every Teacher should Know*? [M]. Boston, MA: Heinle & Heinle, 1990.

PACTE. Building a Translation Competence Model [A]. In F. Arves (Ed.). *Triangulating Translation: Perspectives in Process-oriented Research* [C]. Amsterdam: John Benjamins, 2003: 43-66.

Paivio, A.*Imagery and Verbal Processes*[M]. New York: Holt, Rinehart, and Winston, 1971.

Pajare, M. F. Teachers' beliefs and educational research: cleaning up a messy construct [J]. *Review of Educational Research*, 1992, 62(4): 307-331.

Pask, G. Learning strategies, teaching strategies, and conceptual or learning style[A]. In R. R. Schmeck (Ed.). *Learning Strategies and Learning Styles* [C]. New York: Plenum Press, 1988: 83-100.

Penfield, W. & Milner, B. Memory deficit produced by bilateral lesions in the hippocampal zone [J]. *Archives of Neurology and Psychiatry*, 1958,79: 475-497.

Penfield, W. & Roberts, L.*Speech and Brain Mechanisms*[M]. Princeton: Princeton University Press, 1959.

Perry, P. Professional development: the inspectorate in England and Wales[A]. In E. Hoyle & J. Megarry (Eds.).*World Yearbook of Education: Professional Development of Teachers*[C]. London: Kogan Page, 1980.

Pimsleur, P. *The Pimsleur Language Aptitude Battery* [M]. New York: Harcourt, Brace, Jovanovic,1966.

Pinker, S.*The Language Instinct*[M]. New York: William Morrow, 1994.

Polanyi, M.*Personal Knowledge*[M]. London: Routledge, 1958.

Politzer, R. L. & McGroarty, M. An exploratory study of learning behaviours and their relationship to gains in linguistic and communicative competence [J]. *TESOL Quarterly*, 1985, 19: 103-124.

Pope, A., McHale, S., & Craighead, E.*Self-esteem Enhancement with Children and Adolescent* [M]. Pergamon Press, 1988.

Posner, G. J.*Field Experience: Methods of Reflective Teaching*[M]. New York: Longman, 1989.

Posner, M. I. Attention in cognitive neuroscience: An overview[A]. In M.Gazzaniga (Ed.).*The Cognitive Neurosciences*[C]. Cambridge, MA: MIT Press, 1994: 615-624.

Prabhu, N. S. *Procedural Syllabuses* [C]. Paper presented at the RELC seminar, Singapore, 1983.

Prabhu, N. S.*Second language pedagogy*[M]. Oxford, UK: Oxford University Press, 1987.

Reid, J.*Learning Styles in the ESL/EFL Classroom*[M]. Beijing: Foreign Language Teaching and Research Press, 2002.

Richards, J. C. & Lockhart, C.*Reflective Teaching in Second Language Classroom*[M].Beijing: Foreign Language Teaching and Research Press, 2000.

Richards, J. C. & Nunan, D. *Second Language Teacher Education* [M]. Beijing: Foreign Language Teaching and Research Press, 2000.

Richards, J. C. & Rogers, T. S. *Approaches and Methods in Language Teaching* [M]. Beijing: Foreign Language Teaching and Research Press, 2000.

Richards, J. C. & Rogers, T. S. *How to Teach English* [M]. Beijing: Foreign Language Teaching and Research Press, 2008.

Richards, J. C. *Curriculum Development in Language Teaching* [M]. Cambridge: Cambridge University Press, 2001.

Riding, R. J. & Cheema, I. Cognitive style: an overview and integration [J]. *Educational Psychology*, 1991, 11: 193-215.

Rigg, P. Whole Language in TESOL [J]. *TESOL Quarterly*, 1991, 25(3): 521-542.

Rigney, J. W. Learning strategies: A theoretical perspective [A]. In H. F. O'Neill et al. (Eds.). *Learning Strategies* [C]. New York: Academic Press, 1978: 164-205.

Rivers, W. *The Psychologist and the Foreign Language Teacher* [M]. Chicago: Chicago University Press, 1964.

Robinson, P. Aptitude and L2 acquisition [J]. *Annual Review of Applied Linguistics*, 2005, 25: 46-73.

Rosemary, E. Language aptitude and its relationship to instructional effectiveness in second language acquisition [J]. *Language Teaching Research*, 2005(9): 147-172.

Rost, M. *Teaching and Researching Listening* [M]. Beijing: Foreign Language Teaching and Research Press, 2005.

Rotter, J. B. Generalized expectancies for internal versus external control of reinforcement [J]. *Psychological Monographs*, 1966, 80: 1-28.

Rubin, J. Study of cognitive processes in second language learning [J]. *Applied Linguistics*, 1981 (2): 117-131.

Rubin, J. What the good language learner can teach us [J]. *TESOL Quarterly*, 1975(9): 41-51.

Saussure, F. de. *Course in General Linguistics* [M]. Beijing: Foreign Language Teaching and Research Press, 2001.

Schmidt, R. & Frota, S. Developing basic conversational ability in a second language: a case study of an adult learner [A]. In R. R. Day (Ed.). *Talking to Learn: Conversation in second language acquisition* [C]. Rowley, Mass.: Newbury House, 1986: 237-326.

Schmidt, R. The role of consciousness in second language learning [J]. *Applied Linguistics*, 1990 (1): 129-158.

Schmitt, N. & Celce Murcia, M. An Overview of Applied Linguistics [A]. In N. Schmitt (ed.). *An Introduction to Applied Linguistics* [C]. Beijing: World Publishing Corporation, 2008: 1-16.

Schumann, J. A neurobiological perspective on affect and methodology in second language learning [A]. In J. Arnold (Ed.). *Affect in Language Learning* [C]. Cambridge: Cambridge University Press, 1999.

Schumann, J. et al. *The Neurobiology of Language: Perspectives from Second Language Acquisition* [M]. Mahwah, NJ: Lawrence Erlbaum Associates, 2004.

Schumann, J. Research on the acculturation model for second language acquisition[J]. *Journal of Multilingual and Multicultural Development*, 1986(7): 379-392.

Schumann, J. Social and psychological factors in second language acquisition [A]. In J. C. Richards (Ed.). *Understanding Second and Foreign Language Learning: Issues and Approaches*[C]. Rowley, Mass: Newbury House, 1978: 163-178.

Schumann, J. *The Neurobiology of Affect in Language* [M]. University of Michigan: Blackwell Publishers, 1998.

Schunk, D. H. Ability versus effort attributional feedback: Differential effects on self-efficacy and achievement[J]. *Journal of Educational Psychology*, 1983, 75: 848-856.

Schunk, D. H. Effects of effort attributional feedback on children's perceived self-efficacy and achievement[J]. *Journal of Educational Psychology*, 1982, 74: 548-556.

Schwartz, B. & Sprouse, R. L2 cognitive states and the full transfer /full access mode[J]. *Second Language Research*, 1996, 12(1): 40-72.

Scott, M. A. et al. Taking a trait approach to understanding college students' perceptions of group work[J]. *College Student Journal*, 2009(3): 822-831.

Scovel, T. *A Time to Speak: A Psycholinguistic Inquiry into the Critical Period for Human Speech* [M]. New York: Newbury House Publishers, 1988.

Scovel, T. The effect of affect on foreign language: a review of the anxiety research[J]. *Language Learning*, 1978, 28: 129-142.

Seidman, I. *Interviewing as Qualitative Research: a Guide for Researchers in Education and the Social Sciences* (3rd ed.)[M]. New York: Teachers' College Press, 2006.

Selinker, L. Interlanguage[J]. *International Review of Applied Linguistics*, 1972, 10: 209-231.

Selinker, L. Language transfer[J]. *General Linguistics*, 1969, 9(2): 67-92.

Shavelson, R. J. & Bolus, R. Self-concept: The interplay of theory and methods[J]. *Journal of Educational Psychology*, 1982, 74: 3-17.

Shavelson, R. J. *Evaluation of Nonformal Education Programs: Applicability and Utility of the Criterion-sampling Approach*[R]. Unesco Inst of Education, 1986.

Shulman, L. Knowledge and teaching: foundations of the new reform[J]. *Harvard Educational Review*, 1987, 57: 1-22.

Skehan, P. A. *A cognitive Approach to Language Learning* [M]. Shanghai: Shanghai Foreign Language Education Press, 1999.

Skehan, P. A. framework for the implementation of task-based instruction[J]. *Applied Linguistics*, 1996, 17(1): 38-61.

Skehan, P. A. *Individual Differences in Second Language Acquisition* [M]. London: Edward Arnold, 1989.

Skehan, P. A. Individual differences in second language learning[R]. *SSLA*, 1991, 13: 275-298.

Skehan, P. A. The role of foreign language aptitude in a model of school learning[J].*Language Testing*, 1986(3): 188-221.

Skehan, P. A. Theorizing and updating aptitude [A]. In P. Robinson (Ed.). *Individual Differences and Instructed Language Learning* [C]. Amsterdam: John Benjamin, 2002: 69-93.

Skinner, B. F. *Verbal Behavior*[M]. Acton, MA: Copley Publishing Group, 1957.

Slobin, D. I. Cognitive prerequisites for the development of grammar[A]. In C. A. Ferguson & D. I. Slobin (Eds.).*Studies of Child Language Development*[C]. New York: Holt, Rinehart & Winston, 1973: 175-208.

Slobin, D. I. Crosslinguistic evidence for the language-making capacity [A]. In D. I. Sobin (Ed.).*The Crosslinguisitic Study of Language Acquisition* [C]. Hillsdale, NJ: Earbaum, 1985: 1157-1249.

Smith, M. F. & Razzouk, N. Y. Improving classroom communication: The case of the course syllabus[J]. *Journal of Education for Business*, 1993, 68(4): 215-221.

Smith, R.A.Preventing Lost Syllabi[J]. *Teaching of Psychology*, 1993, 20(2).

Sophocleous, A. & Wilks, C. Standard modern Greek and Greek-Cypriot dialect in kindergarten classroom inter-action: Teachers' and learners' language attitudes and language use [J]. *Language, Culture and Curriculum*, 2010(1): 51-69.

Sparks, R. & Ganschow, L. Aptitude for learning a foreign language[J].*Annual Review of Applied Linguistics*, 2001, 21: 90-111.

Spielmann, G. & Radnofsky, M. Learning language under tension: New directions from a qualitative study[J].*Modern Language Journal*, 2001, 85: 259-278.

Spitzberg, B. & Cupach, W.*Interpersonal Communication Competence*[M]. Beverly Hills, CA: Sage, 1984.

Spolsky, B. *Conditions for Second Language Learning* [M]. Oxford: Oxford University Press, 1989.

Steffy, B. E. *Career Stages of Classroom Teachers* [M]. Lancaster, PA: Technomic Publishing, 1989.

Stern, H. H.*Fundamental Concepts of Language Teaching*[M]. Oxford University Press, 1983.

Stern, H. H. What can we learn from the good language learner? [J]. *Canadian Modern Language Review*, 1975, 31: 304-318.

Sternhouse, L. *An Introduction to Curriculum Research and Development* [M]. London: Heineman, 1975.

Strevens, P. *New Orientations in the Teaching of English* [M]. Oxford: Oxford University Press, 1977.

Swain, M. & Lapkin, S. Problems in output and the cognitive processes they generate: A step towards second language learning[J].*Applied Linguistics*, 1995, 16: 371-391.

Swain, M. Three functions of output in second language learning[A]. In G. Cook & B. Seidlhofer

(Eds.).*Principle and Practice in Applied Linguistics: Studies in Honour of H. G. Widdowson* [C]. Oxford: Oxford University Press, 1995: 125-144.

Tafarodi, R. W. & Swann, W. B. 1995. Self-liking and self-competence as dimensions of global self-esteem: initial validation of a measure[J]. *Journal of Personality Assessment*, 1995, 65: 322-342.

Taras, M. Assessment-Summative and Formative-Some Theoretical Reflections[J]. *British Journal of Educational Studies*, 2005(4): 466-478.

Tarone, E. On the variability of interlanguage systems [J].*Applied Linguistics*, 1983, 4(2): 143-163.

Thomas, J. Cross-Cultural Pragmatic Failure[J]. *Applied Linguistics*, 1983, 4(2):91-112.

Thompson, B. The Syllabus as a Communication Document: Constructing and Presenting the Syllabus[J].*Communication Education*, 2007, 56(1): 54-71.

Towell, R. & Hawkins, R. *Approaches to Second Language Acquisition* [M]. Clevedon: Multilingual Matters, 1994.

Tremblay, P. F. & Gardner, R. C. Expanding the motivation construct in language learning[J]. *The Modern Language Journal*, 1995, 79: 502-520.

Vainikka, A. & Young-Scholten, M. The initial state in the L2 acquisition of phrase structure [A]. In S. Flynn, G. Martohardjono & W. O'Neil (Eds.).*The Generative Study of Second Language Acquisition*[C]. Hillsdale, NJ: Erlbaum, 1998:49-79.

Van Ek, J. A.*Objectives for Foreign Language Learning*, Vol. 1: Scope[R]. Strasbourg: Council of Europe, 1986.

Van EK, J. A. The Threshold Level [A]. In C. J. Brumfit & K. Johnson (Eds.). *The Communicative Approach to Language Teaching*[C]. Oxford: OUP, 1979.

Van Ek, J. A.*Threshold English*[M]. Oxford: Oxford University Press, 1975.

VanPatten, B. Attending to form and content in the input[R].*SSLA*, 1990, 12:287-301.

Vigil, N. A. & Oller, J. W.Rule fossilization: A tentative model[J]. *Language Learning*, 1976, 26: 281-295.

Vygotsky, L. S.*Mind in Society*[M]. Cambridge, MA: Harvard University Press, 1978.

Wallace, M. *Training Foreign Language Teachers: A Reflective Approach* [M]. Cambridge: Cambridge University Press, 1991.

Ward, C. Acculturation [A]. In D. Landis & R. S. Bhagat (Eds.).*Handbook of Intercultural Training*[C]. Thousand Oaks, CA: Sage Publications, 1996:124-147.

Wardhaugh, R.The contrastive analysis hypothesis[J]. *TESOL Quarterly*, 4: 123-130.

Watkins, D., Biggs, J., & Regmi, M. Does confidence in the language of instruction influence a student's approach to learning? [J].*Instructional Science*, 1991, 20: 331-339.

Weiner, B. A theory of motivation for some classroom experiences [J].*Journal of Educational Psychology*, 1979, 71: 3-25.

Weiner, B. An attributional theory of achievement motivation and emotion [J].*Psychological*

Review, 1985, 92: 548-573.

Weiner, B. An attributionally-based theory of motivation and emotion: Focus, range, and issues [A]. In N. T. Feather (Ed.). *Expectancy, Incentive, and Action* [C]. Hillsdale, N. J.: Erlbaum, 1982.

Weinstein, C. E. & Underwood, V. L. Learning strategies: the how of learning [A]. In J. W. Segal, S. F. Chipman & R. Glaser (Eds.). *Thinking and Learning Skills* (Vol. 1) [C]. New Jersey: Lawrence Erlbaum Associates Publishers, 1985.

Weir, C.J. *Communicative Language Testing* [M]. London: Prentice Hall, 1990.

Wen, Qiufang & Johnson, R. K. L2 learner variables and English achievement: A study of tertiary-level English majors in China [J]. *Applied Linguistics*, 1997, 18: 27-48.

Wenden, A. & Rubin, J. *Learner Strategies in Language Learning* [M]. Eaglewood Cliffs, NJ: Prentice-Hall International, 1987.

Wenden, A. Metacognitive knowledge and language learning [J]. *Applied Linguistics*, 1998, 9 (4): 515-537.

Wesche, M. Language aptitude measures in streaming, matching students with methods, and diagnosis of learning problems [A]. In K. C. Diller (Ed.). *Individual Differences and Universals in Language Learning Aptitude* [C]. Rowley, MA: Newbury House, 1981: 119-153.

Whitman, R. Contrastive analysis: Problems and procedures [J]. *Language Learning*, 1970, 20: 191-197.

Widdowson, H. G. *Teaching Language as Communication* [M]. Oxford: Oxford University Press, 1978.

Wilkins, D. A. Applied Linguistics [A]. In B. Spolsky (Ed.). *Concise Encyclopedia of Educational Linguistics* [C]. Amsterdam: Elsevier, 1999: 6-17.

Wilkins, D. A. *Linguistics in Language Teaching* [M]. London: Edward Arnold, 1972.

Wilkins, D. A. *Notional Syllabus* [M]. Oxford: OUP, 1976.

Williams, M. & Burden, R. L. *Psychology for Language Teachers: A Social Constructivist Approach* [M]. Cambridge: Cambridge University Press, 1997.

Willis, J. A flexible framework for task-based learning [A]. In J. Willis & D. Willis (Eds.). *Challenge and change* [C]. Oxford, UK: Macmillan Heinemann, 1996: 52-62.

Witkin, H. A. A cognitive style approach to cross culture perspective [J]. *Educational Journal of Psychology*, 1967(2): 233-250.

Witkin, H. A. *Field-independent and Field-dependent Cognitive Styles and Their Educational Implications* [R]. Educational Testing Service, 1975.

Witkin, H. A. *Personality through Perception: An Experimental and Clinical Study* [M]. New York: Harper Brothers Publisher, 1954.

Wood, D., Bruner, J., & Ross, G. The role of tutoring in problem solving [J]. *Journal of Child Psychiatry and Psychology*, 1976, 17(2): 89-100.

Yalden, J. *Principles of Course Design for Language Teaching* [M]. Beijing: Foreign Language Teaching and Research Press, 2000.

Yalden, J. *The Communicative Syllabus: Evolution, Design and Implementation* [M]. Oxford: Pergamon, 1983.

Yerkes, R. M. & J. D. Dodson. The relation of strength of stimulus to rapidity of habit formation [J]. *Journal of Comparative Neurology and Psychology*, 1908, 18: 459-482.

Yeung, A. S., Chui, H. S., Lau, I. C. Y., McInerney, D. M., Suliman, R., & Russell-Bowie, D. Where is the hierarchy of academic self-concept? [J]. *Journal of Educational Psychology*, 2000, 92: 556-567.

Young, D. Creating a low-anxiety classroom environment: What does language anxiety research suggest? [J]. *Modern Language Journal*, 1991, 75: 426-438.

Young, D. Language anxiety form the foreign language specialist's perspective: Interviews with Krashen, Omaggio-Hadley, Terrell, and Rardin [J]. *Foreign Language Annals*, 1992, 25: 157-172.

Zimmerman, B. J. & Schunk, D. H. *Self-regulated Learning and Academic Achievement: Theory, Research, and Practice* [M]. New York: Springer-Verlag, 1989.

Zimmerman, B. J. Academic studying and the development of personal skill: A self-regulatory perspective [J]. *Educational Psychologist*, 1998, 33: 73-86.

Zimmerman, B. J. Attaining self-regulation: a social cognitive perspective [A]. In M. Boekaerts, P. Pintrich & M. Zeodmer (Eds.). *Handbook of Self-regulation* [C]. San Diego: Academic Press, 2000: 13-41.

Zimmerman, B. J. Self-regulated learning and academic achievement: An overview [J]. *Educational Psychologist*, 1990, 25: 3-17.

D. 舒尔茨. 联邦德国各州的课程改革和教学大纲的编制[J]. 李其龙，译. 全球教育展望, 2001(6): 37-44.

R. W. 泰勒. 课程与教学的基本原理[M]. 施良方译. 北京：人民教育出版社, 1994.

陈琦，刘儒德. 当代教育心理学[M]. 北京：北京师范大学出版社, 2007.

程念祖，龚正行. 考试焦虑与个性特征及家庭教育初步分析[J]. 中国心理卫生杂志, 1996(5): 221.

戴曼纯，肖云南. 现代语言测试发展：理论与问题[J]. 湖南大学学报(社会科学版), 1999(3): 32-35, 42.

高等学校外语专业教学指导委员会英语组. 高等学校英语专业英语教学大纲[M]. 北京：外语教学与研究出版社；上海：上海外语教育出版社, 2000.

高一虹. 大学本科生英语学习动机类型与自我认同变化的关系[J]. 国外外语教学, 2002(4): 18-24.

高一虹. 英语学习动机类型与动机强度的关系——对大学本科生的定量研究[J]. 外语研究, 2003(1): 60-64.

高一虹. 中国大学本科生英语学习动机类型[J]. 现代外语, 2003(1): 29-38.

谷生华，辛涛，李荟. 初中生学习归因、学习策略与学习成绩关系的研究[J]. 心理发展与教育，1998（2）：21-25.

顾明远. 教育大词典[M]. 上海：上海教育出版社，1990.

顾晓乐. 外语教学中跨文化交际能力培养之理论和实践模型[J]. 外语界，2017(1)：79-88.

桂诗春. 20 世纪应用语言学评述[J]. 外语教学与研究，2000（1）：2-7,79.

郭爱萍，宋燕. 美国高校课程教学大纲研究——以阿克伦大学为例[J]. 中国大学教学，2014（11）:93-96.

韩仁生. 中小学生考试成败归因的研究[J]. 心理学报，1996（2）：140-147.

胡桂英，许百华. 初中生学习归因、学习自我效能感、学习策略和学业成就关系的研究[J]. 心理科学，2002（6）：757-758，724.

胡文仲. 跨文化交际能力在外语教学中如何定位[J]. 外语界，2013（6）：2-8.

华惠芳. 试论英语学习动机与策略的研究[J]. 外语界，1998（3）：44-47 .

黄希庭，杨雄. 青年学生自我价值感量表的编制[J]. 心理科学，1998（4）：289-292.

贾爱武. 外语教师教育与专业发展研究综述[J]. 外语界，2005（1）：61-66.

贾玉新. 跨文化交际学[M]. 上海：上海外语教育出版社，1997.

姜金伟，姚梅林. 学业自我概念对技工学生学校投入的影响——群体内部认同的中介作用[M].心理发展与教育，2011（1）：59-64 .

蒋祖康. 学习策略与听力的关系——中国英语本科生素质调查分报告之一[J]. 外语教学与研究，1994（1）：51-58 .

教育部. 义务教育英语课程标准[M].北京：北京师范大学出版社，2011.

教育部高等教育司.大学英语课程教学要求[M].北京:外语教学与研究出版社，2007.

孔文，张守进，李清华. 发展中的语言行为测试——国外研究综述[J]. 现代外语，2007（2）:200-208.

李昌真. 英语专业学生英语学习行为的归因分析及教学策略[J]. 山东外语教学，2009（5）：65-69.

李寿欣，宋广文. 场依存——独立性认知方式理论演进及其应用研究[J]. 内蒙古师范大学学报，1999（2）：58-63 .

李新博. 大学本科英语专业口语教学法探析[J]. 西安外国语学院学报，2000（4）：86-89.

连榕，孟迎芳，廖美玲. 新手—熟手—专家型教师教学策略与成就目标[J]. 心理科学，2003（1）：28-31.

连榕. 新手—熟手—专家型教师心理特征比较[J]. 心理学报，2004（1）：44-52.

廖凤林. 对初中生学业成败原因的自我认识的调查与分析[J]. 现代中小学教育，1993（6）：55-57.

[俄]列夫 · 谢苗洛维奇 · 维果茨基. 思维与语言[M].李维，译. 杭州：浙江教育出版社，1997.

林崇德. 发展心理学[M]. 北京：人民教育出版社，1995.

刘春燕. 语言产出任务对提高学习者书面中介语流利度、准确度和复杂度效果的研究[J]. 中国海洋大学学报(社会科学版)，2009（6）：53-57.

刘电芝. 学习策略研究[M]. 北京：人民教育出版社，1999.
刘润清. 决定语言学习的几个因素[J]. 外语教学与研究，1990（2）:26-45.
刘润清. 论大学英语教学[M]. 北京：外语教学与研究出版社，2001.
刘润清. 语言测试和它的方法[M]. 北京:外语教学与研究出版社，1991.
刘世奎. 课堂情境中学生竞争对其成就归因和成就行为的影响[J]. 心理学报，1992（2）: 182-189.
刘晓陵，张进辅. 高一学生物理成绩、学习归因以及学业自我概念关系的研究[J]. 西南师范大学学报，2000（3）: 326-331.
刘壮，韩宝成，阎彤.《欧洲语言共同参考框架》的交际语言能力框架和外语教学理念[J]. 外语教学与研究,2012（4）:616-623.
卢洁. 外语学习者自我效能和学习策略关系研究报告[J]. 山东外语教学，2005（5）: 83-87 .
罗晓路. 专家—新手型教师教学效能感和教学监控能力研究[J]. 心理科学，2000（6）: 741-742.
吕良环，史清泉. 国外外语教学大纲的发展研究[J]. 全球教育展望,2002（8）: 42-47.
梅德明. 语言学与应用语言学百科全书[M]. 北京：北京大学出版社，2017.
宁静. 近十年国内翻译测试研究综述[J]. 外语测试与教学，2018（3）: 30-34，43.
裴娣娜. 教育研究方法导论[M]. 合肥:安徽教育出版社，1995.
戚雨村. 语言学引论[M]. 上海:上海外语教育出版社，1985.
秦晓晴. 大学生外语学习归因倾向及其对归因现象的理解[J]. 现代外语，2002（1）: 71-78.
秦晓晴. 动机理论研究及其对外语学习的意义[J]. 外语研究，2002（4）: 74-79.
申继亮，费广洪，李黎. 关于中学教师成长阶段的研究[J]. 天津师范大学学报(基础教育版)，2002（3）: 1-4.
申继亮. 新世纪教师角色重塑：教师发展之本[M]. 北京:北京师范大学出版社，2006.
束定芳，庄智象. 现代外语教学——理论、实践与方法[M]. 上海:上海外语教育出版社，1996.
隋光远. 中学生学业成就动机归因训练研究[J]. 心理科学，1991(4): 21-26.
王初明. 应用心理语言学:外语学习心理研究[M]. 长沙：湖南教育出版社，1990.
王海啸. 个性化大学英语教学大纲设计中的需求与条件分析[J]. 中国外语，2004（9）: 21-26.
王金铨，陈烨. 计算机辅助语言测试与评价——应用与发展[J].外语界，2015（6）: 76-81.
王凯荣，辛涛，李琼. 中学生自我效能感、归因与学习成绩关系的研究[J]. 心理发展与教育，1999（4）: 22-25.
王鸣妹. 国内翻译测试研究(1996—2016):回眸及前瞻[J]. 外语教育研究，2017（4）: 47-52.
王甦，汪安圣. 认知心理学[M]. 北京：北京大学出版社，2001.
王文宇. 观念、策略与英语词汇记忆[J]. 外语教学与研究，1998（1）: 47-52.
王寅. 认知语法概论[M]. 上海:上海外语教育出版社，2006.

魏运华. 自尊的结构模型及儿童自尊量表的编制[J]. 心理发展与发育, 1997 (3): 29-36.
文秋芳, 王海啸. 学习者因素与大学英语四级考试成绩的关系[J]. 外语教学与研究, 1996 (4): 33-39.
文秋芳. 传统和非传统学习方法与英语成绩的关系[J]. 现代外语, 1996 (1): 37-43.
文秋芳. 英语成功者与不成功者在学习方法上的差异[J]. 外语教学与研究, 1995 (3): 61-66.
文秋芳. 英语口语测试与教学[M].上海: 上海外语教育出版社, 1999.
文秋芳. 英语学习者动机、观念、策略的变化规律与特点[J]. 外语教学与研究, 2001 (2): 105-110.
吴一安, 刘润清. 中国英语本科学生素质调查报告[J]. 外语教学与研究, 1993 (1): 36-46.
吴一安. 外语教师专业发展探究[J]. 外语研究, 2008 (3): 29-38.
武和平. 九十年代外语/二语学习动机研究述略[J]. 外语教学与研究, 2001 (2): 116-121.
夏中华. 应用语言学——范畴与现状[M]. 上海:学林出版社, 2012.
许余龙. 学习策略与英汉阅读能力的发展——一项基于香港国际阅读能力调查结果的研究[J].外语教学与研究, 2003 (3): 200-205.
杨盈, 庄恩平. 构建外语教学跨文化交际能力框架[J]. 外语界, 2007 (4): 13-21, 43.
叶澜, 白益民, 王丹, 陶志琼. 教师角色与教师发展新探[M]. 北京: 教育科学出版社, 2001.
叶仁敏, K. A. Hagtvet. 中学生的成就动机、测验焦虑、智力水平与学业成绩关系的探讨[J]. 应 用心理学, 1989 (3): 52-56.
于根元. 应用语言学的基本理论[J]. 语言文字应用, 2002 (1):12-17.
于根元. 应用语言学概论[M]. 北京: 商务印书馆, 2003.
俞国良. 专家—新手型教师教学效能感和教学行为的研究[J]. 心理学探新, 1999 (2): 32-39.
俞理明, 曹勇衡, 潘卫明. 什么是应用语言学[M]. 上海:上海外语教育出版社, 2013.
张宝钧. 简论计算机自适应语言测试的工作机制[J]. 语言教学与研究, 2003 (3):18-24.
张庆宗, 刘晓燕. 英语阅读自我效能感、阅读策略和阅读成绩关系的实证研究[J]. 教育研究与实验, 2009 (1): 92-96.
张庆宗, 吴喜艳. 大学生自我效能感培养实证研究[J]. 外国语文, 2010 (5): 137-141.
张庆宗, 吴喜艳. 应用语言学导论[M]. 武汉:湖北教育出版社, 2013.
张庆宗. 漫谈外语教师如何做科研[J]. 中国外语, 2010 (4): 104-108.
张庆宗. 如何成为优秀的外语教师[M]. 武汉: 武汉大学出版社, 2014.
张庆宗. 外语学与教的心理学原理[M]. 北京: 外语教学与研究出版社, 2011.
张庆宗. 文献综述撰写的原则和方法[J]. 中国外语, 2008 (4): 77-79.
张庆宗. 英语学习成败自我归因调查与分析[J]. 外语与外语教学, 2002 (7): 57-60.
张庆宗. 歧义容忍度对外语学习策略选择的影响[J]. 外语教学与研究, 2004 (6): 457-461.
张庆宗. 英语口语中动机归因对高校英语口语教学的启示[J]. 四川外语学院学报, 2004 (1): 144-147.

张素敏，王桂平. 焦虑在歧义容忍度与英语学习成绩之间的中介作用分析[J]. 心理发展与教育，2006（4）：64-67.

张素敏. 基于不同学习任务的外语歧义容忍度影响作用研究[J]. 北京第二外国语学院学报，2011（8）：70-75.

张卫东，杨莉. 跨文化交际能力体系的构建——基于外语教育视角和实证研究方法[J]. 外语界，2012（2）：2-16.

张文新. 儿童社会性发展[M]. 北京：北京师范大学出版社，1998.

张学民，林崇德，申继亮，郭德俊. 动机定向、成就归因、自我效能感与学业成就之间的关系研究综述[J]. 教育科学研究，2007（3）：48-51，55.

朱伟，王跃平. 生态取向的教师专业发展的四种路径[J]. 教育理论与实践，2012，（20）：24-27.

朱智贤. 心理学大词典[M]. 北京：北京师范大学出版社，1989.

祝吉芳. 高校课程教学大纲的编写与执行——美国的经验与中国的实践[J]. 社会科学战线，2010（1）:276-277.

邹为诚等. 外语教师职业技能发展[M]. 北京：高等教育出版社，2008.